Richard Kearney
LA PARADOJA EUROPEA
Diálogos sobre el espíritu europeo con
Julia Kristeva, Neal Ascherson, Charles Taylor, Edward Said, Noam Chomsky, Václav Havel, Umberto Eco, George Steiner, Marina Warner, Seamus Heaney, Jorge Luis Borges, Martha Nussbaum, Miroslav Holub, Jacques Darras, Herbert Marcuse, Paul Ricoeur, Stanislas Breton, Emmanuel Lévinas, Jean-François Lyotard, Hans-Georg Gadamer y Jacques Derrida

Traducción de José Manuel García de la Mora

Ensayo

Título original: *States of Mind. Dialogues with contemporary thinkers on the European mind*

1.ª edición: abril 1998

© Richard Kearney, 1995

© de la traducción: José Manuel García de la Mora
Diseño de la colección y de la cubierta: BM
Reservados todos los derechos de esta edición para
Tusquets Editores, S.A. - Cesare Cantù, 8 - 08023 Barcelona
ISBN: 84-8310-582-9
Depósito legal: B. 11.466-1998
Fotocomposición: Foinsa - Passatge Gaiolà, 13-15 - 08013 Barcelona
Impreso sobre papel Offset-F Crudo de Leizarán, S.A. - Guipúzcoa
Liberdúplex, S.L. - Constitución, 19 - 08014 Barcelona
Impreso en España

RICHARD KEARNEY

Nació en Cork, Irlanda, en 1954. Tras estudiar en el University College de Dublin y la McGill University de Montreal, en 1980 se doctoró en filosofía en la Universidad de París X. Fue profesor invitado en el Boston College, donde en 1988 sucedió a Habermas y Gadamer. En 1988 y 1990 fue codirector de los Encuentros Internacionales de Filosofía de Cerisy (Francia). Desde 1994 participa en el programa Erasmus de intercambio de profesores en las universidades de Lovaina, París y Lisboa, y ha sido invitado a conferenciar en las universidades de Harvard, Yale, McGill, Toronto y Edmunton entre otras muchas.

Es autor y editor de varios libros acerca de la filosofía y la cultura europea, entre los que destacan: *Myth and Motherland* (1984), *Modern Movements in European Philosophy* (1987), *Poetics of imagination* (1991), *Visions of Europe* (1993) y *Postnationalist Ireland* (1996). Richard Kearney es también autor de dos novelas y un libro de poemas.

Índice

Prefacio 9

Introducción I 13

Primera parte: pensadores políticos
Julia Kristeva. Extranjeros para nosotros mismos:
   la esperanza del singular 19
Neal Ascherson. Naciones y regiones 27
Charles Taylor. Federaciones y naciones:
   vivir entre los otros 37
Paul Ricoeur. La universalidad y el poder de la
   diferencia 47
Edward Said. Europa y sus otros: una perspectiva árabe   54
Noam Chomsky. La política del lenguaje 63
Václav Havel. El teatro y la política 84

Segunda parte: pensadores literarios
Umberto Eco. Caosmos: el retorno de la Edad Media ..   93
George Steiner. El precio de la cultura 99
Marina Warner. La herencia de una mujer europea 110
Seamus Heaney. Entre el norte y el sur: rodeos poéticos 119
Jorge Luis Borges. El escritor europeo en el exilio 127
Martha Nussbaum. Ética de la literatura 139
Miroslav Holub. Europa central y la mentalidad
   desestablecida 153
Jacques Darras. Banqueros y poetas. Los genios del
   Norte 159

Introducción II 167

Tercera parte: pensadores filosóficos
Jacques Derrida. La desconstrucción y lo otro 177
Emmanuel Lévinas. Ética del infinito 197

Herbert Marcuse. Filosofía del arte y política 219
Paul Ricoeur. La creatividad del lenguaje 235
Stanislas Breton. El ser, Dios y la poética relacional ... 264
Hans-Georg Gadamer. La importancia del texto 279
Jean-François Lyotard. Qué es justo *(ou Justesse)* 306

Apéndice: La filosofía como diálogo 321

Para Patrick Masterson
y William Richardson,
mentores dialógicos

Para que el diálogo pueda ocurrir,
primero pregunta,
después escucha.

Antonio Machado

Prefacio

Presentamos en estas páginas los diálogos mantenidos con distintos autores a lo largo de dos décadas: desde mi entrevista con Herbert Marcuse en 1976 hasta las de 1994 con Lyotard y Gadamer. A la mayoría de mis entrevistados podría describírseles como intelectuales en el sentido amplio del término: mentalidades contemporáneas que reflejan su mundo y reflexionan sobre él cuestionando algunas de las más importantes ideas, imágenes e ideologías que a todos nos configuran e influyen.

Los diálogos están repartidos en tres secciones por unas diferencias de énfasis más que de fondo. Los incluidos en la sección primera, «Pensadores políticos», no son políticos profesionales (con la posible excepción de Havel, quien aun ejerciendo la presidencia de su país nunca ha abandonado su vocación de escritor); son mentes críticas cuya actitud «desestabilizada» *vis-à-vis* de la sociedad es precisamente lo que les capacita para decir con plena libertad cosas insólitas, inauditas y a menudo impopulares. Lo cual no significa que acepten la presuntuosa idea platónica del filósofo-rey. Lejos de ello, estos pensadores políticos tratan de abrir caminos y no de dar soluciones definitivas.

Bajo el epígrafe «Pensadores literarios» figuran creadores (Warner, Holub, Heaney, Borges, Eco) y teóricos de la literatura (Nussbaum, Darras y Steiner). Lo que les caracteriza a todos ellos como «pensadores» es su común tendencia a considerar en profundidad los grandes problemas culturales y sociales planteados por la práctica misma del escribir, especialmente en el contexto europeo. Aquí van a la par el poeta *(Dichter)* y el pensador *(Denker)*.

Por último, los incluidos en la sección tercera como «Pensadores filosóficos» son originales mentes especulativas que, cada cual a su modo, han hecho alguna aportación importante al pensamiento europeo contemporáneo. Los siete han sido profesores universitarios, pero su dedicación profesional no ha menguado el alcance o el influjo de su obra: es obvio que la mayoría de ellos han trascendido con sus escritos el especializado universo de las disertaciones académicas y han marcado su impronta en disciplinas tan diversas como la sociología, la historia, la teoría política, la crítica artística, la lingüística, la teología, la jurisprudencia, la psicología y la arquitectura. Difícilmente podrá citarse una sola ciencia humana que no haya sido influida por uno o por varios de estos pensadores.

Para reunir los diálogos ha habido que acudir a varias fuentes: las conversaciones con Chomsky, Nussbaum, Gadamer y Lyotard fueron mantenidas en 1993-1994 y se publican ahora por primera vez en estas páginas; las otras han sido entresacadas de distintas publicaciones, como la revista *The Crane Bag* (Marcuse, Ricoeur, Borges) y las series *Visions of Europe* (Eco, Warner, Darras, Havel, Ascherson, Steiner, Kristeva, Holub) y *Dialogues with Contemporary Thinkers*, que comprenden nuestra tercera parte; estos últimos reaparecen aquí en su versión íntegra, publicada por primera vez en 1984, añadiéndoseles los dos diálogos más recientes, con Lyotard (1994) y con Gadamer (1994). Por considerar que esta última sección es tal vez la parte más densa del libro, a los prefacios biográficos y a las bibliografías de los siete autores filosóficos se les ha dado mayor amplitud que a los de las secciones precedentes, sin que ello signifique prioridad ni preferencia alguna, sino sólo un querer hacer más comprensibles tan hondas disquisiciones.

En cambio, la mayoría de las entrevistas de las dos secciones primeras estuvieron originariamente destinadas a los medios televisivos de Irlanda y de otros países de Europa, por lo que su estilo es el de la accesibilidad y fluidez discursiva propias de la comunicación espontánea. He preferido ponerlas al comienzo del libro y no al final porque, sin duda, atraerán más inmediatamente la atención del lector no especializado.

En conjunto, estas páginas tratan de difundir entre los especialistas y entre los profanos ciertos debates intelectuales sobre filosofía, política y cultura. El ideal que en ellas nos guía es el de mantener un diálogo, no ya sólo conversando entre nosotros mismos, sino como escritores comprometidos en la labor de comunicar ideas a nuestros lectores. Sirvan como lema a tal aspiración estos versos de Hölderlin: «Formamos un diálogo / y en él podemos escucharnos unos a otros».

Los diálogos con Paul Ricoeur, Jacques Derrida, Stanislas Breton, Emmanuel Lévinas, Jean-François Lyotard y Julia Kristeva han sido traducidos del francés al inglés por el autor de la recopilación. El diálogo con Hans-Georg Gadamer lo tradujo del alemán al inglés Mara Rainwater, y el diálogo con Václav Havel, del checo al inglés, Vera Taslova. En todos los demás diálogos se empleó el idioma inglés.

Agradezco a mis colegas de los colegios universitarios de Dublín y Boston, especialmente a Dermot Moran, Mark Dooley y Mara Rainwater, la ayuda que me han prestado en los trabajos de preparación de este volumen. Doy también gracias a RTE, a la Wolfhound Press y a la Fundación Cultural Europea por sus permisos para reproducir conversaciones de la serie *Visions of Europe* (1992-1993).

Introducción
I

Uno de los temas recurrentes en los diálogos que siguen es el del complejo legado que enriquece a la mentalidad europea. La mayor parte de las conversaciones sobre la nueva Europa han tratado de economía, pero hay otra cuestión a menudo pasada por alto en este debate, un problema que penetra hasta el corazón y el espíritu del continente. Me refiero a la crítica cuestión de cómo se ve hoy Europa a sí misma y cómo entiende, más allá de sus propias fronteras, su relación formadora con el resto del mundo. ¿Qué ideas tiene Europa de sí y de los demás países? En varios diálogos de las dos primeras secciones de este volumen procuro explorar esas ideas con diversos autores, europeos y no europeos (Chomsky, Said, Nussbaum, Borges).

Muchos de nosotros pensamos que Europa es un continente geográfico lleno de viejas fronteras y de banderas distintas. Recientemente nos hemos visto obligados a pensarla de nuevo. La Europa occidental ha experimentado la emergencia de un espacio económico en el que resuenan voces de comercio común y tarifas comunitarias, mientras que respecto a la Europa del Este hemos asistido a un dramático despliegue de límites rápidamente cambiantes: Berlín, Budapest, Bucarest, Belgrado..., la sola mención de estos nombres nos recuerda lo decisivos que han sido tales cambios. El mapa multicolor que contemplábamos en la escuela no nos dice ya todo. Las fronteras tradicionales se han hecho a la vez demasiado grandes y demasiado pequeñas con el movimiento hacia la integración. Estamos hablando de un continente en metamorfosis.

El conjunto del debate suscita interrogantes básicos sobre la naturaleza misma de la soberanía, sobre el significado de palabras como nacionalismo y federalismo, sobre la necesidad de equilibrar las tendencias unitarias con un mayor reconocimiento de la diversidad cultural y lingüística. Está teniendo lugar en Europa una batalla de ideas, y el resultado de esta batalla determinará la configuración del continente en el futuro.

Los interlocutores de estos diálogos proceden de muy distintos países y culturas. Algunos recuerdan todavía la última guerra mundial y los crímenes que Hitler, Mussolini y Stalin cometieron en nombre de ideales imperialistas. Otros realzan los positivos logros del arte, la ciencia y el derecho, por los que la modernidad europea ha llegado a ser santo y seña mundial. Pero aunque difieran en sus opiniones, todos ellos hablan con mucha independencia de criterio. Son personajes públicos pero no vinculados a intereses partidistas. Son personas que, participando en el dominio cultural de las ideas y las imágenes, de la educación académica y mediática, no tienen por qué rendir tributo a la propaganda política. Al dialogar con ellos nos proponemos dejar que cada cual hable a su manera de nuestro mundo contemporáneo, expresándose de una forma más personal e impredecible que la que suele darse en los habituales comentarios de actualidad.

Muchos de estos interlocutores (europeos y no europeos) comparten un afán por referir la historia de Europa, lo que supone contarla de nuevo desde su particular punto de vista y en respuesta a las opiniones de otros. Significa principalmente, según lo ha expresado Paul Ricoeur, «un intercambio de recuerdos». Pues sólo recordándonos unos a otros el común pasado, compartiendo nuestros sufrimientos y aspiraciones, empezaremos a reinventar un futuro de mutuo respeto y reparación.

Pero ¿puede Europa reinventarse? ¿Puede distinguir, entre sus diferentes herencias, lo bueno, lo malo, lo peligroso? ¿Puede contribuir a un nuevo concepto de universalidad que esté libre del legado de tantas ambiciones de dominar el mundo, a una universalidad que respete la diversidad y las diferencias? ¿Es posible iniciar nuevos modelos de comunidad internacional tras el colapso de estados transnacionales como Yugoslavia y la Unión Soviética? Y ¿de qué manera podrá la Europa futura evitar los escollos de un eurocentrismo y mantenerse abierta a sus «otros», no sólo a las otras naciones aparte de las que son estados miembros de Estados Unidos sino también a sus vecinos no europeos del Este y del Sur?

Cuestión más acuciante todavía: ¿será capaz Europa de sobrevivir a las actuales crisis de identidad colectiva representadas por el desgaste de las antiguas ideologías y cuyo resultado es una vuelta general a cerrazones exclusivistas que a veces llegan hasta los excesos de violentos nacionalismos y racismos?

Tales son algunas de las preguntas que se repiten a lo largo de estas entrevistas. Varios de los conversadores traen a colación las deudas y responsabilidades de Europa para con los demás continentes.

Se nos recuerda, en efecto, que ¡el nombre mismo de Europa proviene de una tradición cuyos orígenes están, en cierto modo, entre África y el Oriente Medio! Según la leyenda, *Europa* fue llevada por su padre a través del Mediterráneo hasta Grecia, pero nunca renunció a su oriundez no mediterránea. Estos recuerdos abren toda una caja de Pandora repleta de ulteriores preguntas: ¿habría emergido nunca la universalista cultura de Atenas sin los importantísimos préstamos que tomó de Babilonia y de Egipto? ¿Ignoraremos el hecho de que la tradición judeo-cristiana de Europa nació en tierras del Oriente Medio? Las enseñanzas de Aristóteles y de toda la filosofía griega ¿se habrían vuelto a ganar el aprecio de Europa después del «oscuro Medievo» si no fuese por la obra de grandes pensadores árabes como Avicena y Averroes? ¿Y no es cierto que culturas tan fecundas como la de Bizancio o la de Andalucía sirvieron de crisoles en los que se amalgamaron conocimientos y creencias? Nos preguntamos, finalmente, si en el recogimiento sobre sí de la Europa actual no debería incluirse la recuperación de su rica herencia cultural *y también* un reconocimiento de los pecados cometidos en su nombre, desde el de la dominación colonial hasta el de la explotación económica y el deterioro ecológico.

Las entrevistas de que constan las dos primeras secciones quisieran inaugurar una dialéctica entre opiniones distintas y a veces contrapuestas. Ningún intento de la familia europea por definirse tendrá éxito a no ser que también puedan seguir discutiéndolo sus «otros», aquellas comunidades no europeas que han contribuido históricamente y continúan contribuyendo hoy a la identidad y al desarrollo de Europa. El concepto del «Uno», principio fundamental de la civilización europea heredado de las tradiciones griega y judeo-cristiana, incluye ya lo «extranjero» o «forastero» como parte de su propia comprensión. El don europeo de la universalidad ha de acomodarse a la polifonía cultural si ha de ser fiel a sus promesas. Lo contrario no es más que uniformismo e intolerancia.

¿Qué implica, para una nueva Europa, tal manera de pensar? Sea cual fuere la forma que adopte en los próximos años la integración política y económica, es indudable que superará el viejo modelo de los estados nacionales centralizados. La renovada Europa que está surgiendo tiene hoy, según lo sugieren varios de mis entrevistados, una oportunidad única de llegar a ser auténticamente democrática fomentando unas nociones de soberanía que sean más inclusivas que absolutas, formas de compartir más que de aislar, de distribuir abiertamente las responsabilidades y no de acumularlas con cerrazón sobre algún centro burocrático. Esto supondrá no sólo una mayor devolución de poderes a las regiones más pequeñas que forman parte de los estados nacionales europeos, sino también un atender más a las deudas y obligaciones de Europa para con el conjunto del planeta, según pensadores como Said y Chomsky no cesan de recomendarnos.

Europa es como un nuevo Jano: tiene una cara buena y otra mala; la cara mala se debe a sus tentativas, a veces arrogantes, de configurar a su propia imagen el resto del mundo, mientras que la buena lo es por su disposición, puesta una vez más a prueba en este decisivo periodo de la historia, a configurarse a sí misma a imagen de un mundo más amplio.

Primera parte
Pensadores políticos

Primera parte
Pasajes políticos

Julia Kristeva
Extranjeros para nosotros mismos: la esperanza del singular

Julia Kristeva es profesora de lingüística en la Universidad de París VII. Nacida en Bulgaria, hizo sus estudios en Francia, donde no tardó en ser una de las celebridades del grupo vanguardista Tel Quel. Entre sus obras cabe destacar: La revolución del lenguaje poético, El deseo en el lenguaje: una interpretación de la literatura y el arte desde la semiótica; Los poderes del horror; Historias de amor; El lenguaje, ese desconocido; Las nuevas enfermedades del alma; Sol negro: depresión y melancolía; Extranjeros para nosotros mismos; El tiempo sensible: Proust y la experiencia literaria; Naciones y nacionalismo *y la novela* Los samuráis.

¿Cómo describiría usted su identidad de europea?
Yo me considero cosmopolita. Tuve la suerte de aprender francés ya en la primera infancia, pues mis padres me llevaban a un centro preescolar francés de Sofía regentado por monjas dominicas, que era una filial del colegio jesuita de Constantinopla. Así que aprendí el francés antes de iniciar mis estudios en búlgaro. Después, a aquellas monjas las acusaron de espionaje y las expulsaron de Bulgaria. Del trabajo que hacían se encargó la Alianza Francesa. Aprendí, pues, el francés, al mismo tiempo que el búlgaro, por lo que mi ingreso en la cultura francesa fue para mí de lo más natural. Cuando llegué a Francia para completar el tercer nivel de mi formación, sentí que, de algún modo, pertenecía ya a la cultura francesa, lo cual no es así desde el punto de vista de los franceses, que todavía me siguen considerando extranjera, aunque también he de decir que me recibieron con mucha cordialidad.

Es bastante fácil tenerse a uno mismo por cosmopolita —como yo me tengo— si se procede de un país pequeño como Bulgaria, lo mismo que considerarse europeo, si se ha nacido, digamos, holandés, debe de ser más fácil que lo sería si se es inglés. Insisto en este punto porque creo que el futuro de Europa depende de la idea de respeto, e incluso de conciliación, entre las naciones. Yo aprecio mucho esta idea del cosmopolitismo, que la cultura europea ha heredado de los antiguos estoicos y que fue desarrollada por los pensadores franceses del siglo

XVIII. Esta idea cosmopolita de la Ilustración me apasiona realmente, y creo que si hay alguna esperanza para Europa, por encima de las recientes divisiones étnicas que han despedazado a países como Yugoslavia, Checoslovaquia y la Unión Soviética, etcétera, esa esperanza está en este espíritu de universalismo. Debemos ir hacia una superación de las naciones, de los arcaísmos, aunque reconociendo, eso sí, las genuinas particularidades.

Desde su experiencia de la denominada «Europa del Este», ¿cómo ve usted ahora esa parte perdida, o amputada, del continente?
Esta dicotomía de las dos Europas no es para mí una experiencia dolorosa, por dos razones. Primero, por la biografía que ya he mencionado, o sea, por mi temprano ingreso en la cultura francesa; pero también porque he hecho una opción intelectual consistente en creer que el *origen* no es algo esencial, que apelar a él no es más que una reacción contra el dolor y puede llegar a ser un caldo de cultivo generador de odios. Quienes se vuelven hacia los orígenes son individuos que no saben cómo metabolizar o sublimar su odio, son personas heridas, deprimidas, y, al no tener ya ideales —la religión no les satisface, tampoco el marxismo, ni ninguna otra ideología providencialista a la que puedan recurrir— vuelven sus miras al arcaísmo del origen. Mi educación intelectual es contraria a esta idea del «origen».

¿Es admisible, o está bien, despachar así la compleja realidad del nacionalismo?
Reconozco que vamos en camino de vivir durante mucho tiempo dentro del marco de las naciones y las nacionalidades. Yo soy contraria a esa tendencia de la izquierda de querer acabar con la idea de nación. Creo que la idea de nación va a tener aún larga vida. Pero el adoptarla ha de ser fruto de una *elección*, y no un reflejo o un retorno al *origen*. Si se la adopta mediante una seria elección —es decir, viendo las cosas con claridad, sabiendo bien las razones políticas, ideológicas y culturales que nos hacen identificarnos con Francia, con Irlanda, con Gran Bretaña, etcétera, y no porque genéticamente estemos vinculados a esos países—, puede resultar una buena elección.

Pasando al otro aspecto de su pregunta, a lo de qué pueda proporcionarme hoy mi experiencia del Este de Europa, pienso que dos cosas: en primer lugar, una capacidad para conservar fresca y reconocer la importancia del esfuerzo. Nosotros, de niños, sufrimos muchas y graves privaciones económicas (aunque no llegaron a ser desastrosas, sobre todo por mi edad de entonces). Así que nos vimos en la necesidad de dar lo máximo de nosotros mismos; y los que fueron incapaces de superar el umbral de disciplina y aguante que imponían las circunstancias sucumbieron. Fue aquél un durísimo entrenamiento que nos enseñó a concentrar al máximo todas nuestras fuerzas y a ser muy disciplinados. En segundo lugar, aprendí de Bulgaria lo importante que es la *cultura*. Bulgaria es el país en que se creó el alfabeto eslavo; fueron dos hermanos búlgaros, Cirilo y Metodio, quienes dieron al mundo el alfabeto eslavo, que es el que ahora usan los rusos. En Bulgaria se celebra una Fiesta del Alfabeto, probablemente la única del mundo. Cada año, el día 24 de mayo desfilan los niños por las calles de Sofía exhibiendo cada uno una letra sobre la frente: hasta tal punto nos sentimos identificados con el alfabeto.

¿La escritura cirílica fue originariamente búlgara?

Sí, san Cirilo dio su nombre al alfabeto. Todavía hay discusiones sobre si él era griego o búlgaro; su madre era de origen eslavo, él conocía las lenguas eslavas y, cuando el Papa pidió que se tradujeran los Evangelios al eslavo para evangelizar a las naciones del Este, fueron los dos hermanos Cirilo y Metodio los encargados de llevar a cabo aquella misión. Por eso en Bulgaria tiende uno a identificarse con la cultura; esto en mi niñez lo viví yo intensamente como un elemento positivo, y creo que muchas personas de la hasta hace poco llamada Europa «del Este», sobre todo los estudiantes, sienten una avidez y una curiosidad por la cultura que la juventud occidental ha perdido precisamente porque tiene una sobredosis de cultura (en todas partes puedes comprarte cualquier cosa para llenar tu estantería), y también porque los *mass-media* han destruido el gusto tanto por la cultura clásica como por la gran cultura moderna. Europa va camino de sufrir durante mucho tiempo una disolución de la cultura.

Yo acabo de escribir una novela titulada *El viejo y los lobos*, en la que describo la brutalidad del mundo moderno, cuyas muestras son evidentes así en Irlanda, Gran Bretaña o Francia, como en el Este de Europa. Hay una locura generalizada: violencia contra las personas, falta de cultura, falta de respeto, y todo ello está yendo aún a peor con el hundimiento de la cultura pseudoclásica, sin que quede ni un resto de ella. Son cosas que nos costará muchísimo superar. Va a haber pronto dos problemas enormes: la economía de mercado y el tener que ir reparando los desastres de cincuenta años de vacío cultural y moral. También habremos de trabajar mucho los intelectuales contribuyendo, por ejemplo, al intercambio de cultura entre las dos partes del continente, sobre todo en lo que se refiere a las humanidades.

¿Cómo combina usted su cosmopolitismo de ciudadana francesa con la fidelidad a su lugar de origen? ¿No cree que es necesario algún reconocimiento de los orígenes nacionales o regionales? Da usted a entender que el nacionalismo es un fenómeno patológico, pero ¿no es cierto que esa patología sólo se produce si negamos la básica necesidad humana de una cierta identidad nacional?

El nacionalismo báltico, eslovaco o croata es, en mi opinión, una actitud regresiva y depresiva. Si se me permite hacer una breve digresión psicoanalítica, esos nacionalistas separatistas son gentes a las que se les ha pisoteado durante mucho tiempo la propia identidad. El marxismo soviético no les reconoció esa identidad, así que ahora están reaccionando antidepresivamente de muchas formas maniacas, por decirlo de algún modo. La exaltación de los orígenes y de arcaicos valores populares puede tomar formas violentas porque siempre se busca un enemigo, y como el enemigo ya no es el comunismo, que ya no existe, el enemigo ha de ser ser el *otro:* el *otro* grupo étnico, la *otra* nación, como principales cabezas de turco. Esta patología puede durar mucho tiempo, y tan arcaico modo de explicarse las cosas puede impedir, o por lo menos obstaculizar, el desarrollo económico y cultural que esos países están necesitando. Se puede tratar de acelerar el proceso, de evitar que se detenga, de ayudar a que vaya un poco más deprisa, y a este nivel hay muchísimo trabajo por hacer, de un lado, por las Iglesias, y de otro, por los intelectuales. A mí me parece que, en la «Europa del Este», la Iglesia católica ha tenido un papel muy destacado en la rebelión contra el comunismo. Actualmente le corresponde la importante tarea de ayudar a trascender el nacionalismo y dar a aquellas gentes unos ideales que no sean estrictamente étnicos o arcaicamente nacionales. Recientemente la Iglesia ha difundido una encíclica en la que se muestra muy interesada por la lucha moral contra el totalitarismo y también contra cierto «americanismo». A mí me ha impresionado mucho esta idea cosmopolita y universalista de la Iglesia cristiana como remedio contra esos nacionalismos de los que, si bien no debemos desembarazarnos apresuradamente, sí debemos intentar superarlos, trascenderlos.

Si la crisis no es sólo política, sino también moral y espiritual como usted sugiere, ¿no significa esto que la solución deberá ser también de orden moral y espiritual?

Ni siquiera los problemas económicos podrán solucionarse sin esa renovación de orden moral. Imaginémonos unas gentes que vivan en una economía de mercado basada en la idea de la competición individual estando todavía muy herido, débil y frágil su sentido de la individualidad. Para consolidar este sentido de la individualidad, de la autonomía y la libertad propias de uno mismo, se necesita un fuerte apoyo moral. Por este motivo creo que los dos aspectos, el económico y el moral, están estrechamente vinculados. Y yo daría prioridad a la revolución moral.

¿Aboga usted quizá por un retorno al humanismo individualista liberal del siglo XIX..., y pienso concretamente en el legado de Locke, Hume y Mill, quienes fraguaron la idea de unos derechos individuales independientes del contexto comunitario o social? ¿O se está refiriendo usted

a algo que supere el individualismo tradicional propugnando algún nuevo derecho a la singularidad que sea compatible con la solidaridad social?

Creo que hay un derecho a la singularidad. Pero no está claro que los países ex comunistas vayan a ser capaces de hacerse en la práctica con esta singularidad *de iure*, viniendo como vienen de una ideología colectivista, a no ser que pasen primero por alguna forma de individualismo.

¿Quiere usted decir que es necesario pasar por el liberalismo?

No por un liberalismo desenfrenado o acrítico. De ahí que yo insista en recomendar las mejores formas de identidad individual que pueden encontrarse en la religión cristiana o también en la Ilustración del siglo XVIII. Y a este propósito suelo citar una frase que me parece que expresa las miras del cristianismo, aunque éstas vayan más allá. Pertenece a los *Pensamientos,* de Montesquieu, y viene a decir esto: «Si supiese que hacer una cosa sería conveniente para mí pero perjudicial para mi familia, me quitaría de la cabeza el hacerla. Si supiese que hacer una cosa sería provechoso para mi familia pero perjudicial para mi patria, consideraría un crimen hacerla. Si supiese que hacer una cosa sería conveniente para Europa pero perjudicial para la humanidad, consideraría también un crimen el hacerla». Es una idea interesantísima, porque reconoce al individuo, a la persona, a la familia y a la nación, pero, al mismo tiempo, considera también que la persona individual sólo puede desarrollarse plenamente en un marco más amplio.

¿A esto es a lo que llama usted el modelo cosmopolita?

Sí, porque a la nación, al individuo y a la familia se les reconoce como objetos transicionales, para decirlo a lo Winnicott, como momentos de consolidación que son necesarios pero no suficientes. A esta lógica de la transición es a la que se atiene Montesquieu en esas frases, y creo que debería estudiarse, por ejemplo, en todas las escuelas francesas, pues no está claro ni mucho menos que todos los franceses apliquen tal lógica. Es difícil vivir en Francia cuando se es extranjero. Por encima de todo hay algo que deberíamos tratar de compartir con nuestros amigos del Este, reconociéndoles y aceptándoles sus peculiaridades étnicas y nacionales, mientras les animamos a evitar a este nivel las fijaciones y las limitaciones, para avanzar hacia horizontes más amplios.

¿Sugiere usted que la religión podría desempeñar un papel positivo en la superación de las denominaciones o sectas particulares, proyectando una visión común y universal?

Todas las religiones coinciden en que para ellas eres un extraño si no compartes sus supuestos. Aparte de ello, nuestras religiones monoteístas han intentado desarrollar una noción del Otro, y es este legado del pensamiento occidental el que nosotros debemos enriquecer y cultivar, el que la Ilustración trató de extrapolar y el que es necesario que desarrollemos de nuevo debidamente en nuestro tiempo. ¿Qué significa esto? Cuando un extraño llama a mi puerta, por ejemplo, yo debo tratarle, según manda la Biblia, como si fuese Dios mismo —lo que indica la sacralidad y singularidad de los otros—. También significa que, como nos lo enseñan las peregrinaciones de los evangelizadores desde los primeros siglos del cristianismo hasta san Agustín, el viajar, las ideas del ir a llevar a otras gentes el mensaje de Cristo y del recibir como a peregrinos a los extranjeros que llegan, todo eso va haciendo como de ósmosis entre los distintos grupos étnicos. La idea de la *caridad*, del amor cristiano, cuyas formas degeneradas tanto abundan por desgracia en la historia del colonialismo occidental, está dando hoy mucha fuerza a las Iglesias cristianas. Podemos ver cómo se está desarrollando esto, por ejemplo, en el Secours Catholique y en otras organizaciones cristianas que en Francia se dedican a ayudar a los extranjeros: enseñando a leer a los trabajadores inmigrantes y a sus familias, auxiliándoles económicamente, etcétera. Creo que es importante resaltar este aspecto de la cultura religiosa, por cuanto ésta goza de un auténtico seguimiento popular y puede hacer frente a los peligros de un nacionalismo estrecho.

Y, una vez realizada esta labor por las religiones, ¿queda alguna otra tarea por hacer?

Sí, junto a esta labor hay mucha más por hacer en relación con el individuo, desarrollando la dimensión de la singularidad. Nuestras ideas no han caído del cielo, tenemos una herencia y debemos contar con ella; de lo contrario, corremos el peligro de perdernos en abstracciones. En el siglo XVIII cambió radicalmente el modo de entender la singularidad humana. Y también hay mucho por hacer mediante el psicoanálisis..., algo a lo que yo me dedico en mi trabajo de cada día.

¿Quiere usted decir que esa labor sobre el dominio privado de la psique, ese trabajo sobre el alma, no le compete propiamente a la política ni a la religión, sino sólo al psicoanálisis?

No me propongo hacer aquí un panegírico del psicoanálisis. Para el analista, la persona que acude a hacerse analizar ha de declarar ante todo que quiere ser analizada. Así que yo no pretendo sugerir a quienes lean esta conversación que vayan a analizarse. Pero creo que el psicoanálisis es una forma moderna de tener muy en cuenta la herencia monoteísta del judaísmo y del cristianismo, así como lo que la Ilustración llegó a saber del ego y de nuestras singularidades. Pero hay también otras formas de aprender más sobre esta singularidad nuestra, formas que van desde la meditación personal hasta el arte, la lectura, la música, la pintura...

¿Se puede conseguir eso mismo relacionándose con las demás personas?

Para mí la relación con otras personas es esencial. Como formas de sublimación, las artes son sumamente importantes, pero insuficientes. A veces pueden llevar a alguien a complacerse en su propia rareza, pueden inducir a cerrazones más que a la superación del trastorno. Y, ciertamente, para el buen desarrollo de las singularidades personales es indispensable relacionarse con otras personas.

Quisiera preguntarle, por último: ¿qué papel cree usted que corresponde hoy al proyecto europeo de la Ilustración? Me refiero a aquella gran república cosmopolita de Europa con la que soñaban Voltaire y Montesquieu. Desde que ellos expresaron por primera vez su visión, hemos asistido no sólo a la división de Europa en nacionalismos rivales, sino también, en nuestro siglo, a dos guerras mundiales como resultado directo de tales antagonismos. Tras esas dos guerras mundiales, y sobre todo después de Auschwitz, ¿qué proyecto de una Europa unida podemos hoy defender que sea legítimo y viable?

Tenemos que tomar en serio la violencia de los afanes de identidad. Por ejemplo, cuando alguien sabe que viene de un determinado origen podrá ser muy loable que ansíe el reconocimiento de su identidad, pero no hay que olvidar la violencia que se esconde tras ese deseo, una violencia que puede volverse contra él mismo y contra otros, causando guerras fratricidas. Es preciso, por ende, que nos percatemos no sólo de lo relativa que es la fraternidad humana, sino también de que hemos de tener a raya, tanto pedagógica como terapéuticamente, el afán de violencia y de muerte que todos llevamos *dentro* de nosotros.

¿Cómo puede llegar a ser fratricida la fraternidad?

¡Vaya si puede! Por eso, a la vez que nos ocupamos de reprimir los deseos mortíferos, deberemos tratar con la mayor delicadeza a nuestros semejantes y respetar sus sentimientos nacionales. Después de la Ilustración, la idea de nación fue considerada durante mucho tiempo como una idea trasnochada y redundante de la que se podía prescindir. Yo creo que, por lo menos al nivel económico, la idea de nación sigue estando vigente y seguirá estándolo como mínimo otro siglo. Pero no basta con advertir su dimensión económica, sino que hemos de ser conscientes de la violencia psíquica que implica el adherirse a esta idea. Es una violencia que también pueden suscitar ciertas religiones, ya que las religiones pueden ser otra forma de adhesión a los orígenes. Los negros nubarrones de los diversos fundamentalismos que hoy día se ciernen por doquier no pueden ser disipados únicamente por una buena voluntad fraterna. Tropezaremos con enormes obstáculos y dificultades. Tenemos que enfrentarnos al deseo de matar. Yo creo que cuando más cerca estuvimos de él fue tras la caída del Muro de Berlín. Al caer el Muro, cayeron todas las pantallas que nos ocultaban y defendían de este deseo mortífero. Ya no existen pantallas de nuevas ideologías prometeicas, como lo era el marxismo. Las viejas religiones, aunque todavía son sólidas y durarán largo tiempo, están siendo puestas en cuestión. Nada puede ya eliminar u ocultar este criminal deseo. Se nos ha dejado frente a frente con él, y las formas más adecuadas de contrarrestarlo son, en mi opinión, las sublimaciones y clarividencias que el arte y el psicoanálisis nos ofrecen.

Los medios de comunicación propagan este deseo de matar. ¿Qué películas le gusta a la gente ver incansablemente? ¡Al más escalofriante filme de terror se le califica de todo menos de aburrido! Esa violencia nos atrae. Así que en la gran tarea moral de intentar resolver el problema de la identidad hemos de habérnoslas también con esta experiencia contemporánea de odios, violencias y crímenes. Los nacionalismos y fundamentalismos no son, frente a tanta violencia, sino pantallas, débiles y frágiles pantallas translúcidas, que sólo sirven para desviar este odio dirigiéndolo contra el otro, contra el vecino, contra el grupo étnico rival. Tarea descomunal de nuestra civilización es pretender combatir este odio... sin Dios.

(París, 1991)

Neal Ascherson
Naciones y regiones

Neal Ascherson es un autor y periodista británico que ha trabajado como corresponsal político para el diario Scotsman *y como corresponsal europeo para el* Independent on Sunday. *Su libro más reciente lleva el título de* Jugando con sombras.

¿Cree usted que la Ilustración europea contribuyó positivamente a la modernidad?

Creo que lo que aportó fue sobre todo el sentido de ciudadanía y un sentido de la universalidad. La Ilustración dijo dos cosas: primera, que el pueblo tiene derechos; segunda, que todas las ideas, todas las soluciones han de aplicarse por igual a todos. Libertad, igualdad y fraternidad son los derechos fundamentales de los seres humanos de toda la Tierra, no sólo de Europa, y todos tienen los mismos títulos para disfrutar de ellos. Se trata, pues, de un universalismo del valor. Ahora bien, a partir de aquí, pudieron seguirse dos direcciones diferentes: por un lado, en Europa, tuvimos algunas ideologías que se consideraban indiscutibles y cuyos valores, por ser universales, habían de imponerse a todo el mundo; esta vía llevó a los sistemas totalitarios, a las dictaduras. La otra corriente emanada de la Ilustración fue una serie continua de disminuciones o repartos del poder, de andar inventando modos de que las gentes del fondo de la masa social o las de remotos lugares todavía no del todo explorados pudieran ser conducidas a la luz de la cultura, instruyéndolas y haciendo que sus innatos derechos —según se los conocía en aquellos buenos tiempos de entonces— tuviesen una realidad gracias a que a la población se le fuese enseñando a usarlos y a que se crearan las condiciones necesarias para ello.

¿No hay una tercera vía a partir de la declaración de estos derechos de libertad, fraternidad e igualdad? Estoy pensando en cómo interpretó Napoleón que ese universalismo de los derechos del ciudadano sólo se refería a los derechos de los franceses..., con lo que convirtió el universalismo de la Revolución francesa en un imperialismo e invadió otros países para «liberarlos» mientras los sometía a un nuevo Imperio francés...

En efecto, sucedió lo que usted dice, y creo que fue un fruto bastante característico de la Ilustración. Pero luego, mucho más tarde, se da de nuevo lo mismo en el caso de Alemania, que es muy similar. De pronto, Alemania adopta la extraña actitud de querer hacer creer que su expansión es, en realidad, un gran adelanto, porque ella está tan desarrollada que ya no es una sola nación, sino que *es* la universalidad misma. ¡Nosotros somos los dechados, los modelos perfectos de lo que habrá de ser el futuro, y si se los imponemos a otras porciones de Europa, las poblaciones de esos países tendrán el inmenso privilegio de vivir bajo las botas de nuestros granaderos y las cadenas de nuestros tanques, para llegar al futuro unidas, sanas y salvas, dejando atrás sus mezquinos y disgregantes particularismos! De este modo pretendía justificarse un imperialismo monstruoso.

Pero a usted ambos proyectos, el napoleónico y el hitleriano, le parecen, sin duda, una perversión del universalismo.
Sí, es una perversión. Pero la cosa viene de muy atrás. Aquí topamos con el escollo de que la Ilustración es como un credo para los intelectuales. Éstos construyen sistemas que, en su total coherencia, no dan cabida a las excepciones. Los intelectuales establecen leyes que se supone son aplicables a todos porque cuadran con los principios universales que todo ser humano lleva grabados en su interior y que en muchos aspectos son exactamente los mismos en todas partes. Así pues, hay que contar con ese elemento mecanicista que venía a ser antes el chiflado profesor de bata blanca y ha sido en la Europa de este siglo el intelectual de gran mostacho que, con su interminable periódico y su taza de café, se sienta a la mesita velador de algún café centroeuropeo para redactar manifiestos que le harán ir entrando y saliendo del campo de concentración.

Hoy se habla y escribe mucho acerca de Centroeuropa considerándola como la cuna de la civilización moderna; y actualmente casi se rinde culto al intelectual centroeuropeo. ¿Le convencen a usted tales apreciaciones?
Eso sólo se debe a que en la Europa Central, en la Europa de los Habsburgo, hubo una increíble concentración de talentos, gran parte de ellos, aunque no todos, judíos. Tras la caída del Imperio de los Habsburgo, la mayoría de aquellos talentos fueron eliminados o se marcharon a otros países. Desde luego, hay mucho sentimentalismo en lo tocante a Centroeuropa, llegándose incluso a decir que, sólo con que pudiésemos tener el viejo Imperio de los Habsburgo, reuniríamos a todos sus pueblos y pondríamos fin a esos estados nacionales convirtiéndolos en una asociación de regiones. La verdad es que esto suena muy bien y parece muy bonito; pero no hay que olvidar nunca la otra cara del asunto. Y es que Europa Central no brilló precisamente

por el progresismo de sus ideas culturales y científicas, y además fue en aquellos países donde se produjeron las más terribles distorsiones de la Ilustración. Lo que los intelectuales centroeuropeos inventaron ante todo fue el nacionalismo romántico (que ha tenido una vertiente positiva y otra negativa); pero después inventaron también ellos el totalitarismo. Tales ideas provienen de esa parte del mundo. Allí se originaron el marxismo y sus particulares perversiones. De allí salió lo más grave del fascismo... La Europa Central, con sus odios y confusiones, con los incesantes cambios de su mezcolanza de gentes y pueblos, con sus revueltas sociales..., espiándose y aborreciéndose unos a otros, buscando siempre cada uno cómo someter y humillar al vecino, soñando todos con castigar a quien sea...

Volviendo ahora a la cuestión de la «asociación de regiones», pienso que pocas personas discutirían las ventajas de una asociación así, en la que cada región pudiese expresar su propia cultura..., si bien lo que otras personas quizás echarían aún en falta sería algún tipo de unión política más fuerte. La Comunidad Económica Europea, en sus sedes de Bruselas y Estrasburgo, ha introducido hace poco el concepto de «subsidiaridad» para responder a ese deseo. ¿Le parece a usted que es ésta una medida suficiente?

Veamos qué se quiere significar exactamente con eso de la subsidiaridad. ¡Es todo un «palabro» para designar algo muy atractivo y muy sencillo! Lo que de suyo significa es que cuanto pueda hacerse a un nivel inferior no debe hacerse a otro nivel más alto. Ahora bien, entre los seres humanos la comunidad local se halla a un nivel bajo, muy próximo a la base. Por tanto, a los seres humanos que forman esa unidad básica, déjeseles establecer, si ellos quieren, otros organismos —digamos ayuntamientos o concejos de distrito— que les rijan y se encarguen de las cosas que los individuos particulares no puedan hacer por sí solos: déjeseles proceder así, pues tienen derecho a ello. Y si los ayuntamientos o concejos de distrito quieren asociarse y establecer concejos regionales, y si éstos a su vez quieren establecer un gobierno nacional, déjese que lo hagan, pues tienen derecho a ello. Pero donde todo esto comienza es *desde abajo*, con lo que mucha gente en Europa denomina «comunas», aunque hay muchas palabras distintas para decir lo mismo: la unidad básica en que comienza en realidad la soberanía.

¿La «res publica»?

Exacto. Se la podría llamar así. La unidad básica es la comunidad que se autogobierna.

¿Una democracia participativa local?

Sí. Claro que, en cada célula democrática de éstas, podrá haber más o menos democracia. Pero lo esencial es que el poder se transmita de abajo hacia arriba.

Una vez más suena esto muy bien, pero ¿es realizable tal principio? ¿Y está funcionando así la cosa pública en nuestra Europa?
Está funcionando en varios países, y donde lo hace más espectacularmente es en Alemania.

¿Se refiere usted al sistema de los Länder*?*
Efectivamente. En Alemania está funcionando muy bien. La gente está tranquila y contenta con ese sistema, que constituye una especie de telón de fondo sobre el que los ciudadanos pueden enfocar sus puntos de vista políticos, morales y sociales.

¿Y cómo funciona concretamente? ¿Tienen cada región y cada uno de los Länder *mucho poder en el conjunto de la nueva Alemania unificada?*
Bueno..., en cierta manera está usted dándole vueltas a la misma pregunta, la de cuánto poder tienen, de hecho, las células básicas. Y la respuesta es que bastante... y lo delegan en las instancias de superior nivel.

¿Para qué cosas? ¿Pueden recaudar sus propios impuestos regionales?
En muchos casos sí. La *Gemeinde*, que es como un pequeño mercado urbano, y la zona de alrededor de ella, pueden hacer algunas recaudaciones de tasas. Y luego el *Land*, que es un estado de la Federación, puede tener varios millones de habitantes...

Uno de esos Länder *sería Baviera, y otro Westfalia-Renania del Norte.*
Éste es un punto interesante: ahí tiene usted dos diferentes tipos de región. Hay regiones que, como Baviera, son, en esencia, los restos de lo que fue antaño un reino independiente. Otras, en cambio, han sido creadas por motivos políticos, como Westfalia-Renania del Norte, que fue creada por los aliados después de la guerra.

Y sin embargo ha tenido un considerable éxito.
Es donde está el Ruhr, la principal cuenca industrial de la Alemania Occidental, cuyas fábricas fueron reconstruidas... y luego decayeron de la misma forma que decayó toda la industria durante los años sesenta y setenta. Pero sigue habiendo allí una gran lealtad al Estado, una especie de patriotismo, y funciona muy bien.

Hay quienes dicen —incluso lo señaló años atrás Margaret Thatcher— que estamos yendo hacia un Imperio europeo en el que las antiguas y queridas nociones de independencia, soberanía e identidad nacional llegarán a ser olvidadas del todo. ¿Lo cree usted así?

Lo creo sólo a medias. Si lo que se piensa al decir eso es que el concepto de soberanía nacional está siendo transformado por la nueva Europa, que al asumirlo lo convierte en algo distinto de lo que era, entonces estoy de acuerdo. Pero la identidad nacional no sufre por ello ningún detrimento. Claro que, a fin de cuentas, todo depende de lo que se quiera entender por «nacional». No me parece que vayamos a formar ningún superimperio. Es obvio que ciertas tendencias de la Comunidad apuntan hacia la instalación de una enorme e irresponsable burocracia. Pero no creo que llegue a implantarse, porque ni las demás instituciones de la Comunidad ni la naturaleza de los propios países permitirán que suceda tal cosa.

¿Y qué opina usted de cómo se va desarrollando la Comunidad?

Veo esta Europa unida como algo parecido a un gran organismo que estuviese echando otra piel nueva para conjuntar y proteger todos sus miembros. Y dentro de esta segunda piel, esas especies de pieles que actualmente separan a un estado nacional de otro se harán cada vez más delgadas y porosas, hasta dejar de ser barreras obstaculizadoras; de hecho, ya se van abriendo en ellas muchos poros: estamos anulando las fronteras de nuestros estados, eliminando los límites de nuestras naciones. Los estados-nación existentes van perdiendo poder, pero éste se les escapa en dos direcciones: hacia arriba, hacia Bruselas, Estrasburgo o dondequiera que instale su sede el gobierno europeo, y también hacia abajo, hacia el pueblo europeo. Y el que a mí más me interesa es el movimiento descendente, porque en él el poder va pasando a las subnaciones y a las unidades más pequeñas.

Pero ¿cómo sabremos que eso no es sólo un deseo utópico, mera retórica emanada de Bruselas cual sopa boba para las regiones más pobres y subdesarrolladas, algo así como si les dijesen: «Si votáis el uniros a Europa, os compensaremos dándoos algún poder»?

Me parece que la respuesta a esto dependerá de lo mucho o poco que haya cambiado el concepto de región.

Porque tradicionalmente se le ha asociado a los de atraso, reaccionarismo y mundo rural...

Sí, tuvo dos connotaciones peyorativas: ante todo, la de provincianismo; lo provinciano era oscuridad, superstición, atraso, mucha pobreza..., por lo que quienes se veían obligados a tratar con ello tendían siempre a lamentarlo. Y después vino la definición económica del regionalismo como algo negativo. Esto ocurrió sobre todo en el pensamiento británico. La región era el lugar del desastre económico, la región herrumbrosa y enmohecida del lejano norte, en la que todo se caía a pedazos, había enormes porcentajes de desempleo y para no morirse de hambre las gentes acudían en masa al asilo. La región era, por lo tanto, una zona desastrosa.

¿Cuándo cambió eso?

Empezó a cambiar allá por los años setenta. Pues durante los primeros veinte años de la Comunidad sólo hubo un Estado miembro que estuviera basado en una estructura regional, y fue Alemania Occidental, que era una federación. Pero entonces empezaron a cambiar las cosas y un Estado tras otro se fue desprendiendo, en distintos grados, de su antiguo carácter centralista. Italia cuenta ahora con quince regiones; Francia tiene, desde comienzos de la década de los ochenta, veintidós. Fue un cambio realmente sorprendente. Pero esto no sólo sucedió en Francia, estado tradicionalmente centralista. El de España es otro ejemplo notable. Tras la caída del franquismo, la Constitución de 1978 descentralizó el país y permitió que las regiones se arrogaran grandes proporciones de autonomía. Resurgieron así el País Vasco, Cataluña, Galicia, Navarra, Andalucía, y otras, hasta diecisiete.

Y ¿qué me dice de Bélgica? ¿Calificaría usted de cuasi federal a ese reino?

Sí, se le podría calificar de ese modo. La solución actual de los eternos problemas belgas, si es en verdad una solución, pasa por el federalismo. La Bélgica de hoy consta de tres partes: Flandes, los estados valones y la misma Bruselas.

¿Cómo es que, actualmente, Gran Bretaña e Irlanda son las dos naciones-estado más centralizadas de toda la Comunidad Europea? ¿Qué podríamos ganar en el continente imitando a nuestros vecinos de allá?

No es nada fácil decir por qué padece Irlanda la plaga del centralismo, pero sospecho que es algo que ha heredado inconscientemente del viejo Estado británico. La de Gran Bretaña es una forma de Estado yo diría que muy, pero que muy arcaica. En Europa no hay nada que se le parezca. E incluso no hay nada parecido en todo el resto del mundo desarrollado, porque el sistema británico es un sistema de *soberanía absoluta*. Lo que pasa es que, en el siglo XVII, el Parlamento inglés arrebató a los reyes el poder absoluto, aquel poder divino de los monarcas, y se lo quedó para sí. Y ahí está todavía, en el Parlamento, el poder absoluto. Así que en aquel país es inconcebible la *soberanía popular*. En vez de ésta, hay un Parlamento elegido pero absolutamente soberano: no está sometido al pueblo —del cual no hay concepto efectivo— ni tampoco a una Constitución. Lo que significa, para nuestro propósito, que el Parlamento británico no puede repartir su poder. Sí que *podría* deshacerse totalmente del poder para siempre, pero lo que le es imposible es federarlo, regionalizarlo o devolverlo a unas autonomías, porque conserva el derecho a reclamarlo otra vez para sí en todo momento, lo cual imposibilita que se realice cualquier tipo de federación.

¿Son entonces los habitantes de Gran Bretaña, al menos en principio, «súbditos» y no «ciudadanos»? ¿O no significa nada actualmente esta diferencia terminológica?

Yo creo que sí que significa algo. «Ciudadano» es quien posee una determinada categoría conforme a una ley constitucional: es un miembro del pueblo, de ese pueblo del que se deriva la soberanía, la cual asciende después hasta la cúspide de la pirámide social. El poder no va de suyo hacia abajo. En cambio, en el Estado británico, hasta el día de hoy, sí que fluye el poder desde la cima de la pirámide, simbolizada por el monarca, hacia abajo, como una especie de lluvia de oro o goteo de influencias sobre la población. Dentro de un marco constitucional, el poder fluye de abajo hacia arriba, al revés de lo que ocurre en Gran Bretaña. Quien vive, pues, en un Estado en el que el poder proviene de arriba y va hacia abajo es un *súbdito*. Quien, por el contrario, vive en un país que goza de soberanía popular, donde el poder sube del pueblo hacia arriba, hacia los representantes elegidos por el pueblo, es un ciudadano. Y el ciudadano tiene derechos, unos derechos que hay que reconocerle y que pueden encontrarse en la Constitución.

¿No resulta casi contradictorio que un Estado-nación como el británico, con soberanía absoluta, sea al mismo tiempo un Estado compuesto de diferentes naciones, como Irlanda del Norte, Escocia, Gales e Inglaterra?

Creo que es precisamente por eso por lo que cada vez se está poniendo más en cuestión la naturaleza del Estado británico, y la idea de que hay que modificarla va ganando muchos adeptos hasta en la misma Inglaterra. Realmente el Estado británico es un Estado multinacional que en cierto modo se resiste a admitirlo. Actualmente lo forman Inglaterra, Irlanda del Norte, Escocia y Gales, y sin embargo el Parlamento, un Parlamento en el que predominan los ingleses, todavía sigue ejerciendo sobre esas otras naciones del Estado un poder casi total. Les deja un margen de maniobra muy pequeño. Para aproximarse a algún tipo de regionalismo compatible con el cada vez más corriente concepto europeo de una *Europa de las regiones*, el camino mejor ha resultado ser el de introducir algún cambio en la doctrina constitucional básica del Estado británico. Se han visto obligados a admitir, ante todo, que el suyo es un Estado multinacional; en segundo lugar, que el poder que se transfiera o devuelva federativamente a las naciones que componen ese Estado no se les podrá ya reclamar ni quitar; y, en tercer lugar, han tenido que romper con la vieja tradición del ir aumentando la autoridad centralizadora. Una de las peores cosas que ocurrieron durante la época Thatcher fue que podías hablar cuanto quisieras de que hubiese cada vez menos gobierno, de que éste no siguiese dirigiendo la economía y de que dejase a la sociedad arreglárselas libremente, pero la práctica fue un continuo deslizarse del poder estatal hacia el centro y un chuparle hasta la última gota de sangre al poder de las autoridades locales, con abusos tan extraordinarios como el de destituir a las autoridades elegidas para regir Londres mismo, que ahora lleva ya muchos años sin poder elegirlas.

También los escoceses han dicho muy enérgicamente «No» a todo ese proceso. Usted es escocés y, como de sobra sabe, el Partido Nacionalista de Escocia y el Partido Laborista Escocés han hecho una campaña donde han propugnado que la solución al problema nacional escocés se dé en los términos de una Europa de las regiones. ¿Qué idea hay tras esto?

La situación en Escocia es muy interesante, porque se trata esencialmente de una cuestión nacional. Alrededor del 85% de los escoceses quieren alguna forma de parlamento escocés, ya sea dentro del Reino Unido, ya sea en condiciones de completa independencia. Creo que son varias las razones por las que Europa ha entrado en el debate escocés. Una, que un país como Escocia tiene muchas más implicaciones que Inglaterra con la Comunidad Europea en todo lo concerniente a la pesca y a la agricultura. Lo cual salta a la vista con sólo abrir la prensa diaria escocesa, que dedica mucho más espacio que la inglesa a esta temática. Y la otra razón es que Europa es, en cierto modo, una vía por la que Escocia puede abrirse al mundo... pues supongo que lo que inspira en realidad al movimiento, o a los movimientos, a favor de la autonomía escocesa es el deseo de unirse al mundo y no el de apartarse de él. Conseguirlo todo no por la mediación o a través de Londres, sino yendo directamente al centro del poder y estando allí representados. Formando parte del sistema británico hay la dificultad de que, si los escoceses quieren hacerse oír en Bruselas, estar allí representados y que se les reconozca internacionalmente su identidad, se lo impiden las reglas establecidas tanto por el Estado británico como también hasta hoy, desgraciadamente, por la Comunidad Europea, reglas según las cuales, para obtener todo lo dicho, se ha de ser un Estado-nación. Resulta así de lo más curioso que el nacionalismo escocés cerrado y de miras estrechas, que sólo aspira a una independencia y una soberanía totales, ha sido enormemente fortalecido por las disposiciones tanto de la Comunidad Europea como de la misma Gran Bretaña.

Y, sin embargo, el eslogan del Partido Nacionalista de Escocia es «Independencia dentro de Europa». Por tanto, no una independencia ab-

soluta, sino una independencia, por así decirlo, interdependiente con las demás regiones o naciones regionales.

Bueno, usted está fijándose en los nacionalistas escoceses, concretamente en el Partido Nacionalista de Escocia, el cual está pasando ahora por un momento muy delicado en su evolución. Hay, sí, algunos que ven el camino a Europa como una posibilidad de independencia para Escocia. Y esto es todo lo que ansían. Hay otros que dicen: queremos ser parte de Europa y que nuestra sociedad progrese y se abra de nuevo al mundo, y pensamos que dentro de Europa podremos ser tal vez una especie de región, pero debemos ingresar en Europa como un Estado nacional y rendir o diluir luego en ella gran parte de nuestro poder, de nuestra recién recuperada soberanía. Esto es muy interesante, porque es uno de los diferentes tipos de camino que llevan hacia una *Europa de las regiones*. Y hay unas cuantas naciones, naciones sumergidas, que sienten que, para llegar a ser una región de esta Europa unida, han de pasar por la fase de ser una nación-estado *antes* de poder entrar en Europa y cederle a ésta su soberanía en los términos que estipulen.

Usted ha escrito acerca de la noción de «hogar» y de la importancia de la identidad regional y nacional respecto al hogar, proponiendo una redefinición del hogar como algo hospitalario, a la vez abierto y acogedor e inclusivo y protector. ¿Podría explicárnoslo un poco?

Esto nos vuelve a llevar al punto en que hablábamos del nacionalismo, el regionalismo y la xenofobia. El gran placer de construirte tu propio hogar tal y como quieras incluye la satisfacción del poder ofrecer hospitalidad. Esto lo sabe todo el mundo. Nada es tan gratificante como sentir que, estando sólidamente acomodado en el mundo, puedes abrir tu puerta para que la gente pueda entrar en tu casa. Lo he observado en gran número de países que han logrado tener alguna forma de autonomía, autogobierno o independencia. He sido testigo del puro placer que proporciona el poder dar la bienvenida a los extranjeros, aunque éstos fuesen la víspera enemigos declarados y odiados, aunque fuesen gentes a las que ayer mismo se despreciaba o de las que nada se sabía, o aunque fuesen tradicionales adversarios. Yo deseo y espero que esto suceda. Me gustó mucho lo que la presidenta Mary Robinson dijo de la Quinta Provincia en su Discurso Inaugural, y también lo del propósito acogedor y de dejar las puertas abiertas a los extranjeros. Esto es una gran esperanza para la nueva Europa. En cierta ocasión, hace años, anduve yo buscando alojamiento en Gotemburgo, Alemania. Llegué a un siniestro y estrambótico chalet llamado Haus Stachenburg y, cuando me disponía a entrar, me salió al paso la casera, una mujerona enorme con cara de pocos amigos y en actitud agresiva. Y detrás de ella vi que había una tosca inscripción que decía así: «*Mein*

Haus ist meine Welt, immer'raus wem's nicht gefällt», lo que significa: «Mi casa es mi mundo, a quien no le guste ¡que se largue!». Esto me produjo la misma impresión que el viejo y angosto nacionalismo exclusivista, roído por el odio, del que confío en que ahora, por suerte, seguiremos alejándonos.

(Dublín, 1991)

Charles Taylor
Federaciones y naciones: vivir entre los otros

Charles Taylor es profesor de filosofía en la Universidad McGill de Montreal. Entre sus obras de historia de las ideas en Europa destacan: Las fuentes del yo; El concepto hegeliano de la política y Estudios filosóficos. Nacido de padres franco-ingleses, ha vivido muchos años en París y en Oxford, lugar este último en el que fue uno de los fundadores de la New Left Review. *En Quebec, donde ahora reside, ha sido una figura clave en los recientes debates sobre nacionalismo, federalismo y bilingüismo.*

¿Piensa usted que la transición hacia una nueva Europa supone un cambio fundamental en la identidad colectiva de las personas?
Las personas no tienen, simplemente, una sola identidad colectiva, no sólo pertenecen a su nación... Eso de la identidad colectiva es algo muy complejo, porque las personas además de relacionarse con su *nación* se relacionan también con su *región* y tienen un sentido de ser *europeas*. Se puede decir, por tanto, que hay al menos tres modalidades o niveles de identidad; y esto te permite vivirla de una forma bastante plena, porque significa que estás conectado a una red de ideales e intereses más amplia que si te limitaras a coger siempre una sola onda. No creo que fuese buena la antigua manera de vivir, cuando la gente estaba encerrada en su estado-nación y miraba con malos ojos a quien viniese de otros estados. Hoy día, en Canadá, puede que, por desgracia, estemos yendo otra vez hacia eso.

En Canadá han conseguido ustedes tener un sistema federal.
Sí, pero quizá lo estemos perdiendo. Porque algunos no saben ajustarse a él, y las distintas tendencias tal vez lleguen a dividirnos y a separarnos unos de otros. Pero mientras en mi propia casa está dándose trágicamente este proceso, yo sigo con entusiasmo las noticias de lo que sucede hoy en Europa.

¿Podríamos alargar un poco las comparaciones? Hay en estos momentos en Europa quienes, considerando la historia de Canadá y la de Estados Unidos, dirían sencillamente que el sistema federal canadiense

no funciona y que Estados Unidos, como la gran amalgama de gentes que es, se encuentra ahora con que sus ciudadanos no tienen ningún sentido de identidad nacional y que, habiendo entre ellos tanta proporción de crímenes y tan graves problemas con las drogas y con la discriminación racial, si a la vez les falta el sentido de pertenencia a un lugar, al terruño patrio o a la nación, todo eso lleva a un común denominador de desaliento, a una cultura de pasotismo y desánimo que al final acaba degenerando en violencia o en guerra.

Así es. Hay dos formas de federalismo, fijémonos bien en ello. Estados Unidos no es un buen modelo para Europa, porque, después de la guerra de Secesión, se convirtió en un Estado federalista homogeneizador. En el aspecto cultural está transformándose cada vez más en un Estado unitario, aunque constitucionalmente sea una federación de Estados. Y el poder se va decantando cada vez más hacia el gobierno central. En cambio, en Canadá hemos conseguido tener un Estado realmente federal y una cultura realmente heterogénea. El poder no se desliza allí hacia el centro. Los gobiernos regionales, las provincias, desempeñan una función importante en las vidas de la gente, y ésta se identifica bastante con el sistema. Es algo que salta a la vista en las votaciones: el porcentaje de votantes en las elecciones democráticas es alto en las provincias de Canadá. En los distintos estados de Estados Unidos ese porcentaje es muy bajo, y es bajo en las elecciones federales. En la actualidad, Europa está orientándose, a ojos vistas, hacia la modalidad canadiense del federalismo. Y no es que Europa trate de homogeneizar sus culturas, sino que está procurando conjuntarlas respetando y manteniendo las diferencias que distinguen unas de otras a sus respectivas identidades nacionales. La gente todavía sigue queriendo ser francesa, irlandesa, italiana..., lo que corresponda a cada cual según sus raíces, por su nacimiento.

Veo que es usted optimista con respecto a Europa, y yo comparto su optimismo, pero lo que está ocurriendo hoy en su propio país, y particularmente en Quebec, su provincia, parece indicarnos que ese auténtico federalismo que, según usted, sería un buen modelo para Europa, está fracasando, puesto que Quebec podría ser muy bien, en un futuro próximo, un estado nacional separado, independiente.

Eso, en algunas condiciones, es imposible, y aunque nosotros en Canadá no podamos contar con esas condiciones, en la Europa de ustedes sí que están dándose. Una de ellas es que la gente se sienta feliz con su propia identidad nacional y regional, que a nadie le parezca que su identidad va a ser ensombrecida o postergada por las de los otros. Como bien sabe usted, la identidad nacional es algo sumamente querido, es, en cierto modo, una cosa muy íntima, espiritual; pero, de hecho, es esencialmente algo externo: cada cual quiere ser reconocido por los demás. Y cuando alguien no se siente reconocido es cuando surgen los conflictos, las tensiones. En Canadá nunca hemos logrado superar del todo esa tensión entre nuestras dos culturas, la francesa y la inglesa.

Usted mismo podría considerarse culturalmente híbrido.
Mi madre era francesa y mi padre inglés, y esto lo he notado toda mi vida. Actualmente lo bueno de Europa es que esas tensiones existen en el interior de los países y no fuera entre ellos. Recientemente están haciéndose sentir en el nacionalismo corso, en el bretón, en el irlandés, como una especie de desgarrones en el seno de cada uno de esos países. La creación de la Europa unida permitirá a los nacionalismos debatirse a sus correspondientes niveles sin tener que romper por ello la común unidad. Porque, tal como está formada Europa, el Estado nacional tiene paradójicamente menos importancia que la región, y ésta puede que vaya siendo cada día más importante. Los odios nacionales entre los estados europeos, causados por el terrible baño de sangre que concluyó en 1945, son hoy día objeto de tanto descrédito que Europa se halla ya en una fase propicia para dejarlos atrás definitivamente. Así que, dada esta constelación de circunstancias —el recuerdo de lo que fue Hitler y la esperanza de que vaya dándose cada vez más cabida a las asociaciones entre regiones—, me inclino a creer que Europa tiene una posibilidad real de no cerrarse la vía que representa Canadá. En la Europa del Este son muy distintas las cosas, y también, por supuesto, en los países de la extinguida Unión Soviética. Allí nunca pudieron experimentar las consecuencias de la segunda guerra mundial en un régimen de sociedad libre que capacitara a sus gentes para reaccionar y reconstruir en paz y armonía sus naciones. Los gobiernos comunistas tenían a la población culturalmente oprimida y como congelada, sin permitir hacer cosa alguna al respecto.

Pero entonces ¿habrá que suponer que, si la Europa del Este y las repúblicas soviéticas hubiesen ido adquiriendo durante la posguerra una autonomía o independencia como las de los estados de la Europa occidental, también aquéllas estarían dispuestas ahora a ceder en parte su soberanía y a ir hacia una federación supranacional?
Efectivamente, y aún es de esperar que suceda así. En cambio, nosotros los canadienses no hemos tenido esto. También en Europa, en algunos casos, se han exacerbado los odios nacionales, con las recientes matanzas de la ex Yugoslavia entre croatas y serbios; pero en otros casos, como el de los checos y los eslovacos, no hay razón alguna por la que estos dos pueblos no puedan armonizar sus intereses; en la historia reciente nunca guerrearon entre sí; sólo ahora parece que también haya entre ellos algún conflicto. Y esto es simplemente porque, después de 1948, no tuvieron la oportunidad de trabajar de un

modo análogo a como lo han hecho los pueblos de la Europa Occidental, en una sociedad libre.

Se ha afirmado que una Europa de las regiones es, sin duda alguna, lo mejor cultural y lingüísticamente, pues en ella todos pueden expresar su idiosincrasia conservando sus costumbres, su folklore, sus ritos y fiestas; pero, en cuanto se pone sobre el tapete la engorrosa cuestión de la economía, parece salir siempre con ventaja el estado-nación centralizado. Contra él están, desde luego, las bazas que ya han conseguido ganar Alemania, España, Italia, Francia y Dinamarca, países que actualmente incrementan su producto nacional bruto gracias a la descentralización, mientras que en Gran Bretaña, donde el gobierno Thatcher centralizó el poder hasta un grado extremo, la economía está siendo ahora regresiva.

A veces se arguye a favor de la centralización diciendo que con una economía controlada se logra más prosperidad y mayor progreso que con una libre. Pero ya se ve que el argumento vale hoy en contra, precisamente, del estado-nación, porque las fuerzas económicas rebasan con mucho sus fronteras. De ahí que haya que propugnar algo al nivel de Europa y algo también al nivel de las regiones.

Por lo tanto, desde el punto de vista de la economía, ya no es posible ninguna soberanía nacional absoluta.

No lo es, y las que intenten mantenerse irán desapareciendo. Las naciones que se aferraron a ese sistema, como Albania, acabaron muy mal.

¿Podríamos hablar un poco del modelo británico? Usted ha vivido bastantes años en Inglaterra y fue profesor en Oxford cuando Margaret Thatcher imponía su voluntad al país. Como usted bien sabe, ella hacía, cual otra Casandra, muchos augurios pesimistas sobre el futuro desarrollo de Europa. En cuanto a esto se mantuvo siempre en sus trece, y en el discurso que pronunció en Brujas esbozó un cuadro de pesadilla en el que una Europa bunquerizada aplastaba las identidades nacionales y nos sometía a todos a la incontenible y omnipresente burocracia de Bruselas. ¿Cree usted que habría algo de verdad en tan espantosa visión?

Nada en absoluto. No era más que la reacción de un gobierno que, paradójica y extrañamente, quería controlarlo todo él solo con gran firmeza y a la vez se daba cuenta de que en un sistema auténticamente federal nadie controla así nada, porque el control está repartido. Y digo lo de «paradójicamente» porque Margaret Thatcher, en algún aspecto, pasaba por ser un líder político deseoso de separar el gobierno y la sociedad. Y en un sentido esto era cierto... fuera de la economía. Pero el intento de controlar las cosas, el intento, por ejemplo, de imponerse a los gobiernos locales que estaban de su parte, para reformar el sistema fiscal con criterios centralistas, etcétera, fueron formas de controlar aquella sociedad y modelarla a imagen de una determinada ideología. La gente quiere esto, y también los ideólogos; no quieren un federalismo. Esto ocurre igualmente con nuestros separatistas en Canadá, que tampoco quieren federalismo, pues éste no se presta a que se muevan a una todas las palancas. Creo que de esto es, en realidad, de lo que se trata. La federación es lo más opuesto a una interminable burocracia que quiera dirigirlo todo desde Bruselas.

¿Qué les diría usted a quienes sospechan que el modelo de una Europa federal de las regiones no es más que el camuflaje de un nuevo imperio europeo que compite con las grandes economías mundiales y un contrapeso a los dos bloques geopolíticos de Japón y Norteamérica?
No creo que haya peligro de eso. El mundo en que vivimos tiene muchos centros y nadie podrá contar en él con una ventaja absoluta. Sin embargo, un punto atendible de esa crítica es el de que Europa involucionara cerrándose en sí misma, y entonces se correría el peligro de que el comercio dependiese totalmente del enfrentamiento de sólo dos grandes bloques rivales, el japonés y el norteamericano.

Así pues, es posible que surja cierto proteccionismo europeo.
Es una posibilidad. Pero no creo que la lección que de eso hemos de sacar sea el no tener una Europa unida, pues dudo mucho que los estados-nación europeos pudieran dar mejores resultados actuando cada uno por su cuenta que los que dará una Europa unida.

Quizá necesitemos algún proteccionismo legal respecto a los coches japoneses y a la omnipresente televisión norteamericana.
Sí, y si vamos camino de una guerra entre bloques, lo que yo lamentaría, Europa deberá equiparse para estar a la altura. Pero en eso hay, sin duda, un peligro, el peligro de una Europa que ya no puede considerarse una gran civilización *entre* las otras. La compleja cuestión de cómo ser hoy *uno entre los demás* en el mundo es un tremendo problema que nadie ha podido solucionar y, sin embargo, todos tienen que solucionarlo para poder existir. Es como un caldo de cultivo para toda clase de odios y resentimientos neuróticos. Véase, si no, el caso de Teherán, es decir, su resentimiento ante la marginación y el desprecio de Occidente.

¡Europa también comete pecados!
Desde luego que sí, y encima se siente muy satisfecha, tiene la impresión de ser aún la civilización perfecta que todo el resto del mundo deberá imitar. ¿Quién va a darle lecciones sobre lo que pasa fuera? Y Europa mantiene esta misma actitud respecto a los muchos no europeos que han venido a vivir en ella —norteafricanos, turcos, surasiáticos, etcétera—. Esto es un problema de enorme magnitud. Tam-

bién lo tenemos en Norteamérica. Todos nosotros hemos de hacernos a la idea de convivir cada vez más en sociedades pluriculturales, pues el mundo entero va en este sentido. Y ello supone el tratar de convivir con los otros comprendiéndolos en profundidad, no sólo en la política internacional, sino también en la política interior de cada país.

Hay una especie de miedo a que una Europa federal, basada en una moderna tradición de derechos que se remonta a la Revolución francesa y a la Ilustración, se convierta de hecho en un hervidero de individualidades atomizadas, como ocurre en Norteamérica. Éste es otro ambiente, en el que el sentido de los deberes y las obligaciones sociales, del compromiso y la fidelidad al bien común, está actualmente tergiversado y menospreciado. ¿Cree usted que se trata de un temor fundado?

Sí que es un temor fundado, aunque no a causa de Europa. Toda la tradición europea de los derechos está tomando en el siglo XX una dirección potencialmente peligrosa. En esto tiene usted mucha razón. Por una parte, la tradición de los derechos, en Europa, es uno de los grandes logros de su civilización. Pienso que la idea de que el ser humano goza de una inmunidad, en virtud de la cual hay cosas que no pueden quitársele y se le reconocen unas libertades, es, obviamente, algo muy bueno...

Entonces, ¿dónde está el peligro?

El peligro está en que, si el derecho político se concibe únicamente de este modo, se acaba levantando una valla en torno al individuo y menoscabando el sentido de las relaciones entre los individuos y las agrupaciones sociales o, en otras palabras, imposibilitando el proceso político. Lo que me preocupa del actual panorama norteamericano es que las mejores y más brillantes de sus mentes se dediquen sólo a librar grandes batallas contra las sentencias del Tribunal Supremo. En cambio, lo de esforzarse sobre todo en crear una mayoría que vote con pleno convencimiento en las elecciones al Congreso o en las legislativas, está siendo cada vez menos importante y menos vital. Las cosas están llegando allí a tal punto que muchas personas, a las que conozco, consideran a su candidato presidencial como una especie de instrumento o testaferro del tres al cuarto para que, una vez haya ganado las elecciones, les nombre a ellos jueces del Tribunal Supremo en cuanto quede en éste una vacante. Tal es el motivo de que muchos conservadores se alineasen tras Reagan o Bush. No es que admirasen nada a estos personajes —en el caso de Reagan hasta lo tenían por casi un descerebrado—, pero les apoyaban confiando en que, así que falleciera un juez del Tribunal Supremo, el presidente nombraría para ocupar ese puesto a un hombre de paja de los suyos, tras el que ellos serían quienes tomaran las decisiones. En una democracia es sumamente dañino que los asuntos vayan en esa dirección, y si yo me temiese que el Tribunal Europeo fuese a ir en una parecida, estaría también muy preocupado.

¿Lo que a usted le inquieta es que se dé demasiado poder a una judicatura no representativa?
Lo que me inquieta es que se libren batallas políticas para el nombramiento de los jueces. Esto no sólo es malo porque enturbia y debilita el proceso político de las elecciones por mayoría de votos, sino también porque tal modo de plantear los asuntos los convierte en juegos de suma cero. Cuando vas a un juez no esperas de él un arreglo inteligente, sino una sentencia conforme a la ley. La ley sólo puede decir si lo recto es A o es B. Esto es, en realidad, un juego de suma cero. Y hay asuntos que podrían arreglarse inteligentemente debatiéndolos entre la mayoría y la minoría de una cámara legislativa. Si se los lleva en forma de pleitos ante los jueces, se los convierte en juegos a todo o nada. Se introducen así tremendas rigideces. La gente chilla protestando porque intuye que o se salen totalmente con la suya o lo pierden todo. El debate sobre el aborto es un buen ejemplo de ello. Cuando la gente discute, ya a favor de que sea la gestante la que decida sin restricción ninguna, ya a favor del feto y de su derecho a la vida, equivaliendo esto segundo a decir no al aborto en todas las circunstancias, se está yendo a una victoria *total* de una sola de las partes en debate. No cabe ahí ningún arreglo. En cambio, si se trata de legislar, entonces estamos en el dominio humano de los juicios políticos, y éste es el que creo que hay que mantener en vigor.

Así que, lo que hay que hacer es equilibrar los derechos con los deberes.
Sí, equilibrar los derechos con los deberes y con otras muchas cosas que se nos exigen aunque no sean estrictamente deberes, como por ejemplo la decencia o el vivir en buena armonía con nuestros conciudadanos y con nuestros vecinos. Todas estas exigencias, y también los derechos particulares, pueden incluirse en un ordenamiento jurídico y ayudar a que se entable un diálogo real, con interlocutores reales, en el que cada cual se comprometa a reconocer plenamente al otro. En esto consiste el funcionamiento humano de la política, la política democrática.

Pero, grosso modo, lo que usted viene a decir es que el legado europeo de los derechos humanos, tal como los proclama la Carta de los Derechos Humanos de la ONU, es una herencia positiva.
Lo es, sin duda; es una herencia maravillosa.

¿Pero que debe ser objeto de continuos debates, para interpretarla y reinterpretarla procurando hacer compatibles los distintos puntos de vista?

Sí, tiene que ser también un elemento de una constelación; y yo diría que otro elemento esencial de la constelación europea es la política democrática y participativa. En esa constelación han de ir juntos ambos elementos. Si uno de ellos actúa como un cuco, queriendo apoderarse de todo el nido y arrojando fuera de él los otros huevos, entonces la cultura política se malogra, se vuelve insana, como creo que hay peligro de que ocurra ahora en Estados Unidos.

¿Tiene usted la sensación de que haya en estos momentos una manera de referirnos a Europa que sea universal, un gran relato sobre ella que nos podamos contar todos unos a otros y nos sirva de guía, de ideal que nos oriente para poder decir que venimos de ella y que estamos volviendo de nuevo a ella? ¿O cree usted, por el contrario, que no puede hacerse ya un gran relato como ése y que ahora más bien hemos de considerar a Europa como un mosaico o una mezcla de diversas voces e identidades?

Bueno, me parece que ninguna de las dos cosas. La situación verdaderamente saludable en Europa sería aquella en que todo el mundo pensara que debería haber algún tipo de Gran Relato o historia común, pero lo que en realidad está habiendo es un debate intelectual sobre lo que se va a hacer, y lo único que la gente va haciendo son *diferentes* discursos en pro o en contra.

Así pues, ¿Europa debería estar promoviendo un saludable conflicto de interpretaciones con miras a lograr una especie de diálogo acomodaticio?

Exactamente. Ésa sería la mejor y más deseable situación para Europa. Si sus pueblos se contentasen con un Gran Relato pero se mantuviesen aparte unos de otros, sosteniendo cada uno su punto de vista no imponible a los demás, ya nunca habría Europa.

Habría una guerra entre oscurantistas.

Sí, la gente volvería a incurrir en la cerrazón de sus particularismos; sería el suyo un mundo muy pequeño en el que a nadie le importaría el conjunto, nadie tendría miras más altas, nadie una visión global. Entonces la política se reduciría a una lucha en la que todos esgrimirían tenaz y exclusivamente sus derechos individuales, diciendo cosas como «¡Salga yo con la mía, consiga lo que pretendo, y nada me importa cómo vaya o cómo acabe el mundo entero!». Ésta es la mentalidad de quienes sólo piensan en sus derechos y en los medios de hacerlos prevalecer a toda costa. Y a eso podría llegar la Europa posmoderna si en ella todos pretendiesen imponer su particular opinión sin cuidarse para nada del conjunto. No sería, en tal caso, una sociedad políticamente sana.

Sería una serie de enfrentamientos, rupturas y separaciones sin ningún sentido de la responsabilidad.

Sí. Una abismal alienación con respecto al conjunto. Un cinismo en lo tocante al proceso político. En fin, si usted lo prefiere, se trataría de un abandono de la solidaridad. ¡No quisiera yo esto para Europa!

¿Hay algún sentido en el que el genio o el legado positivo de Europa, que es su carácter espiritual, se haya visto menoscabado de algún modo por la contemporánea tendencia a la secularización?
Pienso que sí. Yo abordé este tema en mi libro *Las fuentes del yo*. Creo que algunas de las más importantes corrientes de la Ilustración europea, del humanismo laico europeo, tienen raíces muy profundas en un fondo de cosas comunes al cristianismo, al judaísmo y al islam. Profundas raíces que no están enteramente secas.

Usted sostiene que una de esas raíces es el sentido del yo, de la propia identidad. Otra raíz, el modo positivo de valorar la vida de cada día.
Sí, el sentido de que la vida corriente, la vida del trabajo, de la producción, del matrimonio y la familia, es algo sumamente importante. Los antiguos, Aristóteles por ejemplo, opinaban que lo que en la vida tenía verdadera importancia eran las actividades *elevadas*, como la contemplación o la vida pública; pensaban que, para el ciudadano, la vida hogareña y de familia o la vida económica no eran más que una simple infraestructura necesaria que había que subordinar a las actividades realmente importantes. Y la revolución en el pensamiento, en la sensibilidad y en la moral, revolución que forma parte de nuestra época moderna, gira en torno a un convencimiento antijerárquico de que es algo muy importante de la vida humana el cómo vives tu vida de cada día, tu vida como persona con familia, tu vida laboral y económica. Esto es algo cuyas raíces están evidentemente en el judaísmo y el cristianismo.

Así pues, ¿la moderna invención de la identidad propia de cada uno —de su sentido interior, íntimo— está en continuidad con una herencia espiritual?
Sí. Mi ejemplo es aquí san Agustín, quizás el mejor representante de una línea del pensamiento cristiano que ha dado origen a gran parte del pensamiento europeo acerca del yo. Según Agustín, la interioridad no existía en razón de sí misma, sino para ir hacia Dios. Y algo de esto ha quedado en todas las maneras sucesivas de tratarla, inclusive en las laicas. Es algo muy ambiguo, que puede tomar dos direcciones: una, la de centrarse totalmente en el sujeto, una especie de subjetivismo, cuya más obvia variante moderna es la idea posromántica de que cada cual tiene su modo original de existir, sus propias cosas que hacer, y ha de realizarse encontrándose a sí mismo, sin que ningún otro pueda darle nada. Es ésta una continuación de la idea de la interioridad: encuentras *en ti mismo* lo que son tus talentos, lo que

necesitas ser. Por ahí se puede llegar a un subjetivismo extremado, a centrarse uno totalmente en el «yo», en el «mí mismo», en la autoexpresión. Pero también puede seguirse otra dirección, por la que las personas descubran su vocación a lo universal, como, por ejemplo, su sentido de que deben militar en pro de una sana ecología, su sentido de estar conectados a un mundo más amplio, a una naturaleza que tienen que defender. Y lo mejor será que de esas dos direcciones que se han seguido en el tratamiento de la interioridad, no echemos por la que lleva al subjetivismo, a cerrarnos en un individualismo egoísta, sino por la que impulsa a nuestro «yo» a abrirse a miras más altas.

Por lo tanto, ¿la propia identidad no es un hecho consumado, un fait accompli, *sino una tarea?*
En nuestra cultura contemporánea, nunca nos desprendemos de esa moderna concepción de que cada uno tiene su propia y original manera de existir. Está muy arraigada en nuestra cultura. Pero con esa manera de existir podemos hacer cosas diferentes. No estamos encerrados en una forma determinada, y esto es importante.

Finalmente, ¿en qué pone usted su esperanza como franco-inglés-canadiense que mira a Europa y se interesa por ella?
Pues en que, en el futuro inmediato, continúe su movimiento hacia una federación equilibrada.

(Dublín, 1991)

Paul Ricoeur
La universalidad
y el poder de la diferencia

Paul Ricoeur es un filósofo y profesor francés que ha enseñado en las universidades de París y de Chicago. Entre sus libros destacan: Historia y verdad, Finitud y culpabilidad, La metáfora viva, Tiempo y narración, La hermenéutica y las ciencias sociales, El conflicto de las interpretaciones *y* Yo mismo como otro.

¿Cree usted que existe una identidad europea?

Europa ha producido una serie de identidades culturales, cada una de las cuales ha traído consigo su propia autocrítica, y creo que esto es único. Aun el cristianismo incluye su propia crítica.

¿Y cómo le parece a usted que funciona esta facultad de autocriticarnos? ¿En términos de Reformas y Renacimientos?

Sí. El pluralismo anida en el seno mismo de Europa. Ha habido en ella diferentes tipos de Renacimientos: el carolingio, el del siglo XII italiano y francés, el del siglo XV, y algunos más. La Ilustración fue otra expresión de ello; y es importante que en el diálogo con otras culturas conservemos este elemento de autocrítica, el cual constituye, según creo, lo único específico de Europa (junto, claro está, con la intensificación de la ciencia). Europa es única en el hecho de haber tenido que entretejer varias herencias de muy diversa índole: la judeocristiana, la grecorromana, las culturas de los pueblos bárbaros que invadieron el Imperio romano, y, dentro de la cristiandad, los legados de la Reforma, el Renacimiento, la Ilustración, y también los tres componentes decimonónicos de esta herencia: el *nacionalismo*, el *socialismo* y el *romanticismo*...

¿Y cómo cuadra este legado pluralista con la pretensión europea de universalidad?

El tipo de universalidad que Europa representa contiene en sí una pluralidad de culturas que se han entremezclado y fusionado, de lo cual se deriva cierta fragilidad, una capacidad de renuncia y de autocuestionamiento.

Esto, naturalmente, nos plantea la cuestión de cómo es que en Europa nos referimos no sólo a las diferencias dentro de nuestras fronteras, sino también a las diferencias con respecto a los demás continentes y países no europeos; y cómo desde el proyecto universalista de Europa se puede entrar en diálogo con las diferencias, los nacionalismos y los fundamentalismos de aquéllos. O sea, ¿podemos predicar a otros si nosotros no hemos solucionado nuestros propios problemas de identidad nacional?

Creo que aquí, en Europa, debemos ser muy cautos al hablar de fundamentalismo, porque, siendo de suyo un término peyorativo, tal vez nos impida hacer un análisis correcto. Tenemos que observar bien el fenómeno, pues hay diversas especies de fundamentalismo y no conviene aplicar una misma palabra a muchos eventos diferentes. Hay bastante diferencia, por ejemplo, entre el retorno a una cultura próxima a la praxis del pueblo y el fundamentalismo impuesto desde arriba.

Y, si tomamos el ejemplo de los estados bálticos, ¿simpatiza usted con quienes tratan allí de ver atendidas sus reivindicaciones nacionalistas de autonomía y soberanía?

He de decir que me ha sorprendido la amplitud del fenómeno, pero también su cariz extremista, pues a lo largo de mi propia formación filosófica había yo subestimado la capacidad del lenguaje para reorganizar una cultura y para unificarla. Y, en segundo lugar, también había subestimado lo débil que es toda identidad que se siente amenazada por otra. Muy inseguras deben de estar las gentes para sentirse amenazadas por la otredad del otro. No había caído yo en la cuenta de que fuesen tan inseguros los pueblos que con tanto ahínco reclaman ser lo que ya son.

¿Estará usted de acuerdo en que hay muy buenas razones históricas para esa inseguridad, no sólo en los estados bálticos, sino también en Yugoslavia, en Checoslovaquia, o en la Irlanda del Norte... y de ahí la necesidad de agarrarse a una identidad nacional separatista?

Pero también es un hecho que las fronteras políticas no corresponden adecuadamente a la distribución de las lenguas y las culturas, así que no puede haber ninguna solución política en la escala del Estado-nación. Esto es lo realmente irritante del siglo XIX, la quimera de una ecuación perfecta entre Estado y nación.

Es evidente que eso ha fracasado.

Sí, ha fracasado. De modo que tenemos que encontrar alguna otra cosa.

Se está hablando ahora mucho en Europa de la necesidad de superar las limitaciones del Estado-nación (aunque manteniéndolo como modelo intermedio) e ir, por un lado, hacia una federación transnacional de estados, y, por otro, hacia una devolución del poder del Estado-nación a las regiones que quieren autogobernarse más, lo que fomentaría la práctica de la democracia local, de la democracia participativa. ¿Cree usted que esto podría funcionar?

Sí que lo creo. Pero hay aquí un problema político: ese federalismo europeo en ciernes ¿habrá de ser una confederación de regiones o de naciones? Ignoro la solución, porque se trata de algo sin precedentes. La historia moderna la han hecho los estados-nación. Pero esto entraña grandes dificultades. Tenemos en Europa cinco o seis estados-nación de mayor envergadura, pero también tenemos micronaciones que nunca podrán llegar a ser micro-estados de igual modo que han llegado a serlo los estados-nación.

Podría argüirse que no se carece de precedentes en lo que algunos llaman «la otra Europa», la de Canadá y Estados Unidos, donde se desarrolló un modelo de federación e incluso una cierta autonomía de gobierno a nivel municipal, sobre todo a los comienzos de la Revolución americana.

El caso de Estados Unidos es, en algún sentido, diferente, por ser su población una enorme amalgama de inmigrantes.

Pero es indiscutible que también a nosotros se nos ofrece, aquí en Europa, la oportunidad de ir acomodando a los inmigrantes que provienen de países colonizados por nosotros durante dos o tres siglos.

Estados Unidos solucionó el problema gracias a que contaba con un lenguaje, el inglés, hasta cierto punto unitario. Nuestro problema es de signo opuesto, por las muchas lenguas y los muchos dialectos nacionales con que hemos de contar.

Me gustaría entrar aquí en la cuestión de la soberanía. Hoy por hoy estamos procurando unificar la soberanía en Europa. La noción de soberanía, si no estoy equivocado, se remonta en realidad a la idea, ante todo, de que Dios es el soberano universal, idea reemplazada después por la del rey como soberano, como centro de un poder único e indivisible. Más tarde, al ser sustituidas las monarquías por las repúblicas, con la Revolución francesa por ejemplo, se convierte en soberano el Estado-nación.

Para las repúblicas modernas, la soberanía se origina en el pueblo, pero ahora caemos en la cuenta de que tenemos *muchos* pueblos, y muchos pueblos significa muchos centros originarios de la soberanía... ¡Con esto hemos de contar!

¿No fue uno de los problemas de la Revolución francesa el de haber definido la soberanía como una e indivisible? Esto crea muchas difi-

cultades a la hora de exportar la revolución a otros países o a otros continentes.

Fijémonos en lo que ocurre con el pueblo corso, que es también miembro del pueblo francés. Tenemos aquí dos significados de la palabra *pueblo*: por un lado, «pueblo» significa los ciudadanos de un estado, y así no es un concepto étnico; mas, por otro lado, la población de Córcega sí que *es* pueblo en el sentido étnico... y está dentro del «pueblo francés», que no es un concepto étnico. De manera que aquí nos debatimos entre dos conceptos de «pueblo», y me parece que éste es un buen ejemplo de lo que está pasando ahora en toda Europa.

¿Quiere ello decir que hay dos modos diferentes de ser miembro, el étnico o racial y el cívico o político?

Pues sí, porque la idea de «pueblo» según la Constitución francesa no es una noción étnica. Su ciudadanía es definida por el hecho de que el sujeto haya nacido en territorio francés. El hijo o la hija de un inmigrante, pongamos por caso, es francés si él o ella ha nacido en ese territorio. Así que la regla de la pertenencia como miembro no tiene nada que ver con el origen étnico. Por eso es por lo que nos sería imposible definir políticamente al pueblo corso, porque tendríamos que basarnos en criterios distintos del de la ciudadanía, en criterios étnicos, y ¿a quién íbamos a aplicar tales criterios?

¿No plantea esto el problema del nacionalismo étnico y del racismo?

Precisamente el criterio de la ciudadanía vale para moderar los excesos del criterio racista.

¿No podría decirse, ampliando un poco la discusión, que hay en realidad varias Europas?

El pensador alemán Karl Jaspers solía decir que Europa se extiende desde San Francisco hasta Vladivostok. Esto plantea el problema de la expansión cultural de Europa.

Tal vez la solución, si es que la hay, no debamos buscarla limitándonos a Europa. ¿Quizá necesitemos salir de sus límites e ir hacia lo que alguien ha llamado una república mundial, una sociedad cosmopolita en la que quepan las diferencias pero que aúne a los pueblos de todos los países y continentes?

Aun en términos políticos, tal vez sea imposible solucionar el problema de la unificación de Europa sin contar antes con alguna institución internacional que proporcione el marco adecuado.

Esta visión utópica de una república cosmopolita, mundial, proviene de la Ilustración, de Kant y de Montesquieu...

Actualmente lo que nos hace falta son muchas y diferentes utopías. Y una utopía básica es, sin duda, la de una economía mundial que no se rija por criterios de eficacia y competitividad en la producción, sino por el criterio de lo que sea verdaderamente necesario. Es probable que éste sea el principal problema del siglo próximo: cómo pasar de una economía guiada exclusivamente por las leyes del mercado a una economía universal basada en la satisfacción de las necesidades reales de la gente. Ahora nos hallamos en una fase en la que está ganando terreno el mercado como motor único de la productividad, pero sus productos no son compartidos equitativamente y, así, el éxito de este sistema no hace más que aumentar las desigualdades. Corregir esto es la ingente tarea que tenemos por delante. Y luego está también el problema político de cómo resolver la graduación de las soberanías: global, continental (europea, americana, africana, etcétera), nacional y regional.

Llegados a este punto, creo que nos convendría dar un paso atrás distanciándonos de las implicaciones políticas de este problema, para hablar un poco de los presupuestos culturales y filosóficos de nuestra discusión.

Quisiera centrarme en el papel que corresponde a la memoria en este contexto. Por una parte, los recuerdos son una carga: si seguimos rememorando la historia de las guerras ganadas o perdidas, no hacemos más que abrir otra vez antiguas heridas y reforzar viejas hostilidades. Pasemos revista a los distintos estados europeos. De hecho, no hay un par de ellos que no hayan guerreado entre sí en una u otra época: franceses e ingleses, polacos y alemanes, etcétera, etcétera. Así, la memoria resulta ser una prisión, es regresiva. Sin embargo, por otra parte, no podemos prescindir de cultivar los recuerdos de nuestros logros culturales, ni tampoco los de nuestros sufrimientos. Esto me trae al segundo aspecto: necesitamos una memoria, digamos, de segundo orden, una memoria reflexiva que se base en el perdón. Porque es evidente que ¡no se puede perdonar lo que se ha olvidado! De modo que lo que hemos de hacer es entrecruzar nuestros propios recuerdos con los de los demás, intercambiárnoslos unos con otros hasta el punto de que, por ejemplo, los crímenes de los alemanes tengan un sitio en nuestra memoria. El compartir los recuerdos de la crueldad de mi vecino forma parte de esta dimensión política del perdonar. No nos faltan los buenos ejemplos: cuando el canciller alemán fue a Varsovia y se arrodilló allí para pedir perdón en nombre de su pueblo, creo yo que hizo algo muy importante para unir Europa. Pues aunque por un lado debemos ir borrando los recuerdos de guerras, victorias, etcétera, por otro debemos pensar asimismo en las secuelas de todo aquello con miras a conseguir, en ese intercambio de recuerdos, el mutuo perdón.

No es ésta una idea que esté muy en boga.

Pues lo siento, pero no veo cómo vamos a solucionar los problemas de Europa si solamente la concebimos como Mercado Común o como una institución política unitaria. Desde luego que también esto hace falta: necesitamos ampliar un mercado que sirva de base a la unificación de Europa y también de centro de referencia entre ella y el resto del mundo; y nos es preciso inventar nuevas instituciones que resuelvan el problema de la multiplicidad de Estados-nación. Pero hay un problema espiritual más profundo, un problema que subyace tanto al problema económico de un Mercado Común como al problema político del crear instituciones nuevas.

¿Y qué papel tendría la narración —uno de los conceptos clave de su filosofía— en lo tocante a la crisis cultural a la que hemos de enfrentarnos en la Europa de hoy? Me refiero a la narración entendida como contar historias, bien sea como remembranza o como proyección.

Respecto al papel de la narración, diría yo tres cosas. Tenemos primeramente la narración de acontecimientos fundantes, puesto que en la mayoría de las culturas hay algún suceso o acto originario que proporciona una base para la unificación de lo diverso dentro de esa cultura. De ahí que sea necesario conmemorar los eventos fundantes.

¿Tales como la Revolución francesa, la Revolución soviética, el año 1916 en Irlanda?

Sí. Debemos conmemorarlos, porque debemos mantener algunas aspiraciones y algunas convicciones que tienen sus raíces en esos acontecimientos fundantes. En segundo lugar, yo sostengo que uno de los recursos de la teoría de la narratividad es que ahora nos es posible contar diferentes historias acerca de nosotros mismos. Hemos, pues, de aprender a variar las historias que acerca de nosotros refiramos. Y, en tercer lugar, tenemos que entrar en ese proceso de intercambio que los filósofos alemanes llaman *Auseinandersetzung*. Estamos cogidos, prendidos, en las historias de los demás, así que somos personajes de las historias que ellos nos cuentan y hemos de asumir para nosotros mismos las historias que los otros nos refieren acerca de nosotros, historias que, a su vez, tienen sus propios acontecimientos fundantes, sus propias estrategias narrativas, sus propias tramas.

De modo que el intercambiar los recuerdos implica un entrecruzarse las historias. Pero ¿hay algún sentido en el que en la Europa actual podamos referirnos unos a otros la misma historia, una común historia universal? ¿Hay algo que nos vincule y nos una a todos?

Creo que este concepto de universalidad puede emplearse en distintos contextos. Por un lado, se puede hablar de unas reglas universales del discurso, lo que dice Habermas de unas reglas de la discusión, como la lógica y la ética de la argumentación. En otro aspecto, hay una exigencia universalista dentro de nuestra propia cultura, en virtud de la cual podemos afirmar que algunos derechos, como el que todo ser humano tiene a la libertad de expresión, son universales, aunque de facto, hoy por hoy, no quepa darlos por supuestos en otras culturas. Pero no pasa de ser una exigencia, y no pasará de ser sólo eso, mera exigencia, mientras no reconozca efectivamente todo el mundo tales derechos. De manera que lo que está realmente en juego no son sólo los procedimientos universalizadores, sino las auténticas exigencias de universalización. El proyecto de universalización es central para todo el debate sobre los derechos humanos. Sea, por ejemplo, el terrible asunto de la mutilación de las mujeres. Estoy segurísimo de que acertamos al decir que hay algo universal en nuestra afirmación de que todas las mujeres tienen derecho al placer, a la integridad física, etcétera, aun cuando algunos no quieran reconocer este derecho. Por eso hemos de traerlo a debate. Sólo discutiendo con el otro llegaremos por fin a convencerle de que se trata de un derecho universal. Y, en tercer lugar, yo diría que hay una especie de universalismo escatológico o de los fines: lo universal en tanto que proyecto último o meta definitiva, como en el ensayo de Kant sobre *La paz perpetua*.

El proyecto de una especie de república universal.

(París, 1991)

Edward Said
Europa y sus otros:
una perspectiva árabe

Edward Said es un autor y crítico literario palestino que ha dedicado gran parte de su vida a la enseñanza en Europa y en América. Es profesor de literatura en la Universidad de Columbia, Nueva York. Entre sus obras destacan: El orientalismo, Al amparo del islam, La cuestión palestina y El mundo, el texto y la crítica.

¿Cree usted, como extranjero, que hay algo que singulariza a la tradición europea y la distingue de las otras?

Me parece incuestionable; pero puede hablarse de tradición europea entendiendo por ésta un perceptible conjunto de experiencias, estados, naciones y patrimonios que lleva marcado el sello o el título de Europa. Y, al mismo tiempo, todo esto no debe separarse del mundo que rodea a Europa. Lo que quiero decir se expresaría bien con la frase «enemigos complementarios», frase usual en el contexto argelino. Porque hay, efectivamente, una complementariedad entre Europa y sus «otros». Y Europa, por su interés mismo, debe esforzarse en mantener sus filiaciones y conexiones con los países de su entorno y no tratar de aislarse para volver a una pretendida «pureza» originaria.

¿Qué está siendo hoy del «intelectual europeo»?

La idea de que el intelectual es un profesional al que se recompensa por sus servicios ha significado en Estados Unidos y en Europa que uno gravita o es atraído fuertemente hacia los centros del poder, que el intelectual cree que el premio o la meta de lo que él hace es el ser respetado en el campo político como mentor ideólogo, como creador de opinión, como influyente en las decisiones políticas... Mientras que, a mi entender, el cometido propio del intelectual es el de despertar las conciencias, levantar los ánimos, ayudar a la gente a hacerse cargo de las tensiones y complejidades de los asuntos, asumiendo la propia responsabilidad en todo lo que concierne al bien común. El papel del intelectual no es el del especialista, sino que incluye todos los intereses de las profesiones y ha de abordarlos con los más diversos enfoques interdisciplinares. Pues ya sabemos lo que es el discurso profesional: llega a convertirse en una jerga que sólo entienden algunos iniciados, los cuales en las discusiones suelen adoptar una actitud de aquiescencia y sólo procuran, al final, salirse con la suya imponiendo sus propias tesis. Esto me parece detestable, pues, a mi modo de ver, la sociedad está formada por dos clases de personas: los conservadores, que procuran que las cosas sigan siendo como son, y los intelectuales, que provocan diferencias y cambios.

Aquí introduciría usted un delicado sentido de responsabilidad ética para con sus paisanos o conciudadanos.
Sí, creo que es esencial.

¿Y seguirá siéndolo si implica contaminación o confusión de dominios?
Sí, seguirá siendo igualmente esencial. Para mí ha sido importantísimo el tener —quizá por el lugar en que nací— un sentido de pertenencia a una comunidad nacional: Palestina. En parte por la universalidad de su causa, Palestina no es precisamente un simple conflicto nacionalista, sino que envuelve todo el problema cultural del antisemitismo. Los palestinos hemos llegado a ser los herederos del antisemitismo europeo; somos, si usted quiere, las víctimas de las víctimas. ¡Difícil papel el nuestro! Sin embargo, el tener alguna vinculación con una comunidad nacional —o sencillamente con una comunidad, nacional o no— te ayuda a ser honesto.

¿Pero es ahí donde ve usted un papel ético y social para el intelectual, donde, investigando o reinventando nuestras tradiciones, podemos hoy separar debidamente y analizar los mitos y los símbolos? Está hablándose mucho de la creación de una nueva Europa. ¿Cree usted que hay algún peligro de que se dé en nuestros días un nuevo imperialismo cultural?
Pienso que la probabilidad de un imperialismo que se parezca al imperialismo europeo decimonónico no es muy grande. Pienso también que el enorme poder y la omnipresente influencia de Estados Unidos son una barrera que impide que se vuelva a dar ese tipo de imperialismo. Uno querría creer —por lo menos mirando las cosas desde el punto de vista del mundo árabe— que Europa es, para Estados Unidos, algo así como un mostrador en el que se puede ver, en parte por los vínculos existentes entre algunos países sureuropeos y el norte de África, una especie de intercambio de culturas nada imperial y más de toma y daca que en cualquier otra época anterior.

¿Pero ha logrado Europa reconocer entrañablemente al otro, al otro tradicional, que es, en este caso, el mundo árabe o islámico?
No, me parece que no. Pienso que hay un problema. Fijémonos en Italia. Italia está teniendo que soportar la carga de cerca de un

millón de musulmanes provenientes todos ellos de África, la mayoría de Libia y Túnez y algunos de Egipto. Italia se resiste a aceptar esta situación, a diferencia de Francia, para la que sus dos o tres millones de musulmanes son un problema que se discute a nivel político. Yo creo que la discusión y el debate, aunque sean tan encrespados como los de Le Pen con algunos de sus oponentes más liberales, son muy preferibles al silencio que sobre este asunto está habiendo en Italia. De todos modos, lo cierto es que hay allí una presencia que no dejará de despertar las conciencias y provocar el debate. Mire usted por dónde, en el mundo árabe hay actualmente un nutrido grupo de escritores y pensadores, o sea de intelectuales, que trabajan mucho en promover un diálogo euro-árabe, un intercambio entre las dos culturas que acabe con la vieja hostilidad de «los árabes contra Occidente». Muy distinto es lo que ocurre en Estados Unidos, donde no hay nada que se parezca a este interés por el diálogo y el intercambio cultural. En Estados Unidos todavía se ven en guerra contra el mundo árabe, contra el islam, contra el fundamentalismo o contra cualquier cosa por el estilo... La cuestión cultural ni siquiera se les pasa por la cabeza.

Pero, cuando se trata de tomar decisiones políticas concretas, da la impresión de que la Europa mediterránea, tan conectada migratoria y culturalmente con el mundo árabe, es incapaz de impedir o detener una guerra que estalle en esa parte del mundo, como, por ejemplo, en la zona del golfo Pérsico.

No sólo eso, sino que, en el caso de Gran Bretaña, ésta participó más activamente de lo que era de esperar. Por otro lado, en la posguerra, italianos y franceses hicieron cuanto les fue posible para que la zona se reorganizase por medios políticos y no militarmente. Desde que acabó la guerra, los italianos han sido muy activos en negociar el ajuste político, no ya de la situación de aquella zona del Golfo, sino del inacabable problema que es la cuestión palestina. Pero ni unos ni otros han sido capaces de plantar cara a los estadounidenses, y ello por varias razones: en parte, porque cada país ha trabajado en el asunto por su cuenta y no en nombre de Europa. Entiendo que el Consejo de Europa ha adoptado muy buenas posturas, pero los países miembros no han actuado juntos como una comunidad, y, claro está, individualmente sus representantes se encuentran maniatados: por una parte, les presiona Estados Unidos y, por otra, necesitan el crudo que les venden unos regímenes esencialmente conservadores y reaccionarios como son los de los países árabes, muy opuestos a cualquier cambio del *statu quo*. Así que los representantes de los países europeos se encuentran en una posición difícil. Más positiva es en Europa la cooperación de sus países en el terreno *cultural*, en el que creo que hay un mayor movimiento.

Usted ha hablado mucho del fenómeno del «orientalismo», fenómeno cultural que en Europa, y por lo general en Occidente, implica básicamente una actitud estereotipada respecto al mundo árabe.

Es una corriente muy extendida. No tiene usted más que echar una ojeada a la prensa patriotera. Me refiero a los comentarios que a veces se pueden leer en *The Times*, de autores que, como Conor Cruise O'Brien —para citar algún nombre—, todavía hablan de los musulmanes como de una familia depravada corrompida por el incesto, y de los árabes como de un pueblo violento; me refiero también a libros como el de David Pryce Jones *El círculo cerrado*, con afirmaciones que no podrían dirigirse a ningún otro grupo étnico-cultural del mundo de hoy.

¿Es eso una especie de racismo?

Es racismo, xenofobia, una especie de delirio imaginativo paranoide.

¿Y qué necesidad tenía Europa de eso?

Voy a decírselo. Con respecto a los árabes, Europa ha tenido siempre el islam a sus puertas, por así decirlo. La del islam es, no se olvide, la única cultura no europea que jamás ha sido vencida completamente por Europa. Además, es adyacente a ésta y comparte con el judaísmo y con el cristianismo la herencia monoteísta. De ahí su constante fricción. A diferencia, digamos, de Inglaterra con respecto a la India, aquí el problema no se ha terminado. Yo diría, incluso, que la idea misma de una «cultura de Occidente» proviene en gran parte de la oposición al mundo árabe y al islam, y es probable que hunda sus raíces en viejos litigios teológicos. Al profeta Mahoma, que se consideraba continuador de la línea de los grandes profetas que fueron Abrahán, Moisés y Jesús, en las primeras controversias de los siglos VII y VIII contra el islam se le tuvo por una especie de advenedizo arribista, una terrible emanación del mismo mundo que produjo el judaísmo y el cristianismo. Creo que es éste un caso único en la historia, y a la controversia y aversión de la gente culta no tardó en seguirles la oposición militar, y podría decirse que también económica y política. Pero en todo lo tocante a estos asuntos hay una inmensa ignorancia, por lo que muchas personas son incapaces de enjuiciar debidamente las relaciones entre los musulmanes y Europa, en realidad mucho más complejas que las de una simple animosidad o animadversión recíproca. Por ejemplo, la historia de la ciencia en Europa depende muchísimo de lo que fue la ciencia entre los musulmanes, y lo mismo puede decirse de la transmisión de la filosofía griega, que por ellos pasó a Occidente.

A mí, como profesor de filosofía, me admira el importantísimo papel que desempeñaron los pensadores árabes Avicena y Averroes, los de la escuela de Córdoba, los de la escuela andalusí y tantos y tantos otros en esa transmisión del pensamiento.

¡Y no es para menos! La idea misma de la universidad floreció en el mundo árabe, es una idea de origen musulmán.

En tiempos recientes ha habido muchos enfrentamientos dramáticos entre el mundo europeo y el mundo árabe. No me refiero sólo a la Guerra del Golfo, sino también a contiendas sostenidas dentro de Europa. Ahí está el caso de Salman Rushdie, que suscitó toda clase de polémicas sobre la contraposición entre los derechos universales y el derecho a ser diferentes; en Francia tenemos la famosa controversia sobre el uso del velo por las jóvenes musulmanas en las escuelas laicas.

Ha pasado a ser un argumento común el de que los inmigrantes árabes que vienen a vivir a Europa —y tienen todo el derecho a hacerlo, ya que Europa colonizó sus países durante siglos— deberían dejar tras de sí sus diferencias culturales y religiosas y adaptarse al ambiente universalista y laico que es la Europa moderna.

Entiendo que hay unos derechos universales, como el derecho a la libre expresión, que los musulmanes deben acatar lo mismo que todo el mundo. Creo que es importante algo que está ocurriendo en el mundo árabe —aunque es obvio que no en todo él, pues en esto se exceptúan Pakistán, Bangladesh y algún otro país—, y es la lucha en que se enfrentan actualmente las fuerzas que, en general, podríamos calificar de *secularizadoras* —a las que por mi parte me adhiero—, y las que también en general podríamos calificar de *religiosas*. Hoy el fundamentalismo es un tópico divulgado por la televisión, pero creo que es un error asociarlo a todo cuanto está sucediendo en el mundo árabe e islámico. Hay que tener en cuenta muchos matices diferentes. Está habiendo en ese mundo un vivo debate sobre estas cuestiones, y, a mi parecer, se ha demostrado que, en él, la alternativa religiosa ha sido un fracaso. ¿Porque se sea musulman hay que tener una economía y una química musulmanas? Dicho de otro modo: hay una norma universal del buen funcionamiento del Estado y de la ciencia modernos. Pero la cuestión es ¿qué pasa con quienes representan a la parte del islam que es la resistencia islámica contra Occidente? Los que viven en la Franja Oriental de Gaza se consideran a sí mismos militantes islámicos en lucha contra la ocupación israelí, por ser aquélla la última porción de su terruño en la que los israelíes no han podido penetrar, algo así como lo que sucedía en Argelia durante la ocupación francesa. De modo y manera que existen distintas formas de entender el islam y diferentes clases de secularismo. Volviendo al caso de Rushdie, fuimos muchos los escritores e intelectuales árabes que defendimos públicamente el derecho de Rushdie a escribir todo lo que quisiera. Esto hay que subrayarlo. Pero a lo que también se debe prestar atención es al hecho de que en el mundo árabe, por ejemplo en los Territorios Ocupados, hay muchos escritores musulmanes, novelistas y periodistas, a los que los israelíes encarcelaron por razones de oportunismo político. Y si hablamos de libros prohibidos, actualmente en la Franja Oriental, por obra y gracia de la legislación israelí, no se puede comprar ni leer ¡la *República*, de Platón! ¡Ni tampoco el *Hamlet*, de Shakespeare! En la lista de libros proscritos se incluyen centenares de obras cuya lectura prohíben los israelíes por razones que nadie puede entender. Ahora bien, ¿dónde están los escritores occidentales que apoyaron a Salman Rushdie —y yo me alegré de que lo hicieran y me puse de su lado—, dónde están, digo, ahora, cuando el pueblo palestino invoca su derecho a la libertad de expresión en la Franja Oriental y en Gaza? ¿Sabía usted que hasta el empleo del término «Palestina» se considera una infracción punible? ¡Si pronuncias en público esa palabra, te pueden caer seis meses de cárcel! ¿Dónde queda lo de que se ha de usar para todo una misma vara de medir? ¿Por qué usamos tan hipócritamente distintas varas? ¿No estamos con vosotros en la misma batalla, y tenemos también que luchar contra el mismo tipo de cosas? ¡Pues permítasenos combatirlas en *todos* los frentes!

Recientemente se ha hablado mucho de la creación de un nuevo orden europeo, de una Europa federal de naciones o regiones, así como de la creación de un nuevo orden mundial de la información —pienso concretamente en el informe de la Unesco que patrocinara el fallecido Sean MacBride—. ¿Sugiere usted que estas cosas deberíamos verlas como un esfuerzo por crear un orden laico universal?

No estoy muy seguro de ello. Yo no estoy a favor de un universalismo abstracto, porque ése suele ser el universalismo de cualquiera que resulta ser el más poderoso. En el mundo actual, el lenguaje del universalismo lo habla en voz alta Estados Unidos, que es el superpoder, la superpotencia —uno querría creer que la última superpotencia—. Sin que desee yo predicar al convertido, he de decir que tengo la impresión de que Irlanda, por su pasado colonial, podría desempeñar en todo esto un papel muy importante. Aunque europea, Irlanda es diferente de Europa, sobre todo de la Europa continental, y por eso me parece que, en vez de una submersión de varios países como ella en una personalidad europea general, sería muy preferible aprovechar sus diferencias, con miras precisamente al trato con otras partes del mundo colonial. Me parece, por ejemplo, que Irlanda puede tener un papel muy eficiente no sólo en los asuntos de Palestina, por las divisiones de este país, sino también en Sudáfrica. El mantener las diferencias y consentirlo de modo que los «otros» distintos de Europa participasen en una especie de intercambio podría ser algo decisivo para dividir los campos culturales del mundo evitando que se conviertan en campos de batalla. Yo desconfío mucho del tipo de universalismo del que, a veces, se oye hablar.

Pero ¿tiene usted alguna esperanza de que en el mundo occidental, y particularmente en Europa, consigamos superar el tradicional antagonismo entre «ellos» y «nosotros»? ¿Cree usted posible algún tipo de solidaridad entre quienes en Europa luchan en defensa de los derechos y libertades básicos y quienes están haciendo exactamente lo mismo en el mundo árabe?

Sí, tengo la esperanza de que eso se logre. Porque se trata de una lucha *común*. Pero, todavía más importante que esto, lo que más me extrañó de la Guerra del Golfo, de la conducta de los iraquíes y hasta de la respuesta de los palestinos fue que aquélla era una guerra de un nacionalismo decrépito o enfermo. Pienso que el gran problema es toda la cuestión de la identidad nacional, o lo que yo llamaría la *política identitaria*, el creer que todo lo que hagas está legitimado por, o pasado por el filtro de, tu identidad nacional, que en la mayoría de los casos es mera ficción, pura filfa, como todos sabemos. Eso y no otra cosa es una identidad que dice que todos los árabes son homogéneamente lo mismo y que están enfrentados a todos los occidentales que también son todos lo mismo. Porque la verdad es que hay muchos occidentales distintos y muchos árabes también distintos. Creo que el principal papel del intelectual en esta cuestión es el de disgregar esas grandes identidades nacionales, culturales y transculturales.

¿El nacionalismo panárabe y el euronacionalismo?

Sí. Existe un pueblo árabe, existe una nación árabe. Esto no necesita ninguna defensa, ya lo sabemos. Pero lo que sí hace falta es reclamárselo a la retórica del nacionalismo, que ha sido violentada por los regímenes gubernamentales del mundo árabe. Dígame usted qué tienen que hacer el régimen de Arabia Saudí o el gobierno de Siria o el de Egipto con el nacionalismo árabe. Se lo diré yo: nada, absolutamente nada. Sólo se sirven de él, lo *utilizan* en sus negocios. ¿Cómo defienden a Palestina? ¡La traicionaron cuando la Intifada, no hicieron ni lo más mínimo por ella! Se han valido de la noción no sólo de identidad nacional sino incluso de identidad nacional asediada, para imponer el estado de seguridad nacional, el aparato represivo, la policía secreta y el ejército como instrumentos de represión. Y en Israel pasa lo mismo. Y lo mismo en Estados Unidos. ¿Me va a convencer alguien de que la intervención estadounidense en el Golfo fue para defenderse de una agresión que amenazaba a su país? ¿Tuvo algo que ver en ello su seguridad? ¡Eso es totalmente absurdo! ¡Convenía para que resurgiese la identidad de los norteamericanos y se fingió que su seguridad lo necesitaba! ¿Y qué decir de la autenticidad de la lucha por las libertades? Son capitales entre éstas la de expresión, la de reunirse y asociarse, la libertad de opinión, y algunas más, como las libertades políticas. Pues bien, Europa y Estados Unidos han suscrito la negación de libertades democráticas a una nación entera, la de los palestinos. Esto es escandaloso. Pero, para poder hablar de estas cosas, hay que superar la política identitaria.

¿Aboga usted, pues, por que se superen los nacionalismos rivales del mundo árabe por un lado y los de Europa por otro? ¿Ve usted algún peligro de recaer en un nacionalismo de Europa que sirviera de modelo al que pudiera darse parecidamente en el mundo árabe?

Creo que ésa es, desde luego, la trampa más peligrosa. Preferiría ver una Europa más consciente, por ejemplo, de su historia colonialista. En otras palabras, que no se contentase simplemente con decir «en eso hemos cambiado, ahora somos ya otra cosa». La historia de ustedes como europeos es también una historia colonialista, y el norte de África, por ejemplo, ha de ser tratado como una realidad que influye mucho en la conducta actual de los europeos y en sus relaciones con esas culturas antes colonizadas.

¿Quiere usted decir que hemos de reconocer también como parte de nosotros a los inmigrantes?

Ha de entenderse de una vez, por fin, que no existe ningún grupo político o nacional que sea homogéneo. Todo esto de lo que estamos hablando son mezclas; el mundo en que vivimos es un mundo lleno de mestizajes, de cruzamientos, de sociedades y culturas interdependientes: todo son híbridos, ¡no hay «purezas» raciales nacionales o culturales que valgan!

Lo cual es una fuerza y una virtud.

Para mí, sí, es una virtud. Lo que ustedes están empezando a ver ahora es una retórica de la purificación. Me refiero a la extrema derecha, digamos, en Francia, a Le Pen. Eso de «Europa para los europeos» están ustedes empezando ahora a oírlo. A cierto nivel, desde luego, equivale a rechazar y excluir de todo trato a Estados Unidos y a Japón. ¡Cuidado con esa retórica del «golpeemos a los nipones»! La cuestión básica es la educación. La mayoría de los sistemas educativos actuales son todavía, a mi entender, nacionalistas, es decir, promueven la autoridad de la identidad nacional idealizándola y sugiriendo que no se la ha de hacer objeto de ninguna crítica, cual si fuese la encarnación de todas las virtudes. Nada hay que siembre tanta semilla de futuros conflictos como este ir llenando la cabeza a nuestros hijos, ya desde la escuela primaria y hasta en las universidades, con semejantes fantasías y embustes e ir haciéndoselos creer a pies juntillas.

¿Abogaría usted por un multiculturalismo, por que leyésemos los textos de otras tradiciones tanto como los grandes textos de Occidente?

Sin duda alguna. Por ejemplo, en América ha habido recientemente un enorme debate en torno a la figura de Colón. Cuál fuese su personalidad auténtica es un tema muy controvertido, pues se le han atribuido distintas nacionalidades y se le ha convertido en el maravilloso héroe que descubrió América, siendo así que, en realidad, parece ser que fue un traficante de esclavos y un colonizador que estaría más bien en la línea de lo que fueron inmediatamente después los *conquistadores*. ¿Qué es, entonces, mejor, embellecerlo y adornarlo con la aureola de la leyenda, o admitir la verdad? Y aquí se interpone esa idea ridícula de que, si no te inventas una tradición que convierta en héroe al que sólo fue un conquistador, si no haces esto, pones en peligro toda la estructura de la sociedad. Lo que yo digo es justamente lo contrario: que la estructura de la sociedad —y concretamente la de Norteamérica, pero también es verdad de la de Europa— consta de muchos elementos diferentes, y lo que hay que hacer es reconocerlos. Creo que los niños son perfectamente capaces de entender esto. Son los adultos los que no quieren entenderlo, por las ideas que se les inculcaron en su formación básica.

(Dublín, 1991)

Noam Chomsky
La política del lenguaje

Noam Chomsky ocupa la cátedra de lingüística y filosofía en el Instituto Tecnológico de Massachusetts (MIT). Sus obras de lingüística y teoría política representan uno de los logros intelectuales más destacables de nuestro tiempo: Lingüística cartesiana: un capítulo en la historia del pensamiento racionalista; Aspectos de la teoría de la sintaxis; Lenguaje y responsabilidad; Sobre el poder y la ideología; Conferencias de Managua; Piratas y emperadores; El terrorismo internacional en el mundo de hoy; Ilusiones necesarias: el control del pensamiento en las sociedades democráticas; La democracia persuasiva; Repensando Camelot, *etcétera.*

Primera parte

En Europa hay actualmente un gran debate acerca del camino que debamos seguir. Da la impresión de que avanzamos hacia un sistema federal de estados nacionales o, como algunos prefieren decir, de regiones. Se pretende que hemos llegado ya al final de la época moderna y de la soberanía de los Estados nacionales con sus fronteras claramente discernibles, y que nos encontramos ante un proyecto de soberanía compartida, o «postsoberanía», que es lo que verdaderamente necesita Europa: atenerse quizás a los modos más liberalistas de promover la asociación de comunidades. ¿Ve usted aciertos en esta línea?

El del estado-nación es un sistema muy artificial y destructivo. Basta con echar un vistazo a la historia de Europa. Europa tiene un pasado extraordinariamente sangriento, en gran parte por haber querido instaurar configuraciones irracionales, inhumanas, a partir de la idea de los Estados-nación. Cuando Europa trató de expandirse por el mundo entero, llevó consigo también su demonio de sangre y destrucción, demonio que todavía sigue atormentándola. Lo que en Europa está sucediendo actualmente me da la impresión de que es un querer seguir promoviendo el estado-nación, pero en dos direcciones contrarias, y esto puede traer consecuencias terribles según sea la dirección que de hecho se siga.

¿Una de esas direcciones conduciría hacia una burocracia centralizada, y la otra hacia una revaloración de las regiones?
Exactamente. Hay una tendencia a centralizar el poder en una autoridad ejecutiva supranacional que sea esencialmente inmune a la influencia popular, y nadie sabe adónde se llegará por ahí. Las instituciones cuasigubernamentales, tipo Banco Mundial, Fondo Monetario Internacional, la Cumbre G-7, el GATT y alguna otra reflejan sólo los intereses del capital transnacional y las multinacionales. Si éstas llegasen a tener un poder ejecutivo ajeno a la influencia de los parlamentos, correría el mundo un gran peligro, creo yo. Por otra parte, ustedes se están desarrollando en la dirección opuesta, hacia la recuperación de las autonomías regionales. Claro que esto es un arma de doble filo: puede proporcionar un desarrollo saludable, pero, como la autonomía regional se base en el odio, las consecuencias serán muy poco satisfactorias; si, por el contrario, se basa en el amor a la propia cultura e identidad y se procura, a la vez, que funcione del mejor modo posible un sistema federal, entonces el proceso podrá ser sumamente beneficioso.

Usted siempre ha abogado por un enfoque ultraliberal de las conexiones locales, por la democracia participativa, por que los ciudadanos se unan en la realización de una misma empresa común, trabajando en comunión de principios y abriéndose a un común horizonte de progreso y esperanzas. ¿Cree usted que ese modelo se incluye de algún modo en el actual proyecto de construcción de una nueva Europa?
El modelo por el que yo abogo es una visión global. Si tenemos en cuenta los problemas relativos, por ejemplo, al medio ambiente, éstos no son ya de competencia meramente local. Se trata de cuestiones que impulsan hacia el progreso a generaciones enteras. En general, la gente se interesaría mucho por ellas si se le hiciera saber, por ejemplo, que a causa de la insistencia de Occidente en que el África subsahariana pague sus deudas, cada año mueren de hambre alrededor de medio millón de niños. En Europa y en Estados Unidos la gente no quiere pensar cosas como éstas de una manera global. Si la gente se enterase de que se está haciendo morir cada año a medio millón de niños, seguro que no se sentiría a gusto y querría hacer algo para remediarlo. Ésta es una de las razones por las que no suele hablarse de ello a la gente. Pero en cuanto le hablan de ello, se interesa enseguida, y no con un interés local, sino con un interés global, o sea, humano. Asimismo, cuando usted habla de «democracia participativa», yo pondría el acento en lo de «participativa», que es en lo que, a fin de cuentas, consiste la democracia. Si ésta, en Europa o en donde sea, no significa una plena participación en el gobierno de los asuntos, no es nada, se queda en puro nombre.

Y así la verdadera democracia ha sido suplantada por una democracia que se autocalifica de «representativa»...

Sí, o más bien diría yo que ha sido suplantada por una democracia que controlan las elites, que ni siquiera es auténticamente representativa: es un sistema al que *llaman* «democracia», pero la idea que tras ese nombre se esconde es la de que el pueblo ha de contentarse con ser mero espectador. Hoy, en tales «democracias», las personas son ya meros espectadores, y ésta es, además, su principal señal distintiva.

Pero yo creo que hay un problema más en este asunto. Y es que, aunque el enfoque deba ser global, como dice usted, lo cierto es que no puede separarse lo global de lo local, por lo menos no en el siglo XX. Es indudable que actualmente hay un control *global. Estoy pensando en una de las afirmaciones que hace usted en sus* Conferencias de Managua, *donde arguye que la existencia de elites políticas se debe no tanto a que manejen al gobierno unos indeseables, como a que lo mueven las instituciones. Con lo que parece usted sugerir que no son los buenos o malos presidentes o jueces de distrito, o lo que fueren, quienes toman las decisiones, sino que las toma un sistema, una institución. Y esta manera de verlo todo, caso de ser acertada, parece dejarnos individual o colectivamente inermes, sin ningún poder, ante esa conspiración sin rostro que es el sistema. ¿Se ha planteado usted este problema?*

No me parece que sea un problema lógico. Hay una estructura institucional, y que la gente trate de introducir cambios significa que se quiere mantener a las instituciones dentro de sus límites. Todavía pueden hacerse muchas cosas sin salirnos de este marco en el que existen instituciones que aún están por democratizar, por lo que hay que hacerlas más justas, menos opresoras. Piense usted, por ejemplo, en el endeudamiento de África, al que podría ponerse fin en un instante contando con las estructuras de que gozamos hoy día en Occidente; y ese gesto tendría un enorme valor humano. Lo mismo ocurre con otras muchas cosas. Por otra parte, es de sobra sabido que, si se va demasiado lejos en contra del poder establecido, el siguiente paso es el de disolver sus instituciones. Éstas son siempre creaciones humanas, no están garantizadas por la naturaleza: tanto los feudalismos como la autocracia capitalista pueden y deben desaparecer.

Y usted, ¿por qué otro sistema los reemplazaría? ¿Acaso por un socialismo anárquico?

La libertad y la democracia son las señas de identidad del socialismo libre. Éste consistiría en adaptar al mundo actual la vieja visión de la Ilustración europea. Si bien se piensa, incluso lo que se ha dado en llamar «liberalismo clásico» ha sido, en mi opinión, torpemente malinterpretado. Si toma usted el liberalismo clásico de Adam Smith,

Humboldt y otros liberales del siglo XVIII, entre ellos Thomas Jefferson, y lo traslada a una de nuestras actuales sociedades industrializadas, nos proporcionará, a mi entender, los mismos principios que el socialismo liberal. ¿Qué decían en el siglo XVIII aquellos prohombres? Que el ejercicio irresponsable del poder, el poder incontrolado, es ilegítimo. Y esto sigue siendo hoy una verdad indiscutible: el poder ha de someterse a control. Las formas de poder en que aquellos hombres pensaban al criticarlas eran el estado monárquico absolutista, el antiguo sistema feudal, el esclavismo y la teocracia eclesiástica. Había que acabar con tales problemas. No tuvieron en cuenta otros sistemas de autoridad y poder, por la sencilla razón de que entonces aún no existían. Pero durante los siglos XIX y XX, otros sistemas, de cariz básicamente fascista, desplegaron monstruosos tentáculos para ir haciéndose con todo el poder, dando por indiscutible que éste procede enteramente de arriba, del dictador, y va disminuyendo de ahí hacia abajo. Supusieron también que nadie tendría que decir nada sobre el sistema y que todos podrían adaptarse al mismo si no hiciesen nada en contra... Así se comporta también hoy el capitalismo corporativo. Es éste un sistema de poder absoluto e incontrolado que, se mire por donde se mire, no tiene ninguna justificación moral y origina una inmensa gama de efectos perniciosos para la vida humana, tanto en lo cultural como en lo social. Thomas Jefferson fue lo bastante longevo como para presenciar la proliferación y el incipiente auge de las instituciones bancarias y de las agrupaciones capitalistas, las cuales generarían andando el tiempo insólitas formas de tiranía, en proporciones que ciento setenta años atrás Jefferson no pudo ni imaginar. Aquí deberían aplicarse doctrinas que posibilitaran la superación del feudalismo: hay que eliminar ese espantoso centro de poder, por ahora transnacional, y someter sus gestiones al control público. Entiéndase bien que control público no quiere decir que el Estado cambie de dueño, sino que significa participación de las comunidades, de los trabajadores y de todo el mundo en el control de las decisiones, así en lo referente al mercado de trabajo como a la legislación y a toda la política.

La mayoría de la gente piensa que la tradición europea liberal y las directrices liberales a que usted apela son algo que protege las libertades individuales, como por ejemplo el incondicional derecho de los individuos a la libertad de expresión. Pero, por otro lado, quienes propugnan una noción del bien más socialista o comunista, podrían decir que los derechos individuales a la libertad de expresión o al libre movimiento hay que limitarlos en pro del bien social. ¿Cómo conciliaría usted estas dos exigencias?

He de decir, antes que nada, que los liberales clásicos nunca pensaron realmente en la libertad de expresión. Tuvieron de ésta un concepto muy menguado. Y por su parte Thomas Jefferson ni siquiera creía en la libertad de pensamiento. Durante la revolución norteamericana hacía castigar a los que él llamaba «traidores de obra o de pensamiento». ¡Qué concepción más estrecha de la libertad de expresión! Desde luego, en esto se equivocaban del todo. Pero a esa equivocación les condujeron sus propios principios. La libertad de pensamiento debería ser ilimitada. Controlar el pensamiento de las personas es interferir tanto en su naturaleza que hace que la esclavitud se quede corta como aberración. Pero, si tienes libertad de pensamiento, entonces la pregunta es: ¿eres libre para someter a otros a tu pensamiento?

O ¿eres libre para actuar conforme a tu pensamiento?
Bueno, la de actuar según pienses es ya otra cuestión. Porque desde el momento en que actúas empiezas a infringir los derechos de los otros, derechos que tú piensas que deberían ser ilimitados. Y entonces cuesta mucho ver cómo pueda justificarse el permitir a las personas pensar y no permitirles actuar o expresar lo que piensen... ¡Hay aquí un enorme conflicto de derechos!

¿Y qué decir de las incitaciones a la violencia y al odio?
Lo del incitar es otra historia. Hay una tendencia a pasar de lo que se piensa a su realización cuando se trata de participar en actos delictivos. Así, por ejemplo, hay algunas formas de expresión que nadie va a decir que estén protegidas; supongamos que usted y yo entramos en una tienda y usted tiene un revólver y nos proponemos atracar, y yo le digo a usted que dispare y usted dispara contra el propietario. Todo esto son expresiones, pero a nadie se le ocurre pensar que haya de estar protegida la libertad de expresarse de tales modos. Lo que ahí ocurre son acciones, entre ellas mis palabras si he dicho alguna; pero se trata de una participación en un acto criminal. En mi opinión, son acciones expresivas. Desde mi punto de vista, la tesis más plausible es la sostenida por el pensador inglés Jeremy Bentham, a saber, que la expresión debe ser libre, como debe serlo también la articulación del pensamiento, excepto en el caso de que formen parte de una acción criminal. Mas ésta no es una regla muy precisa, sino una especie de principio, y como todo principio tú puedes tratar de eludirlo. Sin embargo, yo creo que la norma en cuestión es bastante aceptable. Significa que también pueden expresarse cosas por las que alguien se siente insultado o perjudicado, y esto es precisamente una parte de la libertad de expresión. No hay libertad que no permita hacer cosas que a algunos no les guste que se hagan. Si restringiésemos esa libertad, convertiríamos a las personas en máquinas. Si queremos que la gente sea humana, tenemos que admitir en ella una libertad y un derecho a expresarse de maneras que a alguien le puedan parecer injuriosas;

tenemos que reconocer esa libertad para toda acción-expresión... que no sea una acción criminal.

Aunque está usted en lo cierto cuando dice que el llamado «socialismo», al evolucionar, ha dado pruebas de que contenía varios valores, sin embargo, en mi opinión, eso ha sido así porque no se trataba precisamente de socialismo, igual que lo que se ha llamado «democracia» tampoco lo ha sido nunca de veras. La tiranía soviética se calificaba a sí misma de «democrática» y «socialista», calificativos que en su caso resultaban, tanto el uno como el otro, ridículamente absurdos. Por «socialismo» se han entendido muchas cosas diferentes, y los amantes de la libertad siempre han sido aficionados a emplear ese término incluso dándole matices anárquicos. La misma tradición que suele calificarse de «anarquista» se dio a veces a sí misma el nombre de «socialismo libertario», y desde luego nunca admitió que la pretensión de una comunidad a librarse de las injurias o los daños que puedan inferírsele mediante el lenguaje fuese un derecho que hubiera que proteger. Y es que, en realidad, no es posible protegerlo. Propiamente, y en justicia, usted no puede impedir a nadie el pensar, ni tampoco que lleve a la práctica sus pensamientos, por lo menos mientras no haya peligro inminente de que esa práctica vaya a formar parte de una acción criminal. Podríamos decir que, a este respecto, el de Salman Rushdie es, a la vez, un caso abierto y cerrado.

Sobre esta cuestión ha sido usted muy claro y explícito. Pasemos a otro caso más complicado. Como usted sabe, en Inglaterra y en Irlanda a los miembros del Sinn Fein y del IRA se les ha venido coartando la libertad de expresión y el acceso a los medios de comunicación. Quienes introdujeron esa legislación adujeron que no se debía permitir que individuos dedicados a criminales actividades terroristas tuviesen acceso a unos medios de comunicación que podrían utilizar para defender su causa y justificar sus crímenes, o, también, para incitar a otros a poner bombas y disparar metralletas. ¿Dónde ha de estar ahí el límite, la línea de demarcación entre la libertad y las prohibiciones?

A mi entender, quienes así argumentan lo que de veras hacen es expresar su temor a que esa causa pueda ser justificada, y lo que no quieren es permitir que se oiga la justificación de la misma. Quiero decir que, si estás convencido de que semejantes acciones no pueden tener justificación alguna, no te importará mucho permitir que se exprese cualquier presunta justificación de ellas. Solamente si sospechas que esas acciones que a ti no te gustan quizá puedan tener alguna justificación, prohibirás que ésta sea expresada en público. Pero, en tal caso, ¡serás un fascista! Yo estoy convencido de que ciertas acciones se han de prohibir; por ejemplo, a nadie debe permitírsele aparecer en la pantalla del televisor y emitir un mensaje codificado que informe a un bombero para que vaya a quitar una bomba. Pero si el IRA dice «He aquí por qué ponemos una bomba... éstas son nuestras razones», y tú quieres bloquear ese mensaje, puede que sólo sea porque temes que esas razones resulten convincentes.

Pero para eso están los debates, el discutir razones y el tratar de convencer. ¿Qué habría que decir, en cambio, de quien apareciese en la pequeña pantalla y gritase «¡Mueran los ingleses!»?

Si ese grito es convincente, tendremos que preguntarnos *por qué* lo es. Se nos plantea entonces un auténtico problema. En primer lugar, no acabarás con ese sentimiento por mucho que impidas expresarlo en la televisión. Si un sentimiento de irracional violencia, como es ése, le resulta atractivo a la gente, será por algo, y tendrás que indagar las causas o razones de su atractivo. Nada se consigue con sólo prohibir o impedir que se exprese algo de lo que la gente esté profundamente persuadida. Ese tipo de autoritarismos no sólo son ineficaces, sino también injustos. A todo el mundo debería permitírsele decir por televisión: «¡Mueran los ingleses!», si nos atuviésemos al principio básico de que los medios de comunicación son para que las personas comuniquen lo que quieran comunicar. Es el mismo principio por el que se permite a los personajes públicos decir en la televisión «¡Bombardeemos a los iraquíes!» (o a los vietnamitas, o a los serbios). No es más que una forma de persuadir... Esto debería permitirse, y de hecho se permite (en realidad, hasta lo facilitan los poderosos cuando a ellos les conviene). Si no se quiere que un mensaje sea convincente, indáguese *por qué* resulta persuasivo.

Vayamos con otro ejemplo igualmente controvertido: la prohibición de que las estudiantes musulmanas se cubran con el velo en las escuelas francesas. Se les dice: «Ahora pertenecéis al sistema educativo de la República francesa, y en nuestras escuelas no se os permite una conducta diferente de la usual. Si venís aquí, tenéis que hablar nuestra lengua y comportaros como las demás alumnas». ¿Piensa usted que en el modelo de sociedad libre que usted propone debería permitirse esa conducta diferente, aunque sólo fuese a un nivel simbólico o de ritual?

Si una muchacha de familia iraní va a una escuela en la que se usa uniforme, y ella quiere llevar su velo, ¿por qué no se le ha de consentir?

¿Aunque en nuestra cultura se piense que ese velo simboliza la subordinación y la represión de la mujer?

Eso les corresponde a ellas decidirlo. Yo soy contrario a que se pongan el velo, pero yo no soy Dios. ¡Las personas han de decidir por sí mismas!

¿Es usted contrario a que lleven puesto el velo?
En la medida en que llevarlo simboliza la represión de la mujer, sí, soy contrario a ello... lo mismo que a otras muchas cosas de la vida social que se me ocurrirían. Pero el ser contrario a esas cosas no me da ninguna autoridad para prohibirlas. Son asuntos que las personas deben decidir por su cuenta.

Vayamos a un ejemplo más hiriente aún, como es el de la mutilación de las mujeres de acuerdo con determinados ritos religiosos.
¡Eso ya es el terror!

¿Y no le parece a usted que cuando las cosas llegan a esos extremos habría que intervenir para impedirlas?
Bueno, ya sabe usted que la palabra «intervención» tiene su miga...

Pero ¿hay derecho o no a condenar moralmente esa barbaridad?
Claro que hay derecho a condenarla moralmente. Cuando se tiene el convencimiento de que la mutilación de la mujer es una tortura, la pregunta es: ¿hay derecho a intervenir para evitar la tortura? En esto, como en otras muchas situaciones humanas, hay conflictos de derechos y conflictos de principios. La moral no es la geometría. Hay en la moral verdaderas contradicciones, y tú tienes que procurar ir aclarándote en medio de esas situaciones conflictivas. A veces no es fácil, y hay que decidir recurriendo a una especie de moral intuitiva. La tortura debe impedirse siempre que haya un modo de impedirla que no cause algún mal todavía mayor.

¿Y si algunas mujeres, por su adoctrinamiento religioso, quieren ser víctimas de la mutilación ritual?
O de otras formas de tortura. Opino que la persona que quiera ser víctima de una tortura no deberá ser castigada por ello, pero sí que debemos procurar inducirla a que no se someta a ese trato. El que algunas personas quieran someterse a torturas es, seguramente, porque padecen graves trastornos en su naturaleza, que deberán ser corregidos lo mismo que hay que corregir, por ejemplo, la desnutrición.

Hablando de intervenciones, usted ha sido uno de los críticos más implacables contra la intervención de Estados Unidos en países extranjeros, y ha llegado a decir que eso es un terrorismo internacional. ¿Podría indicarnos alguna situación, ya sea en la Europa de la segunda guerra mundial, ya en la Bosnia de hoy, en la que Estados Unidos tuviese un derecho moral a intervenir para salvar a la comunidad de las garras del fascismo?
Ante todo, quede claro que, en realidad, Estados Unidos no inter-

vino en Europa para salvar a nadie de las garras del fascismo. Estados Unidos había estado respaldando a Mussolini, a Hitler y a Japón. Si luego intervino contra éstos fue para no llegar a ver amenazados los intereses comerciales de su propio país. De hecho, tras el breve periodo de su intervención bélica, procedieron enseguida, en la posguerra, a reintroducir algo muy semejante al fascismo. Y a lo largo de toda su historia es muy difícil encontrar ejemplos de intervención auténticamente humanitaria o moral. Ni siquiera es concebible que alguien te cuente la verdad a este respecto. En la historia más reciente tenemos, por ejemplo, la invasión vietnamita de Camboya. No es de creer que los vietnamitas invadieran el territorio camboyano por razones humanitarias, pues no las tenían. Si lo invadieron fue porque el violento Jemer Rojo atacó las ciudades fronterizas de Vietnam, cosa que Occidente nunca había tolerado hasta entonces. Por eso, los vietnamitas invadieron Camboya, derrotaron a Pol Pot y le echaron del país, poniendo fin con ello a la oleada de terror. Pero su intervención fue universalmente condenada y a los vietnamitas todavía les está castigando por ella Estados Unidos, lo que significa que también les castigan Europa y la mayoría de los países del Primer Mundo, que están a las órdenes de Estados Unidos. Es éste un caso histórico que probablemente tuvo algo que ver con lo que llamamos «intervención humanitaria», no por su propósito, sino por sus consecuencias, y que, sin embargo, ha sido condenado.

Pero ¿no es concebible que Estados Unidos intervenga algunas veces por motivos morales, como por ejemplo enviando tropas paracaidistas para acabar con los crímenes de un campo de concentración de Bosnia en el que a las mujeres musulmanas se las golpeaba, torturándolas, y se las mutilaba?...

Sí, podría imaginármelo; pero usted está diciendo algo que es casi enteramente contradictorio. Para Estados Unidos o para cualquier otra potencia de similar estructura, la idea de intervenir por razones humanitarias está reñida con la realidad. Los Estados no son agentes morales. Sus poblaciones pueden presionarles para que no cometan actos inmorales, y esto es lo que, de ordinario, puede esperar conseguir la mayoría. Es concebible que a los Estados se les pueda presionar también para que actúen moralmente, y uno de tales casos quizá fuera ése al que usted acaba de referirse. Ahora bien, Irán se ofreció a enviar tropas en defensa de Bosnia, pero su oferta ni siquiera ha sido tenida en cuenta, a causa de lo que se sabe de Irán. Sólo unos ideólogos fanáticos se negarían a plantear cuestiones parecidas sobre nosotros mismos, y si fuesen capaces de mostrar un mínimo de honestidad, sus respuestas no serían muy agradables. Hablando de «intervenciones humanitarias», no sería difícil aducir casos que nos hicieran pensar lo contrario. Tomemos uno tan próximo a Estados Unidos como es el de

Haití, que sólo dista de ellos unos mil cuatrocientos kilómetros. El gobierno estadounidense no quiere enviar a ese país a los marines para que pongan fin al terror. No le costaría nada dar un telefonazo a sus generales, pero no lo está haciendo. En el caso de Indonesia, que está llevando a cabo en Timor unas matanzas que rayan en el genocidio, no hace ninguna falta enviar a la RAF a que bombardee Yakarta. Bastaría con que la Agencia Aeroespacial Británica dejase de enviar allí armas para que se acabaran las masacres. De hecho, en todo el mundo hay mil modos de actuar que, sin ser intervenciones, podrían beneficiar muchísimo a gran número de personas. Por ejemplo, en el caso antes mencionado de la deuda africana, el salvar las vidas de medio millón de niños cada año no es asunto de poca monta, y, según la Unesco, esa situación de hambruna se da a consecuencia de dicha deuda. ¿Sabe usted lo que esto significa? Pues que algunos bancos occidentales obtendrán un provecho insignificantemente menor si esa deuda se condona... y el condonarla sería la única intervención verdaderamente humanitaria que allí se necesita. Si nos miramos al espejo y nos preguntamos con franqueza: «¿Podemos actuar de forma humanitaria?», veremos enseguida que hay muchos modos de hacerlo que salvarían a grandes masas de gente y serían benéficas maneras de intervenir, y si ante esas realidades nos preguntamos si intervenimos por razones humanitarias, hemos de tener la honradez de que lo que estamos haciendo no tiene nada de ello, sino que es algo muy distinto. Volviendo al caso de los campos de concentración de Bosnia: la cuestión no está en decir que allí no debe intervenirse (seguramente sí que se debería), sino en reconocer el contexto en el que se toma esa decisión. O sea, que por lo menos deberíamos ser honestos y sinceros con nosotros mismos.

¿Así que la mayor parte de la retórica humanitarista con la que tanto alardea la sociedad europea u occidental ha sido engañosa, para descalificarla de la manera más suave?
Lo único que pongo en duda es eso de «la mayor parte». Si usted conoce algún caso que no lo sea, dígamelo, que me gustará oírlo.

¿Y qué decir de la retórica humanitarista de algunos como J.F. Kennedy? En las Conferencias de Managua *la figura del presidente no queda muy bien que digamos. Usted arguye que, durante su periodo presidencial, la Administración norteamericana fue la responsable de que se formaran los escuadrones de la muerte que operaron en El Salvador, y también fue la responsable del apoyo a grupos militares en Guatemala, de intervenir en el golpe de Estado que se produjo en Brasil, etcétera. ¿Qué puede imputársele a Kennedy de todo aquello? ¿Era una mala persona, o sólo fue parte de una Administración perversa?*
Kennedy representaba a ciertos sectores de la vida estadounidense

influidos por una mezcla de leninismo y capitalismo corporativo. Si lee usted algo sobre Robert MacNamara, a quien Kennedy nombró para que dirigiese el Departamento de Defensa, advertirá que su equipo estaba formado prácticamente por leninistas. Yo lo he hecho ver así a menudo en mis escritos. Esos individuos suelen llamarse a sí mismos «intelectuales en acción», están siempre dispuestos a tomar el mando, mueven a la gente en las direcciones adecuadas y controlan el mundo, porque son listos e ingeniosos. Son también de una arrogancia insoportable, y no muy brillantes, pero tienen a su disposición medios poderosísimos. De todo lo cual resulta lo que era de esperar. Si se fija usted en la campaña electoral en la que ganó Kennedy, sus partidarios estuvieron atacando a Eisenhower, echándole en cara su pasiva aquiescencia, y diciendo que era un pobre hombre: ¿no era él quien permitía a los rusos tomarnos la delantera y gastaba nuestros recursos en cosas sin importancia, mientras los soviéticos convertían el mundo entero en una «monolítica e infatigable conspiración», como decía el propio Kennedy? Por lo tanto, teníamos que ser fuertes y violentos. Teníamos que organizarnos en un Estado unificado que actuara con energía para superar la amenaza soviética. Había que tener «grandes proyectos» en el extranjero. La campaña de Kennedy fue muy similar a la que después hizo Reagan frente a Carter. Mucho sospecho que el Partido Republicano de Reagan se limitó a imitar la campaña de Kennedy. Sus programas fueron muy parecidos: los dos proponían una sustancial expansión del poder del Estado, incluida, claro está, la del presupuesto militar. En Estados Unidos, el presupuesto militar sirve para dos cosas: es básico, ante todo, para intervenir en el Tercer Mundo; pero, en segundo lugar, es un cebo para la economía interior, y de este aspecto es del que se está aprovechando la industria de alta tecnología. En política interior, la Administración Kennedy introdujo medidas fiscales regresivas, a base de programas que favorecían a los inversores y otras cosas por el estilo.

¿Pero qué podemos decir de la legislación de Kennedy en pro de los derechos civiles, y de su lucha contra la Mafia?

Sí, Robert Kennedy fue a por la Mafia, pero de la misma manera que cuando estuvo trabajando a las órdenes del Comité McCarthy, esto es, con procedimientos ilegales, indignos y contrarios a la libertad civil. No fue aquélla una Administración que se cuidara mucho de proteger las libertades civiles. En realidad, el movimiento pro derechos civiles, que iba entonces en auge y cobraba mucha fuerza, fue inoportuno y molesto para tales administradores.

El Ku Klux Klan nunca fue del agrado de los Kennedy. ¿O sí que lo fue? ¡Alguna cosa harían bien los Kennedy!

El Ku Klux Klan no gustaba a mucha gente. En cuanto a él, apreció todavía menos a Johnson, porque éste sacó adelante la legislación sobre los derechos civiles, acerca de la cual el equipo de Kennedy no hizo más que resistirse a tomar el asunto en serio. La Administración Kennedy intentó invadir Cuba y, para ello, robusteció el sistema militar. Como la invasión de Cuba fue un fracaso, desencadenó contra los cubanos una espantosa guerra terrorista, de virulencia sin precedentes; no ha habido en el mundo ningún terrorismo internacional comparable en ferocidad al de la Operación Mangosta, que Kennedy lanzó contra Cuba. Esto sentó las bases de los que después se llamarían, en Latinoamérica, «Estados de seguridad nacional». El gabinete Kennedy tomó en 1962 una crucial decisión histórica: la de cambiar la misión de los militares latinoamericanos que estaban bajo el control estadounidense. De una defensa del hemisferio se pasó así a una defensa de la seguridad interior. La «defensa del hemisferio» era sólo un residuo de la segunda guerra mundial, de cuando venían los alemanes, y cosas por el estilo. La «seguridad interior» no es más que un eufemismo que lo que en realidad significa es una guerra contra la propia población. Y este cambio hacia la «seguridad nacional», encargado a las delegaciones militares de Estados Unidos en Latinoamérica, lo que hizo fue organizar la seguridad de los Estados según un modelo neonazi, y sus esbirros devastaron el continente con una plaga de inauditas represiones y matanzas. El mayor y más grave desastre lo produjo en Brasil, donde el golpe de Estado tuvo lugar bajo el mandato de Johnson, aunque ya había sido preparado por el equipo Kennedy. En el Sudeste asiático, bajo la Administración de Kennedy, se movilizó a todo el ejército de Estados Unidos para machacar a Vietnam del Sur, donde con horribles bombardeos fueron destruidas la mayoría de las ciudades y arrasados los campos y las selvas. Éstos son sólo algunos de los datos que me inclinan a pensar que la figura de Kennedy ha sido una de las más peligrosas y nefastas de toda la historia de Norteamérica.

Así, ¿aconsejaría usted a los irlandeses que retiraran la fotografía de John Fitzgerald Kennedy que acostumbran tener en un lugar de honor junto a la del Papa sobre la repisa de sus chimeneas?

Yo invitaría a retirar la imagen de cualquier individuo autoritario, entendiendo por tal a aquel que haya ocupado alguna posición de privilegio, pues son ellos los que hacen que haya que lamentar y recordar crímenes de los que, aunque no sean ellos mismos agentes o testigos directos, sí que son ocasionadores y causantes.

Segunda parte

En varios de sus libros sobre política, filosofía o lingüística, dice usted que hay una cualidad específica de la naturaleza humana que nos distingue de los animales, y, por descontado, de las máquinas. ¿Qué es esa naturaleza especial?

Que hay una naturaleza humana específica no parece que sea discutible: los humanos son radicalmente distintos de cualquier otro organismo vivo. Son, por ejemplo, los únicos que tienen historia propiamente dicha, y en cuanto a la proliferación son incomparables: los únicos grandes organismos próximos en este aspecto a los humanos son los que éstos crían, como las gallinas, las ovejas, etcétera. También en punto a comportamiento se diferencian los humanos totalmente, y la capacidad lingüística parece ser propia sólo de ellos; ni siquiera los organismos más afines al hombre tienen nada que se parezca demasiado a dicha capacidad.

¿Estima usted que el lenguaje es lo más distintivo de la naturaleza humana?

Es, sin duda, un rasgo muy llamativamente diferenciador, pero barrunto que en su raíz hay algo muy diferente y que en este terreno sabemos aún poco y nos movemos entre especulaciones, buenos deseos y esperanzas, más que con un conocimiento firme. Pero hay una opinión tradicional que parece bastante aceptable —pues por lo menos concuerda con la experiencia y la investigación—, y es la de que esta característica que distingue esencialmente a los humanos del resto del mundo animal y de las máquinas es la diferencia entre la conducta causativa y el comportamiento de adaptación. Si tienes una máquina y dispones sus partes de un modo concreto y la colocas en la situación que sea, lo que esa máquina haga estará *determinado:* la máquina no puede elegir al respecto. Puede que tenga algún elemento que haga algo, por decirlo así, arbitrario, pero eso mismo está también, en última instancia, determinado, pues todo lo que una máquina hace es mecánico. Por otra parte, en terminología tradicional, los humanos, a diferencia de las máquinas, pueden sentirse también *inclinados*, o a veces *inducidos* a actuar de ciertos modos, pero no se les puede *forzar* o *constreñir* a ello.

¿Y hemos nacido con esta capacidad? ¿Es innata?

Tiene que tratarse de una capacidad innata, si es cierto que estamos inclinados a algunas acciones pero no forzados a efectuarlas, y nuestra experiencia nos dice, sin lugar a dudas, que tal es el caso. Por ejemplo, usted y yo sabemos que vamos a estar aquí sentados y charlando durante un rato, pero también sabemos perfectamente que podríamos levantarnos y decir: «¡Esto es absurdo, me voy, que me apetece darme un baño!». Nosotros podríamos proceder así, mientras que la máquina no podría, excepto por accidente, lo que aquí no cuenta. Somos conscientes de tener esta capacidad, de que si queremos podemos incluso inferirnos daños o hacer otras muchas cosas. Siendo esto así, tiene que tratarse de algo innato, no cabe suponer que esta capacidad sea adquirida.

¿Pero está biológicamente predeterminada?
Bueno, forma parte de nuestra naturaleza. A esto es a lo que equivale el decir que está biológicamente determinada, pues tal expresión sólo significa cómo estamos constituidos. Y lo que ocurre es que en el cómo estamos constituidos se incluyen seguramente muchas propiedades de las que hoy por hoy no tenemos ni idea.

¿Entonces, es otro modo de decir que «estamos predeterminados a ser libres»?
Si eso es verdad, entonces es correcto decirlo. Pero, de paso, tampoco está nada claro qué es lo que significa «ser libres». De ser correcta la opinión tradicional, entonces lo que hacemos es apropiarnos las situaciones, haciendo nosotros —no un azar incoherente— que nuestro estado interno y el medio exterior cuadren y se armonicen. Pero esto no es algo *causado* por las situaciones. Ahora bien, la diferencia entre apropiarse o adaptarse a algo y ser causado por ese algo no podemos entenderla del todo, nadie ha logrado nunca explicar satisfactoriamente su significado. Puedes señalar algún caso concreto y decir «eso es "adaptado a", no "causado por"», pero si te piden que expliques lo que entiendes por ello, lo único que puedes hacer es poner otros ejemplos.

¿Así que, si estamos predeterminados pero no por el medio ambiente ni por nuestra sociedad ni por el aprendizaje, diría usted que es por ciertas predisposiciones a actuar de determinados modos?
Tiene que ser así. O sea, una máquina que funcione en el mismo medio ambiente que un hombre no desarrollará esas propiedades. Por más que críes a un chimpancé en medio de personas que no paren de hablar entre sí, el animalito nunca llegará a aprender inglés. O, semejantemente, por más que críes a un ser humano en el nido de un pájaro, nunca se convertirá en pájaro. Lo que nosotros los humanos llegamos a ser, en casi todos los aspectos, está intrínsecamente determinado por nuestra naturaleza.

Pero usted ha llegado al extremo de sugerir que no sólo es el lenguaje o el pensamiento lo que está determinado por una cierta naturaleza humana fundamental, sino que también nuestra sensibilidad ética y estética, nuestro luchar por la justicia y la libertad... son rasgos esenciales de nuestra naturaleza específica.
Bueno, esto más que un descubrimiento es una cuestión de lógica. Fijémonos en algo tan fuera de discusión como nuestra figura física —por ejemplo, en el hecho de que tenemos dos orejas en vez de cinco,

o dos brazos en vez de dos alas, o en que los humanos son púberes a determinada edad, o también en que mueren—. Nadie sabe a fondo los porqués de todo esto. Quiero decir, las razones de que el embrión humano se desarrolle como lo hace no las comprendemos en absoluto, pero todos tenemos por cierto que ese desarrollo es algo que está esencialmente determinado y nadie que esté en su sano juicio supone nunca que al feto le puedan salir alas en vez de brazos porque reciba algún tipo especial de alimento. Nadie supone que vayas a llegar a la pubertad porque veas que otros adolescentes ya están en ella, o cosas parecidas. Sin saber los porqués, damos por sentado que esos desarrollos están intrínsecamente determinados por nuestra naturaleza o esencia. Y hay una buena razón para ello, una razón que tiene que ver con la lógica de la situación. Un estado de alta complejidad y organización sólo se alcanza gracias a unas capacidades muy especiales, y ello de manera más o menos uniforme, esto es, todos los individuos que lo logran lo hacen procediendo de modos muy parecidos. Por ejemplo, las experiencias de usted y las mías son enteramente distintas, pero si podemos estar aquí los dos charlando es porque hemos llegado a estar en unos estados cognitivos en cierto modo similares, como, de hecho, llegan a estarlo todos los seres humanos donde quiera que se hallen. Y cuando un sistema, del tipo que sea, pasa por una larga serie de transiciones y llega a un estado de alta complejidad, lo que sí puedes es estudiar su ambiente, ver lo que es. Aun suponiendo que el ambiente no contenga prácticamente ninguna información orientadora, o una muy limitada..., aun así, el desarrollo sigue su curso. Sólo es posible, por tanto, que ese desarrollo provenga del interior. Si pasamos al campo de la estética, ahí las personas pueden hacer juicios estéticos complicados y totalmente uniformes, pueden pasar por una serie de experiencias en las que aumenten sus capacidades estéticas. No siguiendo direcciones casuales, sino unas determinadas direcciones concretas. Pueden, por ejemplo, estudiando un nuevo género artístico, llegar a apreciarlo y enriquecer así la propia experiencia. No todo el mundo es artista creativo, pero las personas normales son capaces de apreciar el arte creativo, aunque haya otras muchas figuraciones que jamás aprecien. De todo esto no sabemos gran cosa, pero la lógica de la situación es la misma que en el desarrollo físico: si se da, es que fundamentalmente viene de *dentro*. Y lo mismo puede decirse del juicio moral: continuamente estamos haciendo juicios morales en situaciones nuevas, no podemos evitarlo. En casi todos los aspectos de nuestra vida estamos decidiendo qué está bien y qué está mal, qué debemos hacer y qué debemos evitar. Tal vez no hagamos lo que sabemos que está bien; en realidad, con harta frecuencia no lo hacemos, pero nos damos cuenta de ello, tenemos conciencia, podemos discurrir moralmente. Si usted y yo no nos ponemos de acuerdo sobre lo que está bien, no por ello hemos de reñir y darnos de golpes, sino que podemos discutirlo y, a menudo, llegaremos a algún punto en el que estaremos de acuerdo. Pues bien, esto sólo puede ocurrir si ese poder proviene de algo *interior* a nosotros, ya que previamente no habíamos tenido ninguna instrucción decisiva al respecto.

Sí, todo esto parece muy lógico y evidente de suyo... Sin embargo, durante los dos últimos siglos ha sido muy criticada la idea de una naturaleza o esencia humana. El empirismo, el behaviorismo, el existencialismo y el posestructuralismo han tildado muchas veces de anticuado optimismo de la Ilustración la idea de una naturaleza humana esencial, o, para decirlo con sus propias palabras, la pretensión de que «el hombre es fundamentalmente un ser creativo y autoperfeccionante».

Es una idea anticuada como lo son otras muchas ideas certeras, y no es necesariamente optimista, porque nuestra intrínseca naturaleza puede ser también destructiva y mala.

¿Pero no dice usted que nuestra naturaleza es «autoperfeccionante»?

Creo que sí que lo es. Creo que, en realidad, es todas esas cosas. Quiero decir, pienso que una parte de nuestra naturaleza es destructiva e incluso autodestructiva —eche usted una ojeada por el mundo y verá cuántos ejemplos hay de ello—. Nuestra naturaleza contiene en sí muchas capacidades, y cuáles lleguen a hacerse realidad depende en gran proporción de las condiciones del medio ambiente. Así, el que hablemos inglés o chino depende de dónde nos criemos, aunque sean casi idénticos los sistemas. O la estatura que alcances depende, por lo menos en parte, de la clase de alimentos que tomes. De modo que lo que fundamentalmente somos contribuye mucho a configurarlo el ambiente, pero sólo con influjos externos. Me parece que todo esto son perogrulladas; no son sino parte de la lógica de la situación. Y lo curioso es que estas perogrulladas se dan por supuestas en el caso del desarrollo físico visible, y sólo se las niega cuando se trata de los aspectos distintiva o característicamente *humanos* de nuestra naturaleza.

¿Como la libertad, el lenguaje y el pensamiento?

La libertad, el lenguaje, el pensamiento... y el juicio moral y el juicio estético; en todos estos aspectos somos clara y distintamente humanos, pues no se dan en ningún otro organismo. ¡Y que sobre este particular se nieguen tantas evidencias! Posibles razones de que se las niegue: una, que en nuestra naturaleza hay algo que nos vuelve enteramente irracionales al tener que habérnoslas con ciertos problemas, sobre todo con los que nos plantea nuestra naturaleza misma. Quizás estemos diseñados, en parte, para portarnos irracionalmente con respecto a nuestra naturaleza. No sería nada sorprendente. Cabe imaginarlo como una verdad biológica. Significaría que, en cierto sentido, los seres humanos son básicamente dualistas: racionales respecto al mundo natural, pero del todo irracionales y místicos cuando se preguntan por su propia naturaleza. Sí, podría ser esto una parte de nuestra constitución biológica. Así, cuando ves una puesta de sol, por más que te sepas de cabo a rabo la teoría de la relatividad, sigues viendo al sol ponerse, no puedes evitarlo. Y si miras a la luna cuando ésta se halla próxima al horizonte, la ves más grande, y, aunque sepas que en realidad no lo es, por mucho que sepas esto, sigues viéndola más grande. Hay cosas de nuestra naturaleza que no alcanzamos a entender, y es posible —y hasta, en mi opinión, muy probable— que parte de nuestra naturaleza consista en ese dualismo, sin que podamos hacer nada por evitarlo. Ahora bien, lo que sí podemos es —digamos— salir de nuestra naturaleza o apartarnos un tanto de ella. Por ejemplo, en la puesta de sol, aunque veamos al sol «ponerse», también podemos recurrir a nuestra imaginación y a nuestra capacidad reflexiva para llegar a comprender que, en realidad, no es que el astro rey se ponga o descienda, sino que se mueven dos cuerpos celestes, él y nuestra Tierra, cuyas posiciones cambian en recíproca relación.

¿Y considera usted que tenemos que desarrollar más nuestra inteligencia, hacernos más racionales?
Si queremos entendernos a nosotros mismos, sí.

¿Y no es estropear una puesta de sol el mirarla tratando de entender cómo funciona?
No lo creo. Porque ante la puesta de sol reaccionas siempre desde lo más profundo de tu naturaleza..., por mucho que enriquezcas tu conocimiento mirándola con otro enfoque. El ver las cosas desde un nuevo punto de vista no anula las otras maneras de verlas.

¿Pero no viene a ser un «asesinar para poder hacer disección», como diría Wordsworth?
No. Imagínese que siendo un gran aficionado al arte cubista echa usted un vistazo a un paisaje francés. Puede que aún siga viéndolo con los ojos de su afición, pero lo captará de manera más rica si lo mira al modo de Cézanne. Este nuevo modo de mirarlo enriquecerá su visión. Semejantemente, si ve usted la puesta de sol mirándola a lo Einstein, no por eso tendrá que parecerle menos bella, sino que contará usted con más puntos de vista para apreciarla. Yo creo que debemos tratar de entendernos a nosotros mismos de la misma manera. Quizá no lo consigamos mucho, pero debemos procurarlo. Es una de las posibilidades. Otra cosa que me sorprende es el hecho de que quienes más ideas dualistas desarrollan suelen ser, básicamente, los intelectuales. ¿Qué papel social desempeñan éstos? Pues, por lo común, un papel de un tipo u otro de dirigentes, ya sea en la docencia, en la política o en asesorías de negocios. Sí, aquellos a los que llamamos in-

telectuales, gente que tiene en sus manos el tesoro de la tradición intelectual, se ocupan generalmente de desempeñar funciones directivas. Y resulta que al dirigente le gusta tener la sensación de que no hay ninguna barrera moral que le impida dominar a otras personas: quiere tener campo libre para dominarlas a su antojo.

¿Se deriva de eso la perniciosa tendencia que hoy se está dando a la ingeniería social y a la producción de consensos masivos a base de persuadir a la gente para que se comporte de determinados modos?
Si las personas no tienen una esencia o naturaleza humana, entonces no hay barrera que pueda detener a la ingeniería social, no hay barrera moral que le ponga trabas. En tal supuesto, si ninguna barrera moral te impide moldear a la gente como quieras, lo que puedes tener es el Walden 2 de Skinner. Por definición, la persona que opina así es siempre buena y procura de veras lo mejor para todos. Ahora bien, si las personas no tienen una esencial naturaleza humana, no hay barrera moral que limite la autoridad de los intelectuales, que ponga obstáculos a su afán de dominación. En cambio, si las personas tienen una naturaleza esencial, y si parte de esa naturaleza es una necesidad de libertad e independencia y un derecho a ellas, entonces los que abusan con manejos de sus funciones directivas se interfieren ilegítimamente con esos derechos. Y esto a ti, intelectual, te pone unos límites restringiendo tu autoridad y tu tendencia a mandar y a dominar. Como es obvio, quienes aceptan este último punto de vista no quieren, sencillamente, ocupar posiciones dominantes.

Todo esto me parece lógico, pero se me ocurre el siguiente problema: si es cierto, ¿por qué la inmensa mayoría de las personas no se resisten en virtud de su naturaleza humana y de sus deseos de libertad y justicia? ¿Por qué no rechazan esos adoctrinamientos, ese manejar a la sociedad, esa ingeniería del consenso y del consentimiento? Son preguntas que me he hecho yo con frecuencia al leer los libros de usted. Estamos, me parece, en una especie de círculo vicioso: por un lado, no hace usted más que decir que hay en nosotros un sentido innato de la libertad, y sin embargo también dice usted que existen esos dirigentes manipuladores que, por ansias de poder, de honras y riquezas, están tratando continuamente de controlarnos. Dice usted cosas como: «Estados Unidos es hoy una de las sociedades más adoctrinadas del mundo», «en Estados Unidos la prensa libre está al servicio de intereses propagandísticos», opera allí un control del pensamiento que oculta la verdad (por ejemplo, el ocultamiento de la invasión del Vietnam del Sur, o el de la campaña de la Contra en Nicaragua). Una de dos, o somos meros peones de un sistema y estamos adoctrinados, o ni lo somos ni estamos así. ¡Pero todo a la vez no es posible! ¿O sí lo es?
Bueno, primeramente diré que en este asunto hay muchas facetas.

Está ante todo la cuestión de hasta qué punto se somete una persona a un poder externo. Mirando las cosas desde el punto de vista de los sectores privilegiados —a los que pertenecemos nosotros—, parece como si la persona se sometiera sin más, cuando esto en realidad no sucede. Hay muchos modos de resistirse al poder, y la gente se le resiste de mil maneras (los párvulos en la escuela, los peatones en las calles, y lo mismo en infinidad de otras situaciones). Quizá las personas no sean capaces de organizarse para derrocar a la autoridad o ni siquiera de identificarla muy coherentemente, pero esto no significa que no le ofrezcan resistencia. El obrero que se retrasa adrede al ir a su trabajo y el niño que halla el modo de no obedecer alguna orden absurda están resistiéndose a la autoridad. Esta resistencia se muestra a veces de maneras admirables: durante los últimos diez años, en Centroamérica, las organizaciones populares resistieron una terrible oleada de terror, violencias y crímenes. Esto me trae a las mientes uno de los comentarios de Rousseau a propósito de los europeos, que, satisfechos de sí mismos, no reclaman ningún derecho a hablar de la libertad, no entienden lo que entienden los salvajes semidesnudos, según se deduce de sus obras. Hay sin duda un intento y un sistema de adoctrinamiento, pero que tal intento tenga éxito es cosa muy distinta. Y sospecho que donde más éxito tiene el adoctrinamiento es, generalmente, entre las personas instruidas. Tomemos por ejemplo el caso de Vietnam: hasta la fecha, pese a toda el adoctrinamiento propagandístico, que en este aspecto es uniforme, cerca del 70% de los estadounidenses, al preguntárseles qué opinan de aquella guerra, dicen que fue «básicamente errónea e inmoral». En cambio, entre la gente instruida, prácticamente nadie dice eso. Si tratas de oírlo en algún sector del ancho espectro de las declaraciones oficiales, no lo conseguirás —y no lo habrías conseguido ni siquiera cuando fue más fuerte el movimiento antibélico—. Pero no es éste el único caso. El gran público podrá estar desorganizado y ser incontrolado e ineficaz en su resistencia, pero resiste. En sus *Principios de gobierno*, David Hume formula esta pregunta: ¿cómo es que al pueblo se le puede gobernar? Y observa que la fuerza está siempre del lado de los gobernados, que el público en general es el que tiene la fuerza tanto en el más despótico como en el más libre de los regímenes. Al pueblo no se le puede controlar como él no lo consienta. ¿Será entonces que la gente quiere ser gobernada? Y Hume responde que lo que probablemente ocurre es que se controla la *opinión* del pueblo, y esto, en sociedades relativamente libres, como lo era la suya en aquel tiempo, es verdad. Quiero decir que, cuanto más libre es una sociedad, más necesario es, para gobernarla, controlar la opinión del pueblo.

Parece ser que lo que Tocqueville llamaba «despotismo blando» ha llegado a darse de hecho, no tanto en punto a coerción (restricción de movimientos y cosas así), como en cuanto a la opinión. Sin embargo, no parece que diciendo esto se haya contado toda la historia; Salman Rushdie ha sido víctima de un decreto que le condena a muerte, en cambio, en Estados Unidos, no se ha dictado ninguna sentencia de muerte contra usted, aunque usted ha dicho cosas tan subversivas de su cultura y sociedad como puedan serlo las que ha dicho Rushdie de la suya.

Bueno, la de Irán no es precisamente una sociedad libre, allí se controla al pueblo con la fuerza. La de Estados Unidos es una sociedad libre, más de lo que previó Hume, y allí los distintos centros de poder no disponen de los mismos medios coercitivos. Por eso, aunque intenten controlar el pensamiento de maneras mucho más sofisticadas, no se incluye entre ellas el asesinato. Ni pueden recurrir a él, ni es tampoco un instrumento eficaz. El control se logra por otros medios, que funcionan sin duda entre la gente más instruida. No está tan claro que funcionen entre el público en general. Creo que la manera de controlar al pueblo en un país como Estados Unidos es, a grandes líneas, ésta: cuanto más instruido, más adoctrinado eres —más inmerso estás en el sistema de propaganda—; cuanto menos instruido, más aislado estás. El público en general, el pueblo llano, lo forman individuos aislados unos de otros, individuos que están solos frente al aparato de televisión. En Estados Unidos apenas hay nada que se parezca a asociaciones de personas, a empresas cooperativas, etcétera. Una de las cosas más sorprendentes de Estados Unidos es que casi todo planteamiento y desarrollo constructivo, por ejemplo el ecológico o el de solidaridad con el Tercer Mundo, procede de las Iglesias. Y una de las razones de esto es que las Iglesias son todo cuanto de sociedad humana hay en el país.

¿Hay algún tipo de oposición social?

Lo que hay es una total quiebra de los vínculos sociales, y pienso que esto es algo que se ha hecho a propósito. La industria de las relaciones públicas, que es enorme, viene dedicándose desde comienzos de siglo a tratar de moldear a la gente de un modo determinado, utilizando para ello desde las comedias de enredo y los culebrones de la televisión hasta los acontecimientos deportivos, entre otras muchas cosas. Y el molde es evidente: se da por supuesto que tú, individuo aislado, eres sola y exclusivamente una unidad de consumo; el único valor de tu vida es tu capacidad de comprar más cosas que las que quieras o puedas necesitar. Hay una inmensa dedicación a crear necesidades artificiales. Es evidente, y viene siéndolo desde hace siglos, que tratamos de forzar a las personas a hacer cosas que no quieren, porque hemos de crear un ambiente en el que aspiren a tener cosas que no les hacen falta. Sus vidas no han de servir para nada más que para eso, no para realizar tareas constructivas ni para solidarizarse con sus vecinos. Lo único que importa es que tú, individuo consumidor, cargues tu cuenta al máximo adquiriendo cosas que lo más probable es que no mejorarán tu vida.

Entonces, ¿qué hay que hacer? ¿Cómo salir de este dilema? ¿Podemos trabajar, además de lo que trabajan las Iglesias, para producir alguna especie de ideal sociopolítico con el que las personas logren conectar entre sí y reorganizarse?

Pienso que deberíamos entender bien lo que la industria de las relaciones públicas entiende perfectamente.

¿Y qué es lo que entiende esa industria? ¿Que para controlar a las personas hay que aislarlas?

Sí, y para oponernos a ese aislamiento y contrarrestarlo debemos animar a las personas a reunirse, a formar precisamente esas organizaciones que los que manejan la opinión están tratando de destruir. En este aspecto es muy interesante la historia laboral de Estados Unidos, una historia violentísima, muy diferente de la de Europa. En Estados Unidos los obreros eran asesinados a centenares, sí, como lo oye usted, «asesinados», y por las fuerzas de seguridad, en una época en la que los trabajadores europeos habían conquistado ya sus derechos básicos. De entonces acá ha habido fuertes asaltos contra los sindicatos. Y esto por muchos motivos: los sindicatos, por muy corruptos que sean, son uno de los pocos medios con que cuentan las gentes más desvalidas para unir sus recursos (intelectuales y afectivos, no dinerarios) y actuar en voluntaria asociación promoviendo el cambio social. El hombre de negocios americano tiene una alta conciencia de clase: se ve a sí mismo combatiendo en una guerra sucia y quiere acabar con ello. Quienes deseen cambiar el mundo han de reconocer estas verdades y tratar de reconstruir, reorganizar y reforzar las uniones y asociaciones de raigambre popular, ya sea al nivel del mercado de trabajo, o de la región, o de cualquier otro interés común, como el feminista, el ecologista o el que fuere. Y deberán también ampliar su propia esfera moral. Después de todo, somos responsables para con las futuras generaciones, como también ante los cientos de millones de personas que sufren en el mundo entero, y *podemos* actuar de maneras que cambien las estructuras del poder, que lo diluyan, para que prevalezcan en todo momento la justicia y la libertad.

(Dublín, 1993)

Václav Havel
El teatro y la política

Václav Havel es una de las personalidades más importantes del actual panorama literario, en el que destacan sus obras como dramaturgo y ensayista. Condenado a cuatro años en su Checoslovaquia natal por su implicación en el Movimiento pro derechos humanos Carta 77, Havel fue elegido presidente de su país en 1989. Entre sus piezas dramáticas merecen citarse especialmente: Memorándum *y* Largo desolato; *de su producción en prosa mencionaremos, sobre todo:* Vivir en la verdad *y* Cartas a Olga.

Václav Havel: Los políticos defraudan a la gente cuando le ofrecen una receta maravillosa para alcanzar la felicidad y le aseguran que sólo podrán lograrla acatando las decisiones y medidas políticas ideadas por ellos mismos. La felicidad no es tan sólo objeto de las decisiones políticas, sino algo más. De hecho, los políticos solamente pueden ofrecer un número muy limitado de cosas: promover y desarrollar determinadas condiciones en las que los individuos consigan tener una vida más digna, proteger algunas libertades..., pero lo que no pueden es garantizar el logro de un paraíso terrenal. Y, desde luego, no deben prometer a la gente una felicidad para cuyo alcance no haya que mover un dedo. Hay un límite en el que termina el ideal y comienza la utopía. Si nos fijamos en los cambios que se han venido sucediendo en los tiempos más recientes, aunque nuestra sociedad pueda y deba tener ideales en la vida, lo que no debe es sustituir la utopía del comunismo por otra utopía.

Estamos hablando de ideas positivas y negativas..., de ideales y de proyectos visionarios. No cabe duda de que, en su país, el intelectual ha desempeñado un papel importante. Echando una mirada retrospectiva a su historia, vemos que ha habido hombres de ideas que han sido auténticos héroes nacionales, como por ejemplo Comenius, el educador; y Jan Hus, el teólogo humanista; y, en el siglo XX, Tomas Masaryck, que fue filósofo, como lo era también Jan Patočka, uno de los miembros fundadores de la Carta 77 (en la que usted tuvo un papel tan notable). En uno de sus ensayos, el titulado Seis observaciones sobre la cultura, *cita usted a Patočka y dice que no es casual que esta «víctima de la lucha en pro de los derechos humanos y civiles» en su país, fuese también un pensador. ¿En qué consiste esta especial tradición checa del intelectual? ¿Cree que es casual que el pueblo checo elija para.presidente a alguien como usted, que es un escritor e intelectual consagrado?*

En mi caso, más que ninguna otra razón creo que ha sido precisamente ésta la que ha decidido que se me eligiera. Es cierto, no obstante, que los intelectuales —escritores, filósofos— han desempeñado tradicionalmente un papel importante y significativo en la vida pública de Chequia y de Eslovaquia, superior al que hayan podido desarrollar en otros países. Nuestra nación, nuestra sociedad, ha vivido siempre oprimida y en peligro, con sus derechos políticos perennemente restringidos —desde el Imperio austro-húngaro hasta la era del comunismo—. En aquellas situaciones, en las que los derechos civiles, políticos o nacionales eran siempre conculcados, muy poco podían hacer los políticos profesionales, y, en consecuencia, los intelectuales tenían que tomar la iniciativa. ¿Quién más ha de asumir la responsabilidad? Decir la verdad bajo un régimen de opresión es, en sí mismo, ya un fenómeno político, y los que se atreven a contarla se convierten automáticamente en personajes públicos. Hubo muchos intelectuales que se mostraron en franca oposición al comunismo mientras éste estuvo vigente. Tal y no otra es la razón de que estos intelectuales, que durante largos años y en las más duras y adversas circunstancias osaron expresar en público la verdad sobre el sistema, ocuparan luego, una vez caído aquel régimen, cargos de responsabilidad pública. De hecho, no puede decirse que fueran figuras representativas de los partidos políticos oficiales, pero ello no es óbice para que ocupen ahora cargos en el Gobierno y en el Parlamento. Evidentemente, tras la consolidación de la democracia, una nueva generación de políticos profesionales entró a tomar parte activa en la vida pública y en la política de nuestro país, como siguen hoy entrando las nuevas generaciones; y, con esto, se va reduciendo un tanto la proyección pública de los intelectuales: aunque aspiren a ser espejos en los que se refleje la vida pública, no tienen ya por qué asumir papeles de mayor protagonismo.

Usted fue antes que nada dramaturgo, y, de hecho, el teatro tuvo un papel central en la Revolución de Terciopelo que vivió su país en 1989. Como lo explica usted en uno de sus escritos, cada nueva obra de teatro debilitaba el régimen de represión. ¿Qué puede decirse del teatro desde la situación checa?, ¿que ha sido subversivo y revolucionario a la vez?

En esta pregunta se pueden distinguir varias facetas. Ante todo, diré lo que ya antes dije: que el arte, la cultura y los intelectuales desempeñan un creciente papel político cuando las condiciones ambientales son opresivas. Es lo que ocurrió en nuestro país durante la década de los sesenta y, con algunas modificaciones, durante las dos décadas siguientes. Los teatros se fueron convirtiendo en centros de resistencia, por más que ésta fuese limitada, pues todo espectáculo estaba sometido a una estricta censura. No obstante, los teatros fueron focos de gran fuerza espiritual, enclaves en los que lograron florecer algunas libertades, sobre todo durante la década de los sesenta. Desde el Renacimiento Nacional, que se inició a comienzos del siglo pasado, cuando la consolidación de la lengua checa contribuyó a la autorrealización nacional, los teatros han tenido siempre un gran papel en nuestras vidas. En segundo lugar, los teatros desempeñaron también un papel importante en nuestra revolución; dieron apoyo a las sublevaciones estudiantiles justo después de la masacre. Los programas fueron anulados y los teatros pasaron a ser foros públicos de discusión que permitieron mantener viva la llama de la rebeldía. El tercer aspecto es más general y, si se me permite, diré que incluso metafísico: hace referencia a la dimensión dramático-teatral de los cambios que ha experimentado nuestro país.

Usted declara estar en contra de los «ismos» y de las ideologías y en favor del desarrollo de una conciencia moral individual. Pero, ¿cómo desarrollar una conciencia de este tipo que permanezca abierta a una concepción del bien social común y que, al mismo tiempo, no recaiga en el antiguo liberalismo clásico del «cada cual para sí mismo»? ¿Cuál es la base o la motivación moral que debe subyacer a esta forma de conciencia?

La época de las ideologías parece llegada a su fin. Creo que estamos entrando en una era de renovación intelectual. Los sistemas ideológicos y doctrinarios, o bien se derrumban como el marxismo, o se convierten en un peligro, en una rémora. La alternativa consiste en una próxima rehabilitación del sujeto humano, tanto de su conciencia como de su pensamiento: tenemos que darnos cuenta de que la rehabilitación del pensamiento se origina en el sujeto humano y no es en modo alguno transmisible por ningún sistema de preceptos o dogmas. Si comparamos esto con el liberalismo clásico, vemos enseguida que, en la centuria pasada, se omitió algo de lo que no puede prescindirse si se quiere lograr la rehabilitación del sujeto. Durante la época del liberalismo crudo iban de la mano la ciencia y la tecnología y, por entonces, empezó a concebirse al hombre como dueño y soberano absoluto del mundo. Cuando hablo de la rehabilitación del sujeto o, con otras palabras, de una especie de «revolución existencial», me refiero a algo más: al renacer o resurgir de las responsabilidades humanas, a la relación del hombre con algo misterioso que es superior al hombre, una instancia metafísica. Cuando hablo del restablecimiento del sujeto humano, no es que quiera poner al «Hombre» en la cúspide de la pirámide ontológica.

En su Carta abierta al presidente Husak, *de 1975, habla usted de un orden sin historia, sin cultura y sin moral, un orden tiránico que le ha sido impuesto a su sociedad. Y le dice al presidente: «¿En qué profunda impotencia moral no podrá menos de estar sumida la nación al día siguiente de haber soportado que le aniquilen su cultura?». Hoy, diecisiete años después, está usted ocupando el puesto que ocupara Husak aquí, en el Castillo de Praga. ¿Siente usted el gravísimo daño que sufrió su pueblo durante el periodo de opresión subsiguiente a la segunda guerra mundial?; y, sintiéndolo, ¿tiene idea de cómo subsanarlo? ¿De qué modo puede recobrarse el sentido de la cultura, el sentido de la moralidad?*

Antes de nada, permítame decirle que, cuando el presidente Husak ocupaba este cargo, las circunstancias sociales eran completamente distintas de las de hoy. El régimen que yo presido no es un régimen autoritario o totalitario. En mi mandato he intentado, con la ayuda de otros, reconstruir la democracia checa, y por supuesto, estoy convencido de que mi obligación es promover ciertos valores morales, haciendo hincapié en la dimensión espiritual de la vida humana y advirtiendo del peligro de un comercialismo que se base exclusivamente en la economía de mercado; debemos insistir constantemente en que la sociedad de consumo, por sí sola, no puede asegurar ni la felicidad de la humanidad ni un futuro sostenible de la vida en el planeta. Esto es lo que siempre he mantenido y sigo manteniendo en la actualidad.

Usted ha hablado en alguna ocasión de la posibilidad de reducir los partidos políticos, e incluso de hacer una «política antipolítica». Pero, de hecho, a usted, como presidente, le compete un papel crítico y central en la vida política. ¿Cómo es posible conciliar su faceta de escritor —cuya primera obligación es vivir en la verdad y para la verdad— con su función política en tanto que líder de su país? ¿Se pueden combinar realmente ambas responsabilidades? ¿O quizá desea usted declinar una de las dos tan pronto como le sea posible?

La responsabilidad política es una carga que me ha deparado el destino. Durante todo el tiempo que llevo dedicándome a esta tarea, he procurado trabajar en armonía conmigo mismo, de acuerdo siempre con mis convicciones más profundas. No puedo dejar al margen mi propia identidad y convertirme en otra persona porque esté ejerciendo la presidencia. Hoy mismo me mantengo en guardia y en lucha contra los partidos dictatoriales. Desde luego que no me opongo a la existencia de los partidos políticos, ¡sería absurdo! Una democracia plural es inviable sin la presencia activa de unos partidos políticos. A lo que me opongo es a las dictaduras de los partidos; estoy en contra del oculto poder de las secretarías de los partidos, en contra de esa tendencia de muchos líderes políticos a gobernar más de cara a la burocracia, a las organizaciones y a los intereses de sus partidos que no con miras a la gente que les ha votado. Yo lucho por establecer en nuestro país un sistema electoral distinto. Hay que insistir mucho en la competencia, la honradez y las garantías personales de los políticos. Lo contrario, el escudarse en el anonimato de los partidos, fomenta la irresponsabilidad colectiva.

Mijaíl Gorbachov ha dicho que los cambios revolucionarios acontecidos en la Europa del Este y en la Unión Soviética no habrían tenido lugar de no ser por la influencia del Papa. ¿Cree usted que la religión y la sensibilidad religiosa han desempeñado un papel positivo en estos cambios? Después de todo, cuando usted fue elegido citó la famosa frase de Masaryk: «Jesús, no el César».

El resurgir de la fe ha tenido indiscutiblemente un gran papel en los últimos cambios, debidos en buena parte a que Karol Wojtyla había llegado a ser Papa. Sin embargo, no creo que sea ésta la única ni la principal razón que explique los cambios que se han producido. El sistema totalitario se vino abajo corroído y podrido por dentro. La gente no podía soportar ya durante mucho más tiempo la continua presión a que estaba sometida, y por esto es por lo que en realidad empezaron los motines y la resistencia. En todos los aspectos de nuestra sociedad fue entrando en crisis el sistema. No creo, por ello, que el Papa o Gorbachov fuesen las únicas figuras responsables de todos esos cambios. El papel de Gorbachov en este proceso fue sin duda muy importante, pero si él no hubiese sido el secretario general del Partido Comunista de la Unión Soviética, probablemente los cambios habrían llegado más tarde y con distinto cariz, pero, más tarde o más temprano, habrían llegado igualmente. Es obvio que la Perestroika representó un papel clave, pero los cambios no se debieron sólo a la Perestroika, sino que entraron en juego otros muchos factores.

En la Europa actual, sobre todo en lo que era el antiguo bloque soviético y en Yugoslavia, parece que esté habiendo un desliz o una deriva hacia nacionalismos separatistas o independentistas. ¿Hay algún peligro, en la Checoslovaquia de hoy, de que un movimiento de características similares llegue a imposibilitar una auténtica federación?

Desconozco la forma en que vaya a desarrollarse la Constitución de nuestro país; incluso desconozco si éste va camino de dividirse en dos estados independientes, cosa que personalmente opino que no es de desear. Algunas naciones, entre ellas la eslovaca, se hallan en proceso de cierta emancipación, pero no creo que llegue a efectuarse tal como ha ocurrido en la Unión Soviética o en Yugoslavia, o al menos así lo espero. Nunca hubo guerra entre los checos y los eslovacos, que en este sentido nada tienen que reprocharse; nunca se dio el caso de que uno de estos dos pueblos sometiera al otro. No veo, pues, motivos para que nuestro país haya de padecer ningún conflicto de dramática violencia.

Por último, una pregunta acerca de Europa. En una ocasión habló usted de la posibilidad de una federación europea que, basada en el Consejo de Europa, incluiría a los países del Centro y del Este de Europa. ¿Cómo ve usted la Europa de los años venideros?
No puedo saber con exactitud qué curso seguirá el proceso de la integración europea. Depende de mucha gente, de los gobiernos, de los parlamentos, y de los intereses geopolíticos, etcétera. No es algo que yo pueda prever. Sin embargo, he dicho públicamente en anteriores ocasiones que la idea de una Europa unida y confederada es una buena idea, que es el camino que Europa debe seguir y el que, de hecho, está ya siguiendo. Es difícil decir qué institución será la que ejerza el liderazgo. Son muchas las organizaciones internacionales con que cuenta ya Europa: la cumbre de Helsinki, el Consejo de Europa, la Comunidad Europea, la OTAN, etcétera. A estas alturas, es difícil decir qué papel adoptará en el futuro cada una de ellas, o cómo se vincularán entre sí estos organismos. La cumbre de Helsinki podría servir de marco básico para la continuación del proceso integrador, el Consejo de Europa podría tener la última palabra en el campo de la cultura política y en el establecimiento de los debidos patrones legales, mientras que la Comunidad Europea se consolida como dirigente de la unificación económica y política. Yo confío en que sigan estrechando cada vez más sus mutuos vínculos para que, trabajando en perfecta armonía, hagan que Europa llegue a ser un continente más unido, basado en una unidad de la diversidad.

(Praga, 1992)

Segunda parte
Pensadores literarios

Umberto Eco
Caosmos: el retorno de la Edad Media

Umberto Eco es un teórico de la literatura y la estética, y novelista italiano, profesor de semiótica en la Universidad de Bolonia. Entre sus obras destacan los estudios El problema estético en Tomás de Aquino *y* Las poéticas de Joyce; *ensayos como* Apocalípticos e integrados,[*] La definición del arte, La estructura ausente, La estrategia de la ilusión, El superhombre de masas, Los límites de la interpretación, La búsqueda de la lengua perfecta en la cultura europea; *escritos técnicos de su especialidad como el* Tratado de semiótica general *y las novelas* El nombre de la rosa; El péndulo de Foucault *y* La isla del día de antes.

¿Por qué sostiene usted que la Edad Oscura es un periodo de la historia europea muy difamado?

Podemos hablar de «Edad Oscura» en el sentido de que, durante ella, la población de Europa descendió a unos veinte millones. La situación era realmente horrible. La única cultura floreciente era la irlandesa, y esto no por casualidad. Los monjes irlandeses pasaron al continente a civilizarlo. Pero inmediatamente después del año mil no puede hablarse ya de «Edad Oscura». Como usted sabe, allá por el siglo X, aquellos monjes descubrieron el nuevo cultivo de las alubias, que son íntegramente proteínas vegetales. Un historiador ha llamado al siglo X «el siglo que se llenó de alubias»; fue toda una revolución: Europa entera empezó a alimentarse con proteínas vegetales. ¡Un enorme cambio biológico!

Y a los siglos que siguieron inmediatamente al año mil se les ha llamado primera revolución industrial porque durante aquellas tres centurias, más o menos antes del Renacimiento, se utilizaron mucho los molinos de viento y se inventó una nueva collera para los caballos y los bueyes, que con la antigua andaban semiestrangulados. El nuevo arreo, apoyado en el pecho de los animales de tiro, aumentó cuatro, cinco o seis veces la eficacia de la fuerza de arrastre. Luego vino el invento de poner el timón en la popa de los barcos. Anteriormente el

---

[*] Publicado por Tusquets Editores, Barcelona, 1995, col. Fábula, n.º 28. *(N. del E.)*

timón iba a un costado de la nave y se hacía muy difícil pilotar si el viento soplaba en contra; con el timón en la popa aumentaron muchísimo las posibilidades de la navegación: sin este invento técnico, Colón no habría podido descubrir América. Podríamos enumerar así otros muchos inventos maravillosos. De modo que la sociedad y la cultura europeas se fueron desarrollando con el neofeudalismo y la nueva burguesía, al formarse las comunas italianas y flamencas, las ciudades libres, al inventarse los cheques y el crédito bancario...

En uno de sus ensayos habla usted del retorno de la Edad Media. ¿Cree que hay en la historia algo así como ciclos y que actualmente estamos volviendo a vivir algunos de los traumas de la Edad Media?

En ese ensayo quise subrayar ciertos elementos comunes, en el sentido de que nuestra época es, indudablemente, una época de transición, y ésta aceleradísima. Basta pensar en lo que ha sucedido en Europa durante los años más recientes para entender en qué sentido estamos viviendo una nueva época de revolución. Es la nuestra, como lo fue la Edad Media, una época de cambios en la que están siendo inventadas nuevas formas sociales, tecnológicas, filosóficas... Cuando escribí ese ensayo estaba además muy impresionado por ciertos rasgos comunes que se dan en el auge del terrorismo: la existencia de grupos como las Brigadas Rojas, la Organización para la Liberación de Palestina, etcétera, me parecía una vuelta a los terrores del milenio, un imponerse la sensación de derrumbe y final apocalípticos. La Era Atómica la veía como una especie de repetición de aquel periodo de la Edad Media.

Tomemos ahora una muestra de la literatura: Joyce, alguien sobre quien usted ha escrito mucho, entre otras cosas su libro James Joyce y la Edad Media. *Al parecer, usted sostiene que Joyce representa un equilibrio entre la fidelidad medieval al orden cósmico (concretada en lo que le fascinó la estética tomista) y una cualidad de iniciador vanguardista que usted hace equivalente al contingentismo y experimentacionismo de la modernidad. ¿No es Joyce, para usted, de algún modo, un ejemplar en el que se combinan una estética medieval y una estética moderna?*

A mi entender, Joyce es un caso extraordinario de contraste y fusión, un increíble cóctel de estos dos aspectos. En su vida en un medio católico están presentes la lectura de santo Tomás de Aquino, profundamente comprendido, y su interés por la literatura experimental y esa especie de destrucción del lenguaje a la que él llamó, en *Finnegans Wake*, «*abnihilation of the ethym*». La obra de Joyce, lo mismo que su vida, fue una oscilación o dialéctica entre opuestos. Considérese su *Ulises*: ahí Joyce destruye todas las formas de la narrativa anteriores y todas las formas del lenguaje existentes. Lo hace así componiendo a partir de la estructura de la Odisea, pero podría haber partido de cualquier otra; era la idea medieval de la estructura catedralicia, sin la cual Joyce habría sido incapaz de emprender su obra de disrupción, destrucción, descomposición. Pienso yo que esta dialéctica se da en todos los autores, pero en Joyce fue especialmente evidente y reconocida sin ambages por el propio autor... la nostalgia del orden y el gusto de la aventura, la necesidad de servirse del orden como de una máquina de demolición. Esto es absolutamente nuevo y joyceano.

¿Así que, según usted, hay en Joyce una dialéctica entre la nostalgia de un orden medieval y un moderno sentido del caos?
Elegí como subtítulo para mi libro el término *Caosmos*, inventado por Joyce uniendo «cosmos», que significa estructura organizada, y «caos» o desorden. Es obvio que un autor que ha inventado la palabra *caosmos* estaba un poco encandilado por esta posibilidad de oposición creadora.

Me viene ahora a las mientes un ejemplo de su novela El nombre de la rosa, *aquel en que el monje protagonista, vagando por el laberinto de la biblioteca, acierta a pasar por un sector prohibido donde se guardan ocultos los libros que tratan sobre la comedia. El significado parece ser que mientras la tradición occidental, y en particular la Iglesia, aceptó las doctrinas de Aristóteles sobre la tragedia, censuró en cambio los escritos aristotélicos sobre la comedia; y en este sector secreto de la biblioteca pone usted también una serie de comentarios escritos por doctos monjes gaélicos, llenos de los chismorreos del* Libro de Kells, *humor y picardía, contradicción y conflicto. ¿Está usted sugiriendo ahí cierto espíritu irlandés de apertura a la contradicción y al humor?*
Como usted bien sabe, la Edad Media fue una edad seria, pues eran tiempos de fe y de cosas afines, tanto que entonces el tema de todo discurso era Dios. ¡Había de ser forzosamente seria! Pero como también tenía un gran sentido del humor, fue asimismo una edad de carnavales y de licencia popular. No hay sino que leer a Chaucer o a Boccaccio para darse cuenta de que los medievales no eran tan virtuosos como pudiera parecer. Procuraban sacar partido, por así decirlo, a los márgenes. Hasta hay una forma de arte decorativo denominada «marginalia». Los textos trataban de martirios y de otras cosas santas, mientras que los márgenes servían para una suerte de diversión, a base de historietas inventadas y citas de cuentos fantásticos o de leyendas populares. Lo que ocurrió en la cultura medieval irlandesa fue que los *marginalia* pasaron a ser *centralia*. El *Libro de Kells* consta sólo de marginalia, y así es como la cultura irlandesa era ya joyceana en aquel momento del medievo, tratando de introducir elementos extraños, de perturbar el orden de las cosas, de dar con un orden diferente.

Usted ha sostenido que Finnegans Wake *vuelve a contar la búsqueda de un lenguaje universal o, para ser más exactos, parodia la vieja búsqueda tradicional de una lengua originaria, de una especie de alfabeto que habría preexistido a Babel y a la división en las múltiples lenguas de que consta hoy nuestra políglota civilización. Ahora bien, según parece, usted opina que no hay tal cosa como el retorno a un tiempo anterior a Babel, o, para decirlo con su propia frase, que vivimos en una era posbabélica, en la que la misma multiplicidad, pluralidad, confusión y complejidad de las lenguas es lo que nos hace ser lo que somos y lo que quizá constituye nuestra mayor virtud.*

La historia es como sigue: yo he estado trabajando durante años sobre ese extraordinario episodio de la historia de la civilización europea que es la búsqueda de un lenguaje perfecto. Antes del nacimiento de Europa no existía semejante preocupación, pues la civilización griega y la latina tenían su propia lengua, que se consideraba la única razonable, y el resto era tenido por bárbaro. (Este término de «bárbaro» significó en su origen «gente que tartamudea», incapaz de hablar inteligiblemente, que carece de lenguaje propiamente dicho.) Tan pronto como Europa descubrió la pluralidad de lenguas existentes, empezó a soñar en algún tipo de lenguaje universal. Había dos opciones. Una, remontarse a los tiempos anteriores a la confusión de la Torre de Babel, en la que, según el Génesis, 11, Dios confundió las lenguas. Antes habría habido un solo lenguaje perfecto. Tal es la razón de que se dé en la historia europea ese esfuerzo por volver a la pureza de la lengua hebrea original, o bien a otra lengua prehebrea, a aquella que, dirigiéndose a Adán, habría hablado Dios. Y el otro intento es, por el contrario, el de construir un lenguaje nuevo que presumiblemente se atendría a las reglas de la razón universal, un lenguaje que pudiese ser hablado por todo el mundo. La aspiración de ambas opciones es sanar la herida de Babel. Pero en esta historia se incluyen otros muchos esfuerzos similares. Hace poco descubrí que uno de los primeros textos sobre el relato de Babel es, probablemente, un drama irlandés del siglo VII en el que se dice que los setenta y dos sabios que inventaron el idioma gaélico, en vez de querer remontarse a la época anterior a Babel y eliminar la pluralidad de lenguas distintas, lo que pretendieron fue seleccionar lo mejor de cada una para crear, con esos elementos escogidos, un lenguaje alternativo: el gaélico. Esta idea mítica me parece a mí muy semejante a la idea de Joyce, que soñó durante toda su vida con una lengua poética alternativa, y *Finnegans Wake* es prueba de ello. No trató de inventar una nueva lengua, ni de redescubrir una antigua.

Finnegans Wake no está escrito en inglés, es una suerte de construcción políglota en la que todos los tipos de lenguaje posibles contribuyen a un nuevo género de discurso. ¿Qué significa esta metáfora? obviamente se trata de una metáfora, pues resulta imposible concebir una Europa futura que hable en «finneganés». Es probable que el futuro de Europa no haya de verse como un desarrollo bajo el patrón de un único lenguaje, tal como el esperanto, sino como una especie de aceptación de una cultura hecha de varias lenguas. En Europa puede ocurrir algo diferente de lo que pasó en Estados Unidos, donde la unificación se produjo bajo el predominio de una sola lengua.

¿Se refiere usted al inglés?

Sí. Allí vivía gente que hablaba francés, gente que hablaba alemán, gente que hablaba holandés, y otra que hablaba otras lenguas; pero el inglés fue la lengua unificadora. En Europa nos hallamos ante una fragmentación cada vez mayor de las lenguas. Mire lo que está sucediendo en Yugoslavia. O en lo que hace poco fue el Imperio soviético: Lituania, Estonia y Croacia vuelven a ser de nuevo estados independientes. Si hoy podemos pensar en una Europa con tres, cuatro o cinco lenguas, la Europa del mañana tendrá tal vez decenas de lenguas diferentes, cada una de ellas reconocida en su autonomía y dignidad propias. Y, por tanto, es probable que la Europa del futuro adopte algo así como una actitud políglota. En las universidades está siendo ya realidad una interesante prefiguración de esto: el proyecto «Erasmus». Yo siempre he dicho que el rasgo más importante de este proyecto es el sexual. Porque, ¿qué significa, si no, el que se suponga que, en el futuro, todo estudiante habrá de estar por lo menos un año en otro país distinto del suyo? Pues significa un porcentaje de matrimonios mixtos. Significa que la generación siguiente será en gran parte bilingüe, con padres y madres de países diferentes. Es ésta la mejor oportunidad para Europa.

Así que está usted hablando realmente de cambio, de intercambio, de confusión en el mejor sentido de la palabra. Esto me recuerda algo que Brian Friel, uno de nuestros comediógrafos irlandeses, dijo hace tiempo en su obra Traducciones: *que la confusión no es una condición innoble.*

Y no lo es. Es la condición original del cosmos. Antes del Big Bang debió de haber un gran orden y una gran paz. El Big Bang fue el comienzo de la confusión en que vivimos.

Pero ¿no hay realmente alguna exageración en lo que está usted diciendo? Pienso en su razonamiento de que, si Dios habló a Adán, lo hizo en «finneganés».

Eso fue una metáfora más. Pero, sí, la idea de un lenguaje perfecto es utópica. Puede pensarse que la evolución se produjo varias veces en el mundo y en diferentes lugares, y también es concebible que el lenguaje se originara varias veces y en varios sitios. La idea de un lenguaje ideal es la de que hubo un animal que habló por primera vez y luego se derivaron de su lenguaje todas las demás lenguas. Esta idea estuvo vigente durante siglos: primero se creyó que el lenguaje original fue el hebreo, después que fue el indoeuropeo, y así sucesivamente. Siendo como es la humanidad una especie que habla, lo probable es que desde el principio hubiese pluralidad de lenguas. Y, viendo que la pluralidad es una condición natural, sería artificioso e inhumano reducir esta pluralidad a una imposible unidad.

Para volver con este tema al ámbito de Europa, ¿no estará usted en realidad afirmando que la confusión de las culturas es algo bueno, que viene bien que estemos enturbiando las aguas, entremezclando las diversas lenguas, las distintas razas, las diferentes nacionalidades, y que uno de los grandes errores de Europa fue el intento de forjar algún tipo de pureza cultural o política? Dos indicios de ello serían, por una parte, la tradición del Estado nacional centralizado que oprime a sus minorías y lenguas regionales, o, en otras palabras, se niega a reconocer que hay en su interior una pluralidad de culturas; y, por otra parte, la tendencia a cerrar las fronteras de Europa y a verla como una especie de continente privilegiado y etnocéntrico que procura negar todas aquellas influencias de Asia, de África del norte y de las Américas que nos han hecho tales y como ahora somos. ¿Podría, pues, decirse que la tesis básica de usted es propugnar una Europa de fronteras abiertas, que quiera ver la fusión de las diferentes identidades y lenguas como algo positivo?

No me gusta emplear términos como «debería» o «quiera», que implican voluntad e intención. Es irrelevante lo que Europa quiera o no quiera. El hecho es que nos enfrentamos a una migración comparable a las primeras migraciones indoeuropeas desde Oriente hacia Occidente, o a la invasión del Imperio romano por los bárbaros y la formación de los reinos romano-germánicos. El de los inmigrantes del Tercer Mundo no es precisamente un pequeño problema que se nos plantee; si lo fuese, sería sólo cuestión de policía y de aduanas. La nueva oleada migratoria cambiará radicalmente la faz de Europa. Puede que en el transcurso de cien años Europa sea un continente de color. Una razón de más para estar mental y culturalmente dispuestos a aceptar la multiplicidad, a ver bien los cruzamientos raciales, a dar por buena esta confusión. Si no, será rotundo el fracaso.

Algo que se trasluce en casi todas sus obras, tanto en las de ficción como en los trabajos de crítica, es un admirable sentido del humor.

Creo que el sentido del humor es una cualidad saludable en toda cultura. Cuando falta del todo el humor, tenemos el nazismo. Hitler era incapaz de reírse humorísticamente. Y éste no es sólo un problema europeo. Yo estoy convencido de que en el humor, en una auténtica práctica del humor, hay un efecto religioso. Siendo como somos meras criaturillas, no hemos de tomarnos demasiado en serio.

(Dublín, 1991)

George Steiner
El precio de la cultura

George Steiner es internacionalmente conocido por sus escritos sobre la literatura europea, el lenguaje y la cultura, y también como novelista. Ha sido profesor de literatura comparada en las universidades de Cambridge y de Ginebra. Entre sus obras destacan: Tolstói o Dostoievski; La muerte de la tragedia, Lenguaje y silencio. Ensayos sobre la literatura, el lenguaje y lo inhumano; Extraterritorial. Ensayos sobre literatura y la revolución lingüística; En el castillo de Barba Azul. Notas sobre la redefinición de la cultura; Después de Babel. Aspectos del lenguaje y la traducción, Heidegger; Antígonas. Una poética y una filosofía de la lectura; Lecturas, obsesiones y otros ensayos; Diálogos sobre el mito de Antígona y el sacrificio de Abraham; Presencias reales; Pruebas y tres parábolas. *Y en el terreno de la ficción:* Anno Domini (Tres relatos) *y* El traslado de A.H. a San Cristóbal.

¿Cree usted que existe algo así como «el espíritu común de Europa»?
Pienso que en la historia de Europa hay una tradición central muy fuerte, con la que en modo alguno resulta fácil convivir. Es la tradición del Imperio romano junto con el cristianismo. Nuestra Europa es todavía, en un grado pasmoso después de tantas crisis y transformaciones, la del Imperio romano-cristiano. A Virgilio se le tuvo, con razón o sin ella, por el profeta de este Imperio, y a Dante por su gran encarnación. Es muy notable que cuando al general De Gaulle, que solía pensar con penetración sobre estas cosas, se le preguntó en una entrevista «¿Hay tres o cuatro autores que sean Europa para usted?», respondió inmediatamente, sin dudarlo: «¡Desde luego!: Dante, Goethe y Chateaubriand». El asombrado entrevistador, que acababa de caer como un elefante en una trampa, dijo: «¡Monsieur, ¿y Shakespeare?!». El general le contestó con fría sonrisa: «Usted en su pregunta se había referido a Europa». Pues bien, este chiste encierra una profunda verdad romano-cristiana.

¿Cree usted en una gran Europa que se extienda desde el Atlántico hasta los Urales, como, según se dice, la concebía De Gaulle?
Le responderé sinceramente, no para hacer un chiste, aunque tam-

poco con profunda convicción: si traza usted una línea que vaya desde Oporto, en el extremo oeste de Portugal, hasta Leningrado, pero *no*, por cierto, hasta Moscú, dentro de ese espacio podrá usted ir a un lugar llamado café, con periódicos de toda Europa, y podrá jugar al ajedrez o al dominó y estarse allí sentado el día entero charlando, leyendo o trabajando por el precio de una taza de café o de un vaso de vino. Moscú, que es donde empieza Asia, jamás ha tenido cafés. Ese peculiar ámbito —de discurso, de entretenimiento compartido, de intercambio de desacuerdos— que es lo que yo entiendo por «café», caracteriza de hecho un singular espacio que abarca, más o menos, desde el occidente de Portugal hasta la línea que por el sur corre de Leningrado a Kiev y Odessa, pero no lo que hay al este de ella, ni tampoco mucho más hacia el norte.

Esa cultura de los cafés, a la que usted se refiere, ¿diríamos que sólo se da en ciertas ciudades europeas?
Sí. La cultura compartida que tenemos es la cultura de las *ciudades*. Quiero decir, me parece que Europa es esencialmente una constelación de ciudades como ningún otro lugar de la tierra, ni siquiera Estados Unidos, la ha conocido nunca. Piense usted, por ejemplo, en las ciudades musulmanas: todas ellas son lugares santos, están estrechamente vinculadas a la religión, con los resultados que sabemos. Piense en las ciudades norteamericanas: salvo unas pocas, todas me parecen establecimientos comerciales puestos allí, en medio de inmensas llanuras, sin corazón, sin centro esencial alguno, viviendo toda la gente en los suburbios y otras cosas así, siendo la ciudad sólo una silueta que se destaca sobre el horizonte. En cambio, cuando vienes a Europa, lo que enseguida te llama la atención es la gran diversidad de todas las ciudades, cada una con su momento histórico de esplendor, con la historia de su pasado grabada en piedra y expuesta a la admiración de los visitantes. Por tanto, éste es nuestro patrimonio, esto lo que tenemos en común. Todos nosotros nos hemos desarrollado y hemos evolucionado a partir de las ciudades, de las ciudades italianas y de las ciudades flamencas.

Pero ¿no podría objetarse que son precisamente las ciudades europeas las más nacionales por esencia —París como cifra y compendio de Francia, Londres cifra y compendio de Inglaterra, Dublín de Irlanda, Roma de Italia—, que son expresiones de los Estados-nación y no de una cultura paneuropea?
París es la representante típica de la ciudad nacional. Pero yo diría que París es una excepción. Según mi teoría, Francia, y París como representativa de Francia, son en Europa excepciones, y los franceses tardarán bastante tiempo en caer en la cuenta de ello; probablemente tendrán que cambiar de ambiciones y repensar su nación, su sentido

de la nacionalidad, para ajustarse a las nuevas exigencias europeas. Pero en cuanto haga usted mención de Roma, empezaré yo a sonreír pensando inmediatamente en Venecia y en Milán, que son lo más diversas posible, lo más diferentes posible de Roma, y se oponen ante todo a ésta. ¿Y qué pasa también con Florencia? Lo que está ocurriendo ahora es que las ciudades resurgen, por así decirlo, sustituyendo a las naciones y entablando una especie de competición; yo, por mi parte, pienso que esto es bueno, muy sano y saludable, porque así se está en camino de desplazar a la competición entre las naciones, que era tan cruelmente sucia y sangrienta.

¿Qué opina usted, pues, de todo lo que últimamente se viene hablando sobre una «Europa de las regiones»..., del argumento de que, tan pronto como formemos una Europa más unida —hay quienes llegan a decir unos Estados Unidos de Europa—, nos será necesaria una descentralización que devuelva compensatoriamente los poderes del centro a las regiones? ¿Podrá una Europa unificada ser también una Europa de las diferencias?

De diferencias y diversidades, sí. Me gustan todos y cada uno de los dialectos, siento pasión por ellos. Las lenguas son para mí *hors d'oeuvres*, me sirven como de entremeses. Lo único que odio es la uniformidad. En Suiza, donde vivo y enseño durante gran parte del año, puede usted saber hasta con los ojos vendados y en un radio de diez kilómetros dónde se encuentra usted por el acento de las voces, por los olores, casi por los pasos de los seres humanos que oyes andar junto a ti. Pero ¡cuidado! Mucho del regionalismo tiene un oscuro y cruel componente atávico. Vive por el odio: flamencos contra valones, la situación vasca, la irlandesa, bombas en el bolsillo de fanáticos agitadores del pequeño movimiento agrícola local... De hecho, las regiones tienden también con frecuencia a definirse mediante recuerdos no gratos, sino odiosos. Y yo creo que tenemos que ser muy, pero que muy precavidos, para evitar que eso vuelva y que arda otra vez el incendio.

Sospecho que la Europa cuyo paladín es usted es una Europa de elevada cultura, la cual, según la define, tuvo tantos siglos de existencia. A mi entender, ésta es una concepción de Europa bastante elitista: confinada a los cafés donde conversan los intelectuales; confinada a las universidades, a las aulas y a las salas de conferencias. Pero se le objetará que eso no es algo que pueda compartir la gran mayoría de la gente, y es obvio que su elitista noción de cultura está ahora bajo amenaza. ¿Ve usted algún modo de conservar hoy esa Europa suya de la alta cultura?

Es muy cierto lo que usted dice de que esta noción está amenazada, y creo que podríamos definirla en términos muy honorables. Hay mucha rabia y amargura en los seres humanos que se han sentido excluidos, que nunca fueron elegidos para formar parte del club, y esa rabia y ese resentimiento están aumentando en torno a nosotros. Pero confío en que quienes hemos sido privilegiados y tenemos la gran suerte de estar dentro del club nos cuestionemos con severidad: debemos, efectivamente, preguntarnos cuál ha sido el precio de este privilegio de marras. Pues bien, la cultura no impidió que la civilización europea se hundiese cayendo en la más espantosa barbarie, en la crueldad y la violencia más extremas. En vez de ello, hasta puede que las incitara. Somos realmente muy vulnerables. Y la cuestión es: ¿vamos en camino de hallar algo mejor que Disneylandia? A cuarenta o cuarenta y cinco kilómetros de París está Disneylandia, el segundo parque de atracciones más grande del mundo, y tras éste vendrán otros y otros... Parece ser que Rusia está igualmente ansiosa de participar en tal carrera. Yo veo esto con desesperación. Y, sin embargo, usted podrá preguntarme si tengo algo mejor que ofrecer. ¿Qué voy a hacer yo por unos seres humanos que no creen que leer a Kant, o a Joyce, o a Goethe, sea el *summum*, lo más excelente de sus vidas, y que, no obstante, quieren más tiempo de ocio y más campo libre para la sensibilidad? Es probable que ésta sea la pregunta más difícil de todas, y lo curioso del caso es que una gente como nosotros, los privilegiados intelectuales, casi nos hemos incapacitado a nosotros mismos para responderla.

Claro que hay también la tesis opuesta, según la cual actualmente, gracias a los medios electrónicos de la radio y la televisión, se ha conseguido que las obras más favorecidas de la cultura europea —Shakespeare, las grandes óperas, los grandes conciertos— sean más accesibles a la gente, que en sus veladas de los sábados y los domingos tiene la oportunidad de entrar en contacto con esas obras clásicas y de disfrutarlas como nunca se había podido antes.

Ése sería el enfoque optimista. Y dependería de si, habiéndolo disfrutado a través del programa de televisión, pudiera después agradarte comprar el libro o leérselo a tus hijos, o quisieras ir al teatro a ver esa obra que te gustó. Como usted sabe mejor que yo, es éste uno de los tópicos más discutidos. ¿Hay participación activa? ¿Arrojan los medios de masas lo que se dice un saldo favorable, un remanente de provecho cultural? No faltan quienes sostienen que sí, que sin duda, y la verdad es que ha habido libros clásicos cuyas ventas se han disparado después de una presentación televisiva. Pero, por desgracia, son muchísimas las pruebas en sentido contrario, indicadoras de que predomina la tendencia inversa: lo malo va echando fuera gradualmente a lo bueno, y si actualmente algo está empezando a fascinar cada vez más es la televisión basura. Guardémonos, pues, tanto de ser demasiado pesimistas como de ser demasiado optimistas. La idea de McLuhan, de que sabíamos lo que estábamos haciendo, no me parece del todo acertada. En algo de ello hemos dejado de tenernos en cuenta a nosotros mismos. No voy a negar que a muchos seres humanos que, ya por las distancias, ya por razones económicas o por falta de tiempo libre, no pueden ir a conciertos y menos a la ópera, se les ha dado ciertamente acceso a estas posibilidades de disfrute. Pero ¿podemos nosotros reforzarlo? ¿Podemos comunicarles esas formas de una manera viva? Por desgracia, como usted sabe, en las islas Británicas las estadísticas muestran que un abrumador número de teatros, salas de música y cines serios se cierran para convertirse en salones de bingo. Si algo ha logrado la televisión, ha sido excluir las formas vivas alternativas.

Esto es lo que usted llama «cultura de lo secundario» o «poscultura»: parasitismo, hablar de lo que se dice, imágenes de imágenes, reemplazando a la presencia real de las obras mismas. Pero ¿esa presencia real puede sobrevivir de algún modo si no es como una reverencia mística, o sacramental, una adoración a la obra de arte única, cosa que en realidad ya no es posible hoy día?

¿Que ya no es posible? Abordemos lo más feo del asunto. Vendrá un tiempo en el que los historiadores dirán que esta cultura se volvió tan loca como para pagar doscientos cincuenta millones de pesetas por un cuadro, cuando en las subastas todo el mundo pujaba por un Van Gogh, un Renoir o un Picasso. Y usted dirá ¡qué vulgar e incomprensible manera de rendir homenaje al gran arte! Desde luego que lo es. Pero se aproxima mucho a la deificación. No se olvide que la mitad por lo menos de las grandes iglesias renacentistas de Europa fueron edificadas por ricos patronos que querían eclipsar a sus vecinos, o sea, que se construyeron, de hecho, en aras de un vanidoso consumo de ostentación. Y así, en torno a espléndidos iconos del arte, se produce una locura extraña y filistea, la cual se sigue dando, también es cierto, en la construcción de nuevos museos, de nuevos emporios. Aún no está del todo claro que un culto, una adoración en cierta manera mucho más cruel, sea cosa pasada. Hay en ello una especie de compleja idolatría. Pero si yo pudiera hacer algo al respecto, me gustaría empezar al nivel de lo más cotidiano. ¿Comenzarán las madres o los padres a leerles de nuevo más cosas a sus hijos? Los sociólogos nos proporcionan algunos datos sobre el particular. Al parecer, se está produciendo una profunda conmoción, especialmente entre la clase media, en torno al hecho de que el niño no ha oído nunca las voces de sus padres leyéndole buenos libros, incitándole prácticamente a su lectura. Quizás estén empezando a abrírsenos de nuevo ciertas posibilidades. Creo que nos hallamos en una fase de transición muy conflictiva, con pros y contras a ambos lados del registro. Pero el conjunto no es todo negro. La posibilidad más terrible sería la de que las frágiles estructuras de la privacidad y del ocio se hundiesen a causa del hambre o de una migración masiva de la Europa del Este, o por la quiebra de las formas civiles de organización, de la legalidad y de la economía cambista en algunas de las zonas críticas. Si hubiese yo de elegir algún tipo de insana dictadura, elegiría aquella que tratase de volver a introducir en nuestras vidas un poco de silencio. Según estimaciones muy recientes, alrededor del 87% de los adolescentes no pueden leer sin estar oyendo la radio o el tocadiscos, o un casete, o un microsurco, o la televisión como trasfondo. Este ruido electrónico ha llegado a ser la condición *sine qua non* para cualquier intento de atender y concentrarse. Y, si esto es así, es que al córtex antiguo le está pasando algo que no comprendemos en absoluto.

A esto es a lo que usted llama la «norteamericanización» del planeta y, en especial, de Europa, ¿no? Y en un pasaje de su reciente libro Presencias reales *afirma usted que lo más característico de los Estados Unidos de Norteamérica es el intento de democratizar la eternidad y domesticar la excelencia. ¿Cree usted que en Europa podemos concurrir a este tipo de competición?*

Lo mejor de Norteamérica, como lo mejor de cualquier cultura, no se exporta muy bien. Los vinos más excelentes se estropean si los embarcas para otros países. Lo mejor de Norteamérica, que es una especie de enorme generosidad, un sentido muy humano de la laxitud vital y del humor, no resulta fácil de exportar. Lo que sí se exporta son los McDonalds, la Coca-Cola, los Kentucky Fried Chicken, los cómics y toda clase de seriales a cuál más espantoso.

Por lo tanto, según usted, nos llega lo peor.

Estamos importando lo peor. Hemos puesto nuestros más ardientes deseos en lo peor.

¿Sería usted partidario de las medidas que toman Alemania y Francia, especialmente en el terreno cultural, para proteger las lenguas nacionales y la cultura europea de ese violento ataque promoviendo las industrias filmográficas y editoriales de cada nación?

La verdad es que eso no funciona. Dése usted unos paseos por las calles de Alemania, observe la presencia del «franglés» en Francia, y reconocerá que, lo mismo que en Inglaterra, el idioma norteamericano campea triunfando del todo casi por doquier. A excepción de la de los Beatles, no ha habido en la lengua inglesa ninguna contradeclaración importante que, en cuanto a dinámica explosiva, se le pueda comparar. El idioma inglés es como un líquido mágico: nada más caer encima, empapa, deterge, limpia, purifica y uniformiza. ¡Podría desaparecer! Veo una esperanzadora alternativa en la Italia del norte. Allí se ha adoptado mucho de lo mejor de Norteamérica —¿por qué no ha de tener la gente lavanderías automáticas, y vestidos limpios fuera del armario, y mejor aspecto, y por qué no ha de sentirse mejor, y calzar buenos zapatos, etcétera, etcétera?—, pero en Italia la doble presencia del socialismo y el catolicismo, y la tensión entre ambos, han hecho que se conserve un fortísimo sentido de la identidad nacional y lingüística. En cambio, en otros países, apenas se ve que quede conciencia alguna de la propia nacionalidad. Si a esos países los invade la marea del norteamericanismo, puede que se estanque para cien o doscientos años, durante los cuales los seres humanos dirán allí: «¡Ea, acabe usted de una vez con toda su charlatanería cultural, que lo que queremos es vivir decentemente! Lo que en realidad necesitamos son neveras». Y durante algún tiempo esto es lo que vamos a procurar... la felicidad del bienestar, idea nueva en Europa. Imaginémonos que nos hallamos en un nuevo umbral de confort doméstico y de libertad de acción, en el que los anhelos intelectuales son no sólo un raro lujo, sino positivamente el enemigo. Por eso es por lo que pienso yo que deberíamos meditar más sobre la erróneamente llamada Edad Oscura, aquella época en que pequeños grupos, sobre todo de monjes irlandeses, eruditos, viajeros, amantes de la poesía, de la escritura y de los clásicos, empezaron a recopiar a mano textos y a fundar bibliotecas. Hemos pasado por periodos difíciles como éste. No soy en absoluto pesimista. Creo que hay un movimiento pendular entre cierto entusiasmo y goce elitista de lo excelente y el vulgar afán de conseguir tan sólo un ir pasando mejor los días y las noches. Habría que ser un loco arrogante y sádico para decirles a otros seres humanos «No tenéis derecho a vivir un poco mejor». ¡Por supuesto que tienen todos este derecho!

Así pues, ¿lo que podría decirse en defensa del ideal de vida norteamericano es que a muchos seres humanos les ha inspirado una cierta esperanza igualitaria y tal vez les ha introducido también a una cultura de tolerancia respecto a la diversidad, a la mezcla, a lo que llamamos la amalgama de gentes distintas?

En gran parte sí. No todo ello ha funcionado bien en Estados Unidos. Los problemas étnicos son pertinaces, correosos, duros de pelar, se prolongan más de lo que desearíamos... Aquel extraordinario observador, el más eminente que hemos tenido nunca en Norteamérica, De Tocqueville, escribió en el siglo XIX esta frase enteramente profética: «Las aristocracias crean obras de bronce; las democracias, de yeso». Tal fue su dictamen sobre la situación norteamericana, y la respuesta al mismo quizá sea que «es éste un inevitable concomitante del aumento de la humanidad». Réplica defensiva muy sólida, sin duda. Mi reserva se basa en que yo no estoy en ese negocio. Yo he dedicado mi vida a la enseñanza, a tratar de decirles a un número muy reducido de seres humanos: «Seguid leyendo a Homero, y a Virgilio, y a Dante. ¡Ahí palpita la vida!». Puede que me equivoque, pero mi convencimiento no lo puedo disfrazar. Y lo que me horroriza del ambiente de hoy es que algunos de mis colegas, algunos de los que hacen profesión de intelectuales, pretenden conseguir aquel ideal por ambos caminos. Es, pienso yo, una muestra de insinceridad que está resultando muy cara.

¿Cree usted que en Europa estamos mucho mejor? Hemos padecido en este siglo dos guerras mundiales causadas por las peores especies de nacionalismo tribal, intolerancia para con los otros y rechazo de la diversidad, diversidad a la que Norteamérica ha sido por lo menos capaz de acomodarse con su forma de concebir una sociedad pluralista. Y últimamente estamos asistiendo en Europa a un resurgir del nacionalismo étnico, lo cual, como algunos dicen, es un pésimo augurio para nuestro futuro. No olvidemos, en efecto, que si la civilización de nuestro continente ha producido grandes espíritus, muchos en nuestro propio siglo, también hubo entre ellos quienes, como Heidegger, Pound, De Man, Céline, dieron pruebas de ser muy inmorales prestando apoyo al fascismo. ¿Cómo responder a esta inculpación?

Es verdad que atendiendo sólo a los hechos no se puede responder. Pero usted y yo estamos obligados como por una especie de juramento a ser dilucidadores. Lo mismo que los médicos hacen el juramento hipocrático —declaro y firmo que me portaré de determinado modo durante todo el resto de mi vida, sean cuales fueren las circunstancias—, también nosotros nos hemos comprometido a procurar transmitir excelencia, a procurar transmitir belleza, a procurar transmitir forma. A menudo parece un poco como si todo eso saliera de algún rincón del infierno. Es ésta una verdad innegable y enigmática. Pero un mundo sin los personajes que usted ha mencionado, un mundo sin los grandes clásicos, un mundo sin las grandes obras pictóricas y musicales sería para mí, si no para otros, un montón de basura. Lo cual no significa que yo defienda el dualismo maniqueo, con su doctrina de que el oscuro mal es siempre parte integrante de toda gran creación. Los santos no necesitan escribir poemas. La gente inculta no escribe poemas, o lo hace muy raramente. El cultivo de los más altos poderes de expresión y de pensamiento parece no estar reñido en muchos casos con una notoria inhumanidad política. Sería extraño que esas personas fuesen buenas; no lo son. Sin embargo, usted y yo escribimos libros sobre ellas. Vivimos por lo que nos enseñan; vivimos por las alegrías, las preocupaciones, las angustias que nos inspiran... y, desgraciadamente, quedamos ahí algo entrampados. Pero yo creo que uno puede ser honesto acerca de esta trampa y no pretender que el amor humano, la justicia igualitaria, las legislaciones liberales sean grandísimos creadores de obras indiscutiblemente de primera calidad. Porque ¡no lo son!

Esto toca a uno de los intereses centrales de sus escritos, la noción de «disposición a responder» como estética franqueza ante el texto, ante la otreidad del texto: cierto modo de concentración, de atención, de vigilancia..., y parece que en tal noción de «disposición a responder al texto» entraría también un elemento de ser responsable del y para el texto, y por implicación, para con los otros seres humanos. Ahora, a mí me parece muy problemática esta tesis de que una disposición estética a responder abriéndose francamente a las grandes obras de arte vaya a llevar, lógica y emocionalmente, a un sentido de responsabilidad moral. Los hechos demuestran más bien lo contrario: personas muy responsables en términos de obra artística han dejado mucho que desear en el aspecto ético. ¿Cómo se explica usted tal contradicción?

Siendo tan poco el tiempo que tenemos, voy a tratar de darle dos respuestas muy sencillas. Y conste que una de las cosas más difíciles del mundo es la de intentar ser sencillo en cuestiones como ésta. Muy *grosso modo*: Thomas Jefferson, Matthew Arnold (todavía un gran maestro) y F.R. Leavis estaban convencidos de que, si usted lee mejor, usted votará más acertadamente y tratará mejor a los demás seres humanos. Simplifico, desde luego, pero ese nexo lo afirmaban dichos autores con apasionada convicción, seguros de que quien mejor lea no podrá menos de convertirse en un ser humano más fino, pues su sensibilidad se hará más rica, más delicada, más comprensiva de las condiciones de los otros. En toda mi obra primera, cuando quise probar que quienes fueran capaces de tocar música de Schubert como los ángeles y de leer a Goethe no podrían luego torturar a otras personas en campos de concentración, acabé convenciéndome de que eso no era demostrable. Por el contrario, como lo ha indicado usted, a veces se da lo inverso de tal presunción hasta el más espantoso extremo, y grandes lectores son sujetos sádicos o votan a favor del fascismo o cosas por el estilo. ¿Dónde está el puente de una a otra posición? En mi obra más reciente me he vuelto más riguroso, me he exigido más. Yo creo que Martin Heidegger, aquel ambiguo personaje que fue un titán entre los pensadores, dominará en el futuro sobre gran parte de la cultura, como dominaron Hegel y Platón —ninguno de ellos de un modo políticamente muy tranquilizador, dicho sea de paso—. Bueno, pues para Heidegger, fíjese usted, el gran poeta, el gran artista, no es él *quien habla*, sino que está siendo *hablado*, o, más sugerentemente, es como un *«apalabrado»*: algo pasa por él, a través de él, comprometiéndole, algo mucho más grande que cualquier individuo. El lenguaje es más grande que el individuo y escoge determinados recipientes para que contengan su gloria y su irradiante presión. Ahora estoy hablando contra la moda predominante, contra la manera más socorrida de enseñar, que dice que todo quisque puede adaptar y disponer de otro modo aquello que lee. Estoy protestando desesperada-

107

mente contra esos carteles, que vemos en tantas vallas, donde los nombres de los directores de orquesta figuran en letras mucho más grandes que los de los compositores. Estoy protestando contra el director de escena que piensa que cuando, al representar obras de teatro clásicas, desnuda a todos los actores, o les pone escafandras, o los mete en aeronaves, está siendo mejor que Shakespeare, Molière o Aristófanes. Estoy suplicando que haya cierta cortesía y respeto para con el arte auténticamente grande. Lo expresaré ya sin rodeos: el gran poeta no tiene ninguna necesidad de mí; yo le necesito a él. En cierta escena dice Pushkin: «Mira, yo soy Pushkin. Te voy a dar el correo para que lo lleves. Cuida de echarlo al buzón debido». A mí me encanta hacer esto. No me apuro si no lo puedo hacer, pero me gusta enviar cartas, que es una forma de enseñar, un modo de ser, como usted y yo somos, escritores, críticos, dilucidadores. Es una función muy modesta, pero que ha llegado a ser peligrosa y creo que esencialmente difícil, esta de hacer que la gente preste alguna atención, *escuche* un poco, *mire* algo. Pero a la pregunta de si el proceder así conlleva la liberal y confiada esperanza de que después usted, en la calle o en su hogar, vaya a portarse un poco mejor, no diría yo que abrigue tal esperanza.

Volvamos al tema del espíritu europeo. Mencionaba usted antes el hecho de que el de Edad Oscura de Europa es un nombre inapropiado, y parecía usted dar con ello por supuesto que en la Europa de la época anterior a la Ilustración sus habitantes tuvieron una única cultura, ya que, hablando el latín como lingua franca, *podían atravesar todas las fronteras y constituían una especie de unidad social y política...*

Ha empleado usted la expresión «*lingua franca*». No hay ocurrencia o ironía de la historia más aguda que ésta, y la historia es rica en ocurrencias y más irónica que nosotros. *Lingua*, latín. *Franca*, francés. Los dos grandes momentos en los que Europa creyó tener una sola lengua. ¿Y qué es la *lingua franca* actualmente? ¡Pues el anglo-norteamericano o criollo norteamericano o norteamericano comercial por el que se organizan y se rigen las computadoras desde Vladivostok hasta Madrid, el lenguaje que ha de conocer y en el que ha de publicar todo científico joven! Veo en ello una terrible contradicción, casi una trampa. ¿Puede tener entidad propia esta nueva Europa cuando habla norteamericano? Ignoro la respuesta, y no sé de nadie que haya empezado siquiera a pensar a fondo sobre tan descomunal reto a todo el pasado histórico. ¿En qué podríamos basarnos para responder? ¿En un reavivamiento de la religión? ¡Lábil base esta! El fundamentalismo irrumpe de nuevo con violencia no sólo en el islam, sino también en la cristiandad. Ucrania, una de las mayores naciones del mundo, puede que llegue a ser otra vez una cuña de pasión católica clavada en el corazón mismo del mundo eslavo. ¿Habremos de sufrir nuevamente espantosas guerras de religión? No se excluye. Y en Irlanda no hace falta ya ni decirlo.

¿Nos queda otra base? Yo sólo veo una: la del compartir un conjunto de vivos recuerdos. Cuando visitas Leningrado, sean cuales fueren tus sentimientos, recorres doce kilómetros —algo casi inimaginable— de cementerios, donde están enterradas más de un millón de personas que murieron de hambre y de otros padecimientos durante el terrible sitio. Muy cerca de la frontera de Asia, que he sugerido que pasa por Moscú, comparte Europa un conjunto de errores, de penosos recuerdos, de indecible autodestrucción rayana en el suicidio. Quizás esto encierre también algo de esperanza. La historia podría venir a ser el pasaporte de la identidad común, una historia activamente conocida y vivida..., y la historia es por ahora, de muchos modos, la disciplina que más influye en la sensibilidad. ¡Hemos vivido pasando por cosas tan indecibles! ¡Estuvimos tan al borde de que Europa dejase del todo de existir! Y ahí vemos el reingreso de España... tras los cuarenta años del franquismo, podemos contar de nuevo entre nosotros con una de las centrales del pensamiento liberal, de la filosofía y del arte, con sus anhelos de unirse a Europa, como si los españoles nos dijesen: somos de los vuestros, también nosotros hemos padecido esa odiosa historia, de inquisición, de guerras civiles, y tuvimos que aguantar a Napoleón y últimamente al fascismo. Es un compartir recuerdos del que carecen el norteamericano, el asiático o el africano. Ellos tienen, sí, sus propias historias de imperios inmensamente ricos, llenos de documentos del pasado. Pero es probable que el nuestro nos esté urgiendo más a recordarlo, y por lo menos tenemos la suerte de que la juventud de hoy cruza las fronteras como ni usted ni yo pudimos nunca hacerlo, y de que en alguna parte se haya decidido que el pasado *tiene que* haber dado algún fruto, por muy delicado que éste sea. De lo contrario, la oscuridad que a nuestras espaldas nos amaga resultará menos soportable aún.

Pero ¿convendrá que recordemos, tanto como nuestros errores, nuestros logros colectivos?

El poeta alemán Rilke hizo la estupenda observación de que, al final de un buen matrimonio, acaba uno convirtiéndose en el guardián de la soledad del otro cónyuge. Yo diría que, al final de una crisis histórica, debe uno convertirse en celoso guardián de los propios errores, para que éstos no se repitan.

(Dublín, 1991)

Marina Warner
La herencia de una mujer europea

Marina Warner es novelista e historiadora de la cultura. Entre sus obras destacan Tú sola entre las mujeres: el mito y el culto de la Virgen María; Juana de Arco: la imagen del heroísmo femenino; Monumentos y doncellas: la alegoría de la forma femenina; El Padre perdido; Índigo *y* La bestia y la bella. *Hija de madre italiana y padre inglés, ha vivido y enseñado en diversos países europeos y recientemente, en Rotterdam, ha sido nombrada titular de la cátedra Tinbergen de la Universidad Erasmus.*

En su calidad de escritora hija de madre italiana y padre inglés, ¿qué idea se hace usted de la Europa actual?

Bueno, creo que, en cierto modo, puedes imaginarte que perteneces a algo y después trasladarte ahí desde un lugar concreto. Quizá sea ésta una experiencia útil para una escritora. Hasta cierto punto, el escribir supone un sentirse aparte, porque el escritor ha de observar desde alguna distancia, o, si quiere que lo diga más crudamente, ha de ser una especie de *voyeur*. O sea, que hay una manera de pertenecer a algo distanciándote a la vez de ello.

¿Quiere usted decir ser parte de algo y, al mismo tiempo, estar fuera o aparte de ese algo?

Sí. A causa de mi infancia, más bien europea pero repartida por varios países, me fui sintiendo diferente. En el extranjero fui a varias escuelas, pero, dadas las condiciones ambientales de la inmediata posguerra, nunca se me tuvo por una escolar nativa: siempre fui una forastera en las escuelas de los países en que vivimos. En Egipto, en El Cairo, estuve con las monjas francesas. Ya había estado en conventos de monjas de varias órdenes diferentes, porque a aquella edad era yo bastante díscola y revoltosa. Pero ellas no tardaron en doblegar mi espíritu y entonces me volví muy obediente, dócil y buena, y permanecía en el mismo convento cuando, por fin, regresamos a Inglaterra. Pero, nada más regresar, me enviaron a Coventry, porque mi inglés era un tanto peculiar: sólo lo aprendí siendo ya crecidita y a la vez que iba adquiriendo algunas nociones de árabe. Hablaba también una especie de francés belga, porque habíamos estado viviendo en Bruselas y allí había ido yo a otro colegio francés. Era un centro de cierta distinción o esnobismo, y, claro está, no flamenco. Nuevamente tuve allí esa sensación que tiene el extranjero de no pertenecer a ninguno de los lugares en que entra. Y así una mujer que se casa con un inglés, como mi madre lo hizo, pierde también hasta cierto punto su identidad nativa. Mi madre era de una generación para la cual, si se podía hacer una cosa, había que hacerla por encima de todo; pero ella no olvidó nunca su lengua materna, y actualmente sigue siendo en Inglaterra profesora de italiano. Sacrificó su italianidad en aras de la anglicidad de mi padre. Renunció a su ser de italiana. De hecho, en casa no hablábamos italiano y siempre se nos dio a entender que éramos ingleses. A este respecto tenía mi madre una especie de idea fija. Pero la verdad es que, como habíamos vivido tanto tiempo en el extranjero, nunca logramos ser del todo ingleses. Yo estoy más bien orgullosa de ello. Me gustaba ser diferente. No entendía el que me enviaran a Coventry. Me hizo sentirme especial. Era algo penoso, pues allí se reían de mí, pero también me sentía especial.

Y esta experiencia de emigrante cultural ¿la considera usted positiva para su imaginación y para su trabajo?
Sí. Pero me he dejado algo de bastante importancia, y es que lo único a lo que no renunció mi madre fue a su catolicismo. Si yo hubiese sido un chico, me habrían educado en el protestantismo, porque mi padre debió de estipular que la línea masculina de su descendencia siguiese perteneciendo a la Iglesia de Inglaterra. Pero él creía que mi madre tenía todo el derecho a dar su religión a sus hijas, y además pensaba que esta religión era muy buena para una niña, pues estaba convencido de que el catolicismo fomentaba especialmente las virtudes femeninas. Esto, naturalmente, influyó muchísimo en mí y ha condicionado gran parte de los enfoques y planteamientos de mis obras.

En especial Tú sola entre las mujeres, *el libro en que estudia usted el culto a la Virgen María.*
Sí. María fue la figura simbólica predominante durante toda mi infancia, no sólo en el hogar con mi madre, que es católica practicante, sino, obviamente, en los varios colegios en que estuve. Y en ese libro me propuse hacer personalmente un viaje de exploración. No tenía ni idea de hasta dónde me llevaría. Uno de los motivos para escribirlo fue que el tema me parecía apasionante, y al principio pensaba que lo conocía de sobra por haber vivido inmersa o envuelta en él, puesto que el año entero lo jalonaban las festividades de María y la geografía mundial estaba llena de apariciones, de lugares en que la Virgen se había aparecido a algunos videntes. No me habría sido difícil ir señalándolos con esas banderitas que se clavan en el mapa...

En el mapa de Europa.

Sí, en el mapa de Europa. Con banderitas azules, que fue el color que preferí en mi infancia. Así que estaba convencidísima de que dominaba el tema. Pero, ay, en cuanto me puse a trabajarlo, me di cuenta de que no sabía nada de él, porque era en realidad una historia sumamente compleja en la que se entrecruzaban influyéndose recíprocamente todos los factores de la sociedad.

Parece estar usted describiéndonos una doble actitud suya para con el tema de la Virgen María: por un lado, de simpatía cordial y devota, que le viene de la educación católica de su infancia, y, por otro lado, de rigurosa objetividad crítica, como ha de procurarla en su investigación histórica del desarrollo de las distintas leyendas, imágenes y representaciones de María. Pero esta historia, ¿qué le dice a usted acerca de Europa?

Creo que hay una estrecha correlación entre las imágenes de María y los cambios en la manera de concebir al hombre y a la mujer ideales. Después de todo, si la definición de lo que es la función propia de la mujer nos da tan frecuentemente, por extensión, una idea de lo que pensamos nosotras del hombre y de cómo piensan los hombres acerca de sí mismos, es porque muy a menudo son ellos los que desean que las mujeres sean obedientes o quieren mantener su sexualidad bajo cierto control.

Y aquellas imágenes serían, en muchos aspectos, proyecciones de una mentalidad o una imaginación masculina.

Sí. La más dolorosa y devastadora de mis intuiciones fue la que me hizo caer en la cuenta de que el encanto y atractivo de María, esa ideal figura de belleza y gracia, implicaba en realidad una idea de lo humano como pecaminoso y, sobre todo, de la mujer normal y corriente como peculiar e inevitablemente pecadora... en cierto modo en su carne misma. Con lo que la Virgen María, lejos de ser, por así decirlo, la senda perfecta por la que todas deberíamos caminar, era de suyo un *hortus conclusus*, su propio jardín cerrado, cuya puerta había sido sellada para que se mantuviese así. Y, con ello, se nos dejaba al resto de las mujeres *fuera* o *aparte*, indefensas en medio de un gran jardín, desnudas entre la maleza, expuestas a cualquier asalto y a todos los peligros.

Todas seríais Evas.

Sí, todas seríamos Evas. Yo me he rebelado enérgicamente contra esto. Y he modificado mis opiniones. Desde que acabé el libro, la Iglesia misma ha experimentado enormes cambios, como no podía menos de ocurrir. Mi libro se publicó en 1976. Ha pasado ya mucho tiempo, y ha habido muchos trastornos, ha habido diferentes Papas, y también, para volver a la cuestión de Europa, muchos cambios en este continente que —cosa muy interesante— han vuelto a hacer de María un símbolo de gran interés. En Polonia, por ejemplo, con Nuestra Señora de Czestochowa, en torno a cuya imagen se organizó el movimiento de Solidaridad y se está volviendo ahora a una especie de teocracia en la que las vidas privadas de las personas son puestas en orden por el nuevo gobierno. Creo que hasta están pensando en prohibir los métodos anticonceptivos en Polonia.

¿Así que, según usted, las imágenes mismas de la Virgen no serían en sí buenas ni malas, sino que sólo lo serían las historias que de ellas se cuentan?
Sí. Y los distintos énfasis con que se cuentan. Por ejemplo, en la Iglesia ortodoxa se insiste en aspectos diferentes. Sus creencias y prácticas están volviendo a formar parte de nuestra eurocéntrica conciencia occidental porque ahora hay más acceso a los países del Este de Europa. Y se está dando allí una fuerte corriente de retorno a la práctica de la religión.

En Bulgaria, Rumania y Rusia.
Sí. En la Iglesia ortodoxa es bastante diferente la historia de las representaciones de la Madona. Allí se insiste mucho menos en la virginidad y en los peligros de la carne; los popes se casan, lo que naturalmente hace que en muchas de las iglesias ortodoxas haya una gran diferencia de ideas sobre la sexualidad; y hay un papel de María como intercesora que es también importantísimo en Irlanda y es un aspecto muy clemente y misericordioso de su personalidad.

Mater Misericordiæ.
Sí, la Madre de Misericordia, la intercesora, la mediadora entre la ira de Dios y la débil humanidad, interponiéndose ella misma, con el seno en que le engendró y con el pecho y la leche que le amamantó, para aplacar su justa ira. Este aspecto ha sido siempre muy tenido en cuenta en la Iglesia ortodoxa de Grecia y de Rusia. Tienen allí esa bella imagen de lo que llaman *maphorion*, que es la estola de la Virgen. La veneran como si fuese en realidad un objeto que ella tuviera ante sí en su mano. Y es la estola con que ella cubre a los pobres pecadores mientras aboga por ellos.

¿No se podría decir que hay otro aspecto positivo en esa manera de representar la imagen cristiana de la Madre, a saber, que introdujo en una Europa de tantas diferencias culturales alguna noción de identificación universal por la que a la gente le fue posible, trascendiendo las diversidades étnicas, pensar en su origen común y aspirar a una meta común?

Yo pienso que la doctrina y la teología de la Encarnación constituyen uno de los aspectos más fecundos del catolicismo, porque dan sólida base a una afirmación de lo humano. Pero se tropieza con el escollo —si nos fijamos, por ejemplo, en Irlanda o en Italia— de que a la mujer se le haya puesto como destino o meta última el ser madre, la maternidad. En los Padres de la Iglesia se encuentran algunas consideraciones de lo más chocantes, cosas como que para Adán habría sido mejor compañero y ayudante otro hombre... si Dios no hubiese necesitado a las mujeres para que los humanos procrearan. Ahí tenemos esa idea de que la mujer sólo sirve para engendrar hijos. Y, por descontado, a la salida del Jardín del Edén, Dios maldice a la mujer pronosticándole: «Mucho te haré sufrir en tu preñez, parirás hijos con dolor, tendrás ansia de tu marido y él te dominará». Tal llega a ser el único papel legítimo de la mujer.

Así que los trascendentales aspectos a los que usted con todo derecho acaba de aludir han sido bastante olvidados al tratar de la maternidad de María. Está en vigor una noción muy restrictiva de lo que hemos de ser y para qué existimos las mujeres. Y lo verdaderamente cruel de esa noción es que prescinde en gran parte de la vida de la mente, de la inteligencia y los sentimientos de la mujer. Es decir, prescinde de todo lo que en la existencia femenina pueda trascender el género y la sexualidad, aunque ya sé que ésta es una temática erizada de problemas. Prescindir, pues, de eso es muy injusto, sobre todo si se trata de la mujer anciana..., y uno de los papeles más difíciles de cuantos han tenido que representar las mujeres en la historia es precisamente el de la mujer de edad. Enseguida se ve qué prejuicios dieron origen a las grandes cacerías de brujas: una gran variedad de fenómenos sociales, el que muchas ancianas carecían de hogar, prejuicios contra las sirvientas, y la iconografía y los fantaseos sobre comadres y celestinas de la prostitución y sobre viejas hechiceras llenas de untos, pellejudas y desdentadas. Existe casi todo un vocabulario de tal clase de burlas. Pero muchas de estas cosas dependen de que, después de su edad fértil, a las mujeres no se les reconoce ningún valor, como si no cupiese en ellas ninguna sabiduría trascendente. Y así la menopausia es, en nuestra cultura, una especie de «maldición», porque parece abolir la razón de ser de la mujer. Todo esto es muy cruel. Va directamente en contra del mensaje de la Encarnación, mensaje que debería ocupar el centro del cristianismo y que dice que toda carne ha sido creada, ha sido dada por Dios, y es por ende buena. Pero no es así como se lo ha llevado a la práctica.

Cabría aducir aquí dos acontecimientos doctrinales de la Iglesia católica y la Iglesia ortodoxa oriental: la proclamación del dogma de la Asunción, por una parte, y, por otra, la del dogma griego de la Maternidad divina de María. ¿No podría decirse que estas dos doctrinas admiten en un sentido la posibilidad de que la mujer logre la trascendencia, siendo elevada al trascendental reino del que tradicionalmente se la excluyó?

Para expresar la idea de que María nació sin el pecado original —por haber sido concebida en la mente de Dios como su hija perfecta y exenta de la mácula que manchaba a toda la humanidad—, para expresar esto es muy notable que las Iglesias cristianas no recurriesen a ninguna de las imágenes tradicionales de *Sophia*, que al fin y al cabo es una palabra femenina con la que en la Biblia se denomina a la sabiduría. No, dieron en emplear la imagen —que, en el siglo XIX, sería tan divulgada— de una jovencísima doncella casadera, curiosamente una imagen a menudo bastante erotizada, combinándose la nubilidad con la inocencia en el concepto de la virginidad. Pero fuera de esto, aparte de la pura y sonrosada muchachita de pies desnudos que, al fin y al cabo, es la Madona, el ser humano femenino forma parte de una feminidad que no puede ser identificada con esa pura e inmaculada condición. Los tirones de la carne empiezan en la pubertad, por lo que la Virgen Inmaculada debe de ser representativa de una edad anterior a ésa. Y, después, la Asunción. Esta doctrina sostiene, en líneas generales, que María murió pero su cuerpo no se corrompió sino que fue elevado al cielo y depositado al pie del Árbol de la Vida, en el Paraíso, y que allí habría permanecido incorrupto, lo cual es una idea ligeramente distinta de la de que no murió; pero la mayoría de los fieles cristianos piensan que la Asunción significa que María, en vez de morir, subió al cielo, ascendió a él, como Jesús resucitado, en lo que vendría a ser una especie de resurrección femenina. Y esto, claro está, invierte también la idea de la mortalidad de la carne, porque, como en una especie de magia simpática, se piensa que la corrupción de la carne es corrupción del espíritu. E incurrimos de nuevo en ese platonismo un tanto bárbaro para el que la forma exterior es un espejo de la forma interior. Por supuesto que uno de los otros componentes que oprimen a las mujeres, en el culto católico a la pureza, es su conexión con la belleza. En países católicos como España se da esa extraordinaria paradoja entre el culto a la pureza de las mujeres —vigilando estrictamente la conducta de las hijas, recluyendo a las esposas, no admitiendo el divorcio— y la especie de rito, llamado por los españoles *paseo* y por los italianos *passegiata*, en el que los hombres caminan observando a las mujeres y comentando los atributos físicos de éstas. Son costumbres mediterráneas que han encontrado el medio más favorable para su mayor auge y florecimiento en las culturas católicas. A la mujer se la identifica con su sexualidad; sólo a causa de ésta se la vigila, se la acosa, se la desea y alaba o se la desprecia.

¿Así que, para usted, el culto a la Virgen María es esencialmente negativo en la tradición europea?

Puede que lo que yo sostengo suene a demasiado crítico, a muy duro, a violento. Mi padre solía advertirme que no fuese tan espontánea, tan ruda y vehemente, porque estas cosas no quedan bien en una mujer. Pero, a mis cuarenta años, prefiero ser franca y dejarme de pamplinas. En aquel entonces, sabe usted, me gustaba andar descalza por la casa y quitarme de encima todo el bagaje de preocupaciones con que me oprimía la herencia judeo-cristiana. Pero ahora prefiero coger este bagaje y disponerlo de otra manera. Necesito tener un par de zapatos, pero quiero que sean de un corte diferente.

¿Con miras a reinterpretar dicha herencia y a recuperar lo que en ella haya de valioso y rehabilitador para las mujeres y a desechar lo que no lo sea?

Sí, y en este quehacer no estoy sola. Es una tarea en la que actualmente están trabajando un buen número de escritoras y también algunos escritores. Y es comparable a la de muchos poetas y novelistas, que relatan de nuevo viejas historias explicando por qué sucedieron las cosas como sucedieron. Un ejemplo de ello sería *Beloved*, de Toni Morrison, donde se narra la terrible historia de una madre joven que mata a un niño. Pero una vez has leído el libro, como éste te ha trasladado a los tiempos que siguieron inmediatamente a la abolición de la esclavitud, época de enormes trastornos, peligros y sufrimientos, se te hace comprensible ese espantoso infanticidio. Los grandes mitos y leyendas son ricos tesoros de experiencia, y aunque afirmen el orden de la naturaleza masculina frente al desenfreno y la insensatez de la femenina —como lo hacen muchos mitos europeos—, esas historias pueden ser relatadas otras veces, ya sea para explicar el pasado, ya para crear un nuevo futuro.

¿Podremos entender lo que somos hoy los europeos sin que haya que volver a contar esas historias de nuestras culturas esenciales, la judeocristiana por un lado, de la que se ha ocupado usted en varios de sus libros sobre las maneras de representar a la mujer en Occidente, y, por otro lado, nuestra tradición grecorromana? ¿O es indispensable que por lo menos algunas personas se dediquen a volver a relatar esas historias?

En esto hay cierta tensión. Pensamos que hemos perdido algunas historias porque las asociamos a la fe. Aunque los dioses paganos siguieran vivos, se les dejaría de lado al ver sus nexos con la religión pagana. Por otra parte, en nuestra actual situación, muchos niños desconocen las historias de la Biblia y las vidas de los santos. La Iglesia misma ha contribuido en cierta medida a esto, pues en 1969 quitó del santoral a muchos de los santos que a mí de pequeña me habían enseñado a reconocer. Ahora no volverán a contarse ya aquellas historias, con lo que el cuerpo de lo legendario se nos va enflaqueciendo gradualmente. Pero tampoco quisiera yo convertirme en una especie de apóstol del etnocentrismo cultural, y estoy convencida de que ése es el peligro que encierra el estar recordando continuamente el pasado. Aborrezco el *revanchismo* de Le Pen o cualquier otro nacionalismo extremo, como también los movimientos neofascistas. Hemos de estar en el presente. Debemos recordar, sí, debemos oír las voces de los que nos precedieron, pero manteniéndonos de cara a los tiempos actuales.

¿No es un espectáculo curioso el de Le Pen desfilando con la Virgen María a un lado y Juana de Arco al otro?

El intento de Le Pen de ganarse a María o a Juana de Arco para su nefasta causa no es nuevo en Francia. A Juana de Arco se la viene queriendo hacer patrona de un patriotismo extremista desde finales del siglo pasado. Durante el *affair* Dreyfus se la llegó a identificar con el puro espíritu de Francia, en contraposición al «adulterado» espíritu de los judíos franceses, y se la utilizó como portaestandarte de la causa anti-Dreyfus en todo aquel lamentable asunto. Por la misma época, durante los años ochenta y noventa del pasado siglo, hubo una campaña más fuerte aún para servirse de Juana a favor de otra concepción, algo más tolerante, de Francia, cuyo más destacado líder fue el poeta católico y socialista Charles Péguy, que escribió muchos libros de bellos versos en los que Juana de Arco era el símbolo emblemático de una Francia generosa y clemente. Ejemplo este muy esclarecedor de cómo el simbolismo puede definir y redefinir a las mujeres, y de lo difícil que es para una persona de género femenino hacer oír su voz aislada entre el marasmo de los eventos históricos. Otro ejemplo es el de la pintura de Rafael *El Parnaso*, en el Vaticano. El artista ha reunido en torno a Apolo a todos los sabios y filósofos de la Antigüedad, y son ahí reconocibles porque sabemos cómo era el rostro de Dante, tenemos una vaga idea del aspecto de Sócrates, al igual que de los restantes. Hay en ese fresco una mujer, Safo, pero, para que se sepa a quién representa esa figura, es la única a la que ha habido que ponerle un letrero con el nombre; si no, podría pensarse que es la *Poesía* o la *Música* o cualquier otra personificación, pero no una determinada persona histórica, alguien que tuvo un lugar en la historia. Y éste es el axioma filosófico al que hemos de enfrentarnos las mujeres, el de que, por así decirlo, se nos diluye o volatiliza transformándonos en símbolos, haciendo que nos sea difícil ser todo el tiempo personas concretas y no sólo personificaciones simbólicas.

Usted ha dicho en alguna parte que uno de los grandes legados de la cultura europea es el apretón de manos. ¿Qué quiere dar a entender al decir eso?

A veces la identidad se trasluce en cosas muy pequeñas. En vez de decir que lo que da unidad al mundo occidental es el apretón de manos, podría yo haber dicho que lo que en la actualidad le une es el vestido. Pero, bueno, no dije esto del vestido. Y es que precisamente la idea del apretón de manos como gesto de igualdad, de alianza y de amistad parece ser que nació en esta parte nuestra del mundo. Ya en el derecho romano los tratos se formalizaban juntando los pactantes sus manos diestras. Y este gesto simboliza en cierto modo a Europa entera, pues aunque suele hacerse con buena voluntad y con él se han sellado pactos de buena fe, también ha servido a veces para disimular tremendas traiciones.

(Dublín, 1991)

Seamus Heaney
Entre el norte y el sur: rodeos poéticos

Seamus Heaney es un poeta irlandés. Nacido en el condado de Derry, en Irlanda del Norte, ha enseñado en Dublín y en Oxford, y actualmente ocupa en Harvard la Cátedra Boylston de lógica y retórica. Entre sus obras se incluyen varias recopilaciones de poemas, así como los libros: Nueva selección de poemas, Inquietudes *y* El dominio de la lengua.

T.S. Eliot habló de una mentalidad común a toda Europa. ¿Cree usted que existe algo parecido?

Si te has criado en Irlanda del Norte, tienes en torno a ti toda la mentalidad de Europa. Tienes a Islandia en el vestíbulo de la casa-misión, en ese pórtico en el que retumban los compases de los cánticos metodistas extendiéndose por los campos al atardecer... Cuando fui a Islandia, vi esos pequeños albergues aislados en medio de la tundra, y reconocí a la Europa de la Reforma. El Dios de los disidentes protestantes está también a tu alrededor. El Dios inglés. Y un recuerdo de la límpida castidad de las iglesias danesas. En Irlanda del Norte está presente la Europa reformada, y están también presentes los restos de la cultura católica anterior a la Reforma, la Virgen y el Niño, la abigarrada «Virgen-muñeca», como la llamó MacNeice. De manera que el espíritu norteirlandés está dividido, o, mejor, es acosado —si eres protestante, eres acosado por la República, y si católico, por el protestantismo—, y esta mentalidad anda en busca de un modo de aclararse a sí misma, de encontrar su propio sentido, de generar un significado que la saque de su confusión. Y sospecho que uno de los mecanismos de búsqueda de los que yo me servía era el de decir que algunos escritores de la Europa del Este —polacos, rumanos y checos— parecen entender estas cosas mejor que los escritores ingleses. ¿No dan éstos por supuesta la separación, no dan por supuesto que la vida es un fraude, que habiéndose quedado la choza del mundo sin la techumbre del cielo estamos totalmente a la intemperie? Pero, claro, estaba siendo un poco exagerado e injusto. W.H. Auden reconoció la falta de tejado, pero volvió a ponerlo. Con todo, aún diría yo que en Irlanda la gente tiene más sentido de la afinidad que los ingleses con esa insegura, desasosegada y un tanto recelosa actitud que adoptan frente a la realidad.

¿De modo que, para usted, sí que existe tal cosa como una «mentalidad europea»?

Bueno, creo que puede hacerse que exista, y algunos pensaron que ya existía. Supongo que Eliot hablaría de ella en cierto modo como anglicano, monárquico y conservador. En la cultura inglesa hubo quienes, como Matthew Arnold y T.S. Eliot, promovieron la idea de «una mentalidad europea» más bien como un antídoto contra lo que ellos solían llamar provincianismo o vida a la sombra de la Iglesia anglicana. Creo que, desde los tiempos de la Reforma, la lucha se reduce, hasta cierto punto, a una protesta de los disidentes, los revolucionarios, los protestantes, contra la mentalidad unitaria y totalizadora, contra la mentalidad latina, del imperio, de lo enorme por excelencia. Esa protesta decía: dejadnos tener nuestra propia lengua, mejor que el latín; dejadnos tener la Biblia traducida a nuestro idioma; dejadnos tener democracia mejor que monarquía, y otras cosas semejantes. Así es que la idea de una tradición europea, la idea de la civilización europea y estos mismos términos otrora ensalzados están ahora bajo sospecha, porque suenan peligrosamente a catolicismo imperial, totalitario y romano. Lo que el espíritu de los tiempos ha promovido en general es una descolonización de la mente, un echar por la borda la gran mentalidad de Europa y sustituirla por las particulares propias de Irlanda, de Dinamarca, de España, etcétera. Y es, sin duda, políticamente correcto el estar de parte de la descolonización mental y de la propia liberación, sin que por eso dejes de saber que, en lo político, hasta cierto punto tu conciencia ha sido creada por las grandes ideas totalizadoras. Pero, por otro lado, si te cargas, casi en un sentido militar, las formaciones de nuestra herencia histórica, si echas por la borda las culturas griega, helenística y judía —a fin de cuentas la cultura literaria y artística es casi inseparable de nuestro descubrimiento de la cultura moral, puesto que la justicia, la libertad, la belleza y el amor se encontraban ya en los dramas griegos y en los libros sagrados de Judea—, si suprimes, digo, todo esto, ¿con qué podrás sustituirlo?

Usted tiene cierta devoción por su tierra natal, ¿no es así? Me refiero a que inició sus trabajos con loas al condado y a algunos parajes de Derry y muchos de sus primeros poemas fueron meditaciones en torno a la parroquia y a todo lo vinculado a ella. ¿Advierte usted, en sus obras más recientes, algún cambio de ese Heaney disidente, regional y amante del terruño a otro Heaney más universal, europeo y cosmopolita?

Yo no me aplicaría adjetivos como esos de «disidente» o «europeo». Lo único que hago ahí es describir un movimiento de mi conciencia, exponer cómo me voy percatando del contenido de determinados mitos. La Irlanda y la literatura irlandesa en las que yo me formé se basaban en un orgullo por todo lo que distingue al catolicismo gaélico, una serie de verdades puras y simplistas que quizá no sean más que eso, «devociones»: por ejemplo, que Irlanda no fue invadida por los romanos, sino que nuestro sustrato es enteramente celta; que nosotros fuimos los cristianizadores de Europa; o que no nos influyó el Renacimiento, como sostiene con orgullo Daniel Corkery. Tiempo atrás estaba yo convencido de que todo esto era signo de distinción, pero ahora ya no estoy tan seguro de que lo sea.

¿Y qué hay de la atracción que dice usted sentir hacia unas imaginarias tierras nórdicas, sobre todo en su obra titulada Norte? *¿No se trata de una especie de fantástica recuperación de una geografía europea diferente, que pudiera coincidir de algún modo, o complementarse, con la de Irlanda del Norte?*
Pues sí, creo que así es, en efecto. ¿Quién no desea que lo que él posee de más profundo tenga resonancias más amplias? Y no es que se quiera promover lo local con todas sus peculiaridades, sino aquello de lo local que irradia lo que llamamos la verdad. Pero tampoco voy a decir que cuando empecé a emplear imágenes de prácticas bárbaras y las situé en la Europa de la Edad de Hierro estuviera yo promoviendo a ciencia y conciencia la verdad. Lo hice, sencillamente, dejando volar mi fantasía...

Se está refiriendo usted ahora al pueblo de los pantanos y a sus ritos funerarios y sacrificiales...
A comienzos de la década de los setenta, hice, como usted bien ha dicho, esta apuesta, que es casi un poema intelectual en torno al sacrificio, la violencia y los crímenes pasionales en la Europa de la Edad de Hierro, mezclándose en el conjunto datos territoriales y religiosos con las maneras como suele interpretarlos el republicanismo irlandés. Así que, sí, por aquel entonces me parece que estaba yo totalmente embebido en lo que es una mitología romántica —una especie de semiconsciente presuposición de que el nativo, el bárbaro, es tan auténtico como el civilizado... o más auténtico aún que éste—, y entonces llegó un momento en el que reflexioné y, por fortuna, pude darme cuenta de lo que estaba pasando en mi interior. Ese momento tuvo lugar en Macedonia. Había ido yo a Struga a una conferencia sobre poesía y allí conocí a un poeta danés. Una tarde, atravesando un lago famoso por la transparencia de sus aguas, nos dirigimos a una isla en la que contemplamos los más fascinantes monasterios con mosaicos e iglesias bizantinas que yo haya visto nunca, con sus rígidos sabios transidos de divinal fuego, que dijera Yeats, con sus imágenes de la Virgen y de Cristo. Y el danés me dijo: «Eso son ustedes, ¿no?, unos primitivos habitantes de los pantanos u hombres de la Edad de Hierro». En cierto modo tenía razón.

Así que su imaginación empezó a emigrar desde el norte hacia el sur de Europa.

Bueno, si te lo propones, no es difícil inventar un mito escapándote de la autenticidad, las diferencias y los atractivos del norte protestante. Y hacerlo resulta saludable y sano si ayuda a corregir una idea un tanto pretenciosa de que la civilización grecorromana es superior a todas. Pero, por otra parte, tengo el convencimiento de que, si te apartas de lo que tradicionalmente es la civilización europea, te desheredas a ti mismo de unos legados enriquecedores de la inteligencia y llenos de formas para la imaginación.

De manera que no es casual que su libro más reciente, Viendo las cosas, *suponga cierto retorno a las visiones y expresiones de Homero, Virgilio y Dante. ¿Qué es exactamente lo que más le atrae del Sur de Europa, de la Europa mediterránea?*

Creo que es una firmeza y una durabilidad, un notar, por ejemplo, que en la palabra *Orfeo*, en la palabra *musa*, en la palabra *drama*, en la palabra *misterio*, o en cualquier otra, en sus etimologías y asociaciones, hay lo que Louis MacNeice denominaba un místico sentido del valor. Él decía que el escritor no ha de ser necesariamente un místico, pero que le parecía que lo que sí necesita tener el escritor es un sentido místico del valor. Y yo creo que en la lengua inglesa, y en la francesa, y en la italiana y en la griega, y seguramente en muchas otras también, esos contenidos fomentan la viveza y estimulan el pensamiento. No diré que una Europa de valores trascendentes, pero sí la posibilidad de una Europa optimista, diferente, renovable, no utilitarista, de espíritu jovial... Creo que la herencia greco-romano-judía contiene todas estas promesas, esperanzas e invitaciones

¡Sigamos viajando mágica y misteriosamente por la geografía europea! Recorrido ya el norte protestante, con sus paisajes vikingos, y habiéndonos dicho algo sobre el sur grecorromano y católico, podría hablarnos un poco de la Europa central. En El gobierno de la lengua, *aunque también en otros escritos, ha manifestado usted un vivo interés por la obra de poetas como Mandelstam, Milosz, Holub, Herbert, Rósewicz y Sorescu. ¿Qué es lo que más le atrae a usted del Este, o, si se quiere, del antiguo bloque de la Europa central y oriental?*

Creo que hay muchos escritores que han pronunciado su mensaje, la palabra original de su espíritu, con mucho laconismo y sequedad, lacerantemente. Yo diría que han combinado una retórica nórdica, que dice «no» para significar «sí», que es sobria, irónica e indirecta, con un incontenible deseo de aprovechar los grandes valores antiguos que se ocultan desde hace siglos en la retórica. Lo que se encuentra en poetas como Milosz, Sorescu o Holub es un recurrir a la mitología clásica, pero no al modo ornamental de Milton, sino en un tono incisivo y atormentado totalmente contemporáneo. Por ejemplo, Miroslav Holub tiene un poema que se titula «El soldado que asesinó a Arquímedes». El sabio está trabajando en la vanguardia misma del pensamiento matemático de su época, y viene un soldado y le mata, y entonces Holub escribe: «Y ahora es el soldado el que sigue contando: uno, dos, uno, dos...». El soldado tiene el poder de la fuerza, pero no la capacidad creativa de Arquímedes. De manera que, para Holub, el pasado clásico es una fuente de vívidos *exempla*. Asimismo, en Procusto, aquel bandido que cortaba los miembros de sus víctimas para ajustarlos al tamaño de su lecho, ve Zbigniev Herbert una imagen de la brutalidad con que los regímenes totalitarios lo uniformizan todo. Pero éstos son sólo unos ejemplos muy concretos. Mucho más importante es, a mi entender, el entusiasmo con que estos «orientales» están redescubriendo lo que Occidente ha dado siempre por sentado. En la Europa occidental nos ha llegado a inquietar mucho el haber sido tan eurocentristas y nos estamos arrepintiendo de los pecados que cometimos como colonizadores. Aun cuando en Irlanda nos consideramos colonizados, también contribuimos, a fin de cuentas, a la empresa imperialista enviando misioneros a África, como usted sabe. Claro que se trataba de una expansión de carácter religioso, pero no por eso dejó de ser imperialista, pues allí fuimos de la mano del Imperio británico. Nadie puede eximirse de hacerse reproches en lo tocante a los abusos cometidos por nuestro fervor eurocentrista; pero me parece que en esto del autorreprocharnos y de querer echar por la borda nuestra herencia se ha ido demasiado lejos, y el Este no deja de advertirnos, entre otras cosas, que cuando las concepciones de lo que es valioso y el lenguaje generador de valores están siendo tiroteados por todas partes, en peligro de sucumbir, esa herencia, la herencia religiosa, el legado cultural, sigue estando todavía en posesión nuestra como un gran tesoro que hay que salvar a toda costa.

Esto me trae a la memoria, Seamus, uno de los ejemplos que pone usted en El gobierno de la lengua, *donde habla de un poeta ruso llamado Kutzenov, que metió sus poemas en un bote de mermelada y lo enterró en su jardín. Parece una analogía del recuerdo cultural que en el Este han logrado conservar los poetas disidentes. ¿Llegaría usted a tanto como a decir que ellos han conservado una noción de Europa más auténtica y posibilitadora que la nuestra de Occidente, a pesar de toda nuestra retórica sobre la unión y la comunidad europeas? ¿Quizá necesitemos nosotros que nos transmitan ese recuerdo cultural el Centro y el Este de Europa?*

No cabe duda que, durante los últimos cuarenta años, a partir del *Doctor Zhivago*, de Pasternak, y de la poesía de Mandelstam, nos está llegando del Este cierto voltaje de gozo y optimismo. Claro que eso puede que no sea más que un anzuelo que se nos eche para que digamos: «¡Dios mío!, ¿no son maravillosos? ¡Fíjate cómo están resistiendo allí!». Y también ha habido la natural sospecha de que ese adorar tanto la literatura del Este se deba tal vez a una nostalgia. «¿No es algo grande el vivir bajo la opresión? ¡Véase qué buena literatura produce!» Pero ésta es una forma de vulgarizar algo que es genuino. Yo creo que a la intelectualidad occidental lo que le da verdadera vida es el mantener el espíritu realmente a presión, aspirando a la mayor integridad artística e intelectual. Palabras que Occidente había llegado a no querer pronunciar, aún se siguieron pronunciando en el Este, y eso de que su uso siguiera siendo allí público y manifiesto les produjo cierta excitación a los escritores de Occidente. Los problemas de los occidentales son, y eran entonces, diferentes. La cuestión es cómo pronunciar las palabras que convenzan por completo en un ambiente en el que, digas lo que digas, nunca vas a ser del todo convincente. La Europa nuestra está entre la Europa del Este y los Estados Unidos de Norteamérica, donde el lenguaje ha ido entretejiéndose para formar un confuso tapiz, donde la poesía, por muy de protesta que sea —como la que escribía Ginsberg por los años cincuenta en San Francisco, o John Ashbery en el Nueva York de los años setenta y ochenta—, aunque sea de protesta auténtica, resulta desilusionante y desesperanzadora; se quieren relegar al olvido palabras como «espíritu», y si en uno de sus poemas hubiese de figurar Sócrates, se le presentaría como un romántico perdido, un precursor de William Blake; ¡eso si no le convertían en un pato Donald que ironizara sobre la existencia! A esa especie de conciencia irónica es a lo que Occidente está acostumbrado, y por eso supone toda una inyección de alegría y un impulso renovador lo que nos está viniendo del Este, donde la poesía se halla en estrechas relaciones con el peligro.

En la reciente historia del Este europeo, algunos de los poetas que ha citado usted han influido mucho en la reforma de sus países y naciones. En Checoslovaquia, el caso más evidente es el de Havel. Pero también fue significativo que, en Bucarest, un poeta como Donescu proclamara, junto con otros, por la televisión, que lo que querían era una Rumania libre y abierta a todo el mundo; como fue asimismo muy notable que otro poeta, Sorescu, exhortase a aquella singular rebelión desde su propio domicilio. Parece, pues, como si un mensaje que atraviesa toda la Europa del Este viniera a decir que los poetas pueden desempeñar un papel muy importante en la reforma de la sociedad. Usted ha hablado de una tensión entre la exigencia de comprometerse activamente en la historia y la necesidad de hallar un punto de vista fijo desde el que pueda ver la poesía su propia realidad. ¿Cómo responde usted a ese mensaje, que nos llega de la Europa del Este, de que el poeta puede tener una función social?

No cabe ninguna duda de que el poeta puede tener una función social, y creo que éste está siendo el momento en el que esa función se convierta en algo ineludible y obligatorio. En la Inglaterra del siglo XVII, a John Milton no le preocupó lo más mínimo el dedicarse por completo a la poesía durante veinte años, relegando la revolución, la política y la religión a un segundo plano. Los poemas que escribió entonces fueron el fruto exquisito de la gran cultura que había logrado asimilar ya en su temprana madurez. Luego fue secretario de latines de Cromwell, hasta que, al ser éste derrotado, lo dejó. El de Milton es un ejemplo del poeta que sale a la vida pública cuando se le ofrece la ocasión de servir a una causa más importante.que el arte. En nuestros tiempos posrománticos, nos las hemos arreglado para unir la idea de la visión poética con la del servicio a la nación. Se tuvo esto en Irlanda desde 1890 hasta 1920. Los poetas hicieron la Revolución de 1916. Se tenía la sensación de que estaban en el centro del poder a la manera como lo están ahora Havel y todos esos poetas. Pero yo creo que, cuando una sociedad vuelve a la calma (y, paradójicamente, a pesar de lo que pasa en Irlanda del Norte, puede decirse que hay muchos indicios de que la sociedad irlandesa está en calma), entonces el artista ha de ejercer una oposición, o sea, ha de oponerse a las modas y a las rutinas en el pensar y en el enfocar las cosas. El escritor o la escritora puede ser el pensador mágico que sepa hacer apreciar los valores con criterios distintos de los utilitaristas. El artista puede rechazar la historia que sólo se atenga a los hechos y decir: «¡No! ¡Yo prefiero soñar posibilidades!».

¿Y la de soñar posibilidades es una actividad rebelde y disruptiva?
Lo es. Es un rechazar los términos. Así, en Irlanda, un poeta como Paul Durcan, que parece estar al día, lo está sin duda, pero no cesa de rechazar los términos convencionales. En el caso de Durcan, este rechazo imaginativo puede interpretarse como crítica social. Claro que en sus poemas hay también comentarios sociales, pero su *modus agendi*, su manera de proceder, consiste en decir: «De todo esto, yo no me creo nada». Otra manera totalmente distinta, la de Paul Celan, nos da una poesía hermética, cerrada, que se expresa con lo menos posible de lenguaje y, desde dentro de esa densísima expresión, parece decir: «Rechazo lo que está sucediendo. Lo odio». Así, la acción artística no es necesariamente diálogo, el tan apreciado diálogo con otras ideas. Es un afirmar: «Mira. Hay otro modo. No tenemos por qué seguir haciendo así las cosas». Ahora bien, lo que quiero decir yo no es que todo lo que se escriba haya de ser como lo que escriben estos poetas, sino sólo que ésta es, a no dudarlo, la naturaleza de la lírica; tal es el modo de funcionar en la poesía de cierta especie de ira o de furor abstracto, como lo atestigua también la tradición contestataria europea.

Así que usted vería con tanto recelo la figura del poeta-rey —el poeta en el poder rodeado de mapas, proyectos, anteproyectos e informes— como la del filósofo-rey.

Creo que sí. No sé de ningún poeta que haya tenido éxito como dictador. El poeta Orfeo canta a las criaturas y las hechiza, y todo el mundo exclama: «¡Ooooh!», y entra también en trance. Hay una forma de escribir, la del escritor como encantador; pero ésta no es suficiente cuando se ve al escritor como a un ser humano que habita en la realidad. Por eso Platón estaba en contra de los poetas, porque podían practicar encantamientos y poner a las gentes en trance; si su espíritu se echa a dormir, el ser humano se transforma en piloto automático. Ahora bien, el artista plenamente dotado, y la vivencia del responder plenamente al arte, van, más allá del trance, hasta lo que Yeats llamaba «la desolación de la realidad». Y ahí tenemos a Orfeo, no como el arpista que tañendo su instrumento adormece a todos, sino como quien, afrontando las realidades de la muerte y del amor, baja al infierno con actitud siempre valerosa y desafiante pero sin poder vencer nunca a la muerte, sin poder alcanzar jamás la perfección absoluta. Las posibilidades que ofrece una cultura, o, si se prefiere, la herencia cultural, es algo que se halla entre el psiquismo del individuo y la inconmensurable magnitud de la realidad exterior a él, la inconmensurable magnitud de la sociedad. La herencia cultural —la europea o la que fuere— admite alguna forma de negociación que dé sentido a todo el conjunto.

(Dublín, 1992)

Jorge Luis Borges
El escritor europeo en el exilio

Jorge Luis Borges fue un escritor, poeta y crítico literario argentino. Entre sus obras: Siete noches, El informe de Brodie, Inquisiciones, Otras Inquisiciones, Historia universal de la infamia *o* El Aleph. *Borges insistió siempre en la importancia que tuvieron para él los largos viajes que hizo en su juventud por el extranjero, sobre todo su estancia en Ginebra (1914-1921), donde leyó por primera vez a Conrad, Baudelaire y Joyce, y entró en contacto con la «modernidad literaria internacional», según solía decir. Este diálogo entre Borges, Richard Kearney y Seamus Heaney se desarrolló en 1982, en Dublín.*

Richard Kearney: Me parece que, ya que estamos en el Bloomsday y usted ha venido a Dublín para celebrar el centenario de Joyce, será muy oportuno que nos hable de su relación literaria con él. En 1925 se declaró usted orgulloso de ser «el primer aventurero hispánico que emprendió la conquista de James Joyce». ¿Cómo describiría usted tal aventura por el mundo de Joyce y de la literatura europea moderna?

Jorge Luis Borges: Vayamos a los primeros años veinte. Un amigo mío me pasó entonces un ejemplar de *Ulises*, que acababa de ser publicado por Silvia Beach en París. Hice cuanto pude por leerlo entero. Y fracasé, claro está. Sin embargo, caí desde el comienzo en la cuenta de que tenía ante mí un libro maravillosamente intrincado. Pero... ¿un libro de qué?, me preguntaba yo. Siempre que volvía a pensar en *Ulises*, no eran los personajes —Stephen, Bloom o Molly— lo primero que me venía a las mientes, sino las palabras que pronunciaban esos personajes. Esto me convenció de que Joyce era ante todo un poeta: forjaba poesía a partir de la prosa. Mis siguientes descubrimientos de *Finnegans Wake* y de *Poemas manzana* me reafirmaron en esta opinión. Cuando considero a novelistas como Tolstói, Conrad o Dickens, pienso en sus extraordinarios personajes y tramas, pienso en el contenido de sus relatos. En cambio, con Joyce mi enfoque de lector gira hacia las formas y palabras del lenguaje mismo, hacia aquellas inolvidables sentencias musicales que rezuman poesía. Mirando mis propios escritos sesenta años después de mi primer conocimiento de Joyce, he de admitir que siempre he compartido la fascinación que éste sentía por las palabras, y que siempre he elaborado mi lenguaje dentro de un marco esencialmente poético, saboreando los múltiples sentidos de las palabras, sus ecos etimológicos y sus resonancias sin fin. Muchas veces mis personajes no son más que meras excusas para jugar con las palabras, para entrar en el juego de ficciones del lenguaje. La obsesión de Joyce por el lenguaje hace que sea dificilísimo, si no imposible, traducirle. Especialmente al español —como lo advertí cuando, en 1925, traduje por primera vez un pasaje del soliloquio de Molly—. Las traducciones de Joyce al español o a otras lenguas románicas han sido hasta la fecha muy pobres. Sus palabras, sinfónicamente compuestas, funcionan mejor en las lenguas anglosajonas o germánicas. Joyce usaba la prosa para producir poesía, y yo creo que todas sus obras deben leerse como poesía.

Seamus Heany: A menudo me he preguntado en qué consiste la diferencia entre el uso que hace Joyce del lenguaje en sus poemas, por ejemplo en Música de cámara, y el que hace en sus obras en prosa, como el *Retrato* o *Ulises*. Me parece que, en las primeras, Joyce trata el lenguaje como lo haría un ventrílocuo, siendo en todo momento su obediente servidor, cual si estuviese representando una obra tomada de la literatura; mientras que, en la prosa, algo queda siempre suelto y cobra vida de un modo nuevo. Siempre que Joyce intenta abordar directamente el verso, parece tropezar con un obstáculo. No obstante, era el profundo poeta que se debatía en su interior el que le capacitaba para jugar con la prosa de unas maneras creativas sin precedentes.

R. K.: En un ensayo de 1941, usted, señor Borges, alabó a Joyce diciendo que éste había escrito algunas de las «páginas más logradas en materia de estilo». ¿Cree usted que Joyce le ha influido en su propio estilo como escritor?

J.L.B.: Me sorprendió mucho la forma en que Joyce tuvo la audacia de escribir cada capítulo o episodio de *Ulises* en un estilo diferente. También yo me valgo en mi obra de una gran variedad de estilos. Pero no estoy seguro de que haya en ello una influencia directa, o, si la hay, debe de tratarse de una influencia inconsciente. Los escritores cuya influencia literaria he recibido conscientemente son Stevenson, Chesterton, Kipling y Shaw, autores que leí siendo muy jovencito, cuando vivía en Buenos Aires, época en la que me pasaba gran parte del tiempo en la biblioteca de mi padre, la cual contenía una estimable colección de libros ingleses. Durante mi primera adolescencia soñé casi de continuo con aquellos autores, con Kipling en la India, con Coleridge en Xanadú, con Dickens en Londres. Allí fue, seguramente, donde hice mi primera experiencia literaria, imbuyéndome de muchos y diversos estilos de escritura. La biblioteca era para mí como una mente con muchas lenguas. Desde entonces me han fascinado siempre las bibliotecas (lo mismo que a muchos de mis personajes de ficción). Deseé mucho, por ejemplo, trabajar en la Biblioteca Nacional de Buenos Aires, que posee más de novecientos mil volúmenes. Pero el año en que, por fin, fui nombrado director de dicha biblioteca —1955, después de la caída de Perón— fue cuando me quedé ciego. ¡Allí me hubierais visto, rodeado de libros que ya no iba a poder leer! A veces solía hacerme la ilusión de que aún veía. Hasta hoy entro en ocasiones en una librería y compro algunos volúmenes engañándome un poco a mí mismo como si todavía pudiese leerlos. Pero me molesta un tanto que se hable de influencias en mi forma de escribir, porque, la verdad, yo no me tengo por escritor. No escribo cosas de mucha monta, y no soporto releer nada de lo que redacto. En cuanto a comentarios sobre mi obra, nunca he leído ni uno. En mi biblioteca no tengo ningún comentario de ésos. Me parece que si he llegado a ser famoso es a pesar de lo que he escrito y no a causa de ello. Debe de haber algún error, me digo a mí mismo. ¿Será que la gente me toma por otra persona, por algún escritor?

S.H.: ¿Quizá sea Borges y no usted quien escribe sus libros?
J.L.B.: ¡Pues sí, quizá! No parece sino que haya en mí dos personas... por lo menos: el hombre privado, triste y silencioso, y el hombre público, divertido y célebre charlatán.

R.K.: En El escritor argentino y la tradición *dice usted que se tiene por un autor «fuera de toda corriente cultural importante». Joyce expresó un sentimiento parecido al describir «el hogar, la tierra patria y la Iglesia» como opresoras redes de las que querría él escapar, o cuando hizo declarar a Stephen que nunca se sentiría como en su casa al usar la lengua inglesa, que nunca hablaría o escribiría sus palabras «sin un gran fastidio del espíritu». ¿Experimenta usted tal alienación cultural o poscolonial cuando emplea la lengua española?*
J.L.B.: La verdad es que yo, como argentino, me siento a bastante distancia de la principal corriente española. Yo me eduqué en Argentina en un ambiente de tanta familiaridad con las culturas inglesa y francesa como con la española. Así que supongo que soy «ajeno» por partida doble, pues incluso el español, la lengua que yo escribo precisamente como un marginado, está también ella misma al margen de la principal tradición literaria europea.

S.H.: ¿Cree usted que existe algo así como una tradición hispanoamericana, aceptando que, de hecho, todas las tradiciones han de ser imaginadas antes de que aparezcan?
J.L.B.: Es indudable que la idea de tradición entraña un acto de fe. Con la imaginación alteramos continuamente el pasado y lo reinventamos. Sin embargo, he de confesar que nunca me ha convencido

mucho la idea de una tradición hispano-americana. Cuando estuve en México, por ejemplo, me complacieron su rica cultura y su literatura; pero sentí que yo no tenía nada en común con ellas: me era imposible identificarme con la tradición de su pasado indio. Argentina y Uruguay se diferencian de la mayoría de los demás países latinoamericanos en que tienen una mezcla de las culturas española, italiana y portuguesa, que ha contribuido a que el estilo de su ambiente sea más europeo. Yo mismo desciendo de antepasados portugueses, españoles, judíos e ingleses. Y los ingleses, como nos lo recuerda Lord Tennyson, son ellos mismos una mezcla de muchas razas: «Sajones y celtas y daneses somos». No existe tal cosa como una pureza racial o nacional. Y aun en el caso de que existiese, la imaginación trascendería esos límites. El nacionalismo y la literatura son, pues, enemigos naturales. Yo no creo que haya una cultura específicamente argentina que pueda llamarse «latinoamericana» o «hispanoamericana». Los únicos americanos auténticos son los indios. Los demás son europeos. Por eso me gusta pensarme a mí mismo como un escritor europeo en el exilio: ni hispánico, ni americano, ni hispanoamericano, sino un europeo expatriado.

S.H.: Eliot habló de la «común mentalidad europea». ¿Cree usted haber heredado algo de esa mentalidad a través del rodeo español?

J.L.B.: En Argentina no somos fieles exclusivamente a una única cultura europea. Podemos sacar provecho, como decía, de varias lenguas y literaturas europeas diferentes —quizás, inclusive, de la «común mentalidad de Europa»—, si es que tal cosa existe. Pero, precisamente por nuestra distancia de Europa, tenemos también la libertad cultural o imaginativa de mirar, más allá de Europa, a las culturas del Asia y a todas las demás.

R.K.: Como lo hace usted en Ficciones *invocando con frecuencia las doctrinas místicas del budismo y del Extremo Oriente.*

J.L.B.: El no pertenecer a una cultura «nacional» homogénea puede que sea, no pobreza, sino más bien riqueza. En este sentido, yo soy un escritor «internacional» que reside en Buenos Aires. Mis antepasados pertenecieron a varias naciones y razas diferentes —como dije antes—, y yo pasé gran parte de mi juventud viajando por Europa, residiendo concretamente en Ginebra, Madrid y Londres, y en aquellos países aprendí varias lenguas, alemán, inglés antiguo y latín. Este aprendizaje multinacional me capacita para jugar con las palabras como con bellos juguetes, para entrar, como dice Browning, en el «gran juego del lenguaje».

S.H.: Encuentro muy interesante que su inmersión en varias lenguas desde su infancia —particularmente en la española y en la inglesa— le diera a usted ese sentido de la lengua como juguete. Mi propia fascinación por las palabras sé que se debe en gran parte a que en mi adolescencia aprendí bastante bien el latín clásico. Y el modo en que las palabras viajaron de unos países a otros y se intercambiaron entre los diversos idiomas, desde sus raíces latinas, el drama etimológico, toda esa fantasmagoría verbal de Joyce, parece tener también mucho que ver con su convencional formación clasica.

R.K.: ¿Hay otros escritores irlandeses a los que usted haya admirado en especial, además de Joyce?
J.L.B.: Cuando aún era joven, en Buenos Aires, leí el libro de Bernard Shaw *The Quintessence of Ibsenism* (La quintaesencia del ibsenismo). Me impresionó tanto que leí después todas sus obras de teatro y sus ensayos y descubrí en él a un escritor de una gran penetración filosófica y a un firme creyente en el poder transfigurador de la voluntad y de la inteligencia. Shaw posee ese sentido típicamente irlandés de la guasa y la burla maliciosas. Oscar Wilde es otro autor irlandés que tenía esa rara habilidad para mezclar el humor y las frivolidades con la hondura intelectual. Desde luego, algunos de sus pasajes son un tanto pretenciosos, pero creo que todas y cada una de las palabras que escribió son verdaderas...

R.K.: Wilde dijo alguna vez que «en el arte, la verdad es aquello cuyo contrario también es verdad».
J.L.B.: Sí, eso es precisamente lo que entiendo yo por verdad cómica, la verdad de ficción que puede tolerar representaciones de la realidad cíclicas y contradictorias. Por eso digo yo que toda palabra escrita por Wilde es verdadera. También yo creo en la verdad cómica. Tal vez no sea casual que mi primera aventura literaria juvenil fuese una traducción de los cuentos fantásticos de Wilde. Pero hay otro irlandés que me inflamó también la imaginación en edad muy temprana: George Moore. Éste inventó un nuevo tipo de libro, una nueva manera de escribir cosas de ficción, llenándolas de conversaciones anecdóticas que oía al azar por las calles y disponía después en un entramado ficticio. También aprendí de él.

R.K.: ¿Y qué hay de Beckett..., quizás el más próximo discípulo literario irlandés de Joyce? ¿No parece que comparta con usted una obsesión por la ficción entendida como laberinto de la mente autoescrutante, como una parodia de la eterna repetición de lo mismo?
J.L.B.: Para mí, Samuel Beckett es un pelmazo integral. Vi su *Esperando a Godot* y ya tuve bastante. Me pareció una obra paupérrima. ¿A qué viene eso de tanto esperar a un Godot que nunca llega? ¡Qué tabarra! Después de aquello no quise leer ya ni una de sus producciones.

R.K.: Las obras de usted están salpicadas de alusiones y reflexiones metafísicas. ¿Cuál es su relación con la filosofía?

J.L.B.: Para mí, el más grande de los filósofos es Schopenhauer. Él conocía la fuerza inventiva de las ideas. Este convencimiento lo comparto, desde luego, con Shaw. Tanto éste como Schopenhauer mostraron lo engañoso que es distinguir entre escritor y pensador. Los dos fueron grandes escritores y grandes pensadores a la vez. Otro filósofo que me atrajo mucho fue George Berkeley... ¡también irlandés! Berkeley sabía que la metafísica es un producto de la mente creadora, no menos que la poesía. No era un funcionario de las ideas, como tantos otros filósofos. Para los pensadores presocráticos y para Platón, la lógica filosófica y el mitologizar poético estaban inseparablemente vinculados y se complementaban. Platón podía hacer ambas cosas. Pero después de Platón el mundo occidental parece haber contrapuesto estas actividades declarando que, o soñamos o razonamos, o nos valemos de argumentos o recurrimos a metáforas. Siendo así que la verdad es que hacemos a la vez ambas cosas. Muchos pensadores herméticos y místicos se resistieron a admitir tamaña contraposición; pero sólo con la llegada del idealismo moderno, con Berkeley, Schelling, Schopenhauer y Bradley (cuyo maravilloso libro, *Apariencia y realidad*, en el prefacio, hacía como una mención de mí mismo: ¡Me sentía tan halagado de que se me tomara en serio como pensador!), sólo entonces, digo, empezaron los filósofos a reconocer otra vez de manera explícita su dependencia de los poderes creativos e imaginativos de la mente.

R.K.: ¿Cuándo y cómo empezó usted a interesarse por la metafísica de Berkeley?

J.L.B.: Fue mi padre quien me introdujo en la filosofía de Berkeley cuando tenía yo diez años. Ya antes solía leer o escribir a su lado o cerca de él, y él me enseñaba a pensar. Mi padre fue mi profesor de psicología, y muchas tardes, después de comer, me daba también alguna lección de filosofía. Recuerdo perfectamente la primera ocasión en que me habló de la metafísica idealista de Berkeley, insistiendo sobre todo en su doctrina de que el mundo material o empírico es una invención de la mente creadora: ser es ser percibido *(esse est percipi)*. Una de aquellas tardes, tras los postres de una buena comida, mi padre cogió una naranja y me preguntó: «¿De qué color es esta fruta?». «De color naranja», respondí. «Y ese color ¿está en la naranja o en tu percepción de ella?», repuso él. Y siguió preguntándome: «El sabor dulce del zumo ¿es cosa de la naranja, o se trata de una sensación de tu paladar que hace que te sepa dulce?». Todo aquello fue una revelación para mí: ¡el mundo externo era mi percepción o el imaginarme yo su existencia: no existía sino dependiendo de nuestras mentes! Desde aquel día y en los sucesivos, me di cuenta de que la realidad y la ficción se entrelazan en mutua dependencia, y de que todas nuestras ideas son ficciones inventadas. Siempre he creído que la metafísica, la religión y la literatura tienen esta raíz en común.

R.K.: Berkeley insistía en que no debía confundirse su idealismo con el empirismo británico, y protestó contra Locke: «Los irlandeses pensamos de otra forma». Esta frase representa, al parecer de Yeats, «el nacimiento de la inteligencia nacional». ¿Cree usted que fue algo más que un azar feliz el que su temprano descubrimiento del poder creativo de la mente coincidiera con su afición a leer autores irlandeses como Berkeley, Shaw, Wilde y Joyce, que también hicieron, cada cual a su modo, un descubrimiento semejante? ¿Cómo explicaría usted esta especie de empatía?

J.L.B.: ¿Será que nada sucede al acaso, que todas esas coincidencias obedecen a alguna oculta ley, son el cumplimiento de algún designio inescrutable? ¿Quizás el principio del Eterno Retorno? ¿O el de un Logos universal? ¿O el de algún Espíritu Santo? Examinando la serie de los sucesivos pensadores irlandeses desde mi punto de vista de observador marginado y, como tal, independiente, me han llamado a veces la atención algunas raras pero muy notables repeticiones. Berkeley fue el primer filósofo irlandés que yo leí, desde los *Principios* y los *Tres diálogos* hasta el *Siris* y hasta su mesiánico poema sobre el futuro de las Américas: «¡Su Imperio que el orbe todo ya domina!», etcétera, etcétera. Vino después mi fascinación por Wilde, Shaw y Joyce. Y, finalmente, me atrajo muchísimo Juan Scoto Eriúgena, el metafísico irlandés del siglo IX. Me encantaba leer a Eriúgena, en especial su extraordinaria obra *De Divisione Naturæ*, en la que enseñaba que Dios se crea a Sí mismo al crear a sus criaturas en la naturaleza. Tengo en mi biblioteca todas las obras de esos autores. Y he descubierto que la doctrina berkeleyana del poder creador de la mente tuvo ya un anticipo en la metafísica eriugeniana de la creación y que ésta se repite también en otros escritores irlandeses: en las dos páginas últimas del prefacio de *Retorno a Matusalén* esboza Shaw un sistema filosófico notoriamente afín al sistema eriugeniano, en el que las cosas proceden de la mente de Dios y retornan a ella. Para resumir, lo que Shaw llama «fuerza en acción» representa en su sistema lo mismo que Dios en el de Eriúgena. Me llama también mucho la atención el que tanto Shaw como Eriúgena sostengan que toda creación genuina es un brotar de una metafísica nada, a la que Eriúgena llamó el *Nihil* de Dios, que se halla en lo más profundo de nuestra existencia. Yo dudo que Shaw leyese nunca a Eriúgena, pues dio muestras de que la filosofía medieval le interesaba muy poco. Y, sin embargo, es evidente esa coincidencia de pensamientos. Me parece que tiene menos que ver con el nacionalismo que con la metafísica.

R.K.: Usted, al escribir, se muestra frecuentemente obsesionado por el mundo de la fantasía y de los sueños, un universo de subconscientes laberintos. Y ese continuo entresoñar suyo hace que, en algunas de sus páginas, sea difícil distinguir entre el autor (usted), los personajes de ficción, y el lector (nosotros).

S.H.: Sí, ese juego de interacciones entre la ficción y la realidad parece ser central en su obra. ¿Cómo se halla afectada ésta por su mundo onírico? ¿Hace usted un uso consciente del material de sus sueños?

J.L.B.: Cada mañana, al despertarme, repaso los sueños que recuerdo y procuro fijarlos en mi memoria o los escribo. A veces me ocurre que no sé muy bien si ya estoy despierto o todavía sigo soñando. ¿Estaré soñando ahora, aquí mismo? ¡Quién sabe! ¿Estamos todo el tiempo soñándonos los unos a los otros? Según Berkeley, era Dios el que nos estaba soñando y nosotros y todo el universo sólo seríamos unos sueños de Dios. Puede que estuviera en lo cierto. Pero ¡qué aburrido para el pobre Dios tener que soñar cada detalle, cada desconchado y cada mota de polvo de todas las tazas de té, y cada letra de cada alfabeto, y cada pensamiento de cada cabeza! ¡Debe de estar agotado!

R.K.: Algunos de sus personajes de ficción sugieren la posibilidad de que exista una única Mente divina o un Alfabeto creador y combinador del universo, algo así como un autor que inventa su mundo imaginario. En El Aleph, *por ejemplo, parece ir usted en contra de la noción corriente de un ego o sujeto individual, al suponer que todos los seres humanos quizá no sean más que los* dramatis personæ *de un teatro universal. Su héroe declara en cierto momento: «Yo he sido Homero..., pronto seré todos los hombres». Y en* Tlön *se llega a afirmar que «está claro que toda obra es creación de un autor anónimo e intemporal».*

J.L.B.: Schopenhauer habló de «*das traumhafte Wesen des Lebens*» —la visionaria o soñadora esencia del vivir—. No se refería a ninguna sublimación onírica inconsciente, como quiere hacérnoslo creer la psicología moderna. Se refería, más bien, a la mente, que busca sin cesar el satisfacer su imaginación y ejercer toda su fuerza inventiva. Aunque esta doctrina metafísica la descubrí yo en Berkeley y en Schopenhauer, más tarde, leyendo la obra de Koeppen, *La religión de Buda*, supe que es una de las enseñanzas más importantes de la filosofía oriental. Esta enseñanza budista de que la realidad no es sino el recurrente sueño de una divinidad, fue la que me indujo a escribir *Círculo de ruinas*.

S.H.: Volvamos, por favor, a la relación entre sus sueños y sus ficciones. Al escribir ¿se inspira usted directamente en sus sueños? ¿Se limita a tomar el contenido de sus sueños y transcribirlo sin más? ¿O lo que da forma y figura a esas imágenes es su habilidad narrativa?

J.L.B.: La inventiva, al hilo del redactar, va ordenando el desordenado material onírico. Pero lo que no sabría decir es si este orden es impuesto entonces todo él o ya está latente en el seno del desorden y sólo espera a que se lo resalte al contar otra vez el sueño en la ficción. ¿Ha de inventarse el escritor de ficción un nuevo orden sacándolo enteramente de la nada? ¡Supongo que, si pudiese responder a estas preguntas, ya no escribiría yo obras de ficción!

S.H.: ¿Podría ponernos algunos ejemplos concretos de lo que quiere decir?

J.L.B.: Sí. Entre otros, un sueño recurrente que me interesó muchísimo. Un sobrinito mío, que me acompañaba a menudo y solía contarme cada mañana sus sueños de la noche, tuvo varias veces éste: andaba perdido por un bosque y llegaba a un claro en el que me veía a mí salir de una casita de madera... Aquí interrumpía su relato del sueño y me preguntaba: «Tío, ¿qué hacías tú en esa casa?». «Estaba buscando un libro», le respondía yo. Y con esto se quedaba muy contento. Como niño que era, aún podía saltar de la lógica de su sueño a la lógica de mi explicación. ¿Será quizás así como funcionan mis propias ficciones?

S.H.: Entonces, ¿es el *modo* de los sueños, más que su *contenido*, lo que le inspira e influye principalmente en su trabajo?

J.L.B.: Yo diría que son ambas cosas. A lo largo de los años he tenido varios sueños recurrentes que de una forma u otra han dejado su huella en mi inventiva. Los símbolos son a menudo distintos, pero los patrones y las estructuras permanecen constantes. Por ejemplo, he soñado con frecuencia que estoy atrapado en una habitación; trato de salir..., pero vuelvo a encontrarme encerrado. ¿Es la misma habitación?, me pregunto. ¿O no hago más que pasar a otra habitación? ¿O volver a entrar en la misma? ¿Estoy en Buenos Aires o en Montevideo? ¿En la ciudad o en el campo? Y me pongo a palpar las paredes intentando descubrir la verdad de mi paradero, tratando de hallar una respuesta a tales preguntas. ¡Pero la pared es parte del sueño! Con lo que las preguntas vuelven a formulárseme sin fin, como si me acosara un inquisidor implacable... Este sueño me inspiró el motivo del laberinto, al que tanto recurro en mis ficciones. También me viene mucho a las mientes un sueño en el que estoy mirándome en un espejo con el rostro cubierto por varias máscaras superpuestas; me las voy quitando una a una, hasta que finalmente veo ante mí mi cara en el espejo, pero ésta no responde a mis preguntas, no me oye... ¿O no puede oírme? ¡Es imposible saberlo!

S.H.: ¿Qué clase de verdad cree usted que trataba de hallar Carl Jung en sus análisis de los símbolos y de los mitos? ¿Le parece a usted que los arquetipos jungianos son explicaciones válidas de nuestros subconscientes mundos del sueño y de la fantasía?

J.L.B.: A Jung le he leído con gran interés, pero sin ninguna convicción. Era, a lo sumo, un escritor dedicado a investigar e imaginativo. Más de lo que puede decirse de Freud: ¡cuánta paparrucha!

R.K.: Lo que aquí está sugiriendo de que el psicoanálisis es más valioso como estímulo de la imaginación que como método científico me recuerda la afirmación suya de que todo el pensamiento filosófico es «una rama de la literatura fantástica».

J.L.B.: Sí, yo creo que la metafísica no es menos producto de la imaginación que la poesía. ¡Puede decirse que la idea ontológica de Dios es la invención más espléndida de la imaginación!

R.K.: Pero, ¿inventamos nosotros a Dios o nos inventa Él a nosotros? ¿La esencial imaginación creadora es divina o humana?

J.L.B.: ¡Ah, ésa es *la* cuestión! Puede que se trate de ambas cosas.

S.H.: La experiencia que de la religión católica tuvo usted en la infancia ¿sigue influyendo todavía de algún modo en su sensibilidad? Me refiero a la experiencia del culto y de los misterios más que a la de los preceptos teológicos. ¿Hay actualmente algo así como una imaginación católica que se pueda expresar en obras literarias, como la que tuvo, por ejemplo, Dante?

J.L.B.: En Argentina, el ser católico es algo social más que espiritual: significa que te alineas con, o perteneces a, la clase o el grupo social de derechas. Este aspecto de la religión nunca me interesó. Sólo las mujeres parecían tomarse la religión en serio. De muchacho, cuando mi madre me llevaba a misa, rara vez vi a un hombre en la iglesia. Mi madre tenía una gran fe. Creía en el cielo, y puede que, gracias a su fe, esté ahora allí. Aunque yo ya no soy católico practicante y no puedo compartir su fe, todavía sigo entrando en su dormitorio cada madrugada a las cuatro en punto —a la hora en que ella murió hace cuatro años (tenía noventa y nueve y soñaba con llegar a centenaria)—, entro allí para asperjar agua bendita y recitar la oración del Señor como ella me lo pedía. ¿Por qué no? ¡La inmortalidad no es más extraña o increíble que la muerte! Como mi padre, que era agnóstico, solía decir: «¡Siendo la realidad lo que es —el producto de nuestra percepción—, todo es posible, incluso la Trinidad!». Yo creo en la ética, creo que las cosas de nuestro universo son buenas o malas. Pero no puedo creer en un Dios personal. Como dice Shaw en *La mayordoma Bárbara*: «He olvidado a la Novia del Cielo». Me siguen atrayendo poderosamente las concepciones metafísicas y alquímicas de lo sagrado. Pero es un atractivo estético más que teológico.

R.K.: En Tlön, Uqbar y Orbis Tertius, *se refirió usted a un eterno repetirse del caos, que iría originando o desplegando gradualmente un patrón metafísico de orden. ¿En qué pensaba al escribir eso?*
J.L.B.: Al escribir eso disfruté mucho. No dejé de reírme desde el comienzo hasta el fin. Todo era un bromazo metafísico. La idea del eterno retorno es, ya se sabe, una antigua idea de los estoicos. San Agustín la condenó en su *Ciudad de Dios,* contrastando la creencia pagana en un tiempo cíclico —la Ciudad de Babilonia—, con una noción lineal, profética y mesiánica del tiempo halladera en Jerusalén o la Ciudad de Dios. Esta última noción es la que, desde Agustín, ha prevalecido en nuestra cultura occidental. Pero yo pienso que debe de haber algo de verdad en aquella antigua idea de que, tras el aparente desorden del universo y de las palabras que utilizamos para hablar de nuestro mundo, podría ir emergiendo un orden latente u oculto, un orden de repetición o coincidencia.

R.K.: Usted ha escrito alguna vez que, aunque ese oculto orden cíclico no se puede demostrar, es para usted una «elegante esperanza».
J.L.B.: ¿He escrito yo eso? Pues ¡está bien, sí, muy bien! ¡Supongo que me asiste el derecho a creer que en ochenta y dos años haya escrito alguna línea digna de ser recordada! El resto se puede «tirar a la basura», como decía mi abuela.

S.H.: Ha hablado usted de pasárselo en grande y reírse al escribir. Ciertamente, sus libros están llenos de bromas y picardías. ¿Siempre ha sido gratificante para usted la tarea del escribir, o ha tropezado alguna vez en ella con penas y dificultades?
J.L.B.: Pues mire usted, cuando aún veía, no había momento en el que no me gustara escribir, disfrutaba al redactar cada frase. Pero desde que, por los años cincuenta, perdí la vista, no he podido ya disfrutar de aquel modo con la escritura: como he tenido que dictarlo todo, me he convertido, de *playboy* de las palabras, en dictador de ellas. ¡Cuesta mucho jugar con juguetes cuando se es ciego!

S.H.: Supongo que la ausencia física de la pluma y el tener que estar de brazos cruzados ante la mesa de trabajo hacen la tarea muy distinta...
J.L.B.: Así es. Pero el poder leer lo echo aún más de menos que el poder escribir. A veces procuro engañarme un poco rodeándome de toda clase de libros —sobre todo de diccionarios— ingleses, españoles, alemanes, italianos, islandeses... que llegan a ser para mí como unos seres vivos que me susurraran en la oscuridad.

S.H.: ¡Sólo un Borges es capaz de imaginarse eso con tanta viveza! Es obvio que sus ensoñaciones han significado siempre mucho para usted. ¿Diría que su capacidad, o necesidad, de vivir en el mundo del ensueño y la fantasía, aumentó en algún aspecto con su pérdida de la vista?

J.L.B.: Desde que soy ciego, sólo me queda la alegría de soñar, de imaginarme que puedo ver. A veces, mis sueños pasan del mundo del dormir al del estar despierto. Frecuentemente, antes de irme a la cama o después de levantarme, me sorprendo a mí mismo soñando, farfullando oscuras y misteriosas frases. Esta experiencia no hace sino confirmarme en mi convencimiento de que la mente creadora está funcionando sin cesar, está siempre soñando más o menos profundamente. El dormir es como un soñar la muerte, y el estar despierto como un soñar la vida. ¡A menudo no sabría decir en cuál de esos estados me hallo!

(Dublín, 1982)

Martha Nussbaum
Ética de la literatura

Martha Nussbaum es profesora de filosofía, humanidades clásicas y literatura comparada en la Universidad de Brown. Algunas de sus obras son: Conocimiento del amor, La fragilidad del Bien, Ética y destino en la filosofía y en la tragedia griegas, Ensayos sobre filosofía y literatura, La tragedia griega y la filosofía, El De motu animalium de Aristóteles *y* La terapia del deseo.

La pregunta clave de su obra es, según lo reconoce usted misma, la de cómo debemos vivir. ¿Por qué da usted tal primacía a esta pregunta ética?

Es una pregunta que tiene una larga historia en mi vida, ya que crecí en el mundo superclasista de la costa este de Estados Unidos, ambiente que era muy estéril para el espíritu, pues allí no se pensaba en nada más que en la categoría social y en el dinero. También fueron unos tiempos de enormes cambios en la vida estadounidense: el movimiento pro derechos civiles, la transformación de la vida de la mujer, etcétera. Todo ello me hizo caer en la cuenta del contraste entre lo que había sido hasta entonces mi existencia, bastante irreflexiva, sin preguntarme nunca qué era lo que realmente quería hacer, y las grandes alteraciones que estaban produciéndose a mi alrededor. Este contraste fue lo que me dio el punto de vista del problema ético.

¿Por qué escogió usted la antigua cultura griega, fuente de la civilización europea, como campo en el que encontrar una respuesta a esta pregunta? ¿No tiene algo de evasión ese recurrir a un contexto antiguo y exótico?

La verdad es que a los griegos los encontré muy directos. A diferencia de las doctrinas éticas modernas, que me parecían un tanto estrechas y confesionales, pensadas para los pertenecientes a una religión y no para todo el mundo, las de los griegos me dieron la impresión de que iban derechas al grano, centrándose con rigor en la pregunta básica: «¿Cómo debo yo vivir?». Los griegos afrontaron la cuestión de cuál es la conducta que realmente merece la pena seguir, y trataron de resolverla de maneras muy intuitivas y sin querer imponer nigún dogma.

¿Y cómo dio usted con su forma de enfocar la cuestión? ¿Fue en la escuela o ya en la universidad?

¡Fue actuando en escenarios, sobre las tablas! Yo de jovencita quería ser actriz, y representaba los papeles de las heroínas en las tragedias griegas. A base de irme fijando mucho en lo que hacía al representarlos, llegué a sentir la fuerza con que los personajes planteaban aquellas cuestiones. Entonces me apasioné por ellas y quise entenderlas mejor.

¿Y cuándo decidió usted dejar de ser actriz y dedicarse a la filosofía?

Cuando caí en la cuenta de que lo que quería no era precisamente ser actriz, que no era ése un género de vida que pudiera aguantar. Se me ocurrió que lo que tenía que hacer era pensar y escribir sobre aquellas obras dramáticas, puesto que me parecían tan maravillosas. Fui dándole más y más vueltas a esta idea.

Refiriéndose a cuantos en el siglo pasado y aun en éste volvieron sus miradas hacia los griegos —a lo que fue la famosa nostalgia por los griegos en pensadores como Nietzsche, Hölderlin, los románticos alemanes y Heidegger—, quizás algunos dirían que eso no era más que un afán de anular la tradición judeo-cristiana y retornar a un neopaganismo con el que a veces se han disfrazado actitudes conservadoras o reaccionarias. Está claro que no es ésta su posición. Pero, ¿podría decirnos algo sobre este volver sus miras hacia lo que parece tener visos de orden del día eurocentrista y conservador, frente a una América agitada por el debate multicultural?

Advertí desde muy pronto el abismo que hay entre la forma como fueron recibidos los griegos en la tradición judeo-cristiana y lo que dan de sí sus propios textos. El Aristóteles genuino, por ejemplo, es muy diferente del Aristóteles de la tradición católica. En primer lugar, todo lo que él piensa de la pobreza lo piensa en un país en cuyas casas escasean el aire fresco y el agua limpia, problemas que hoy han de afrontar los países en vías de desarrollo. Los griegos nos ofrecen también toda clase de útiles correctivos y complementos al pensamiento abstracto de la Ilustración, y ello a causa del extraordinario interés que sentían por las relaciones personales y por las relaciones en el ámbito de la comunidad, así como por el papel de las emociones y por el buen vivir. Pero, al mismo tiempo, creo que está muy claro que los filósofos griegos tuvieron una gran pasión por dar una razón universal del Bien, preguntándose cuál es el mejor modo de vida para el ser humano de cualquier parte del mundo. Aristóteles, que considera muy importantes las relaciones personales, piensa igualmente que prestar atención al

Bien y a las virtudes es algo que deben hacer todos los seres humanos, y hacerlo de un modo muy similar. Y yo creo que una de las razones de que su opinión sobre esto difiera tanto de muchas de las opiniones «neopaganas» de nuestra época es que su manera de entender las emociones racionaliza a éstas. Es algo que estoy estudiando actualmente. Aristóteles insiste en que emociones tales como el amor, la pena y la cólera se basan en un razonar qué es valioso y, de hecho, subsiguen a este razonamiento. Las emociones son modos de percibir algo como dotado de un valor, pues no nos apenaría una pérdida si no estimásemos valiosa a la persona o cosa que hemos perdido. Pero lo que esto significa es que la reflexión filosófica no tiene por qué basarse en las emociones, ni tampoco le corresponde controlarlas. Puede, sí, iluminarlas y modificarlas. Lo cual quiere decir que la ilustración filosófica puede llegar hasta los rincones más profundos de la vida humana, hasta la más presuntamente personal y privada intimidad. Así, a mi entender, el proyecto ilustrado de los griegos (aunque esto sea decirlo muy anacrónicamente) fue más allá de donde podía llegar Kant. Porque Kant pensaba que las emociones eran cosa un tanto bestial y en absoluto iluminable, no ilustrable, mientras que, para los griegos, tanto la vida pública como la privada puede iluminarlas totalmente nuestro pensamiento, nuestra reflexión.

Así, ¿usted ve el retorno a los griegos como un movimiento progresivo que puede intensificar el desarrollo de la Ilustración europea en vez de anularlo?

Sí, así lo veo. Pienso que ese retorno nos hará comprender que la Ilustración europea es capaz de solucionar algunos problemas que a los pensadores modernos les parecen insolubles. Por ejemplo, el problema de cómo convivir en la vida pública con las pasiones destructivas. Los griegos explican de modos muy convincentes cómo la ira puede ser, si no refrenada por completo, sí al menos suavizada por la educación. Y pienso que estas explicaciones son de un gran valor para un mundo que está siendo desgarrado por el particularismo, con todos los odios y animadversiones que acompañan a éste.

Dados el movimiento multicultural, del que hemos hablado antes, y la apertura hacia un pluralismo apreciador de los diferentes valores y tradiciones, ¿no cabe objetar que un retorno a las emociones básicas tal vez lleve también a un relativismo que, en ocasiones, degenera en irracionalismo? ¿No hay una especie de blanda indulgencia para con esa clase de irracionalismo en su noción de la «fragilidad del Bien»... en opinar que, en cierto modo, la vulnerabilidad, la confusión y la tolerancia de todos esos múltiples pareceres distintos son algo bueno y deseable?

Creo que está claro que lo que digo al hablar de la fragilidad del Bien es que hay partes de la vida que son sumamente importantes;

tanto que, si te faltan, tu vida se empobrece, se hace muy vulnerable, muy expuesta a los golpes de la fortuna. Si amas de veras a otra persona, si te interesas sinceramente por la marcha política de tu país, si quieres con todo tu corazón a los niños, la pérdida de estas cosas te apena tanto que amenaza con desquiciarte. Pero de ello no me parece a mí que se siga en absoluto el que cuanto más vulnerable seas mejor serás, o el que la vida del niño que en Bangladesh carece de comida y es vulnerable a la falta del diario suministro de alimento, sea la mejor forma de vida. Sólo tergiversando absurda y ridículamente mi tesis podría hacérsela decir que todas las formas de vulnerabilidad son buenas, y yo creo que si el proyecto griego me interesa es precisamente por su preocupación acerca de qué formas de necesidad son realmente valiosas, o sea, constitutivas de una vida plena y digna. Ese enfoque distingue éstas de las otras necesidades vinculadas a la condición social, a los honores, a la reputación, a la excesiva dependencia del dinero, etcétera, necesidades que no son muy dignas de consideración. Y también las distingue de otras formas de necesidad que, como la de comida, tienen mucha importacia y cuya satisfacción debería serle garantizada a la persona por la sociedad en la que vive. Así, hasta donde alcanza el multiculturalismo, yo amo a los griegos, porque pienso que ellos nos brindan grandes ideas que se pueden aplicar a muchas sociedades.

¿Son ellos mejores que los africanos o los asiáticos, mejores que los chinos?

Pienso que todo estudioso debería tratar de encontrar los tesoros de pensamiento encerrados en muchas culturas diferentes, y ni que decir tiene que, a menudo, los lugares en que se encuentran esos tesoros no son precisamente textos filosóficos. A veces, la riqueza de pensamiento se expresa en forma de música, o mediante las artes visuales, o a través de la tradición oral. Por eso, yo estoy completamente a favor de un currículum o plan de estudios en el que se tomen muy en serio las numerosas fuentes de valores que hay en el mundo, pues creo que, de lo contrario, el estudioso se duerme sobre los laureles de su propia tradición, vanagloriándose de los logros de su cultura, creyéndola mejor que todas las demás. Es evidente que debemos entablar diálogos con los otros, que debemos capacitarnos para comprendernos los unos a los otros salvando abismos culturales, y no vamos camino de conseguirlo si nos comportamos tan zopencamente ignorantes como la mayoría de los estudiantes norteamericanos, que no tienen ni idea de lo que hay en la India, o de lo que podrían ofrecerles las tradiciones chinas o las africanas. Repito, pues, que estoy totalmente a favor de esta renovación de los planes de estudio, y creo que el amar a los griegos, el pensar que sus obras están llenas de vigor, no es incompatible con el poder decir que también se ha aprendido mucho del resto del mundo.

En sus libros rinde usted homenaje a la narración de historias y celebra los poderes de la imaginación narrativa y de la imaginación simpática. Pero los ejemplos que pone son griegos, y algunos también de la novela decimonónica, sobre todo en su obra El conocimiento del amor. *No hay muestras tomadas, por ejemplo, de la tradición narrativa de los indios americanos, o de la tradición narrativa de los negros. ¿Le interesan también éstas, o es que precisamente es aquélla la tradición narrativa que usted prefiere?*

Creo que eso es algo en lo que he de cambiar bastante al escribir. Desde luego que siempre es mejor escribir sobre obras que te gustan y que conoces muy bien. Mi educación fue bastante unilateral, así que hasta una época muy posterior de mi vida no empecé a conocer obras de la tradición india o de la tradición china. También sus historias las encuentro enormemente universales. No voy a decir que, en general, una obra escrita según la tradición europea no pueda expresar las verdades sobre la vida humana —decir eso sería una tontería mayúscula—. Por otro lado, me parece que, para mostrar que respetas a las personas con las que estás hablando cuando trabajas, como yo lo hago, en una agencia de desarrollo internacional, es muy bueno leer e interesarte por las obras que se producen también en esas otras tradiciones. Hablando con personas de Sri Lanka, de África o de Latinoamérica, descubro que las conmueve mucho la historia de *Antígona*, y es que en ella hay algo de validez universal que suscita fuertes emociones. Al fin y al cabo, es una historia tan extraña para mí como para esas personas. La suya es una cultura que dista tanto de la moderna América como la de cualquiera de nosotros dista de cualquier otra, y nos alargaríamos mucho si hiciésemos notar las igualdades y las diferencias. Pero también creo que, para conseguir una buena formación universitaria, hay que aprender algo de las otras tradiciones, o por lo menos hay que enterarse de la diversidad de tradiciones, ya que, si no, es más que probable que, sin advertirlo siquiera, por crasa ignorancia, se esté faltando al respeto a muchos seres humanos.

Los títulos de sus libros El conocimiento del amor *y* La fragilidad del Bien *son muy sugerentes. En esos libros hay una crítica de la forma en que una de las principales corrientes racionalistas interpreta el conocimiento, la técnica, la administración pública, la sociología y la economía, crítica que parece depender de su idea de que el conocimiento no es sólo cuestión de fríos y duros datos — como se entendía en el Gradgrind de* Tiempos difíciles, *de Dickens—, sino algo que atañe al amor. ¿Es preciso sostener tan valiente, audaz y radical tesis?*

Bueno, yo estoy convencida de que aquí el principal adversario —permítaseme sacarlo a escena sin tapujos— es el utilitarismo económico, que cada vez va predominando más en la enseñanza pública y en las escuelas jurídicas de Occidente, y también va ganando cada vez más predominio en la política y en todos los ámbitos de la vida pública. Para el utilitarismo, todos los valores son, en un sentido muy literal, medibles o calculables..., y ante cualquier cosa o cualquier acción la única pregunta que nos hacemos siempre es: ¿cuánto suma esto? Y unas veces «esto» es entendido como satisfacción, otras como utilidad; pero todos los valores de la vida humana han de pasar por el embudo de esta fórmula, sin tener ya en cuenta distinción alguna no sólo entre esos valores, sino tampoco entre las distintas personas de la sociedad en que esos valores vigen. Yo creo que Dickens es un admirable precursor de la crítica moderna, pues lo que hace en *Tiempos difíciles* es mostrar muy al vivo el contraste entre la manera como ve el mundo un economista y la manera como lo ha de ver el lector de su novela. En el aula del Gradgrind se enseña a los niños a convencerse de que allí cada uno de ellos no es más que una porción de la naturaleza humana que puede medirse y pesarse, y de que todas las satisfacciones de los individuos no sólo son cualitativamente indistinguibles, sino que se amontonan de tal modo que lo que diferencie a cada una de las otras no cuenta para nada en el cálculo del promedio de su utilidad. Lo que para una persona supondría el llevar una vida de terrible miseria deja de ser tan grave en una igualación general de la sociedad en la que la buena fortuna de algunos contrarresta la desgracia de los otros. En contraste con esto, al lector de la novela se le dan también a conocer personajes cuyas vidas son cualitativamente diferentes y separadas unas de otras, personas que pueden vivir cómodamente desde que nacen hasta que mueren. Pero no porque libre de la miseria a Stephen Blackpool comprándole va a ser Mister Bounderby sumamente afortunado. El lector, al ir leyendo estas páginas, no puede menos de hacer suya la crítica a toda la añagaza utilitarista del promedio de satisfacción, porque simpatiza enseguida con aquel personaje. Y entonces también el lector le dice al utilitarismo: «¡No! ¡Cada vida es distinta y a Blackpool le importa muy poco que el mamarracho que está por encima de él sea o no muy afortunado!». Se nos induce ahí, por consiguiente, a que tratemos de salir aun de la peor de las situaciones y deseemos vivirla tan bien como se pueda, dándonos igual todas las demás cosas.

¿Cómo se relaciona eso con sus análisis de la política del desarrollo?
Hasta hace muy poco, cuando al hablar de un país en vías de desarrollo preguntabas: «¿Cómo le va allí a la gente?», el tecnicismo al que recurrían los economistas era esta simple pregunta: «¿Cuál es su producto nacional bruto *per capita?*». Pues bien, en *Tiempos difíciles* eso se deja muy de lado. Fijémonos, si no, en ese singular personaje al que no le dicen nada cierto tipo de promedios, como el de la esperanza de vida, el de los años de formación, u otros por el estilo, ni

tampoco le dice nada si él está o no en lo más bajo de la sociedad. Lo cierto es que, actualmente, en una sociedad como, por ejemplo, la de la Arabia Saudí, con un alto producto nacional bruto *per capita*, hay enormes desigualdades en salud, en educación, y en todo tipo de estadísticas demográficas, como la mortalidad, por lo que a base de promedios no puedes aclararle realmente nada a quien te pregunte cómo les va en ese país a las personas.

Así, ¿usted cree que hace falta una imaginación moral, una imaginación literaria?

Sí. En el proyecto de desarrollo que he estado elaborando en el Instituto Mundial de Investigaciones sobre el Desarrollo Económico, Amartya Sen y yo iniciamos nuestro estudio sobre la calidad de vida remitiéndonos precisamente a *Tiempos difíciles*, para hacer comprender que la economía necesita esa especie de imaginación moral. Esa obra te introduce de veras en las profundidades de una vida y te obliga a preguntarte qué es lo que les interesa en realidad a quienes tratan de vivir bien y qué es lo que hace o no hace la sociedad para que esas personas puedan o no vivir como desean... y no sólo como lo desean ahora, sino como lo desearían si se les diese suficiente información sobre las posibilidades de vivir que le corresponden al ser humano.

Podría objetarse que todo eso es muy utópico. Que a usted y a otras personas bien intencionadas les es fácil reunirse para defender la idea de que se puede introducir «calidad de vida» en lo que es esencialmente un cálculo sobre la cantidad de vida; pero, por muchos seminarios, conferencias y libros maravillosos que dediquen a ello, en este campo las cosas nunca serán muy diferentes... ¿O sí que lo serán? Quiero decir, ¿tienen esos argumentos —con los que estoy, naturalmente, de acuerdo— alguna oportunidad de poder llegar a influir para que cambien las cosas?

Creo que ya la tienen. Desde luego, fue Amartya Sen quien, en economía, empezó a hacer críticas así, y después hemos venido trabajando juntas sobre el tema. En su último Informe sobre Desarrollo Humano, la ONU ha medido los niveles del bienestar teniendo en cuenta, para establecer su baremo, las críticas hechas por nosotras dos al Programa de Desarrollo: en vez de mirar sólo el producto interior bruto *per capita*, mira ya todo el conjunto de las actividades humanas, por lo que resulta un informe muy complejo, sin ampararse en la autoridad de cualquier economista de los que sólo trabajan con modelos exageradamente simplistas. Se pregunta en este informe cómo es que hay personas que, trabajando en muchos y muy diversos campos, pueden también, no obstante, concebir modelos, hacer mediciones y reunir datos fácilmente comprensibles, que, de hecho, son útiles para la administración pública. Yo pienso que, gracias a ello, en los despachos oficiales se empieza a prestar más atención a factores muy específicos del bienestar humano, y no sólo al producto nacional bruto *per capita*.

¿Qué probabilidad hay de que informes como ése sean eficaces, cuando nuestras universidades tienen a la literatura, la filosofía y las humanidades encerradas en departamentos separados de la economía, de la administración pública, de las ciencias de la salud, etcétera? ¡No parece sino que hasta la estructura misma de nuestras mentes esté siendo, de algún modo, deformada y precondicionada por este apartheid *académico!*

Eso de la eficacia me parece muy difícil, sobre todo en lo que respecta a la economía, pues en ésta se trabaja con formas muy sofisticadas de razonamiento matemático que se vienen empleando desde hace mucho tiempo, y nuestra crítica insiste en que muchos de esos modelos matemáticos hay que quitarlos de en medio. Pero, claro está, tal propuesta no la van a atender aquellos a quienes lo que les interesa ante todo es hacer un trabajo exclusivamente matemático y piensan que la crítica fundamental pertenece a otra disciplina. Este asunto lo encuentro de muy difícil solución. Tengo mucho más optimismo en campos como el del derecho. Entre el derecho y la filosofía está habiendo actualmente muchas idas y venidas, mucho tira y afloja...

¿Están abiertos recíprocamente?

Sí, porque ambas disciplinas han de habérselas siempre con seres humanos de carne y hueso. Hasta algunos pensadores jurídicos que tomaron como norma el razonamiento económico, se están ocupando también de casos reales, y si se consigue hacerles ver que para tratar adecuadamente las complejidades de la realidad no basta con un solo tipo de razonamiento, ésta suele ser una razón suficiente para que investiguen además con otros métodos y se fijen en otras muchas cosas, como creo que ya lo están haciendo.

En lo cual muestran ser muy aristotélicos, puesto que admiten que el razonamiento práctico es distinto del razonamiento científico-deductivo...

Sí. Toda la tradición de la *common law* es muy aristotélica, pues lo que dice, al fin y al cabo, es: «Aténte a las normas, a las reglas, pero trata con mucho cuidado el caso particular, recordando que, a menudo, las normas no se adecuan a las complejidades del caso concreto». En contra de esto, el movimiento pro «Derecho y Economía» fue un intento de sustituir la atención debida a la complejidad por algo mucho más esquemático, mucho más formulable de buenas a primeras, mucho más simplista. Sin embargo, yo creo que los pensadores jurídicos que se han formado en el seno de la tradición de la *common law*, siempre recuerdan la histórica complejidad del razonamiento que caracteriza a esta tradición. A fin de cuentas, cuando enjuician un caso particular —tanto si son abogados como si son jueces en ese caso— lo que tienen que enjuiciar son actos humanos, y a menudo sus simpatías les llevan a salirse un poco de las rigurosas exigencias técnicas del tipo de razonamiento que utilizan. Por consiguiente, creo que no es difícil convencerles de que se valgan también de otros modos de razonar más comprensivos, y me parece que están muy deseosos de encontrar alternativas filosóficas al razonamiento económico, muy dispuestos a zanjar de una vez por todas esta debatida cuestión. Por eso digo que soy optimista en lo que respecta al campo jurídico.

Su llamada a la imaginación literaria en El conocimiento del amor *la encuentro convincente, pero me plantea algunos problemas. Usted parece dar a entender que la imaginación literaria es intrínsecamente ética por el hecho de que obliga a los lectores a prestar más atención a lo circunstancial particular y concreto. Más que reducirlo todo a modelos abstractos, o a nuestras convicciones o a nuestros prejuicios particulares, debemos permanecer abiertos, ir más allá de nosotros mismos, dejar que nos sorprenda y nos admire la «otredad», lo que pueda haber de diferente en las otras personas. Sin embargo, aunque comprendo que pueda producirse cierta simpatía moral inducida por esta clase de imaginación, muchos grandes escritores, y cabría añadir que muchos grandes lectores, fueron también gente muy inmoral. Así que, ¿el leer bien lleva necesariamente a portarse bien en la vida?*

¡Claro que no! Es muy sabido que muchos amantes del arte han sido malas personas. Lo primero que he de decir es que allí hablo de lo que te imaginas mientras lees, y, por supuesto, puede haber todo tipo de fuerzas que te impidan hacer eso realidad en tu vida. Así que a lo que me refiero es a la moral del *acto* de leer, no a la moral que esa lectura *cause*. Si practicas esta especie de simpatía en el acto de leer, pero formas parte de una cultura que te pide que te cierres y te amenaza con castigarte si no procedes brutal o cerrilmente en según qué circunstancias, entonces claro que no podrás llevar a la práctica los ideales de que te imbuiste en la lectura. Una de las cosas que más me impresionaron del libro de R. Hilberg *El exterminio de los judíos europeos* fue su descripción de la mala persona amante del arte, descripción que, como es de suponer, podría aplicárseles a muchos de los líderes del nazismo. Pero Hilberg hace ver que cuando esos líderes nazis se asomaban como lectores a la vida de algún judío concreto, siempre que, en vez de encontrarse con generalizaciones —como las de «eres vil basura», o «sois gusanos», o cosas así—, saltaba desde aquellas páginas hacia ellos esa vida en un relato de gran fuerza artística, se producía lo que Hilberg llama una «abertura», y de pronto esos lectores respondían con la simpatía que previamente habían reservado para sus lecturas. Yo aquí diría que, aunque los hábitos que se forman al leer tienen sin duda su fuerza, sin embargo muy a menudo pueden ser eclipsados por otras fuerzas sociales. Después, también tengo que decir —y en eso estoy de acuerdo con algunas de las cosas que usted ha escrito— que leer no es precisamente leer literatura: en esta actividad ha de haber desde el principio una especie de enfoque *(diredtedness)* hacia otros seres humanos y lo bueno o lo malo de sus motivos. De lo contrario, el leer mismo nunca podrá hacerse de un modo éticamente satisfactorio. Me parece que un ejemplo muy bueno de todo esto es el *David Copperfield*, de Dickens, novela de la que me gusta hablar. Hay un contraste maravilloso entre Steerforth y David, muy aficionados ambos a los cuentos. A Steerforth le encanta escuchar historias y contarlas, pero como ha sido educado desde pequeño en la creencia de que él es único en el mundo, y como el mundo le ha mimado dándole siempre cuanto pedía, accediendo a todos sus caprichos, resulta que es un egoísta y, en el fondo, un pésimo narrador de historias que, de hecho, no goza de la simpatía que el lector de la novela de Dickens siente con tanta espontaneidad al ir siguiendo las peripecias de los personajes que le atraen. Pues bien, lo que me parece a mí que esto significa es que el propio Steerforth tiene también sus limitaciones como lector: no creo que fuese capaz de entender la novela en que él mismo figura...

Él es muy seductor...

Es muy seductor como narrador de aventuras. David, en cambio, empieza a contar cuentos por amor a sus queridos padres; tiene una temprana experiencia de sus padres como personas sumamente generosas para con él, por lo que ha de corresponderles con su amor, generosidad y protección. Creo que en la relación con su madre puede verse cómo se combina la narración romántica con un impulso hacia la protección amorosa que proviene de elementos muy primitivos y tempranos del desarrollo de su infancia. Así, uno de mis actuales intereses al escribir acerca de las emociones es intentar hablar de las primeras fases del desarrollo infantil y de lo que posibilita este volverse hacia fuera de la imaginación, así como del tipo de lectura de la que llegó a hacerse capaz David, pues creo que en esto tiene usted toda la razón: no se puede decir «leer es una gran cosa, sin que importe cómo se haga». El leer tiene que estar vinculado a lo que explique el desarrollo emocional del niño.

Hay quien opina que la imaginación literaria puede sentirse tentada a ejercer una voluntad de poder sobre los personajes de ficción, a hacer del mundo de ficción un reino suyo. Trasladada al mundo real, al mundo de la política, pasando del texto a la acción, puede llevar a cierta megalomanía voluntarista. Pensemos en Ezra Pound, en T.S. Eliot e incluso en Yeats, tentados todos ellos por el fascismo y, sobre todo —cosa esta bien curiosa—, por Mussolini, ya que, en los años treinta, el fascismo italiano se alió durante algún tiempo con el movimiento estético del futurismo. Podríamos ampliar el tema incluyendo a Céline y a Heidegger. Es increíble el número de personas de extraordinaria imaginación —autores, escritores y artistas— que produjeron obras excelentes pero se portaron, en ocasiones, de un modo francamente inmoral. ¿Qué haremos para contrarrestar semejante voluntad de poder, que parece que tiene tanta parte como la simpatía moral en la imaginación literaria?

Quien aboga en pro de la imaginación literaria no está obligado a defender a todos los que sean auténticos artistas ni a todos los que sean buenos lectores. Es obvio que yo estoy hablando de lo que aparece plasmado en la obra y, respecto al lector, hablo de lo que sucede en la actividad lectora. No me refiero a ninguna de las demás cosas que puedan o no puedan formar parte de la vida de un ser humano miembro de una sociedad en la que tal vez haya unas fuerzas sociales realmente inicuas que opriman a esa persona. Tampoco estoy hablando de las maneras como viven su vida los escritores, por las que puedan haber llegado o no a hacerse famosos, etcétera. Todas esas cosas puede que sean contrarias a la actividad moral del escritor, pero ello no anula necesariamente el valor moral de su obra. Tampoco quiero decir que todas las obras de arte sean ejemplares tal y como he definido el serlo. Yo me he centrado en la novela, y sobre todo en novelas de claro enfoque sociopolítico. Me he fijado en escritores como Dickens o Henry James, cuya imaginación está dotada de una especial generosidad y de gran flexibilidad, cualidades que hacen de ella un excelente modelo que le muestra al lector cómo trabaja con la materia social la inventiva creadora.

Así que la imaginación no es, per se, una cosa éticamente buena. ¿Hay, según usted, diferentes clases de imaginación entre las cuales conviene distinguir?

Eso es para mí enteramente cierto. Toda la actitud de Dickens para con su creación, considerándola como a un hijo suyo por el que siente un tierno cariño —decía que David Copperfield era su hijo preferido—, se resume en esa clase de ternura y afabilidad que destila toda su obra, notándose también en ésta algo así como una exuberancia romántica que puede llevar al error, y el novelista nos hace ver naturalmente cómo David es llevado por el mal camino por Steerforth. Pero esa exuberancia tan romántica también nos la muestra como un constitutivo esencial de su moralidad, cual si quisiera decirnos que él es más generoso en su buen hacer que muchos de los personajes que con más rigor observan las reglas, como por ejemplo los Murdstones, que lo único que tienen es una religión triste y pesimista que les prohíbe cualquier identificación simpática con las vidas de la gente sencilla.

¿Qué opinión le merece a usted el punto de vista de Noam Chomsky, según el cual la educación es algo que, en gran parte, deteriora la mente de los individuos, que hay en las personas una innata predisposición a la libertad y a la independencia que la educación deforma llenando la cabeza de informaciones —a la manera de lo que se hacía en Gradgrind—, con lo que se viene a ser menos libre que antes de entrar en el sistema? ¿Supongo que usted argüirá contra esto diciendo que la lectura de algunas buenas novelas —la buena educación literaria— es algo que beneficia a las personas?

Sí. Estoy de acuerdo con Chomsky en que hay en la persona un instinto innato que la orienta hacia el bien, instinto que en lo que primero se manifiesta es en las relaciones afectivas con los padres cariñosos, y naturalmente se puede malograr si este cariño falta. Pero yo creo que la forma como, ya desde muy pronto, en la primera infancia, empieza a desarrollarse ese instinto, es preguntándose el niño: «¿Qué podrá ser esa otra persona de ahí?», y creo también que la capacidad fabuladora se desarrolla a una edad muy temprana, puede que ya lo haga al oír canciones de cuna tan sencillas como aquella de «¡Brilla, brilla, estrellita!, ¿cómo sabré quién eres?». En esa simple pregunta se está aprendiendo a dar vida y hondura interior a una cosa que, de suyo, sólo parece un objeto físico. Y creo que es ésta una capacidad moral importantísima para todas las formas de relacionarse con los seres humanos durante el resto de la vida. Pues, en realidad, ¿qué es lo que ves? Ves una figura física en movimiento; pero, ¿cómo aprendes a responder a ella? Podrías responder a ella sólo desde una parte de tu naturaleza humana. Pero el narrar historias cada vez más complejas dota a esas figuras de un mundo de creciente complejidad social y personal, y te enseña a formular las preguntas que hayas de hacerles a las otras personas con que te encuentres en la vida: «¿A qué se debe esa pena?», «¿Qué mal le habré hecho a esta persona con mi desconsideración?», y otras por el estilo. Por lo tanto, yo creo que el contar historias, que se da en todas las sociedades y que todas ellas utilizan de diferentes formas para desarrollar esta capacidad, es de crucial importancia. Pero estoy de acuerdo con Dickens en que el circo, por así decirlo, no basta. (Él utiliza el «circo» en *Tiempos difíciles* como una metáfora estupenda para referirse al arte instintivo de contar historias, arte del que es capaz toda persona, aun la relativamente ineducada.) Dickens hace comprender muy bien que, si a alguien de buenos instintos se le da una mala educación, el resultado puede llegar a ser pésimo. Esto es indudable. Y estoy segura de que a esto es a lo que se refiere Chomsky. Por otra parte, esa simpatía instintiva no puede ser trasladada realmente a la acción social si no se cuenta con mucho conocimiento de la historia y de la economía, y tampoco si no se dispone de una forma mucho más compleja de contar historias. La misma novela de Dickens no se parece ya nada a las canciones de cuna que menciona él y dice que son tan valiosas; su novela describe unas clases sociales, señala las diferencias económicas entre ellas, nos muestra en concreto, con multitud de detalles, distintas formas de vivir. Para esto es para lo que te has de capacitar si quieres ser un buen ciudadano en una sociedad compleja.

¿Está usted proponiendo así que se vuelva a lo que denomina un «conocimiento del amor»? Tal conocimiento se iniciaría con los cuentos para niños y se desarrollaría luego, ejemplificándose y enriqueciéndose, con la lectura de novelas. ¿No se incluye en su propuesta el que la habilidad narrativa llegue a reintroducirse también en las ciencias?

Sí. Pienso que debe reintroducirse, por ejemplo, en la economía; no, claro está, en el sentido de que en ella se manden a paseo el cálculo, las medidas y los modelos —eso sería absurdo—, sino de manera que se informe acerca de los puntos de vista que se toman para elaborar los modelos. Y pienso que debe reintroducirse en el campo jurídico, pues estoy convencida de que hay una idea falsa de lo que debe ser la imparcialidad judicial. Bueno, creo que los mejores jueces siempre han sabido que ése *no* es su caso (aunque también sea cierto que cuando se juzgan las vidas ajenas de los demás hay que dejar aparte la propia). Pero, viendo los daños que la segregación racial causó realmente en el sur de Estados Unidos a los niños negros, y viendo cómo ese tipo de escolarización separada fue muy diferente —generó unas historias diferentes de las de los niños blancos—, es sin duda alguna importantísimo que en esos casos se juzgue con absoluta equidad e imparcialidad. Si usted compara las actuales sentencias de algunos de tales jueces, formados en el movimiento «Derecho y Economía», con sus escritos teóricos acerca del razonamiento jurídico —estoy pensando concretamente en Richard Posner, uno de los más famosos representantes de la idea de que el razonamiento del juez debe parecerse lo más posible al razonamiento económico—, si usted observa lo que hace cuando actúa como juez, lo verá mucho más informado por sus lecturas de novelas que por la práctica económica. Se muestra allí enormemente simpático e imaginativo. Es muy revelador, puesto que él es en realidad un gran lector de novelas, advertir cómo es ese hábito el que le sale a relucir cuando, en un caso concreto, intenta de veras llegar a un buen resultado.

¿Considera usted significativo el que el Gobierno de Clinton quisiera nombrar a una mujer para el cargo de juez del Tribunal Supremo de Estados Unidos? ¿Son el conocimiento del amor y la fragilidad del bien unas cualidades con las que las mujeres puedan contribuir más que los hombres a la comprensión del mundo y de la ley?

Me parece que eso es algo cultural, no algo que tenga que ver con la naturaleza de las mujeres. Yo no veo ninguna razón para pensar que existen diferencias naturales. Pero creo que a las mujeres se las educa más para que admitan de buena gana que dependen de otras personas, y para que piensen en función de eso. En cambio, a los hombres se les educa más con miras a que logren una firme confianza en sí mismos y en su independencia, lo que a veces puede llevarles a concebir ideas un tanto despegadas y frías de la imparcialidad y a no querer admitir de ningún modo que la emoción de la simpatía pueda tener nada legítimo —o incluso racional— que hacer como informante en un juicio. Ahora que esto es complicado, porque las mujeres que se dedican al ejercicio del derecho sienten a menudo la necesidad de ser más firmes y menos emotivas que los propios hombres. De hecho, quien más se ha opuesto a que se dé entrada a la emoción en los juicios del Tribunal Supremo de Estados Unidos ha sido la juez Sandra May O'Connor, que ha llegado a declarar por escrito que una cosa son las respuestas morales y otra totalmente distinta las respuestas emocionales.

¿Algo parecido a Margaret Thatcher en la política?
Sí. En cambio, la juez Ruth Bader Ginsburg, por lo que he leído de ella, parece ser una persona sumamente honesta y, a la vez, acogedora y simpática. Así que me ha agradado mucho su nombramiento; y creo que es, también, una distinguida pensadora jurídica.

¿Hay en los libros y escritos de usted implicaciones feministas?
Pienso que sí que las hay. Una de las consecuencias de centrar la atención en la indigencia humana es que se nota enseguida lo importante que es vivir reconociendo continuamente que nos necesitamos unos a otros y que el mundo nos necesita a todos. El ideal de una completa autarquía o autosuficiencia es un ideal falso y dañino, contraproducente para la vida social. Por otro lado, he de decir que hay algunas formas de necesidad en las que no debería hallarse ningún ser humano. Si te fijas en lo desiguales que son las necesidades de la gente en las distintas partes del mundo, no tardas en caer en la cuenta de que, en punto a necesidades básicas —de comida, techo, cuidados médicos, etcétera— las mujeres son, en muchas sociedades, las que peor lo pasan. Que ellas no tengan garantizada la satisfacción de las necesidades básicas de la vida en tantas sociedades, es un tremendo escándalo que reclama una urgente acción social. Así, pienso que, al centrar la atención en la indigencia e inquirir cuáles son las necesidades cuya satisfacción debe garantizar la sociedad a las personas y qué formas de necesidad son realmente evaluables y cuáles no, puedes ir formándote algunos criterios sobre los problemas del feminismo.

(Dublín, 1993)

Miroslav Holub
Europa central
y la mentalidad desestablecida

Miroslav Holub es checoslovaco; mundialmente conocido tanto en su calidad de doctor e inmunólogo como en la de poeta y ensayista. Entre sus obras citaremos: La mosca *y* Poemas de antes y de después. *Sus ensayos, en los que se combina el arte con la ciencia, son prácticamente únicos en la literatura europea.*

¿Ha cambiado el papel del intelectual en Checoslovaquia desde la Revolución de Terciopelo de 1989?

Nuestras actividades son totalmente diferentes, pues ahora nos identificamos con el régimen establecido, el cual es, por definición, un régimen intelectual, e incluso, si se me permite decirlo, un régimen literario. El presidente, así como las personalidades más importantes del país, son escritores; Václav Havel, y algunos escritores y artistas más, se destacaron mucho durante los recientes acontecimientos de Praga.

¿Qué ha significado esto para usted? Seguramente una de las funciones del poeta en Checoslovaquia era la de ser crítico y contestatario. ¿Qué ocurre cuando esta función del poeta como disidente, que dice «no» —según se evidencia en el título mismo de uno de sus poemas: «Al contrario»—, qué ocurre cuando quien decía «no» llega a formar parte del sistema o a ser un líder del país?

Bueno, yo no sé para los demás, pero para mí la situación ha cambiado un poco... Ahora no tengo ya por qué decir «no» al sistema vigente, pues estoy firmemente convencido de que éste es un sistema democrático, que ha sido libremente elegido y se sigue desarrollando democráticamente.

¿Hay algún sentido en el que la imaginación —la imaginación poética o la científica— haya de permanecer siempre «desestablecida»?

¡Oh, sí! ¡«Desestablecida» es una bonita palabra! Desestablecida con respecto a lo que estableciera la vieja intelectualidad y en reacción contra el marxismo, el leninismo y la «ciencia» materialista de las cuatro últimas décadas. Sí que hay un sentido ahora que estamos cambiando o nos estamos inclinando —un poco demasiado aprisa— hacia el lado humanístico y anticientífico de las cosas. Y la palabra ciencia está llegando a ser casi una obscenidad. Como yo no me tengo sólo por científico práctico sino que también creo en la ciencia, me encuentro a veces en profundo desacuerdo con la dirección que van tomando hoy las corrientes principales del mundo literario.

Dado que la ciencia fue el discurso oficial del materialismo dialéctico en el bloque soviético, así como en Checoslovaquia, ¿qué puede hacer alguien que esté en su posición para rehabilitar el nombre de la ciencia, y qué función positiva cree que podrá desempeñar ésta en el futuro?

Bien. Recordemos algunos hechos concretos. ¿Cuál fue la historia real? Desde luego el régimen, el régimen comunista, se valía de lemas científicos o pseudocientíficos a cada paso, siempre que le era posible. Se etiquetó al marxismo como la ciencia de las ciencias hasta que esta noción se impuso por doquier. Y, naturalmente, la organización de la ciencia, la Academia de la ciencia, estaba dominada por el Partido y era dirigida por el Partido. El régimen ejercía el más rígido control posible sobre la manera «científica» de enfocarlo todo. Fue asombroso —esto no es muy conocido—, pero tuvimos impuesta una división entre la ciencia burguesa o incorrecta, la occidental, y nuestra ciencia *del pueblo* —las ciencias rusa, checa y búlgara—. Tal era la actitud oficial. Ahora que, de hecho, al régimen o a la policía les importaban un comino las materialistas «ciencias del pueblo». Las despreciaban. Estaban siempre tratando de robarle a Occidente alguna tecnología nueva, y a lo que sí daban apoyo bajo cuerda era a todo tipo de pseudociencias, al ocultismo, a la medicina alternativa, etcétera. Esto lo sé bien porque estuve empleado en un hospital, y algunos capitostes del partido siempre pedían ser atendidos por curanderos, que eran en los que confiaban realmente, nunca por los médicos oficiales.

Frente a estas pseudociencias o ciencias ocultas, ¿es usted defensor de una concepción restringida de la ciencia, que la entienda como mero análisis o descripción, o de un enfoque más amplio?

Por «enfoque científico» entiendo yo aquel que se plantea todas las cuestiones y no sólo algunas. Has de ser, no cínico, pero sí un tanto escéptico a propósito de todo, incluida la misma ciencia. Hoy día la ciencia es la única conquista humana que, por definición, por estructura, es *autocrítica*, redefiniéndose y reestructurándose a sí misma por su libre voluntad.

¿No es éste precisamente el punto en que la ciencia y la filosofía tienden a conciliarse de nuevo? Lo cual se opone a la moderna tendencia a mantenerlas separadas como dos culturas distintas, por un lado la de la ciencia y por otro la de las humanidades (filosofía, poesía y bellas

artes). En su propia tentativa de juntar lo científico y la imaginación poética, ¿se ve usted a sí mismo como recuperando una tradición perdida, que en el Renacimiento y en la Edad Media, o aun, yendo más atrás, hasta los griegos y el origen de la Europa occidental, fue una relación feliz entre la razón y la imaginación?

En el Renacimiento sí, sin duda alguna; en la tradición aristotélica o en la tradición grecorromana, generalmente esa relación sólo fue una cosa: el arte de fabular, y la ciencia se emparejaba con géneros retóricos o literarios.

¿Cuándo cree usted que se produjo su separación en Occidente? ¿Y le parece que hay alguna esperanza de ponerle fin?

Quizá se produjese durante la primera Revolución industrial. En el siglo XIX, ya se estaba dando la separación. Pero evidentemente dependía muchísimo de la estructura de la sociedad, de la base económica de ésta, donde era más pronunciada.

Se ha llegado a identificar a la ciencia con la devastación industrial de la naturaleza. Pienso en las críticas a la ciencia por alienante e inhumana que le hicieron, por ejemplo, los poetas romanticos, Blake y varios otros.

Yo diría, un poco cínicamente, que en realidad la separación entre la ciencia y las artes fue mayor en aquellas sociedades que pudieron *financiarla*. Con nuestra Ilustración checa, con su resurgimiento nacional a finales del siglo XVIII y comienzos del XIX, no había tal posibilidad, porque la nación estaba luchando por conseguir algún tipo de supervivencia. No diría yo que fuésemos casi exterminados, pero el idioma se fue retirando a las aldeas, al campo, y la lengua culta dejó casi por completo de existir. En semejantes condiciones, la redefinición del concepto de nación siguió las mismas pautas en el arte, en la poesía y en la ciencia; por eso, la ciencia llegó a ser algo profundamente identificado con la vida nacional. Pero a medida que nos fuimos convirtiendo luego en una sociedad moderna, empezamos a separar estas cosas unas de otras, lo que constituye obviamente el problema de «las dos culturas», que es un problema propio de sociedades ricas, de aquellas que pueden permitírselo, que pueden *financiarlo*.

Es curioso que algunos de los padres fundadores de la moderna Checoslovaquia, como Jan Hus, el teólogo humanista, y Comenius, y también mucho después Masaryk, el fundador de la actual nación checoslovaca, fuesen todos ellos hombres de estudio, mentes investigadoras, auténticos científicos en cualquier dominio de su especialidad: teología, filosofía, pedagogía, arte.

Éste un buen modelo, que hay que proponer e imitar, el de la «mente investigadora». A mi entender, la tradición del protestantismo checo, iniciada con Hus y Comenius y continuada hasta finales del siglo pasado, era algo que las diversas modalidades del pensamiento checo tenían en común y que sólo en nuestro siglo se ha dividido entre sentimientos románticos por un lado y conciencia científica por otro. Yo tengo para mí que lo mejor y más elevado del pensamiento checo lo han producido las mentes investigadoras.

Así pues, en su país ¿la ciencia fue hasta este siglo una parte o una parcela de la cultura general?

En mi país, el hombre de la calle concibe la ciencia en los términos de la tradición científica checa, esto es, como la existencia de un sistema científico, como el Museo Nacional, la Universidad Checa. Todavía a finales del siglo pasado por lo que más se esforzaban era por poder contar con una ciencia genuinamente checa. Hoy día, cuando ya está finalizando el siglo XX, vamos, por desgracia, en la dirección opuesta. Cuesta mucho mantener tu lengua nacional o minoritaria en los trabajos científicos, porque se ha impuesto en todo el mundo como único idioma adaptable a la ciencia, y hasta a la esencia misma de la gramática y de la información, el inglés. Las reglas de la informática son más simples en inglés. De ahí que sea actualmente la lengua científica internacional. Es la más apta para las computadoras.

Checoslovaquia ha sido testigo del conflicto entre culturas e identidades nacionales: de un lado Chequia, del otro Eslovaquia. ¿Cuál cree usted que ha de ser la principal plataforma de la identidad? ¿Las naciones, las regiones, o la federación de estados europeos que parece estar gestándose hoy en el seno de la ampliada Comunidad Europea?

Es ésta una cuestión bastante personal. Para mí no se trata de la posición geográfica, ni tampoco de las raíces profundas de Bohemia o Eslovaquia, o del reino de Chequia, ni de cosas así. Se trata, más bien, de la *idea* de Checoslovaquia. Puede que no sea muy racional, pero yo amo a una Checoslovaquia indivisa, la quiero entera. Desde luego que no puedo estar en contra de la federalización de Europa: sería estar muy loco e incluso se podría tachar de retrogradismo. Deseo y espero nuestra integración en la Unión Europea, pero confío en que nos integremos no por separado, como checos y eslovacos, sino como checoslovacos, sin fisuras. Tenemos una literatura checa y otra eslovaca, y en algunos aspectos conocemos la literatura británica o la irlandesa mejor que la eslovaca, y viceversa. Pero el caso es que todavía traducimos de una a otra nuestras lenguas checa y eslovaca. Esto no es necesario, es como el pasar del escocés al inglés o del inglés al escocés. No hay aquí tanta diferencia, y, sin embargo, seguimos traduciéndonos. Tenemos los noticiarios, por ejemplo, en las dos lenguas.

¿Usted es checo o eslovaco?
Yo soy checo. Mi segunda esposa era eslovaca. Pero, ¿quién sabe lo que somos? Yo descubrí que uno de mis antepasados se llamaba Mores, que es notoriamente un nombre judío, así que no sé qué es lo que soy. Me trae sin cuidado si checo o eslovaco. Para mí es todo lo mismo. Considero la checoslovaca como mi identidad más amplia, pero también muy definida, y, por lo tanto, quisiera conservarla tal como es.

¿Así que es usted tan mestizo como lo son la mayoría de los europeos actuales?
Sí, incluso es esto una ley biológica... ¡La hibridación, el intercambio entre las especies es lo que vale! Y, en este sentido, aun la misma diversificación de las identidades nacionales sería un factor positivo en una Europa unificada.

Está usted sugiriendo que Checoslovaquia debe abrirse a esa multiplicidad de identidades nacionales y culturales. Pero ¿llegaría usted a decir que una Europa unificada debiera abrirse también a las demás culturas, dando entrada a las diferencias culturales existentes fuera de sus fronteras?
Europa está ya, en cierto modo, abierta a todo el mundo. A Europa se la encuentra por doquier, lo que no sucede con Australia, con Asia o con China. Pero esta multipresencia de Europa es difícil de definir. No está nada claro cuáles son los límites de Europa, lo que tal vez se deba, en parte, al legado de la historia colonial europea. Europa es una noción muy compleja, y se hace muy difícil decir cómo será influida por las otras culturas. Ella ha influido ya al mundo entero, si se exceptúan algunos rincones más remotos y aislados. Lo mismo que Estados Unidos ha influido y sigue influyendo en las culturas de todo el mundo. Recientemente tuve la oportunidad de visitar India, China y Turquía, y me asombró el creciente número de hoteles estadounidenses y, por supuesto, de turistas estadounidenses que se ven por esos países. Los viajes turísticos están siendo, prácticamente, un fenómeno norteamericano. En Estambul, por ejemplo, casi puede decirse que lo que queda de Turquía son la Mezquita Azul, unas cuantas mezquitas menores y lo más pobre de algunas viejas calles... el resto está copado por las marcas y los productos norteamericanos.

¿Qué hay que hacer ante esta omnipresencia estadounidense en el mundo actual?
Hay dos alternativas: o conservamos nuestro modo de vivir, las costumbres y los ambientes patrios, aunque sigamos siendo pobres, como en los países asiáticos, o nos americanizamos, le sacamos todos los

dólares que podamos al negocio turístico y acabamos siendo una especie de Disneylandia.

Pero ¿hay algún modo de que la cultura checa recupere su tradicional posición tanto geográfica como políticamente centroeuropea, y halle una «tercera vía» libre de las polaridades del Este y del Oeste?

Hace años, cuando todavía estábamos bajo las botas de Rusia, en una revista húngara se hizo una encuesta con estas preguntas: «¿Hay una cultura *de Occidente* y una cultura *del Este?*; ¿hay un modelo *estadounidense* de superpotencia y otro modelo *ruso?*, y ¿no hay algo como una *tercera vía*, un tercer tipo de cultura, una *Europa del centro?*». Pues bien, la respuesta a esta tercera pregunta fue que sí, que la hay. Porque tanto en Hungría como en Polonia y en Checoslovaquia, todo el mundo suele decir: para bien o para mal, somos diferentes de los de ambos lados.

(Dublín, 1991)

Jacques Darras
Banqueros y poetas: los genios del Norte

Jacques Darras es francés, poeta y profesor de literatura en las universidades de París y de Amiens. Entre sus obras destacan: A través del túnel de la Historia; El genio del Norte; Joseph Conrad y el Occidente *y* Autobiografía de la especie humana.

¿En qué época diría usted que nació la Europa moderna?

En la época de los banqueros y los mercaderes, cuando estas gentes empezaron a arriesgar su dinero en los negocios. Venían de la Lombardía, del norte de Italia, atravesando los Alpes, protegidos por escoltas, y hacían su primera parada en Lyon, esa ciudad del centro a la que en francés llamamos *La plaque tournante*. Después seguían su viaje hacia el norte, evitando París, yendo a plazas como Reims y Troyes, para acabar su recorrido en la ciudad de todas las ciudades, tan afín a mi propio apellido y tan cara a mis sentimientos: Arras, en el norte de Francia, donde todos ellos celebraban por aquel entonces las principales ferias. Pero los mercaderes, por su movilidad, por la movilidad que supone el dinero mismo en el intercambio de bienes, trajeron también consigo un intercambio de ideas. No podemos disociar el intercambio de bienes del intercambio de ideas. Yo creo que Europa empezó a desarrollarse a partir de aquella especie de trasiego de ideas, monedas y modas, sobre los mostradores, en los puestos de venta al aire libre, pongamos por caso, de una plaza de Arras. Tambien había allí poetas, pero ellos, claro está, no tenían dinero. Andaban todo el tiempo mendigando, pidiendo algunas monedas a los príncipes, a los banqueros y a los comerciantes, consiguiendo de cuando en cuando que se les diese de comer a cambio de algún poema, o burlándose de quienes no les hacían esa caridad. Sí, allí estaban la poesía y la erudición alternando con los mercaderes y los banqueros, comerciando también ellas a su modo.

Actualmente parece que vamos hacia un Banco Central Europeo, cuya moneda oficial será el famoso euro. Aún no sabemos qué dibujos habrá en las caras del euro, pero probablemente será alguna variante del círculo de estrellas de Europa. Y no faltará quien añore las viejas mo-

nedas en que figuraba su rey, o su reina, o su presidente, o su héroe o heroína nacional, que a él le importaban más porque le daban un sentido de fidelidad a quienes le estaban gobernando. Y si pasamos del mundo del euro a un ecumenismo europeo más amplio, podríamos decir que se nos está llevando hacia un común denominador cultural inferior: hacia el nivel en que la Europa compartida será una porción que todos tendremos homogéneamente en común, donde en vez de afirmar nuestras diferencias nacionales y regionales, tendremos que conformarnos simplemente con tener un mismo tipo de eurohabla.

Yo no soy economista, pero lo poco que sé de la historia me dice que el sistema económico que se organice en torno al euro ya existía en la Edad Media. Quiero decir, que ya había entonces una moneda común. ¿Cuál? ¡Pues el oro! La moneda de cambio que en aquellos tiempos se utilizaba generalmente era el oro. Y lo mismo que con el oro ocurría con el lenguaje: el latín. Había una lengua, el latín, con la que podían entenderse gentes de las más distintas y distantes procedencias, parecidamente a lo que hoy sucede con el inglés. Así que yo no creo que las cosas hayan cambiado tanto. Es muy probable que en los siglos XIII y XIV dijera más de uno, lo mismo que usted acaba de decirlo, que se les estaba imponiendo una uniformidad y una monotonía que iban a dar por resultado una pérdida de la diversidad y del sentido localista. Yo pienso que esto es lo que está pasando actualmente en Europa, donde se está juntando a los pueblos, tratando de darles, así juntos, un duradero sentido de unidad que elimine definitivamente el caos. Pues bien, esto es la democracia. Porque ¿qué trata de hacer la democracia sino restaurar, imponer un orden sobre un tremendo desorden que se amontona y agita por debajo?

Así, ¿estaría usted de acuerdo con la idea de T.S. Eliot de que hay en toda Europa una mentalidad consistente en la unidad de la tradición?

Pienso que sí la hay.

¿Y cómo definiría usted esa unidad?

Yo diría que es algo cultural. El elevado coste de la cultura y del saber ha sido una inversión. Quiero decir, me llama mucho la atención el hecho de que, allá por el siglo XIV, en algunas ciudades francesas, entre ellas París, y en ciudades italianas como Padua o Bolonia, hubiese personas tan perspicaces como para comprender que el dinero no lo era todo, sino que había que invertirlo en el estudio, en la educación. Y viejas ciudades, como Arras, por ejemplo, decayeron casi de la noche a la mañana por no haber entendido que debían invertir su dinero en la instrucción, la ciencia y el arte. La universidad no se creó en Arras, sino en París, en la Sorbona, y todas las naciones de Europa acudieron en tropel a la Sorbona.

Y esa inversión en cultura y enseñanza ¿fue algo más que una capa de barniz?

Desde luego que sí. Por eso alcanzaron tanta preeminencia las ciudades flamencas y holandesas, en especial Amberes con sus prestigiosos talleres de pintura. Y por eso mismo estamos hoy asistiendo a la decadencia de aquellas viejas ciudades medievales que no tuvieron la lucidez de dedicarse también a fomentar la cultura y no sólo a enriquecerse con el comercio y con la banca. La lección que nos da la Europa moderna es que no hay que separar la economía y la cultura.

¿Por qué le atrae a usted tanto la cultura paneuropea de la baja Edad Media? En sus obras vuelve usted una y otra vez sobre este tema, y su ejemplo preferido es el de la Borgoña; pero también habla de otras partes del norte de Europa para ilustrar sus tesis. ¿Qué cree que hemos perdido de la baja Edad Media y quizá podríamos recuperar?

Lo que yo creo es que en aquel entonces había un gran sentido de la energía y del dinamismo en las actividades. La gente caía en la cuenta de que la sociedad feudal, los sistemas feudales, estaban anticuados, iban desapareciendo, y de que los individuos se iban liberando del orden y las cargas que les habían sido impuestas. Estaban empezando a descubrir el goce de la libertad. Esta experiencia de libertad en Europa tuvo lugar por primera vez en sus ciudades del norte, no en las del sur. Y, de hecho, se inició cuando algunos comerciantes audaces se atrevieron a reclamar su libertad a los terratenientes, a la Iglesia, o al rey, enfrentándoles con inteligente astucia unos a otros hasta la obtención de una auténtica libertad. Una libertad para el comercio. Comenzó así un incesante cruce de fronteras que fue haciendo cosa corriente el aceptar a los extranjeros y convivir con ellos en vez de exigirles el pago de mil tasas y gabelas.

¿Fue aquélla, por tanto, una Europa de libre intercambio y de gran movilidad?

¡Ya lo creo! Las gentes de aquella Europa del norte tuvieron una economía de mercado caracterizada por el libre intercambio, como se ve por el trazado de sus ciudades con sus famosas plazas. El término francés *place* es tan bello en su sencillez, en su abierta pronunciación, que representa bien su imagen en Bruselas, por ejemplo, o en Arras: aquellos espacios rodeados de arcadas, bajo las cuales los mercaderes y los banqueros se resguardaban de la lluvia. Parece como si aún pudiera oírse el bullicio de las multitudes que intercambiaban mercancías, el tintineo de las monedas y los retruécanos de los poetas, que en aquel tiempo eran, en Arras, muy numerosos. Cuando voy, con cierta frecuencia, a una plaza que se parece a la Plaza de Bruselas, a la Gran Plaza del Mercado, todavía puedo sentir allí aquel espíritu de apertura, bajo el cielo, con Dios residiendo donde tenía que estar, arriba en lo alto y no demasiado cerca de la Tierra, dejando que las gentes del pueblo, hombres y mujeres, se dedicasen a sus intereses y quehaceres diarios, dejando que les gobernasen las normas dictadas por sus munícipes en los ayuntamientos, esto es, por personas elegidas entre los mismos comerciantes.

¿Es éste, para usted, un símbolo del nacimiento de la democracia europea?

Es el nacimiento de la democracia. Yo sostengo que la actual democracia nació en el norte de Europa, y esto tendemos a olvidarlo. Solemos mirar con mucho recelo la cultura del norte, lo cual se debe, entre otras cosas, a que el decimonónico culto al genio germánico se prolongó desgraciadamente en la funesta historia del régimen nazi. Pero yo creo que hubo tiempos en los que el norte de Europa fue muy alegre y risueño, muy sabio, erudito y artista, un espacio abierto a todas las influencias, muy cosmopolita, y ése es precisamente el Norte que yo quisiera recuperar.

Así son Holanda, Flandes, el norte de Francia, Borgoña...

Y también el norte de Italia, por supuesto. Ahí está esa extraordinaria ruta que une a ciudades como Venecia, Génova y Lyon, llegando hasta Amberes e inclusive hasta Londres.

Bien, pero ¿cómo explicar el hecho de que muchas de las modernas naciones-estado de Europa —y podríamos decir que la modernidad europea en general—, cuando buscan precedentes de su democracia dirigen la mirada más bien hacia el sur de Europa, a Grecia y a Roma?

Puede que el concepto de democracia lo inventasen en Atenas, pero la actual vida democrática comenzó en el Norte. Pensemos, por ejemplo, que los franceses, aunque no nos guste nada que nos lo recuerden, debemos el nombre de nuestra nación a la tribu germánica de los francos.

¿Por qué les molesta tanto eso?

A consecuencia de las guerras que hemos padecido, desde 1870 en adelante. Se da por supuesto que para los alemanes somos el enemigo por antonomasia, lo cual resultó desgraciadamente muy cierto en esa serie de cruentas guerras. Pero en Francia, en nuestra lengua francesa, tenemos el vocablo *franc* cuya raíz es exactamente la misma que la del inglés *freedom* [libertad]. No es mi intención enredarme en una especie de pseudofilología, pero es fácil percibir el sentido de *breaking* [rotura, rompimiento] en la misma raíz filológica: romper, partir en dos, liberar, soltar, abrir... *French, franc, freedom*. Me he enterado de algo muy curioso que hasta hace poco desconocía: el rey Luis XI fue el fundador de nuestro Estado de Francia en el siglo XIV. Este rey, habilísimo y taimado, en cierta ocasión les jugó una mala pasada a mis paisanos de Arras. Éstos no querían incorporarse al reino de Francia, por sentirse en aquel tiempo más afines a Flandes, al pueblo flamenco, y se resistieron a los designios de Luis XI. El rey actuó muy astutamente y empezó por deportar a muchos habitantes de Arras. Mi propio apellido es probable que provenga del hecho de que mis antepasados fueron deportados a alguna otra población, donde les llamarían «los de Arras» *(d'Arras)*, los que vinieron de Arras. El Norte fue colonizado por Francia. Me inclino a creer que aquella especie de descolonización de los míos sería sólo un accidente, un ademán pasajero. Porque la colonización del Norte no fue en absoluto violenta, sino que en ella Francia les dio a los franceses una lección de historia y les sigue recordando cuáles son las bases del nacionalismo francés, de qué está hecha nuestra nación-estado, como si les dijese: «Me agradaría volver a veros bien mezclados en la unidad de la feria, en una plaza *(place)*», de modo que comenzase todo de nuevo, que se reparasen los hilos con que se compuso aquel maravilloso tapiz que tan absurdamente habéis desgarrado y partido en pedazos... Sí, la fascinación que a mí me produce el norte de Francia se debe, en parte, a que estoy convencido de que fue el laboratorio en que se forjó una Europa del porvenir, una Europa posible, la cual, desafortunadamente, nunca llegó a hacerse realidad porque en vez de ella tuvimos las nacionalidades y los nacionalismos. Quizás ahora, en la nueva Europa de hoy, se esté iniciando un retorno a aquel tolerante y creativo taller de tapicería que fue la Baja Edad Media. Tal es mi esperanza.

Volvamos a centrarnos ahora en el tema de la cultura. Ha dicho usted que en la Baja Edad Media hubo una cultura paneuropea, descentralizada o repartida en pequeñas ciudades-estado, o, lo que sería lo mismo, un gran número de complejas culturas que produjeron obras de arte como las pinturas del Bosco y las de los Brueghel, que supieron unir la alta cultura con la cultura popular. ¿Prueba esto que en aquella época estuvo la cultura al alcance de las masas, del pueblo llano?

Creo que los pintores, en especial los flamencos, concebían y realizaban sus obras para que las viese y contemplase toda clase de gente; sobre todo, claro está, las que pintaban en las iglesias. Lo mismo puede decirse de los músicos: la mayor parte de la música de entonces era polifónica, lo que equivale, para mí, a la realización de la democracia en la música. La música sacra de aquel tiempo es muy austera, muy fría en cierto modo, pero, al oír todas esas voces que se entrecruzan y combinan para crear una armonía de sonoridades que ascienden y van llenando poco a poco las espaciosas naves catedralicias, sientes una extraordinaria emoción, resulta algo bellísimo. Lo mejor del arte europeo es ese no sé qué que nos incita e inspira inmediatamente, porque tiene en sí una energía espiritual que hace que sus autores y sus contempladores no busquen un mero emularse, sino que aporten nuevas ideas, nuevas concepciones, a la vida cotidiana, a la vida presente.

Podría objetarse que los artistas y pensadores modernos que tratan de trasladar el arte a la vida, se abrazan a menudo a ideologías políticas de carácter reaccionario: piénsese en Céline, Ezra Pound, Heidegger...

Son hombres de paja; son los hombres huecos del poema de T.S. Eliot. En cuanto a la política moderna, opino que a lo que llamamos modernismo se lo suele considerar como el *non plus ultra* del arte, cual si fuese el precursor de los movimientos sociales o algo parecido, siendo así que, a mi entender, fue una especie de movimiento fundamentalmente reaccionario..., aunque en el buen sentido de esta palabra. Sí, el modernismo fue una reacción contra una sociedad que condujo a los europeos a la primera guerra mundial, a una espantosa masacre de vidas humanas. El modernismo dice no a todo eso. Yo creo que el mejor movimiento modernista fue el que tuvo lugar en Zurich, ciudad en la que Joyce convivió con el dadaísmo, ciudad en la que gentes que pertenecían a dos culturas, a la francesa y a la alemana, vieron cómo sus compatriotas se enfrentaban y luchaban a muerte desde las trincheras de uno y otro lado. Aquellas mismas gentes, en Zurich, decían «no» a la guerra. Yo opino que el modernismo es un decir «no». Pero es muy limitado y pobre eso de andar diciendo siempre «no». ¡Y llevamos todo un siglo diciéndolo! ¡Me parece que ya es suficiente!

Sin embargo, los escritores y los pensadores tienen perfecto derecho a decir no.

¡Claro que tienen derecho a decir no! Pero ¿podemos seguir viviendo en una cultura de la negatividad? Tal vez estemos empezando ahora a salir del marasmo de una cultura baldía. Nunca pensé que el poema de T.S. Eliot fuese en sí una obra maestra, pero acertó a darnos magistralmente la idea clave del siglo. Si no tuviereis poetas, no tendréis conciencia y careceréis del ánimo necesario para cantar al mundo y a la vida, para decir que la vida es algo bueno, que la vida es agradable. Esto es precisamente lo que el poeta dice, y el poeta que nunca diga que la vida es agradable no es para mí tal poeta. En la simple energía vital hay un placer que es al poeta a quien toca cantarlo y hacérnoslo disfrutar. Al mismo tiempo, el placer es tan afín al sufrimiento, le asedian por todas partes tantos peligros, que hemos de procurar mantener despierto el sentido de la alegría y vivir con intensidad los sentimientos positivos, en contacto siempre con una mayor verdad, con una verdad cósmica, divina. Para eso están los poetas, y por eso miran ellos con desconfianza al poder político, disienten del poder político, atreviéndose a decirle: «Tu verdad no es la verdad».

¿En qué tipo de cultura europea cree usted que estamos entrando?
En cuál estemos entrando me sería muy difícil decirlo. Lo que necesitamos es, probablemente, conciliar de nuevo la cultura de elite con la cultura popular e ir recobrando así lo mejor que tuvo la Edad Media. Estamos volviendo a aquella concepción de unas elites no disociadas del pueblo llano, del resto de la población. Sé bien que eso es muy difícil de conseguir. Soy consciente de que está de moda entre la elite despreciar la televisión... Aún te encuentras en París con personas que te dicen, por ejemplo: «Yo a mis hijos no les dejo ver la televisión; en el salón de casa no tenemos televisor». Con semejante actitud no puedo estar de acuerdo en absoluto. Tenemos televisión por cable, noticias por cable, y si cabe hablar de una cultura del *zapping*, pues en cierto modo es otro tipo de libertad: puedes saltar de programas italianos a programas alemanes, etcétera, etcétera. Y no es que sea yo un *zapper* empedernido, pero si realmente quiero dedicarme a aprender alemán y pongo el esfuerzo necesario para ello, ahora puedo elegir cada noche las noticias en alemán y complementar con ello mi aprendizaje. Creo que la cultura para todos, al alcance de todos, está ahí; lo que ocurre es que estamos también padeciendo de un exceso, una indigestión de noticias y de entretenimientos y demás facilidades. El problema es que necesitamos guías... y esforzarnos para seguirlos. La gente habla hoy de ética, de una renovación de la ética, y de otras cosas por el estilo... Me parece que deberíamos tomarnos más en serio estas grandes palabras. Siempre que alguien me habla de ética, enseguida me fastidia, porque tengo la impresión de que lo único que quiere es alistarme en su escuela, afiliarme a su partido, imbuirme de su credo, en fin, traerme de un modo u otro a su campo. Yo diría que lo que de veras nos hace falta son líneas directrices, guías, y hasta tal vez personas que nos digan dónde aplicar mejor nuestros esfuerzos y nuestra inteligencia para adquirir de veras los saberes. Por eso es por lo que el sistema educativo se halla hoy tan en crisis.

¿A qué guías o directrices se refiere usted y dónde podremos encontrarlos?
Me temo que aún no los hay entre nosotros. Seguramente tendrán que ser personas de un gran sentido común, que no desprecien los estudios ni los conocimientos en cuanto tales, que —dejándose aleccionar en esto por la Edad Media— no tengan miedo a invertir grandes sumas en educación, porque si realmente queremos vivir en un nuevo tipo de sociedad más justa y más humana, no cabe duda de que preparar y fomentar eso cuesta un dineral. Lo que estamos necesitando es nuevos maestros, maestros que tengan una mentalidad en cierto

sentido muy abierta y renovada. Por desgracia, no los hay aún en el mercado. Pero habrá que encontrar quienes puedan serlo, quienes lleguen a ser esos nuevos preceptores. Algo parecido a como, en los siglos XVI y XVII, la elite intelectual hacía que sus pupilos, en el *grand tour* por Italia y por el continente, fueran tomando lecciones allí donde estaban los monumentos. Maestros así necesitamos hoy.

Así que lo que usted está pidiendo es más democracia en la educación...

Sí, pero una democracia más elitista.

(Dublín, 1991)

Introducción
II

Estas conversaciones contribuirán, confío, a la articulación de algunos debates que son centrales en el moderno pensamiento europeo. La forma dialogal ofrece a los siete pensadores «continentales» entrevistados una oportunidad para, hablando por sí mismos, hacer una introducción a su propia obra, situarla y aclararla. He incluido unas breves notas preliminares y bibliografías que pueden servir de adicional ayuda informativa al lector. Ahora me limitaré a comentar sucintamente mi selección de los pensadores y luego esbozaré algunas contextualizaciones comunes y coordinadas de sus filosofías.[1*]

Mi lista no es ni mucho menos exhaustiva, pero creo que los filósofos incluidos en ella articulan e ilustran movimientos importantes y en su mayoría son representativos del pensamiento europeo contemporáneo:

1.º Derrida: la desconstrucción en debate con el estructuralismo;
2.º Lévinas: la ética en debate con la metafísica;
3.º Marcuse: la dialéctica crítica en debate con la hegeliano-marxista Escuela de Frankfurt;
4.º Ricoeur: la hermenéutica crítica en debate con las ciencias humanas;
5.º Breton: la poética religiosa en debate con el tomismo, el neotomismo y la estética;
6.º Gadamer: una hermenéutica ontológica en debate con los «grandes textos» de la tradición;
7.º Lyotard: el pensamiento posmoderno en debate con el «proyecto de la modernidad» europeo.

Estos siete pensadores representan una variedad de naciones, culturas y religiones. Derrida es un argelino francés de origen judío, educado en Francia, donde enseña en la École des Hautes Etudes en Sciences Sociales; Lévinas es un judío lituano que ha vivido la mayor parte de su vida en París, aunque también ha trabajado en Alemania

---

* El texto de las notas aparece al final de esta Introducción. *(N. del E.)*

y en Israel; Marcuse, alemán de oriundez judía, inició sus trabajos filosóficos en Friburgo y en Frankfurt, y después emigró a Estados Unidos; Ricoeur es un protestante francés que ha vivido y trabajado durante algún tiempo en Alemania y en Israel; Breton, católico francés, ha enseñado durante muchos años en el Institut Catholique de París; Gadamer, protestante alemán, ha enseñado en varias universidades, entre ellas las de Leipzig, Frankfurt y Heidelberg; Lyotard es un pensador francés que ha enseñado en la Universidad de París y también en Emory, Georgia, y en Irvine, California.

En el prefacio a su novela *Roderick Hudson* Henry James hizo este comentario sobre los temas, los estilos y los personajes de su obra: «Siempre será cierto que estas relaciones no terminan en ningún punto, y el problema más delicado y continuo para el autor consiste en cómo trazar, con una geometría suya, el círculo dentro del cual parezcan delimitarse». Pues bien, en los párrafos siguientes voy a esbozar yo unos cuantos círculos de referencia filosófica dentro de los cuales coincidan o se entrecrucen los pensamientos de mis siete entrevistados.

Aunque muchas de las obras de mis siete interlocutores filosóficos pueden leerse desde hace ya tiempo en inglés, no es gran cosa lo que en el mundo de habla inglesa se ha escrito sobre la manera como sus respectivos proyectos intelectuales se derivan de fecundas corrientes del pensamiento europeo. Me refiero en particular a la influencia que han tenido en la formación de estos pensadores tres principales escuelas del pensamiento: la primera, la de las críticas «hermenéuticas de la sospecha» propuestas y ejercidas por el marxismo hegeliano, por Nietzsche y por Freud; en segundo lugar, la de la lingüística estructuralista de Saussure, Jacobson y Lévi-Strauss; y, en tercer lugar, la escuela fenomenológica, con las teorías desarrolladas sobre todo por Husserl y por Heidegger. Haré la mayor parte de mis observaciones a propósito de esta tercera, que considero la más influyente.

Puede decirse que la fenomenología representa lo que más hondamente influyó en nuestros pensadores. No extrañará esto si se considera que el existencialismo fenomenológico generó la mayor parte de la filosofía europea entre 1930 y 1960, especialmente en Francia y Alemania, por lo que muchos suelen ver esa época como la «edad de oro» del pensamiento continental contemporáneo.

El movimiento fenomenológico fue inaugurado por el filósofo alemán Edmund Husserl, que publicó en 1900-1901 sus *Investigaciones lógicas*. En ésta y en otras obras subsiguientes expuso Husserl los principales objetivos y los métodos básicos de la fenomenología. Su proyecto esencial era afrontar la «crisis» de la ciencia europea iniciando un filosófico «retorno a las cosas mismas». Para Husserl, el futuro de la cultura europea dependía de que se recuperase el sentido de las cosas en cuanto constituido por la conciencia humana. Pero a la conciencia *(Bewusstsein)* no se la debía ya entender en los términos de la metafísica tradicional o del positivismo como una sustancia dada o un hecho objetivo. Había que seguir, según Husserl, un nuevo método que revelara o intuyera el funcionamiento esencial de la conciencia como *acto intencional*. Quería él decir con esto que la conciencia es siempre conciencia *de* algo distinto de ella misma: es una actividad dinámica que se proyecta, más allá del enclaustramiento idealista de la mente, hacia horizontes de sentido trascendente. La teoría fenomenológica husserliana de la intencionalidad llevó también al descubrimiento de que la conciencia, como operación reflexiva, presupone una experiencia viva del mundo *pre-reflexiva*, lo que Husserl llamó el «mundo de la vida» *(Lebenswelt)*. Sólo volviendo a esa creativa unión *entre* conciencia y mundo en la que la realidad se nos *aparece* originariamente (como *fenómeno)*, podemos llegar nosotros a una intuición de verdad, a la *esencia* de las cosas mismas.

Las investigaciones fenomenológicas de Husserl sirvieron de guía a Heidegger y a Gadamer en sus trabajos filosóficos. La obra de Heidegger *Ser y tiempo*, publicada en 1927, reconocía una profunda deuda a su mentor Husserl (además de a Kierkegaard, Nietzsche y Dilthey). Gadamer desarrolló, a su vez, la fenomenología como una ontología del sentido en gran parte lingüística. Mientras Husserl había tendido a limitar sus análisis a una búsqueda de los fundamentos científicos y lógicos de la verdad, Heidegger y Gadamer ampliaron sus miras para incluir una concreta descripción de nuestro finito ser-en-el-mundo *(In-der-Welt-Sein)*. Sólo concentrándonos así en las actitudes existenciales, en los cuidados y las palabras de nuestro ser-ahí *(Da-Sein)* en el tiempo histórico, lograríamos ponernos alguna vez en situación de hacer la más fundamental de todas las preguntas filosóficas: ¿qué significa ser? La temporalidad humana, con sus vivencias concretas y expresada lingüísticamente, constituía, para Heidegger y Gadamer, el imprescindible horizonte de la cuestión del ser mismo.

La versión «existencial» de la fenomenología fue ulteriormente desarrollada por pensadores franceses como Sartre y Merleau-Ponty. En su obra *El ser y la nada* (1943) ofreció Sartre varias vívidas descripciones de la existencia humana como proyecto, como elección y como responsabilidad. Él dio el tono filosófico a su generación declarando que nuestra existencia precede a nuestra esencia, puesto que somos nosotros quienes nos hacemos a nosotros mismos y estamos «condenados a ser libres».

Merleau-Ponty, en su *Fenomenología de la percepción* (1945), aplicó el método fenomenológico de una manera similarmente *engagé*, proponiéndose ante todo describir la situación de nuestro existir como «sujetos corpóreos» que siempre experimentamos nuestro mundo con anterioridad a cualquier análisis del mismo en términos científicos y abstractos. Saludó a la fenomenología como «destinada a recoger todas las vívidas relaciones de la experiencia, igual que la red saca del fondo del mar los peces y las algas palpitantes».[2] Describió así el motivo de que esta modalidad de la investigación filosófica atrajese tanto a las mentes más despiertas de su generación:

«En nosotros mismos es donde hallaremos la unidad y el verdadero sentido de la fenomenología. No se trata de contar las citas, sino de fijar y objetivar esta *fenomenología para nosotros* por la que, leyendo a Husserl o a Heidegger, muchos de nuestros contemporáneos, más que encontrar una nueva filosofía, han tenido la impresión de reconocer aquello que estaban esperando... Si la fenomenología ha sido un movimiento antes de ser una doctrina o un sistema, no es ello ni casualidad ni fraude. La fenomenología es laboriosa como la obra de Balzac, Proust, Valéry o Cézanne: con el mismo género de atención y de asombro, con la misma exigencia de consciencia, con la misma voluntad de captar el sentido del mundo o de la historia en estado naciente. Desde este punto de vista, la fenomenología se confunde con el esfuerzo del pensar moderno».[3]

Por los años treinta y cuarenta, Lévinas, Ricoeur y Marcuse escribían ya estudios sobre la filosofía de Husserl y Heidegger, pero no fue sino hacia los años sesenta cuando llegaron a publicar obras propiamente originales. Así, aunque Lévinas, con su libro *La teoría de la intuición en la Fenomenología de Husserl*, publicado en 1930, fue quien introdujo a Sartre en la fenomenología, sólo la aparición en 1961 de su monumental obra *Totalidad e infinito* hizo de Lévinas uno de los más importantes pensadores contemporáneos, el que intelectualmente dio el tono a una segunda generación de fenomenólogos europeos.

Algo parecido ocurre con Ricoeur: empezó publicando comentarios críticos a Jaspers y Marcel (1948) y Husserl (1950), pero fue sin duda la publicación del segundo volumen de su *Filosofía de la voluntad*, en 1960, y de sus dos obras sobre hermenéutica fenomenológica, *Freud y la filosofía. Un ensayo de interpretación* (1965) y *El conflicto de las interpretaciones* (1969), lo que obligó a reconocerle como uno de los filósofos europeos contemporáneos más dignos de nota.

En cuanto a Marcuse, los interesantes estudios que sobre la teoría crítica y fenomenológica realizó a finales de los años veinte y comienzos de los treinta (mientras trabajaba en Friburgo con Husserl y Heidegger, antes de pasar a la Escuela de Frankfurt), no darían pleno fruto hasta los años sesenta y setenta, cuando sus libros, especialmente *El hombre unidimensional* (1964) y *Un ensayo sobre la liberación* (1969), llegaron a fascinar a una nueva generación rebelde.

Otros tres pensadores con los que aquí se dialoga, Derrida, Breton y Lyotard, se reconocen también deudores de la fenomenología. Explicitándose esta deuda en el transcurso mismo de los diálogos, bastará con que mencionemos aquí, de Lyotard, su primer libro sobre Merleau-Ponty, intitulado *La fenomenología* (1954); de Breton, sus estudios fenomenológicos sobre la relación intencional entre la conciencia y el ser; y, de Derrida, sus «desconstructivas» reinterpretaciones de Husserl y Heidegger (comenzando con sus primeras publicaciones mayores: *Introducción a «El origen de la Geometría» de Husserl* (1962) y *La voz y el fenómeno. Introducción al problema del signo en la fenomenología de Husserl* (1967).

Pero, fuera cual fuere lo que de la fenomenología tomaron nuestros siete pensadores continentales, lo cierto es que cada uno de ellos supo aprovechar ese caudal adaptándolo a su estilo y a sus criterios, sacándole en muchos aspectos un gran partido. Sus respectivas deudas para con el movimiento fenomenológico podrían etiquetarse a grandes rasgos como sigue: Gadamer y Ricoeur, hermenéutica fenomenológica; Lévinas, fenomenología ética; Breton, fenomenología religiosa; Marcuse, fenomenología dialéctica; Derrida, fenomenología desconstructiva; Lyotard, fenomenología posmoderna. En resumen, a pesar de sus diferencias ulteriores, los siete aparecen compartiendo un inicial punto de partida o enfoque fenomenológico, a saber, el convencimiento de que la pregunta auténtica por el sentido exige de nosotros que, indagando bajo los conceptos establecidos por la «objetivación» empírica, lógica o científica (lo que llamaba Husserl la «actitud natural»), demos con la «experiencia viva» de nuestro temporizante y significante *ser-en-el-mundo*.

Las observaciones que acabo de pergeñar las limito al movimiento fenomenológico porque creo que es éste el que más ha influido en los pensadores aquí presentados. No infravaloro, sin embargo, el impacto crítico que en su formación pudieran tener movimientos como el *estructuralismo* o la *hermenéutica de la sospecha*. Las innovadoras teorías de Saussure o de Lévi-Strauss, por ejemplo, son a menudo objeto de referencias críticas en los escritos de Ricoeur y Derrida. Freud, como típico «hermeneuta de la sospecha», ocupa un puesto central en los análisis de Marcuse, Ricoeur, Derrida y Lyotard; y la dialéctica hegeliano-marxista, otro ejemplo de tal hermenéutica, desempeña un papel importantísimo en las críticas a la ideología hechas por Marcuse, Breton, Ricoeur y Derrida, así como también, aunque no tanto, en las éticas antitotalitaristas de Lévinas y de Lyotard. Remito una vez más al lector a las propias observaciones de mis interlocutores sobre estas materias.

Los pensadores europeos continentales son, con frecuencia, sumamente difíciles de entender. En parte, esta dificultad es inherente —creo yo— a la naturaleza misma ontológica y epistemológica de las cuestiones de que se ocupan. Martin Heidegger reconoció, en su Introducción a *Ser y tiempo* (1927), la esencial dificultad que entrañaría su lenguaje necesariamente innovador:

«Con respecto a lo rudo y "feo" de la expresión dentro de los siguientes análisis, puede ser oportuna esta observación: una cosa es contar cuentos de los *entes* y otra es apresar el *ser* de los entes. Para esta última tarea faltan no sólo en los más de los casos las palabras, sino ante todo la *gramática*».[4]

Un lenguaje unidimensional sólo puede tratar de una realidad unidimensional, mientras que al filósofo le compete la tarea crítica de indagar otras dimensiones de la existencia no descubiertas aún.[5] El intento de eliminar del lenguaje filosófico las posibilidades expresivas que no sean las de la exactitud y claridad de la lógica formal o las del lenguaje del sentido común es un intento restrictivo, empobrecedor. No querer llevar el análisis más allá de los parámetros del «discurso ordinario» equivale a no querer buscar significados nuevos y cualitativamente diferentes que puedan poner en cuestión el universo al que estamos habituados. Marcuse insistió en advertir lo peligroso de tal reduccionismo: «La dimensión metafísica, de suyo un campo genuino del pensamiento racional, se hace irracional y acientífica... El esfuerzo contemporáneo por reducir el alcance y la verdad de la filosofía es tremendo y los mismos filósofos proclaman la modestia y la ineficacia de la filosofía. Ésta deja intacta la realidad establecida; aborrece la transgresión».[6] Atendiendo exclusivamente a los datos del lenguaje ordinario, se arriesga uno a ignorar los factores metafísicos o sociohistóricos que se esconden tras esos datos.[7]

En estos diálogos he procurado dar a los pensadores en cuestión la oportunidad de responder a las críticas que se les dirigen y de aclarar, dentro de lo posible, los conceptos y argumentaciones clave de sus obras. Mi intención, como también sin duda la de mis interlocutores, es explicar y simplificar sin ser simplista. Confío en que este escrúpulo exegético contribuya a que los presentes intercambios no sólo interesen a los especialistas universitarios o a los filósofos profesionales, sino que resulten accesibles a los lectores no académicos que quieran saber más sobre el reciente pensamiento europeo. Quienes permanecen escépticos respecto a cualquier discurso que se salga del «tratamiento analítico del lenguaje ordinario» tal vez la mejor actitud que convendría que adoptasen, al iniciar la lectura de estos diálogos un tanto extraños, sea la recomendada por el poeta Samuel Coleridge: «una benévola suspensión de la incredulidad».

NOTAS

1 Hay muchos otros influyentes pensadores europeos cuya inclusión en esta lista sería razonable esperar, como, por citar sólo a unos cuantos, Barthes, Lévi-Strauss, Lacan, Foucault, Lefort, Habermas, Desanti, Althusser, Serres o Girard. Pero, según la enseñanza de Spinoza, *omnis determinatio est negatio*: toda decisión de incluir implica necesariamente un excluir. La selección que para esta sección he hecho no significa que yo crea que estos siete pensadores son indiscutiblemente los más importantes o los más representativos del pensamiento continental. Creo, eso sí, que cada uno de ellos tiene su importancia y es representativo en algún aspecto relevante, y, además, todos tienen en común el haberse formado en la fenomenología y representan, por ello, un grupo coherente.

2 Maurice Merleau-Ponty, *Phénomenologie de la perception*, Librairie Gallimard, 19ª ed., París, 1945, prefacio, pág. X.

3 *Íd, ibíd.*, págs. II, XVI.

4 Martin Heidegger, *Ser y tiempo*, trad. de José Gaos, Fondo de Cultura Económica, México-Buenos Aires, 2ª ed., 1962, § 7, pág. 49.

5 Herbert Marcuse, *One-Dimensional Man: Studies in the Ideology of Advanced Industrial Society* [El hombre unidimensional], Beacon Press, Boston, 1964, págs. 123 y sigs.

6 *Íd, ibíd.*, pág. 173.

7 En los siguientes pasajes de la obra de Marcuse *El hombre unidimensional* se indican los inconvenientes del esfuerzo por erradicar del discurso filosófico más genuino la novedad y lo no acostumbrado:

«La reducción casi masoquista del lenguaje a lo humilde y lo común se ha hecho un programa... El pensamiento (o al menos su expresión) no sólo es encerrado en la camisa de fuerza del uso común, sino que se le impone también que no haga preguntas ni busque soluciones más allá de las que están ya a la mano... Puede uno preguntarse ¿qué queda de la filosofía?, ¿qué queda del pensamiento, de la inteligencia, sin ninguna explicación? Sin embargo, lo que está en juego no es la definición o la dignidad de la filosofía. Es, más bien, la oportunidad de preservar y proteger el derecho, la *necesidad* de pensar y hablar en otros términos que los del uso común: términos que están llenos de sentido, que son racionales y válidos precisamente porque son *otros* términos... Existe una irreductible diferencia entre el universo del pensamiento y el lenguaje cotidiano por un lado, y el pensamiento y el lenguaje filosófico por el otro... En su denuncia del carácter mistificador de los términos trascendentes, las nociones vagas, los universales metafísicos y sus semejantes, el análisis lingüístico mistifica los términos del lenguaje común dejándolos en el represivo contexto del universo de discurso establecido... En este tratamiento analítico del lenguaje común, el último es realmente esterilizado y anestesiado. El lenguaje multidimensional es convertido en lenguaje unidimensional, en el que los significados diferentes y conflictivos ya no se interpenetran sino que son mantenidos aparte; la explosiva dimensión histórica del significado es silenciada». *(Cfr.* págs. 177, 182, 184 y 199 de la misma edición.)

He citado tan extensamente a Marcuse porque creo que su ideológica explicación de las dificultades que envuelve el pensar auténtico, unida a la explicación ontológica de Heidegger, es un serio aviso contra toda fácil tentativa de «simplificar» las fundamentales complejidades de la filosofía continental.

174

Tercera parte
Pensadores filosóficos

Jacques Derrida
La desconstrucción y lo otro

Jacques Derrida nació en 1931 en Argel, de padres judíos. Actualmente se le considera uno de los pensadores más novedosos de cuantos trabajan en el continente europeo. Junto con Lacan, Foucault, Barthes y Lévi-Strauss, Derrida fue responsable en gran parte de que se encendiera en el ámbito intelectual la controversia entre el estructuralismo y el postestructuralismo. Su influencia ha sido enorme no sólo en Francia, donde ha enseñado durante muchos años en la École Normale Superieure, sino también en el mundo anglo-norteamericano, donde ha dado conferencias y dirigido seminarios en numerosos departamentos de humanidades y de filosofía, y ha sido profesor visitante en la Universidad Johns Hopkins y en la de Yale.

Célebre sobre todo por su sistemática y continua «desconstrucción» de la metafísica occidental, Derrida parte del movimiento fenomenológico de Husserl, Heidegger y Lévinas, y dentro de este marco filosófico y en torno al mismo ha evolucionado su pensamiento. Las primeras obras de Derrida fueron Introducción a «Origen de la Geometría», de Edmund Husserl *(1962),* y un análisis crítico de la teoría husserliana del signo, trabajo este que tituló* La voz y el fenómeno *(1967) y que, según propia confesión, es, de todos sus escritos, «al que más apegado se siente». Ya en estos primeros textos, Derrida fue elaborando su noción central de la irreductible estructura de la* différance *tal y como opera ésta en la conciencia, la temporalidad y la historia humanas y, sobre todo, en la actividad de escribir* (l'écriture). *Mediante tal* différance —*neologismo que quiere decir a la vez «diferir», «aplazar», «diferenciar», y «disentir»*— *Derrida se propuso mostrar que las principales definiciones del ser como cierta identidad atemporal o presencia (v. gr., logos, ousias, telos y otras por el estilo) que han prevalecido en la filosofía occidental desde Platón hasta hoy, podrán ser, a fin de cuentas, «descontruidas». Tal «descontrucción» haría ver que en cada caso la* différance *precede a la presencia*

---

* Como en el resto del libro, los títulos de las obras filosóficas mencionadas en esta tercera parte aparecen traducidos al castellano. El lector hallará al final de cada uno de los siguientes diálogos una lista con los títulos originales de cada autor y su edición en castellano cuando la hay. *(N. del E.)*

más bien que lo contrario (siendo lo contrario lo que presuponía el pensamiento europea tradicional, tildado por Derrida de «logocéntrico».

En sus obras más maduras, concretamente en De la gramatología *(1967)*, La escritura y la diferencia *1967)*, La diseminación *(1972)* y Márgenes de la filosofía *(1972), ha aplicado Derrida sus análisis «descontructivos» a una gran variedad de temas literarios, científicos, lingüísticos, piscoanalísticos y también estrictamente filosóficos. En textos como* Toque de difuntos. ¿Qué queda del saber absoluto? [Glas. Que reste-t-il du savoir absolu?] *(1974),* La verdad en pintura *(1978) y* La tarjeta postal *(1980), experimenta libremente con nuevos modos de pensar y de escribir, intentando saltar la tradicional línea divisoria entre discurso estético y discurso filosófico, línea que había sido establecida por el «logocentrismo» de la metafísica occidental para excluir del reino de la razón pura* (logos) *todo lo que no se amoldase a su centralizadora lógica de la identidad y la no-contradicción.*

Instándonos a dirigir la atención hacia los movedizos «márgenes» y límites que determinan esos logocéntricos procedimientos de exclusión y división, Derrida se esfuerza por desmantelar nuestras preconcebidas nociones de identidad y exponernos al reto de la hasta ahora suprimida u ocultada «otreidad»: el otro lado de la experiencia, lado o aspecto que ha sido ignorado para preservar la ilusión de la verdad entendida como presencia perfectamente autocontenida y autosuficiente. Vemos así, por ejemplo, que Derrida cuestiona y subvierte las tradicionales prioridades que preferían el habla a la escritura, la presencia a la ausencia, la identidad a la diferencia, la eternidad al tiempo, y otras más. Su trabajo de rigurosa desconstrucción pone, por lo tanto, radicalmente en entredicho tan veneradas nociones logocéntricas como la Idea Eterna de Platón, el aristotélico Pensamiento-Idéntico-a-su-Autopensarse o el cogito *cartesiano. Para Derrida, nada hay pensado que no pueda ser repensado, nada dicho que no pueda ser desdicho. Hasta la misma desconstrucción puede ser desconstruida.*

El diálogo que sigue tuvo lugar en París en 1981.

En su obra el rasgo más llamativo es su determinación de «desconstruir» la filosofía occidental de la presencia. Me parece que ayudaría mucho a comprender su programa desconstructor si usted lo situara respecto a las dos tradiciones intelectuales que han sido más importantes en la cultura de la Europa occidental, la tradición hebrea y la tradición helénica. Concluye usted su sugerente ensayo sobre el filósofo judío Emmanuel Lévinas con esta cita del Ulises,* de James Joyce: «El griego-judío es judío-griego». ¿Está usted de acuerdo con Lévinas en que el judaísmo ofrece una alternativa a la metafísica griega de la presencia? ¿O

---

* Publicado por Tusquets Editores, colección Fábula, n.º 19, Barcelona, 1997. (N. del E.)

cree usted, con Joyce, que la cultura judía y la griega están en sus fundamentos mismos inextricablemente entrelazadas?

Aunque considero esencial el pensar mediante esta síntesis copulativa de lo griego y lo judío, paradójicamente estimo que mi propio pensamiento no es ni griego ni judío. A menudo creo que las preguntas que trato de formular en las afueras de la tradición filosófica griega tienen como su «otro» el modelo de la tradición judía, es decir, lo judío-como-otro. Y, sin embargo, la paradoja está en que yo, de hecho, jamás he invocado la tradición judía de una manera «arraigada» o directa. Aunque soy judío por nacimiento, nunca trabajo ni pienso dentro de una tradición hebrea viva. Así que, si a mi pensamiento se le encuentra alguna dimensión judaica que de vez en cuando haya hablado en mí o a través de mí, lo cierto es que nunca ha asumido la forma de fidelidad o deuda explícitas para con esa cultura. En pocas palabras, el emplazamiento *(lieu)* básico de mi discurso cuestionador no sería ni helénico ni hebreo, si algo así fuese posible, sino un «en-ningún-sitio»: fuera del alcance de la influencia judía de mi juventud y fuera también de la herencia filosófica griega que recibí durante mi formación académica en las universidades francesas.

Sin embargo, usted comparte con Lévinas un peculiar discurso —incluidas las nociones de lo «otro», la «huella» y la escritura como «diferencia», etcétera—, lo cual sugiere una común herencia judaica.

Indudablemente me atrajo y me fascinó el recorrido intelectual de Lévinas, pero no porque él fuese judío. Ocurre que en Lévinas se da una discreta continuidad entre su discurso filosófico *qua* fenomenólogo y su lenguaje religioso *qua* exégeta del Talmud. Pero esta continuidad no es inmediatamente evidente. El Lévinas que más me interesó a mí desde el principio fue el filósofo que investigaba en fenomenología y le hacía a ésta la pregunta por lo «otro»; la dimensión judaica se mantenía en la fase de una referencia discreta más bien que decisiva.

Me pregunta usted si el judaísmo ofrece una alternativa a la filosofía griega de la «presencia». Ante todo convendrá precisar qué es lo que entendemos por «presencia». Las palabras francesas o inglesas no son, por descontado, ni griegas ni judías. Así que, cuando empleamos esa palabra, estamos presuponiendo toda una larga historia de traslaciones que llevan desde los términos griegos *ousía* y *on* hasta los latinos *substantia*, *actus*, etcétera, y culminan en nuestro moderno término «presencia». No sé qué significa este término en el judaísmo.

¿Se considera usted filósofo más que cualquier otra cosa?

No me agrada el término «filósofo».

Pero ¿no es usted un filósofo en cuanto que su desconstrucción la enfoca principalmente sobre ideas y textos filosóficos?

Es cierto que la «desconstrucción» se ha enfocado sobre textos filosóficos. Y yo soy, desde luego, un «filósofo» en el sentido institucional de que asumo las responsabilidades de un profesor de filosofía en una institución filosófica oficial —en la École Normale Supérieure—. Pero no estoy seguro de que el «lugar» o emplazamiento de mi trabajo de leer textos filosóficos y hacer preguntas filosóficas, sea él mismo propiamente filosófico. En realidad, yo he venido intentando cada vez más sistemáticamente dar con un «ningún-lugar» o sitio no filosófico desde el que cuestionar la filosofía. Mi pregunta clave es: ¿desde dónde, desde qué no-lugar *(non-lieu)* podrá la filosofía en cuanto tal aparecerse a sí misma como lo otro que ella misma, de suerte que sea capaz de interrogar y reflexionar sobre sí misma de un modo original? Ese «no-lugar», ese «no-sitio» u «otreidad» sería radicalmente irreductible a la filosofía. Pero el problema está, además, en que tal «no-lugar» es imposible definirlo o situarlo mediante el lenguaje filosófico.

Al parecer, pues, la filosofía de la desconstrucción sería una desconstrucción de la filosofía. Su interesarse por la pintura, el psicoanálisis y la literartura —concretamente por los textos literarios de Jabès, Bataille, Blanchot, Artaud, Celan y Mallarmé— ¿no son intentos de establecer ese lugar no-filosófico del que usted habla?

Efectivamente, pero hay que tener en cuenta que aunque esos lugares son no-filosóficos, sin embargo pertenecen a nuestra cultura occidental y, por tanto, nunca están totalmente limpios de las marcas del lenguaje filosófico. En la literatura, por ejemplo, el lenguaje filosófico se halla aún presente en algún sentido, pero se produce y se presenta a sí mismo como alienado de sí, aparte, a distancia. Esta distancia proporciona el necesario espacio libre desde el que interrogar de nuevo a la filosofía, y lo que más me interesó de los textos literarios fue que me capacitaron para discernir la problemática de la *escritura* como uno de los factores clave en la desconstrucción de la metafísica.

Admitiendo que de hecho esté usted buscando un lugar no-filosófico, supongo que, aun así, reconocerá usted que sobre su pensamiento ha habido importantes influencias filosóficas. Por ejemplo, ¿cómo situaría usted su estrategia de desconstrucción con respecto al movimiento fenomenológico?

Mi formación filosófica debe mucho al pensamiento de Hegel, Husserl y Heidegger. Probablemente la influencia más constante sea la de Heidegger, en especial con su proyecto de «superar» la metafísica helénica. Husserl, al que estudié con mayor aplicación y detenimiento, me enseñó cierta prudencia y reserva metódicas, una rigurosa técnica de desenredar y formular las cuestiones. Pero yo nunca compartiré la inclinación y la entrega de Husserl a una fenomenología de la presencia.

De hecho, fue el método de Husserl el que me ayudó a mirar con sospecha la noción misma de presencia y el fundamental papel que ha desempeñado en todas las filosofías. Mi relación con Heidegger es mucho más enigmática y amplia: aquí mi interés fue no sólo *metodológico*, sino también *existencial*. Los temas del cuestionamiento heideggeriano me parecieron siempre imprescindibles, en especial la «diferencia ontológica», la lectura del platonismo y los nexos del lenguaje con el ser. Mi descubrimiento de la crítica genética y genealógica de Nietzsche me ayudó también a trascender la fenomenología yendo hacia un más radical cuestionamiento «no filosófico», aunque sin renunciar nunca a la disciplina y rigurosidad metódica de la fenomenología.

Aunque usted comparta la tarea de Heidegger de «superar» o de «desconstruir» la metafísica occidental, supongo que no compartirá su esperanza de redescubrir los «nombres originales» por los que pueda pensarse y decirse el ser...
Creo que hay en Heidegger, en relación con otras cosas, un nostálgico deseo de recuperar el nombre propio, el nombre único del Ser. Pero no es menos cierto que también se encuentran pasajes en los que es autocrítico y renuncia a su nostalgia: un ejemplo de tal crítica lo vemos en su práctica de suprimir y tachar ese término en sus últimos escritos. Los textos de Heidegger están aún ante nosotros; contienen un futuro de significación que garantiza que serán leídos y releídos durante siglos. Pero aunque mi deuda para con la «vía del pensar» heideggeriana es considerable, Heidegger y yo diferimos en el uso del lenguaje, en el modo de entender el lenguaje. Yo escribo en otra lengua —y no me refiero simplemente a que la mía es el francés y la suya el alemán—, aunque esta «otreidad» no puede ser explicada en términos de filosofía propiamente dicha. La diferencia reside fuera de la filosofía, en el lugar no-filosófico del lenguaje; es lo que hace a los poetas y escritores que me interesan a mí (Mallarmé, Blanchot, etcétera) totalmente diferentes de los que le interesan a Heidegger (Hölderlin y Rilke). En este sentido, mi profunda relación con Heidegger es también, y al mismo tiempo, una no-relación.

Ya veo que su concepción del lenguaje como «diferencia» y «diseminación» difiere mucho de la de Heidegger del lenguaje como «la casa del Ser», aquello que «recuerda y recoge» y «nombra lo Santo». Además, mientras Heidegger está aún dispuesto a emplear conceptos filosóficos tales como Ser y existencia *para expresar su pensamiento, usted ha dicho bien claro que los términos operativos de su lenguaje —v.gr. desconstrucción,* différance, *diseminación, huella, etcétera— son básicamente «no-conceptos», «indecidibles». ¿Qué entiende usted exactamente por «no-conceptos» y qué papel desempeñan en su intento de desconstruir la metafísica?*

Procuraré repetir las razones por las que propuse la noción de «no concepto». La primera es que esta noción no tiene la generalidad lógica que pretende tener un concepto filosófico en su supuesta independencia del lenguaje ordinario y del lenguaje literario. La noción de *différance*, por ejemplo, es un no-concepto en cuanto que no puede ser definida en términos predicativos de oposición: no es ni *esto* ni *aquello*, sino más bien esto y aquello *(v. gr.,* el acto de diferenciar y diferir), sin ser reducible tampoco a una lógica dialéctica. Y, sin embargo, el término *différance* emerge y se desarrolla como una determinación del lenguaje, del cual es inseparable. Por eso resulta tan difícil traducir tal término. No hay más allá del lenguaje reino conceptual alguno que permita a este término tener un contenido semántico unívoco fuera y por encima de su inscripción en el lenguaje. Siendo siempre una traza del lenguaje, se queda en no-conceptual; y no teniendo generalidad predicativa de oposición que le identifique como *esto* más bien que como *aquello*, el término *différance* no puede ser definido dentro de un sistema de lógica —aristotélica o dialéctica—, vale decir, dentro del logocéntrico sistema de la filosofía.

Pero ¿podemos salir del logocéntrico sistema de la metafísica sin emplear la terminología de la metafísica? ¿No será sólo desde dentro de la metafísica como podremos deshacerla recurriendo a estratagemas y estrategias que pongan de manifiesto las ambigüedades y contradicciones del logocéntrico sistema de la presencia? ¿Y no querrá esto decir que estamos condenados a hacer metafísica incluso cuando intentamos desconstruir sus pretensiones?

En cierto sentido es verdad que la «desconstrucción» sigue estando *en* la metafísica. Pero adviértase que, aunque estemos *dentro* de la metafísica, no estamos ahí como en el interior de una caja o *dentro* de un ambiente; estamos aún *en* la metafísica en el especial sentido de que estamos *en* un determinado lenguaje. Por eso, la idea de que pudiéramos ser capaces de salirnos de la metafísica siempre me ha parecido de lo más ingenua. Y, por tanto, cuando me refiero a la «clausura» *(clôture)* de la metafísica, insisto en que no se trata de considerar la metafísica como un círculo con su circunferencia o simple borde limitador. La noción del límite o borde *(bord)* de la metafísica es, de por sí, muy problemática. Mis reflexiones sobre esta problemática han ido siempre dirigidas a hacer ver que el límite o confín de la metafísica no es lineal o circunferencial en el sentido de indivisible. Y tan pronto como reconocemos que el límite-borde de la metafísica es divisible, deja de ser simple la relación lógica entre el dentro y el fuera. Por consiguiente, no podemos decir sin más que estamos «encerrados en» o «condenados a» la metafísica, pues, hablando con rigor, no estamos ni dentro ni fuera de ella. En resumen, todo lo referente al dentro y fuera de la metafísica es inseparable de la cuestión de la finitud y la reserva de la metafísica como lenguaje. Pero la idea de la finitud y del agotamiento *(épuisement)* de la metafísica no supone que estemos encarcelados en ésta como prisioneros o víctimas de una desdichada fatalidad, sino que significa sencillamente que nuestra pertenencia o inherencia al lenguaje de la metafísica es algo sobre lo que sólo se puede pensar rigurosa y adecuadamente desde *otro «topos»* o espacio aparte en el que nuestra problemática relación con la frontera de la metafísica pueda verse con un enfoque más radical. De ahí mis esfuerzos por descubrir el ningún-sitio o *non-lieu* que venga a ser lo «otro» distinto de la filosofía. Tal es la tarea de la desconstrucción.

¿El lenguaje literario y poético puede proporcionar ese non-lieu *o* u-topos?

Creo que sí; pero la literatura a la que yo me refiero no lleva ele mayúscula, sino que aludo más bien a ciertos movimientos que han trabajado en torno a los límites de nuestros conceptos lógicos, a ciertos textos que hacen que tiemblen los límites de nuestro lenguaje mostrándolos divisibles y cuestionables. A esto es a lo que Blanchot, Bataille o Beckett son en sus obras particularmente sensibles.

Y toda esta problemática del encerramiento de la «logocéntrica» filosofía occidental y de los límites de nuestro lenguaje ¿qué viene a decirnos sobre la época moderna en que estamos viviendo? ¿Hay una relación entre la desconstrucción y la «modernidad» en la medida en que esta última manifiesta una crisis de los fundamentos de las ciencias y de los valores en general, crisis ocasionada por el descubrimiento de que el origen absoluto, que la tradición de Occidente pretendía haber hallado en el «logos», no es más que la huella de una ausencia, una nada?

El término «modernidad» nunca me ha gustado mucho. Advierto, naturalmente, que lo que hoy está ocurriendo en el mundo es algo único y singular. Sin embargo, en cuanto le ponemos a eso la etiqueta de «modernidad», lo incluimos en un determinado modo de entender la historia como evolución y progreso (derivado del racionalismo de la Ilustración) que tiende a no percatarse de que lo que sucede ante nosotros es *también* algo antiguo y oculto en la historia. Yo creo que lo que «ocurre» en nuestro mundo contemporáneo y nos llama la atención como cosa nueva está, de hecho, hondamente conectado con algo viejísimo que ha sido encubierto *(archi-dissimulé)*. De suerte que lo nuevo no es tanto lo que ocurre por primera vez, sino aquella «muy antigua» dimensión que recurre o se repite en lo «muy moderno» y que, en realidad, ha sido repetidamente dado a entender a lo largo de toda nuestra tradición histórica, en Grecia y en Roma, en Platón y en Descartes y en Kant, etcétera. Por muy original y sin precedentes que pueda parecer un significado moderno, nunca es exclusivamente *modernista* sino también y al mismo tiempo un fenómeno de *repetición*.

Y, sin embargo, la relación entre lo antiguo y lo moderno no es simplemente la de lo implícito y lo explícito. No caigamos en la tentación de suponer que lo que ocurre hoy preexistía de algún modo en forma latente, como aguardando tan sólo a ser desplegado o explicado. Quienes así piensan conciben la historia como un desarrollo evolutivo y excluyen las cruciales nociones de ruptura y de mutación en la historia. Por mi parte, estoy convencido de que debemos mantener conjuntamente dos afirmaciones contradictorias: afirmamos, por un lado, que en la historia hay rupturas, y, por otro lado, afirmamos también que esas rupturas producen grietas o fallas *(failles)* en las que los más recónditos y olvidados archivos pueden emerger de nuevo e ir repitiendo constantemente su efectividad a través de la historia. Hay que superar las categóricas oposiciones de la lógica filosófica para ser fieles a estas conflictivas posiciones de la discontinuidad (o ruptura) y la continuidad (o repetición) históricas, que no son ni un puro romper con el pasado ni tampoco un puro despliegue o explicación del mismo.

¿Cómo explica usted que de una época histórica a las siguientes se altere y cambie la filosofía? ¿Cómo explica, por ejemplo, la diferencia entre el pensamiento de Platón y el de usted?

La diferencia entre nuestros modos de pensar no significa que yo u otros pensadores «modernos» hayamos superado a Platón, en el sentido de haber logrado agotar todo el contenido de sus textos. Vuelvo a decir aquí lo que antes describía como el «futuro» de un texto heideggeriano. Yo creo que la totalidad de los grandes textos filosóficos —los de Parménides, Platón, Hegel o Heidegger, por citar algunos— están aún *ante* nosotros. El futuro de las grandes filosofías sigue siendo oscuro y enigmático, todavía por descifrar. Hasta ahora apenas nos hemos adentrado en sus secretos. Lo que de los textos filosóficos permanece aún opaco e inagotable, a lo que yo llamo su «futuro», es en la filosofía griega y en la alemana de mayores proporciones que en la francesa. Siento un profundo respeto por los grandes pensadores franceses, pero siempre he tenido la impresión de que cierto tipo de análisis riguroso haría a sus textos accesibles y agotables. En cambio, ante un texto de Platón o un texto de Heidegger, me parece estar al borde de un abismo o de un pozo sin fondo en el que podría hundirme: por muy riguroso que sea el análisis a que someta tales textos, siempre me quedo con la impresión de que hay en ellos algo *más* por pensar.

¿En qué consiste exactamente la inagotable riqueza que poseen esos grandes textos y que sigue fascinándonos a lo largo de los siglos?

Aquí la tentación es dar una respuesta rápida y simple. Pero, habiendo enseñado filosofía durante más de veinte años, debo decir honradamente que ahora sé menos que nunca lo que es la filosofía. Mi conocimiento de lo que constituye la esencia de la filosofía está en el grado cero. Todo lo que sé es que un texto platónico o heideggeriano nos lleva siempre de nuevo al comienzo, nos capacita para *empezar* a hacer preguntas filosóficas, incluida la de ¿qué es la filosofía?

Pero ¿no se podrá decir lo que es la filosofía a base de distinguirla de otras disciplinas científicas, como por ejemplo, la economía, la sociología, las ciencias naturales o hasta la literatura? ¿Por qué aprender filosofía en colegios y universidades o estudiando uno por su cuenta, si no puede saberse lo que es o para qué sirve? Si la desconstrucción nos veta el afirmar, asegurar o identificar cosa alguna, ¿no se va a dar entonces, más que con la différance, *con la indiferencia, donde nada es cosa alguna y todo es todo lo demás?*

Tan imposible es decir lo que *no es* filosofía como decir lo que ella *es*. En todas esas otras disciplinas que usted acaba de mentar, hay filosofía. Creerse uno que va a estudiar algo que *no* es filosofía es engañarse. No cuesta mucho hacer ver que en la economía política, por ejemplo, está funcionando un discurso filosófico. Y lo mismo ocurre en las matemáticas y en las restantes ciencias. La filosofía, como logocentrismo, está presente en toda disciplina científica, y lo único que justifica el transformar la filosofía en una disciplina especial es el hacer explícito y temático el texto filosófico que subyace en cualquier razonamiento. La principal función que cumple quien enseña filosofía es la de capacitar a las personas para hacerse «conscientes», para que caigan exactamente en la cuenta de lo que están diciendo, de la clase de discurso en que se comunican cuando hacen matemáticas, física, economía política, o cualquier otro tipo de razonamiento. No hay ningún sistema de enseñar o transmitir conocimientos que pueda mantener su coherencia o integridad sin cuestionarse a sí mismo filosóficamente en un momento u otro, esto es, sin reconocer sus premisas subtextuales; y ese cuestionarse puede incluir hasta la pregunta por tácitos intereses políticos o por valores tradicionales. De un interrogarse así cada sociedad saca sus propias conclusiones sobre el valor de la filosofía.

¿Cómo puede, por ejemplo, la economía política cuestionarse a sí misma filosóficamente?

En primer lugar, todos los conceptos básicos del discurso de la economía son filosóficos, y especialmente los de «propiedad», «trabajo» y «valor». Todos ellos son «filosofemas», conceptos inaugurados por un discurso filosófico que suele derivarse de Grecia o de Roma, y se mantienen operativos por medio de este discurso, el cual remite ante todo, como lo hace la filosofía misma, a los «lenguajes naturales» de Grecia y Roma. Por lo tanto, el discurso económico tiene por base un discurso filosófico logocéntrico y sigue siendo inseparable de éste. La «autonomía» que posteriormente los economistas gustarían de conferir a su disciplina nunca logró enmascarar su procedencia filosófica. La ciencia jamás es puramente objetiva, ni tampoco meramente reducible a un modelo de explicación instrumental y utilitaria. La filosofía puede enseñarle a la ciencia que ésta es, al fin y a la postre, un elemento del lenguaje, que los límites de su formalización revelan su pertenencia a un lenguaje en el que sigue operando pese a sus intentos de autojustificarse como discurso exclusivamente «objetivo» o «instrumental».

¿Es el carácter logocéntrico de la ciencia un fenómeno únicamente europeo?
El logocentrismo, en su sentido de desarrollo filosófico, está inextricablemente vinculado a la tradición griega y europea. Como he intentado demostrarlo en otros sitios con algún detalle, la filosofía logocéntrica es una respuesta típicamente occidental a una necesidad mucho más difundida, que también se da en el lejano Oriente y en otras culturas, a saber, la necesidad fonocéntrica: el privilegio de la voz, de la palabra hablada, sobre la escritura. La prioridad del lenguaje hablado sobre el lenguaje escrito o silencioso proviene del hecho de que, cuando las palabras son pronunciadas, habladas, se supone que el hablante y quien le oye están simultáneamente presentes: se da por supuesto que ambos son una pura, no mediada presencia. Este ideal de perfecta autopresencia, de posesión inmediata del significado, es lo que se expresa con lo de «necesidad fonocéntrica». Por otra parte, a la escritura se la considera subversiva en la medida en que introduce una distancia espacial y temporal entre el autor y la audiencia; la escritura presupone que el autor ya no está presente y, por ello, nunca podremos saber con exactitud lo que quiso dar a entender mediante el texto escrito; éste puede tener muchos significados diferentes como opuestos a un único sentido unificador. Pero tal necesidad fonocéntrica no se ha manifestado en forma de logocéntrica metafísica sistemática en ninguna cultura no europea. El logocentrismo es un fenómeno únicamente europeo.

¿Significa esto que otras culturas no requieren desconstrucción?
Cada cultura y cada sociedad requiere una crítica interna o desconstrucción como parte integrante de su desarrollo. *A priori* podemos dar por supuesto que las culturas no europeas ejercen algún tipo de autocrítica de sus propios conceptos lingüísticos e instituciones fundamentales. A toda cultura le es necesario un elemento de autointerrogación y de distanciamiento de sí para poder transformarse. Ninguna cultura está cerrada en sí misma, sobre todo hoy, cuando el influjo de la civilización europea es tan ubicuo y penetrante. De modo parecido, a lo que llamamos desconstrucción de nuestra cultura occidental contribuye mucho el hecho de que Europa ha recibido siempre heterogéneas influencias no europeas. Habiendo estado así siempre

expuesta a, y perseguida por, su «otro», se ha visto obligada a cuestionarse a sí misma. Toda cultura es acosada por su «otro».

¿La llegada de lo judeo-cristiano representó una «otreidad» tan radical para la civilización grecorromana? ¿Fue un reto a la homogeneidad de la metafísica occidental de la presencia?
Yo haría muchas reservas al hablar de «lo judeo-cristiano». Porque en realidad se trata de algo extremadamente complejo que, en gran parte, solamente se constituyó *qua* judeo-cristiano asimilando los esquemas de la filosofía griega y encajándose en ellos. De ahí que lo que hoy conocemos como teología cristiana y teología judía es un conjunto cultural que ya ha sido muy «helenizado».

Pero ¿no vinieron a ser el judaísmo y el cristianismo una heterogeneidad, una «otreidad», antes de asimilarse la cultura griega y encajar en ella?
Desde luego. Y puede demostrarse que esos heterogéneos elementos originales del judaísmo y del cristianismo nunca han sido erradicados por completo de la metafísica occidental. Perduran a lo largo de los siglos, amenazando con trastornar las seguras «identidades» de la filosofía occidental. Así que la subrepticia desconstrucción del *logos* griego está funcionando desde el origen mismo de nuestra cultura occidental. Ya la traducción de los conceptos griegos a otros idiomas —latín, árabe, alemán, francés, inglés, etcétera—, o también el traslado de ideas y mentalidades hebreas o árabes a términos metafísicos produce «fisuras» en la supuesta «solidez» de la filosofía griega y va introduciendo en ella elementos ajenos y conflictivos.

Así pues, el logocentrismo de la metafísica griega será siempre acosado por lo «absolutamente otro», ya que el logos *nunca puede englobarlo todo: siempre hay algo que se escapa, algo diferente, otro y opaco, que se resiste a la totalizante inclusión en una identidad homogénea.*
Exactamente. Y tal «otreidad» no tiene por qué ser la de algo que le venga a la filosofía griega desde «fuera», desde el mundo no helénico. Ya a los comienzos de la filosofía griega hay en la identidad del *Logos* consigo mismo fisuras que la dividen. Indicios de esas fisuras creo que son discernibles en todo gran filósofo: el «Bien más allá del Ser» *(epekeina tes ousías)* en la *República* de Platón, por ejemplo, o la confrontación con el «Extranjero» en el *Sofista*, son ya trazas de una alteridad que se resiste a ser totalmente domesticada. Además, la relación de identidad propia es siempre, de suyo, una relación de violencia para con lo otro, tanto que las nociones de propiedad, apropiación y autopresencia, tan centrales para la metafísica logocéntrica, son esencialmente dependientes de una relación de oposición a lo otro. En este sentido, la identidad misma *presupone* la alteridad u otreidad.

Si la desconstrucción es una manera de impugnar las logocéntricas pretensiones de la filosofía europea occidental y también, por ende, de las ciencias que ésta ha fundado, ¿podrá alguna vez la desconstrucción superar su papel de negadora iconoclasta y convertirse en una forma de afirmación? ¿Puede usted tratar de dar con un no-lugar o u-topos, que, siendo distinto del topos de la metafísica occidental, esté también construido como un utopismo profético?

Comentaré por separado los términos «afirmación» y «utopismo profético». La desconstrucción implica ciertamente un momento de afirmación. Es indiscutible que yo no puedo concebir una crítica radical que no esté motivada en última instancia por algún tipo de afirmación, reconocida o no. La desconstrucción presupone siempre afirmación, como a menudo he intentado hacerlo notar empleando a veces una terminología nietzscheana. No quiero decir con ello que el *sujeto* o *yo*, al desconstruir, afirme. Lo que quiero decir es que la desconstrucción es, en sí misma, una respuesta positiva a una alteridad que necesariamente la llama, la invoca o la motiva. La desconstrucción es, pues, vocación: respuesta a una llamada. Lo otro, como otro que yo, lo otro que se opone a la propia identidad, no es algo que pueda detectarse y descubrirse dentro de un espacio filosófico y con ayuda de una lámpara filosófica. Lo otro precede a la filosofía e invoca y provoca necesariamente al sujeto antes de que pueda iniciarse cualquier genuino preguntar. En esta relación con lo otro es donde la afirmación se expresa.

Por lo que hace a la cuestión de la profecía, es algo para mí mucho más oscuro. Hay, sin duda, efectos *(effets)* proféticos; pero el lenguaje de la profecía cambia continuamente: hoy los profetas no hablan ya con los mismos acentos ni con la misma escenografía que los profetas bíblicos.

Lévinas ha sugerido que la contemporánea desconstrucción de la filosofía y de las ciencias es sintomática de una crisis fundamental de la cultura de Occidente que él prefiere interpretar como un grito profético y ético. ¿Está usted de acuerdo con él?

Ciertamente los profetas florecen en las épocas de crisis sociohistórica o filosófica. Los tiempos malos para la filosofía son buenos para la profecía. Por lo tanto, cuando los temas desconstructivos empiezan a dominar la escena, como hoy ocurre, podemos estar seguros de que proliferarán las profecías. Y esta proliferación es precisamente una razón por la que deberemos ser de lo más cautos y prudentes, discerniendo con sumo cuidado.

Pero aquí se nos plantea el problema de cuál haya de ser nuestro criterio de valoración: ¿a qué atenernos para discernir entre las profecías?

¿Acaso este problema no existe para usted, puesto que usted rechaza la idea de un telos *o* eskhaton *que le proporcione al sujeto crítico un patrón de medida de los valores objetivo o absoluto?*

Sí, yo cuestiono la idea de un *eskhaton* o *telos* en las formulaciones absolutas de la filosofía clásica. Pero esto no quiere decir que yo descarte todas las formas de escatología mesiánica o profética. Creo que todo auténtico cuestionar está motivado por cierto tipo de escatología, aunque sea imposible definir tal escatología en términos filosóficos. La búsqueda de criterios objetivos o absolutos es, a buen seguro, una actitud esencialmente filosófica. En la medida en que prescinde de esos criterios, la profecía se diferencia de la filosofía. La palabra profética es ella misma su propio criterio y rehúsa someterse a un tribunal exterior que pretenda juzgarla o valorarla de un modo neutral y objetivo. La palabra profética revela su propia escatología y halla la prueba de su veracidad en su propia inspiración y no en una criteriología trascendente o filosófica.

¿Considera usted que su propia obra es profética en su intento de desconstruir la filosofía y los criterios filosóficos?

Desafortunadamente, no me siento inspirado por ninguna clase de esperanza que me permita suponer que mi tarea de desconstrucción tenga una función profética. Pero admito que el estilo de mi cuestionar, como un éxodo y un diseminarse en el desierto, pueda producir ciertas resonancias proféticas. Cabe entender que la desconstrucción se esté produciendo en un espacio del que no andan lejos los profetas. Pero las resonancias proféticas de mi cuestionar no pasan del nivel de cierto discurso retórico compartido también por otros varios pensadores actuales. Que yo declare «desafortunado» el hecho de no sentir personalmente inspiración quizás indique que en lo más hondo de mí todavía espero. Significa que, en realidad, aún estoy buscando algo. Así que tal vez no sea mero accidente retórico el que la búsqueda misma, la desesperada búsqueda de esperanza, asuma cierto matiz *(allure)* profético. Quizá mi búsqueda lleve una marca de profecía a lo siglo XX... Pero me cuesta creerlo.

La radicalidad teórica de la desconstrucción ¿puede traducirse a una praxis política radical?

Ésta es una cuestión especialmente difícil. He de confesar que nunca he conseguido relacionar de un modo directo la desconstrucción con los códigos y programas políticos existentes. Claro está que he tenido ocasión de adoptar una determinada actitud política en ciertas situaciones codificables, como por ejemplo en lo relativo a la institución universitaria francesa. Pero los códigos disponibles para adoptar tal postura política no son nada adecuados a la radicalidad de la desconstrucción. Y la ausencia de un código político adecuado para traducir o incorporar las radicales implicaciones de la desconstrucción les ha dado a muchos la impresión de que la desconstrucción es opuesta a la política o, en el mejor de los supuestos, apolítica. Pero esta impresión prevalece sólo porque nuestros códigos y terminologías de la política siguen siendo aún todos ellos fundamentalmente metafísicos, tanto si por su origen son de derechas como si son de izquierdas.

En su obra La revolución de la palabra, *Colin MacCabe empleó las nociones de usted, de «desconstrucción» y «diseminación», para hacer ver que James Joyce reconoció y reveló las ocultas funcionalidades del lenguaje como un rechazo de la identidad, como un proceso de la* différance *irreductible a todos nuestros conceptos y códigos logocéntricos. En el* Ulises *este proceso de la* différance *se personifica, por ejemplo, en Bloom, el nómada o vagabundo que subvierte los vigentes códigos de identidad —religiosa, política o nacional—. Y, sin embargo, MacCabe sostiene que la refutación joyceana de todas las dogmáticas o totalitarias formas de identidad es ella misma una postura política: una actitud antitotalitaria o anárquica.*
Ésa es la política del éxodo, la del emigrado. Como tal, puede desde luego servir de fermento e inquietud políticos, de subversión de los supuestos establecidos y de promoción del desorden.

Pero la política del emigrado ¿no implica necesariamente inacción y falta de compromiso?

¡De ningún modo! Sino que la dificultad está en adoptar a la vez dos actitudes opuestas: por un lado, mantenerse a distancia y en alerta con respecto a los códigos políticos oficiales que gobiernan la realidad, y, por otro lado, intervenir aquí y ahora de manera práctica y *engagé* siempre que sea preciso hacerlo. Esta posición de doble lealtad, en la que personalmente me hallo, nunca deja de ser incómoda. Yo trato de actuar políticamente allí donde me es posible, aun reconociendo a la vez que tal acción no guarda proporciones con mi proyecto intelectual de desconstrucción.

¿Cabría describir el equivalente político de la desconstrucción como una disposición —en cuanto opuesta a una posición— de anarquía responsable?

Si tuviese que describir mi disposición política, probablemente emplearía una fórmula de esa clase, aunque insistiendo, claro está, en la interminable obligación de seguir estrujando y desconstruyendo esos dos términos —«responsable» y «anarquía»—. Porque si se los toma como certezas seguras en sí mismas, tales términos pueden equivaler también a reificados e irreflexivos dogmas. Pero yo también trato de re-evaluar la indispensable noción de «responsabilidad».

Ahora desearía que nos fijáramos en otro tema de su obra: la función desconstructiva que desempeña lo «femenino». Si la dominación logocéntrica de la cultura occidental se expresa también como un «falo-egocentrismo», ¿hay algún sentido en el que el moderno movimiento de liberación de la mujer represente una actitud desconstructiva? ¿Es esto algo de lo que curiosamente reconocieron Nietzsche al hablar de «la verdad que se hace mujer» o Joyce cuando celebró la «razón femenina» de Molly Bloom en Ulises *y de Anna Livia Plurabelle en* Finnegans Wake? *¿No es la contemporánea liberación de la razón y la verdad de la mujer un desvelamiento de los hasta ahora reprimidos recursos de un* topos *no logocéntrico?*

Aunque no suelo decidirme a emplear términos como «liberación» o «desvelamiento», creo que caben pocas dudas de que actualmente estamos asistiendo a un radical cambio en nuestra manera de entender la diferencia sexual. Los discursos de Nietzsche y Joyce y el movimiento feminista a los que usted acaba de referirse representan una transformación profunda y sin precedentes en las relaciones entre el hombre y la mujer. La desconstrucción del faloegocentrismo va implícita en esta transformación, como van también el auge del psicoanálisis y la corriente modernista de la literatura. Pero esta mutación no podemos objetivarla o tematizarla, aun cuando está produciendo un cambio tan radical en nuestra manera de entender el mundo que no tardará en ser inconcebible un retorno a las anteriores filosofías logocéntricas de dominio, posesión, totalización o certeza. Los descubrimientos filosóficos y literarios de lo «femenino» por usted mencionados —y hasta el reconocimiento legal y político de la condición social de la mujer— son todos síntomas de una más profunda mutación en esta búsqueda nuestra de sentido que la desconstrucción trata de registrar.

¿Piensa usted entonces que tal mutación puede describirse y valorarse como un progreso histórico hacia el «bien», hacia una «mejor» sociedad?

Esta mutación se experimenta ciertamente como «mejor» en tanto en cuanto es lo deseado por quienes disponen prácticamente de la mayor «fuerza» en la sociedad. Se podría describir como «bien» la transformación efectuada por lo femenino sin hacer de ella *a priori* una meta o un *telos*. Yo no acabo de decidirme a hablar de «liberación» en este contexto, porque no creo que las mujeres estén poco más «liberadas» de lo que lo están los hombres. Desde luego que ya no están «esclavizadas» como antaño en muchos aspectos sociopolíticos, pero ni en la nueva situación suele ser la mujer, a fin de cuentas, más libre que el hombre. Se necesita otro lenguaje, fuera de este de la liberación política, para caracterizar la enorme importancia desconstructiva que tiene lo femenino como factor desarraigante del faloegocentrismo de nuestra cultura. Yo prefiero llamar a esta mutación de lo femenino un «movimiento» más que un «progreso» histórico o político. Siempre me resisto a hablar de progreso histórico.

¿Qué relación hay entre la desconstrucción y el empleo que hace usted del lenguaje poético, particularmente en Toque de difuntos? *¿Es ésta, en su opinión, una obra de filosofía o de poesía?*

No es ni filosofía ni poesía. Es, de hecho, una recíproca contaminación de las dos, de la que ninguna de ellas puede salir intacta. Esta noción de contaminación es, sin embargo, inadecuada, pues no se trata simplemente de que ambas, filosofía y poesía, resulten *impuras*. Lo que ahí se intenta es alcanzar una dimensión adicional o alternativa allende la filosofía y la literatura. En mi proyecto, filosofía y literatura son dos polos de una oposición imposibles de aislar uno de otro o de privilegiar al uno sobre el otro. Yo considero que los límites de la filosofía son también los de la literatura. Consecuentemente, en *Toque de difuntos* trato de componer una *escritura* que penetre con el mayor rigor posible los elementos filosóficos y literarios sin que se la pueda definir como ninguno de ellos. De ahí que en *Toque de difuntos* se hallen análisis filosóficos clásicos yuxtapuestos a pasajes cuasiliterarios, en cada uno de los cuales se proclaman, desnaturalizan y exponen las impurezas y contradicciones de su colindante; y en algún punto la trayectoria filosófica y la literaria se entrecruzan y dan origen a algo más, a algún lugar *otro*, diferente.

¿No hay un sentido en el que la filosofía es para usted una forma de literatura? Usted ha descrito, por ejemplo, la metafísica como una «mitología blanca», o sea, como una especie de palimpsesto de metáforas (eidos, telos, ousía) *y mitos (del retorno, del regreso al hogar, la trascendencia hacia la luz, etcétera), que son recubiertos y olvidados en cuanto se construyen «conceptos» filosóficos como puras y unívocas abstracciones, como totalizantes universales sin mito ni metáfora.*

Siempre he intentado exponer de qué manera la filosofía es literaria, no tanto porque es *metáfora* cuanto porque es *catácresis*. El término metáfora implica generalmente relación a una «propiedad» de significado original, a un sentido «propio» al que remite indirecta o equívocamente, mientras que catácresis es una violenta producción de significado, un abuso que no remite a ninguna norma anterior o propia. Los conceptos básicos de la metafísica —*logos, eidos, theoria*, etcétera— son ejemplos de catácresis más bien que metáforas, según he procurado demostrarlo en «La mitología blanca» *(Márgenes de la filosofía)*. En una obra como *Toque de difuntos*, y en otras recientes como ella, estoy tratando de producir nuevas formas de catácresis, otra clase de escritura, una escritura violenta que va jalonando las fallas *(failles)* y las desviaciones del lenguaje; de este modo el texto produce por sí mismo un lenguaje suyo que, aunque sigue abriéndose paso a través de la tradición, emerge en un momento dado como un *monstruo*, una mutación monstruosa sin tradición o normativa precedente.

¿Y qué hay de la cuestión del lenguaje como referencia? ¿Puede el lenguaje como mutación o violencia o monstruosidad referir a algo distinto de él mismo?

Ha habido varias interpretaciones erróneas de lo que yo y otros desconstruccionistas estamos tratando de hacer. Es del todo falso lo que se sugiere de que la desconstrucción suspende la referencia. La desconstrucción siempre se preocupa profundamente por lo «otro» del lenguaje. Me sorprenden sin cesar los críticos que ven mi obra como una declaración de que más allá del lenguaje no hay nada, de que estamos aprisionados en el lenguaje; lo cierto es que mi obra está diciendo exactamente lo contrario: la crítica al logocentrismo es, por encima de todo lo demás, la búsqueda del «otro» y lo «otro del lenguaje». Todas las semanas recibo comentarios y estudios críticos sobre la desconstrucción que parten del supuesto de que lo que ellos llaman «postestructuralismo» equivale a decir que no hay nada tras el lenguaje, que estamos sumergidos en un océano de palabras... y otras estupideces por el estilo. Ciertamente, la desconstrucción trata de mostrar que la cuestión de la referencia es mucho más complicada y problemática de lo que suponían las teorías tradicionales. Llega inclusive a preguntar si nuestro término «referencia» es enteramente adecuado para designar lo «otro». Lo otro, lo que está más allá del lenguaje y llama a éste, puede que no sea un «referente» en el sentido normal que los lingüistas han dado a este término. Pero el que uno se distancie así de la manera habitual de entender la estructura de la referencia, el que impugne o complique nuestros comunes supuestos acerca de ella, no equivale a decir que no hay *nada* más allá del lenguaje.

Esto podría entenderse también como una réplica a los críticos que mantienen que la desconstrucción es una estrategia del nihilismo, una orgía del sinsentido, un reincidir en el jugueteo de lo arbitrario.

Lamento que se me haya interpretado así, particularmente en Estados Unidos, pero también en Francia. Quienes desean evitar las preguntas y las discusiones presentan la desconstrucción como una especie de caprichoso jugar al ajedrez con una combinación de signos *(combinatoire de signifiants)*, encerrados en el lenguaje como en una caverna. Esta interpretación errónea no es sólo una simplificación; es sintomática de ciertos intereses políticos e institucionales... intereses que también deben ser, a su vez, desconstruidos. Yo rechazo tajantemente la etiqueta de nihilismo que nos han puesto a mí y a mis colegas americanos. La desconstrucción no es un encierro en el vacío de la nada, sino una abertura hacia lo otro.

¿Puede emplearse la desconstrucción como un método de crítica literaria que aporte algo positivo a nuestra estima de la literatura?

No estoy seguro de que la desconstrucción pueda funcionar como *método* literario en cuanto tal. Desconfío de la idea de métodos de lectura. Las leyes del leer las determina el texto concreto que está siendo leído. Lo cual no quiere decir que tengamos que abandonarnos entregándonos sin más al texto o representar éste y repetirlo de un modo puramente pasivo. Quiere decir, más bien, que debemos mantenernos constantemente fieles, aun cuando ello implique cierta violencia, a los requerimientos del texto. Estos requerimientos difieren de un texto al siguiente, por lo cual es absurdo prescribir un método general de lectura. En este sentido, la desconstrucción no es un método. Ni creo tampoco que la función principal de la desconstrucción sea aportar algo a la literatura. Sí que contribuye, por descontado, a nuestra apreciación epistemológica de los textos sacando a la luz las presuposiciones filosóficas y teóricas que funcionan en toda metodología crítica, ya se trate del formalismo, de la nueva crítica, del realismo socialista o de una crítica histórica. La desconstrucción pregunta *por qué* leemos un texto literario de tal manera particular más bien que de tal otra. Hace ver, por ejemplo, que la nueva crítica, por más que se la venere en ciertas instituciones universitarias, no es *el* modo de leer textos, sino solamente un modo entre otros. Así, la desconstrucción puede servir también para cuestionar la presunción, corriente en ciertas universidades e instituciones culturales, de ser los únicos o los privilegiados custodios y transmisores del significado. Resumiendo, la desconstrucción no sólo nos enseña a leer la literatura más completamente, atendiéndola *como lenguaje,* como producción de significado mediante *différance* y diseminación, a través de un complicado juego de pistas significantes, sino que además nos capacita para cuestionar las encubiertas presuposiciones de los métodos críticos institucionalizados que generalmente rigen nuestra lectura de un texto. Hay en la desconstrucción algo que desafía a toda institución docente. No se trata de pedir la destrucción de tales instituciones, sino más bien de hacernos caer en la cuenta de qué es lo que en realidad hacemos cuando aprobamos este o aquel modo institucional de leer literatura. Ni debemos olvidar tampoco que la desconstrucción es **ella misma** una forma de literatura, un texto literario para ser leído como **otros** textos, una interpretación abierta a otras varias interpretaciones. Puede decirse, por lo tanto, que la desconstrucción es a la vez extremadamente *modesta* y extremadamente *ambiciosa.* Es ambiciosa en el ponerse a la par con los textos literarios, y modesta en su admitir que no es más que una interpretación textual entre otras, escrita en un lenguaje que no tiene ningún poder centralista de supremacía o dominación, ningún privilegiado metalenguaje que pretenda estar por encima del lenguaje de la literatura.

¿Y qué les diría usted a los críticos que le acusan de que, con su decisión de prescindir de todas las centralizadoras mediaciones del significado, de todos los «centrismos», está usted aniquilando hasta la idea misma de sujeto humano?
Que no tienen por qué preocuparse. Pues yo nunca he dicho que se deba prescindir del sujeto, sino sólo que hay que desconstruirlo. Y desconstruir el sujeto no significa negar su existencia. Existen los sujetos y las «operaciones» o los «efectos» *(effets)* de la subjetividad. Esto es un hecho indiscutible. Pero reconocer esto no quiere decir que sea el sujeto lo que él *dice* que es. El sujeto no es una substancia o identidad metalingüística, un puro *cogito* de la autopresencia; está siempre inscrito en el lenguaje. Por consiguiente, mi obra no destruye al sujeto; trata simplemente de resituarlo.

Pero ¿puede la desconstrucción, en tanto que descubrimiento del lenguaje como différance, *contribuir al placer de la lectura, a nuestra apreciación de la textura viva de un texto literario? ¿O es sólo una estrategia intelectual de detección, un modo de sacar a la luz nuestras presuposiciones y desengañarnos de nuestras habituales ilusiones acerca del leer?*
La desconstrucción da placer por lo mismo que da deseo. Desconstruir un texto es descubrir su funcionamiento como deseo, como una búsqueda de presencia y de satisfacción que es interminablemente diferida. No se puede leer sin abrirse uno mismo al deseo del lenguaje, a la busca de lo que permanece ausente y distinto de, u «otro» que, uno mismo. Sin un cierto amor al texto, no hay lectura posible. En toda lectura se realiza un *corps-à-corps* entre el lector y el texto, una incorporación del deseo del lector al deseo del texto. Aquí hay placer, lo contrario precisamente del árido intelectualismo del que la desconstrucción ha sido tan a menudo acusada.

(París, 1981)

BIBLIOGRAFÍA SELECTA

«L'origine de la géometrie», de Edmund Husserl, Introduction et traduction, PUF, París, 1962.
L'écriture et la différence, Le Seuil, París, 1967. [Traducción española: *La escritura y la diferencia,* Anthropos, Barcelona, 1989.]

La voix et le phénomène. Introduction au problème du signe dans la phénomenologie de Husserl, PUF, París, 1967. [Trad. esp: *La voz y la diferencia*, Pre-textos, Valencia, 1985.]
De la grammatologie, Minuit, París, 1967. [Trad. esp., 1971].
La dissémination, Le Seuil, París, 1972. [Trad. esp: La *diseminación*, Madrid, Fundamentos, 1975.]
Marges de la philosophie, Minuit, París, 1972. [Trad. esp.: *Márgenes de la filosofía*, Cátedra, Madrid, 1989.]
Positions. Entretiens avec Henri Ronse, Julia Kristeva, Jean-Louis Houdebine et Guy Scarpetta, Minuit, París, 1972. [Trad. esp.: *Posiciones*, Pre-textos, Valencia, 1976.]
Glas. Que reste-t-il du savoir absolu?, 1974.
L'Archéologie du frivole. Lire Condillac, 1976.
Éperons. Les styles de Nietzsche, Flammarion, París, 1978. [Trad. esp.: *Espolones. Los estilos de Nietzsche*, Pre-textos, Valencia, 1984.]
La vérité en peinture, Flammarion, París, 1978.
Limited Inc., The Johns Hopkins University Press, Baltimore, 1978.
La carte postale, de Socrate à Freud et au-delà, Aubier - Flammarion, París, 1980.
D'un ton apocalyptique adopté naguère en philosophie, Galilée, París, 1983.
Otobiographies. L'enseignement de Nietzsche et la politique du nom propre, 1984.
Ulysse grammophone. Deux mots pour Joyce, 1987.
De l'esprit. Heidegger et la question, 1987. [Trad. esp.: *Del espíritu. Heidegger y la pregunta*, Pre-textos, Valencia, 1989.]
Du droit à la philosophie, 1990.
Le problème de la genèse dans la philosophie de Husserl, 1990.
Donner le temps. La fausse monnaie, 1991. [Trad. esp.: *Dar el tiempo (I). La moneda falsa*, Paidós, 1995].
L'Autre Cap, 1991.
Spectres de Marx, 1993. [Trad. esp., *Espectros de Marx*, Trotta, Madrid, 1995.]
Politiques de l'Amitié, 1994.
Mal d'archive, 1995.

Emmanuel Lévinas
Ética del infinito

Emmanuel Lévinas nació en 1906 en Kaunas, Lituania, de padres judíos. Muy niño aún, marchó con su familia a Ucrania y vivió allí durante la Revolución rusa de 1917 hasta que, al final, siendo él adolescente, emigraron a Francia, donde pasaría Emmanuel la mayor parte de su existencia como adulto. En 1923 empezó a estudiar filosofía en la Universidad de Estrasburgo, teniendo por profesores a Blondel, a Pradines y más adelante a Héring, quien en 1927 le inició en la fenomenología. Durante esos años de estudiante Lévinas trabó amistad con Maurice Blanchot y le impresionaron mucho las repercusiones del affaire Dreyfus *y la emergencia del sionismo, que describió como «la visión del extraordinario, asombroso resurgimiento de un pueblo hasta ponerse en pie de igualdad con la humanidad entera».*

En 1928 Lévinas marchó a Alemania para seguir sus estudios de fenomenología en la Universidad de Friburgo, recibiendo allí las enseñanzas de Husserl y Heidegger, cuya monumental obra Ser y tiempo *acababa de publicarse. Este breve aprendizaje con los «maestros» (Lévinas regresó a Francia en 1929) sería para él un rico venero de inspiración a lo largo de toda su vida. Sus tres primeras publicaciones importantes —La teoría de la intuición en la fenomenología de Husserl (1930),* De la existencia a los existentes *(1947) y* Descubriendo la existencia con Husserl y Heidegger *(1949)— las compuso desde un punto de vista explícitamente fenomenológico.*

Lévinas se hizo ciudadano francés en 1930 y empezó a frecuentar en París los grupos de vanguardia filosófica de Gabriel Marcel y Jean Wahl. Durante los años treinta y cuarenta se familiarizó con la corriente más «existencialista» de la fenomenología practicada en Francia. Aunque dio frecuentes conferencias en Israel y en Bélgica, la mayor parte de su vida trabajó y enseñó en Francia, como directos de la École Normale Israélite Orientale y como profesor de filosofía en las Universidades de Poitiers, Nanterre y la Sorbona.

La obra más influyente de Lévinas es, sin duda, Totalidad e infinito, *publicada por primera vez en 1961. Se vale en ella del método fenomenológico para describir dos tipos básicos de relación con el mundo: 1.º una relación «ontológica» que centraliza nuestra experiencia en fun-*

ción del ser-como-totalidad *(ya se trate del ser de nuestro* cogito *subjetivo o del finito e inmanente ser del cosmos); y 2.º una relación «metafísica» que descentraliza nuestra experiencia y nos abre a la infinita alteridad de la trascendencia. Mientras la primera propende a una* filosofía de la naturaleza *por la que al sujeto humano se le pueda asignar su puesto en el totalizante esquema de los seres, la segunda reconoce la primacía de una* filosofía ética *que hace ver cómo el trato de cada sujeto humano con otro sujeto humano puede trascender la natural relación posesiva, de dominio y pertenencia de los seres, y orientarse hacia la búsqueda de un Bien más allá del ser. Lévinas arguye que la corriente más importante de la filosofía europea occidental, desde los presocráticos hasta Hegel y Heidegger, representa una ontología totalizadora que se esfuerza por reducir la «diferencia» y la «alteridad» a la categoría de «lo mismo». Enfrentándose con energía a esta tradición ontológica, sale Lévinas en defensa de la opuesta tradición, generalmente ignorada, de la «metafísica», a la que, según él, pertenecen la noción platónica del Bien y la cartesiana «idea del Infinito» en cuanto que sobrepasan las totalizantes categorías del ser. Las descripciones fenomenológicas de nuestro finito ser-en-el-mundo* (être-au-monde) *llevan, por último, a Lévinas, más allá de los límites de la fenomenología, a una ética de la trascendencia basada en la primacía del otro sobre el yo mismo.*

Mientras en su producción temprana Lévinas se mostró cauto respecto a caracterizar como religiosa la relación con el otro, a partir de 1960 escribió varios estudios sobre el judaísmo —entre ellos, Difícil libertad *(1963),* Cuatro lecciones talmúdicas *(1968) y* De lo sagrado a lo santo *(1977)— en los que sostuvo que la tradición judaica se diferencia de su compañera helénica en el afirmar que a Dios, como el absolutamente Otro, sólo puede encontrársele en, y a través de, nuestra relación ética con nuestros prójimos, con los demás seres humanos (en lo que describe como la «relación rostro a rostro»). Según Lévinas, los textos bíblicos y los talmúdicos nos enseñan que el «yo» no se origina a solas consigo mismo en algún instante de autoconciencia pura y autónoma, sino en relación con el otro, respecto al cual seguirá siendo responsable para siempre. La intención general del pensamiento levinasiano es, por ende, convertir el saber en «un sacudir la propia condición natural» de poder y violencia para exponerse y abrirse a la infinidad del otro, que trasciende todo intento de reducirla a nuestra captación totalizante. «El existir», escribe Lévinas, «tiene significado en una dimensión que no es la del perdurar de la totalidad: puede ir más allá del ser.»*

El diálogo que aquí sigue se celebró en París en 1981.

¿Podría usted distinguir, repasando su itinerario filosófico, algunos de los autores que más influyeron en su pensamiento?

La primera influencia contemporánea sobre mi propio pensar, después de la de los grandes maestros de la historia de la filosofía —en particular Platón, Descartes y Kant— fue la de Bergson. En 1925, en la Universidad de Estrasburgo, Bergson era aclamado como el principal pensador de Francia. Por ejemplo, Blondel, uno de sus discípulos de Estrasburgo, desarrolló una psicología específicamente bergsoniana y del todo hostil a Freud —hostilidad que me produjo una impresión profunda y duradera—. Por otro lado, la teoría bergsoniana del tiempo como duración concreta *(la durée concrète)*, aunque en gran parte se la ignora, es, creo yo, una de las más importantes contribuciones a la filosofía moderna. De hecho, fue el insistir de Bergson en la temporalidad lo que preparó el terreno para la subsiguiente implantación de la fenomenología heideggeriana en Francia. Resulta, por ello, de lo más irónico que Heidegger en *Ser y tiempo* acuse a Bergson ¡de reducir el tiempo al espacio! Y, lo que es más, en *La evolución creadora*, de Bergson, se halla ya la misma idea de la técnica como destino de la filosofía occidental de la razón. Bergson fue el primero que contrapuso a la técnica, como necesaria expresión lógica de la racionalidad científica, una forma alternativa de expresión humana que él llamó intuición o impulso creador: el *élan vital*. Todos los célebres análisis heideggerianos de nuestra era de la técnica como culminación lógica de la metafísica occidental y su olvido del ser vinieron después de las reflexiones de Bergson sobre esta temática. La importancia de Bergson para el pensamiento continental contemporáneo ha sido poco reconocida; se le ha relegado a una especie de limbo; pero yo creo que tal abandono es sólo temporal.

Y, después de Bergson, ¿cómo empezaron a influirle a usted los fenomenólogos alemanes, Husserl y Heidegger?
Fue en 1927 cuando empecé a interesarme por la fenomenología de Husserl, entonces aún desconocida en Francia. Marché a la Universidad de Friburgo, donde en 1928-1929 estuve dos semestres estudiando la fenomenología con Husserl y también, claro está, con Heidegger, que era por aquellos días, tras la publicación de su *Ser y tiempo* en 1927, la más brillante lumbrera de la filosofía alemana. La fenomenología representó la segunda aunque sin duda mayor influencia sobre mi pensamiento, pues, en cuanto a método y disciplina filosóficos, he seguido siendo fenomenólogo hasta hoy.

¿Cómo caracterizaría usted la peculiar contribución de la fenomenología a la filosofía moderna?
La aportación más fundamental de la fenomenología de Husserl es su metódico descubrimiento de cómo se origina el sentido, cómo surge en nuestra conciencia del mundo o, más exactamente, en el hacernos conscientes de nuestra referencia intencional *(visée)* al mundo. El método fenomenológico nos capacita para descubrir el sentido dentro de

nuestra experiencia vivida; nos hace ver que la conciencia es una intencionalidad siempre en *contacto* con objetos exteriores a ella, diferentes de ella misma. La conciencia humana no es una substancia en la que transparezca la propia identidad del yo, ni un puro *cogito*, sino que es siempre intencional, está siempre tendiendo hacia algo que en el mundo le preocupa o interesa. El método fenomenológico posibilita a la conciencia la comprensión de sus propias preocupaciones, el descubrir reflictiendo sobre sí todos los ocultos o inadvertidos horizontes de su intencionalidad. En otras palabras, al volvernos hacia los implícitos horizontes de la conciencia, la fenomenología nos capacita para explicar o desplegar todo el sentido intencional de un objeto que, si no, suele ser presentado como una entidad abstracta y aparte, separada de sus horizontes intencionales. La fenomenología nos enseña, así, que la conciencia está a la vez vinculada al objeto de su experiencia y, no obstante, libre para destacarse de ese objeto y volver sobre sí misma atendiendo a aquellas *visées*, a aquellos aspectos de la intencionalidad en los que el objeto se nos muestra *pleno de sentido*, como parte de nuestra experiencia vivida. Podría decirse que la fenomenología es una manera de percatarnos o hacernos conscientes de lo que somos en el mundo, un *sich besinnen* consistente en captar el originarse del sentido en nuestro mundo de la vida o *Lebenswelt*.

Su segunda obra importante llevaba por título Descubriendo la existencia con Husserl y Heidegger. *Si Husserl le ganó para la fenomenología, ¿en qué consiste la deuda de usted para con Heidegger?*
La filosofía de Heidegger produjo una honda conmoción en mí y en la mayoría de mis contemporáneos a finales de los años veinte y durante la década de los treinta. Alteró completamente el curso y las características de la filosofía europea. Creo que hoy no se puede filosofar en serio sin recorrer de un modo u otro la vía de Heidegger. Su *Ser y tiempo*, obra mucho más profunda y significativa que cualquier otra de las que escribió después, representa el florecimiento y la fructificación de la fenomenología husserliana. Las potencialidades de mayor alcance del método fenomenológico fueron explotadas por Heidegger, en ésta su primera gran obra, sobre todo al analizar fenomenológicamente la «angustia» como rasgo esencial de nuestra existencia. Describió, en efecto, cómo este modo existencial o *Stimmung* revela la manera en que estamos tensamente apegados al Ser. Los estados de ánimo del hombre, tales como el sentirse culpable, el miedo, la ansiedad, el desbordar de alegría o el abatirse de temor o tristeza, no son ya considerados meras sensaciones fisiológicas o emociones psíquicas, sino que ahora se les reconoce como las maneras ontológicas de hallarse nuestro ser-en-el-mundo, nuestro ser-ahí como *Befindlichkeit*.

Este análisis de nuestros modos existenciales fue, desde luego, algo de lo que usted mismo se sirvió con originalidad para describir, en su libro De la existencia al existente, *situaciones tan humanas como el apuro, el deseo, el esfuerzo, la dejadez u ociosidad y el insomnio. Pero, volviendo a Husserl y Heidegger, ¿cómo definiría usted la principal diferencia entre sus estilos de fenomenologizar?*

El estilo de Husserl fue siempre más abstracto y grave..., ¡tenía uno que aguzar el oído y estar sumamente atento si quería enterarse de lo que decía en sus clases! Él se propuso, ante todo, establecer y perfeccionar la fenomenología como método o procedimiento epistémico de describir cómo surgen nuestros conceptos y categorías lógicos y el significado esencial que asumen. ¿Qué relación hay entre nuestros juicios lógicos y nuestra experiencia perceptual? Ésta era la pregunta de Husserl, y la fenomenología era su forma de responder a ella mediante rigurosas y exactas descripciones de nuestros modos intencionales de concienciarnos. La fenomenología era, sobre todo, una manera de poner en suspenso nuestras preconcepciones y nuestros prejuicios para descubrir cómo se generan la verdad y el sentido esenciales; era un metódico volver a los inicios, a los orígenes del conocimiento. Por su parte Heidegger, el joven discípulo, dio al método fenomenológico un nuevo impulso insistiendo en su importancia, orientándolo hacia la vida y revistiéndolo de un estilo de más actualidad. Los análisis existenciales de Heidegger tenían una fuerza y una calidad poética que encandilaban las mentes sin perder por ello nada del rigor metódico del maestro. Así que yo diría, resumiendo, que si fue Husserl quien me hizo ver las inmensas posibilidades del análisis fenomenológico del conocimiento, fue Heidegger quien primero dio a esas posibilidades una base positiva y concreta en nuestro existir cotidiano, al hacer comprender que la búsqueda fenomenológica de verdades eternas o esencias se origina, al fin y al cabo, en el *tiempo*, en nuestra existencia temporal e histórica.

Su primer trabajo de fenomenología, La teoría de la intuición en la fenomenología de Husserl, *publicado en 1930, fue el primer estudio completo que hubo en Francia sobre Husserl. Y el sugerente artículo de usted sobre Heidegger en* La Revue Philosophique *de 1931 fue otro hito para la filosofía francesa contemporánea. No tardarían en orientarse por él Sartre y Merleau-Ponty explorando ulteriores posibilidades del método fenomenológico en lo que hoy se conoce como existencialismo francés. Habiendo sido usted el discreto inaugurador del interés francés por la fenomenología, ¿cuáles fueron exactamente sus relaciones con Sartre y con Merleau-Ponty?*

Siempre admiré la poderosa originalidad de los trabajos de Merleau-Ponty, aunque diferían de los míos en muchos aspectos, y tuve con él frecuente trato en las reuniones que por los años treinta y cuarenta organizaba Jean Wahl en el Collège de Philosophie, y también cada vez que colaboré en *Les Temps Modernes* cuando aún era él su coeditor con Sartre. Pero quien garantizó mi puesto en la eternidad fue Sartre al declarar, en su famoso artículo necrológico sobre Merleau-Ponty, que él, Sartre, «había sido introducido a la fenomenología por Lévinas». Por qué pudo afirmar esto lo refiere Simone de Beauvoir en uno de sus escritos autobiográficos. Un buen día, a comienzos de los años treinta, vio casualmente Sartre un ejemplar de mi libro sobre Husserl en la librería Picard, justo enfrente de la Sorbona. Lo compró, lo leyó y le dijo a Simone: «Ésta es la filosofía que querría yo escribir». ¡Después se dio cuenta de que mi análisis era demasiado didáctico y de que él podría hacerlo mejor! Y, en consecuencia, se dedicó a estudiar con detenimiento a Husserl y a Heidegger. El resultado fue un gran número de intrépidos análisis fenomenológicos que van desde *La imaginación* (1940) hasta *El ser y la nada* (1943). A mí me interesó muchísimo el análisis fenomenológico que Sartre hacía del «otro», aunque siempre lamenté que lo interpretara como amenaza y degradación, una manera ésta de ver las cosas de la que también hallo indicios en su miedo a plantear la cuestión de Dios. Por cierto que Sartre había rechazado tan inequívocamente el teísmo que las últimas afirmaciones que hizo en las entrevistas de *Le Nouvel Observateur*, poco antes de morir, justificando la historia judía como una fe en la existencia de Dios, les parecieron increíbles a quienes le conocían o le habían estudiado. En Sartre, como en toda la ontología de Occidente, el fenómeno del otro se sigue interpretando como una modalidad de unidad y fusión, o sea, reduciendo al «otro» a las categorías del «mismo», de la identidad. Sartre lo describe como proyecto teleológico para unir y totalizar lo para-sí y lo en-sí. Aquí incide básicamente mi desacuerdo filosófico con Sartre. Personalmente siempre nos tratamos con amabilidad. Le conocí en casa de Gabriel Marcel en vísperas de la guerra, y después de ésta mantuvimos algunas discusiones en torno a la espinosa cuestión de la existencia del Estado de Israel. Sartre se había negado a aceptar el Premio Nobel de Literatura, y yo creía que quien había sido tan valiente como para rechazar tal honor por razones éticas tenía derecho, sin duda, a intervenir y a procurar convencer a Nasser, el líder egipcio de entonces, de que debía renunciar a sus amenazas contra Israel y entablar un diálogo. Lo que también admiraba yo en Sartre era que su filosofía no se limitaba a cuestiones puramente conceptuales sino que estaba abierta a la posibilidad de compromisos éticos y políticos.

¿Qué orígenes tiene la dimensión religiosa de su propio pensamiento?
Yo nací en Lituania, país en el que la cultura judía era intelectualmente apreciada y fomentada, cultivándose a un alto nivel la in-

terpretación y la exégesis de los textos bíblicos. Allí aprendí a leer la Biblia en hebreo; pero por el pensamiento judío empecé a interesarme vivamente mucho después. Terminada la segunda guerra mundial, encontré aquí en París a un notable maestro de interpretación del Talmud, un hombre de extraordinaria agilidad mental, que me enseñó cómo hay que leer los textos rabínicos. Fui alumno suyo durante cuatro años, de 1947 a 1951, y todo cuanto hay en mis *Lecciones talmúdicas* lo he escrito al amparo de su sombra. Este encuentro de la posguerra reactivó mi latente —y aun podría decir que dormido— interés por la tradición judaica. Pero, cuando reconozco en mí este influjo del judaísmo, no me gusta hablar en términos de creencia o no creencia. «Creer» no es un verbo que deba emplearse en primera persona del singular. En realidad, con la lógica meramente humana nadie tendría derecho a decir *creo* —o, según el caso, *no creo*— que Dios existe, pues la existencia de Dios no puede demostrarse, no es cuestión que dependa de que un individuo haga buenos silogismos. La existencia de Dios, el *Sein Gottes*, es la historia sagrada misma, la sacralidad de la relación del hombre al hombre a través de la cual puede Dios darse a conocer. La existencia de Dios es la historia de su Revelación en la historia bíblica.

¿Cómo concilia usted las dimensiones fenomenológica y religiosa de su pensamiento?

En lo que escribo, hago siempre una clara distinción entre textos filosóficos y textos confesionales. No voy a negar que, en el fondo, puedan tener una común fuente de inspiración; simplemente digo que es necesario trazar una línea de demarcación entre ellos como distintos métodos de exégesis, como lenguajes diferentes. Por ejemplo, yo nunca introduciría un versículo del Talmud o de la Biblia en uno de mis textos filosóficos para tratar de probar o justificar un argumento fenomenológico.

¿Llegaría usted a tanto como a dar por bueno el argumento de Heidegger según el cual para que el inquirir sea genuinamente filosófico ha de suspender uno o poner entre paréntesis su fe religiosa? Me refiero, en concreto, a lo que afirma Heidegger, en su Introducción a la metafísica, *de que el pensador religioso no puede hacer de veras la pregunta filosófica «¿Por qué hay algo y no más bien nada?», puesto que él ya está en posesión de la respuesta: «Porque Dios creó el mundo». De lo cual concluye Heidegger que una filosofía religiosa (en el sentido de cristiana o judía) es un «círculo cuadrado», un «hierro de madera», una contradicción en los términos.*

Para mí, la característica esencial de la filosofía es una cierta manera, específicamente griega, de pensar y de hablar. La filosofía es primordialmente una cuestión de lenguaje, y es discerniendo el lenguaje subtextual de los discursos como podemos decidir si éstos son o no son filosóficos. La filosofía emplea una serie de términos y conceptos —tales como *morphé* (forma), *ousía* (substancia), *nous* (mente, razón), *logos* (pensamiento), *telos* (fin), etcétera— que constituyen un léxico de la inteligibilidad específicamente griego. El francés y el alemán, y de hecho toda la filosofía de Occidente, están transidos de este lenguaje específico; patentiza la genialidad de Grecia el que haya podido introducir así su lenguaje en las alforjas de Europa. Pero aunque la filosofía es esencialmente griega, no lo es en exclusiva, ya que tiene también fuentes y raíces no griegas. Por ejemplo, la tradición que llamamos judeo-cristiana propuso otra manera de concebir el sentido y la verdad. Es difícil, desde luego, *hablar* de esta tradición alternativa, dada la naturaleza esencialmente griega del lenguaje filosófico. Y de esta dificultad forma parte el hecho de que, históricamente, la cultura judeo-cristiana se ha incorporado a la filosofía griega. Hoy a los filósofos les es casi imposible recurrir a un lenguaje exento de religiosidad. Todo lo que puede decirse es que la obra de los Setenta aún no se ha completado, que la traducción de la sabiduría bíblica a la lengua griega sigue estando inacabada. Lo mejor que puede hacerse para comprender la fundamental diferencia entre los enfoques griego y bíblico de la verdad es definir lo que era distintivo o peculiar de la filosofía griega antes de la histórica incursión de las culturas judía y cristiana. Pues bien, el rasgo más distintivo del lenguaje de la filosofía griega diría yo que fue su hacer equivaler la verdad a una *inteligibilidad de la presencia*. Llamo así a un dar por supuesto que la verdad es lo que está presente o co-presente, lo que puede ser captado, reunido o sincronizado en una totalidad a la que solemos denominar el mundo o *cosmos*. Según el modelo griego, la inteligibilidad de una cosa es que se la pueda hacer presente, que pueda ser representada en algún eterno aquí y ahora, que se la pueda exponer y descubrir a la luz pura. Equiparar de este modo la verdad a la presencia es suponer que, por más diferentes que parezcan los dos términos de una relación (por ejemplo, lo Divino y lo humano) o por más separados que estén en el tiempo (por ejemplo, en el pasado y en el futuro), se los puede hacer en el fondo coincidentes y simultáneos, se los puede hacer el mismo, englobándolos en una historia que totaliza el tiempo y lo convierte en un inicio o un fin, o en ambos, que es la presencia. La noción griega del «ser» es, esencialmente, esta presencia.

Entonces ¿está usted de acuerdo con la crítica que hace Heidegger de la metafísica occidental como una filosofía de la presencia?

Yo no creo que, a este respecto, sea Heidegger coherente del todo; en mi opinión, nunca se desembarazó por completo del lenguaje griego de la inteligibilidad y la presencia. Pues, aunque se pasó gran parte de su carrera filosófica peleando contra ciertas concepciones metafísicas de la presencia —en especial contra la objetivadora noción de presencia como *Vorhandenheit* expresada en nuestra manera científica y tecnológica de clasificar las cosas del mundo—, en el fondo parece adoptar otra más sutil y compleja noción de la presencia como *Anwesen*, o sea, como el venir-a-la-presencia del Ser. Así que, aunque proclame el final de la metafísica de la presencia, Heidegger sigue, no obstante, pensando el Ser como un venir-a-la-presencia; parece incapaz de romper definitivamente con la hegemonía de la presencia que él denuncia. Esta ambigüedad salta también a la vista cuando Heidegger interpreta nuestro ser-en-el-mundo como historia. La principal y más auténtica misión del existente humano o *Dasein* es recoger *(wiederholen)* y hacer un todo de su temporal dispersión en pasado, presente y futuro. El *Dasein* es su historia en la medida en que puede interpretar y narrar su existencia como un relato *(histoire)* finito y contemporáneo, una totalizante co-presencia de pasado, presente y futuro.

La relación ética con el otro, tema tan central en la filosofía de usted, ¿cómo contribuye a acabar con las formas griega y heideggeriana de la ontología de la presencia?

La relación interhumana emerge con nuestra historia, con nuestro ser-en-el-mundo como inteligibilidad y presencia. El reino interhumano puede así considerarse una parte del descubrimiento del mundo como presencia. Pero también se le puede considerar, en otra perspectiva —en la perspectiva ética o bíblica, que rebasa o trasciende al lenguaje de la inteligibilidad griego—, como un tema de justicia y de interés por el otro en cuanto otro, como un asunto de amor y de deseo que nos lleva más allá del finito ser del mundo como presencia. El interhumano es, así, un lugar de encrucijada y encuentro de dos dimensiones, lugar en el que a lo que es «del mundo» *en cuanto inteligibilidad fenomenológica* se junta lo que es «no del mundo» *en cuanto responsabilidad ética*. A Dios se le ha de pensar en esta perspectiva ética, y no, en la perspectiva ontológica de nuestro ser-ahí, como un Ser Supremo y Creador correlativo al mundo, según lo pensara a menudo la metafísica tradicional. Dios, como Dios de la alteridad y la trascendencia, sólo es concebible en función de esa dimensión interhumana que emerge, sin duda, en la perspectiva fenomenológicoontológica del mundo inteligible, pero hiende y perfora la totalidad de la presencia y apunta hacia el absolutamente Otro. En este sentido, reconozco que el pensamiento bíblico ha influido bastante en mi lectura ética de lo interhumano, mientras que el pensamiento griego ha determinado en gran medida la forma filosófica de expresarlo mediante el lenguaje. Así que quiero mantener, contra Heidegger, que la filosofía igualmente puede ser ética que ontológica, puede ser a la vez griega y no griega en su inspiración. Estas dos fuentes de inspiración coexisten como dos tendencias diferentes en la filosofía moderna, y mi propia tarea personal consiste en tratar de distinguir ese origen dual del sentido —*der Ursprung des Sinnhaften*— en la relación interhumana.

Uno de los temas más complejos y centrales de su filosofía es el de cómo se relacionan lo interhumano y el tiempo. ¿Podría aclarárnoslo con respecto a la distinción entre la ética y la ontología?

Lo que trato de hacer ver es que la relación ética de un hombre con otro es, básicamente, prioritaria respecto a su relación ontológica consigo mismo, con su propio yo (egología), o con la totalidad de los entes que llamamos el mundo (cosmología). El referirse al otro es el *tiempo*: una intotalizable diacronía en la que cada momento persigue al precedente sin poder nunca atraparlo para coincidir o hacerse uno con él. La no-simultaneidad y no-presencia es mi primario referirme al otro en el tiempo. El tiempo significa que el otro está siempre más allá de mí, irreductible a la sincronía de lo mismo. La temporalidad de lo interhumano revela el sentido de la otreidad y la otreidad del sentido. Pero, como en el mundo hay más de dos personas, pasamos invariablemente de la perspectiva ética de la alteridad a la perspectiva ontológica de la totalidad. Siempre hay, por lo menos, tres personas. Esto significa que estamos obligados a preguntar quién es el otro, a tratar de definir objetivamente lo que es de suyo indefinible, a comparar lo incomparable en un esfuerzo por mantener jurídicamente juntas posiciones diferentes. Así que el primer tipo de simultaneidad es la simultaneidad de la igualdad, el intento de conciliar y equilibrar los conflictivos derechos de una pluralidad de personas. Si existiéramos sólo dos personas en el mundo, no tendríamos ninguna necesidad de tribunales de justicia, pues yo sería siempre responsable de, y ante, la otra, y recíprocamente, la otra lo sería ante mí. Desde el momento en que haya tan sólo una tercera persona, la relación ética con el otro se hará ya política y entrará en el totalizante discurso de la ontología. Jamás podremos librarnos por completo del lenguaje de la ontología y de la política. Hasta cuando desconstruimos la ontología nos vemos obligados a emplear su lenguaje. El trabajo de desconstrucción que efectúa Derrida, por ejemplo, posee el rigor especulativo y metodológico de la filosofía que está tratando de desconstruir. Se parece esto al argumento de los escépticos: ¿cómo podemos saber que nos es imposible saber nada? La mayor virtud de la filosofía es que puede ponerse a sí misma en cuestión, que puede tratar de desconstruir lo que ha construido y desdecirse de lo que ha dicho. La ciencia, por el contrario, no trata nunca de desdecirse, no pone en cuestión o se interroga por sus propios conceptos, términos o fundamentos; ella avanza rápidamente, progresa. En este aspecto, la ciencia intenta ignorar el lenguaje y construye su propio abstracto no-lenguaje de símbolos y fórmulas calculables. Pero la ciencia no es más que un segundo poner entre paréntesis el lenguaje filosófico del que ella, a fin de cuentas, se deriva; ella nunca podrá tener la última palabra. Heidegger resumió esto admirablemente cuando dijo que la ciencia *calcula* pero *no piensa*. Pues bien, lo que a mí me interesa es, precisamente, esta capacidad de pensar propia de la filosofía, esta capacidad de cuestionarse a sí misma y hasta de desdecirse; y me pregunto si tal virtud no le vendrá de la pre-ontológica relación interhumana con el otro. El hecho de que la filosofía no pueda totalizar por completo la alteridad del sentido encerrándolo en alguna presencia o simultaneidad definitiva no es, para mí, una deficiencia o falta. Digámoslo de otra manera: lo mejor de la filosofía es precisamente que no pueda hacer eso, que le falte ese poder. Es mejor que la filosofía sea incapaz de totalizar el sentido —aunque, como ontología, ha intentado solamente tal cosa— porque gracias a este no-poder permanece abierta a la irreductible otreidad de la trascendencia. La ontología griega era clara expresión de un fuerte convencimiento de que la última palabra es la unidad, el hacerse uno los muchos, la verdad como síntesis. De ahí que Platón caracterizase al amor —*eros*— solamente como *semi*-divino, por faltarle la plena coincidencia o unificación de las diferencias. que era como definía él la divinidad. Toda la tradición romántica de la poesía europea tiende a adaptarse a esta ontología platónica, al inferir que el amor es perfecto cuando dos personas se hacen *una*. Yo estoy tratando de ir en contra de semejante identificar lo divino con la unificación o totalidad. La relación del hombre con el otro es *mejor* como diferencia que como unidad: la sociabilidad es mejor que la fusión. El valor mismo de mi amor a otro es la imposibilidad de reducir a ese otro a mí, la imposibilidad de que lleguemos a coincidir en una total identificación. ¡Desde un punto de vista ético, dos se lo pasan mejor que uno solo! *(on s'amuse mieux à deux!)*.

¿Es concebible una escatología de la no-coincidencia, en la que el hombre y Dios puedan coexistir eternamente sin fundirse en unidad?

Pero ¿por qué escatología? ¿Por qué queremos reducir el tiempo a la eternidad? El tiempo es la más profunda manera que el hombre puede tener de relacionarse con Dios, precisamente como un estar yendo hacia Dios. Hay en el tiempo una excelencia que se perdería en la eternidad. Desear la eternidad es desear perpetuarse uno mismo, seguir viviendo como uno mismo, *ser* siempre. ¿Puede concebirse una vida eterna que no suspenda el curso del tiempo o no lo reduzca a una contemporánea presencia? Aceptar el tiempo es aceptar la muerte como la imposibilidad de la presencia. Ser en la eternidad es ser *uno*, existir *uno mismo* eternamente. Ser en el tiempo es existir para Dios *(être à Dieu)*, un perpetuo adiós *(adieu)*.

Pero ¿cómo se puede existir para Dios o ir a Dios como a lo absolutamente Otro? ¿Será yendo hacia el otro humano?

Sí, y es esencial advertir que la relación implícita en la preposición *hacia (à)* es, en última instancia, una relación que se deriva del tiempo. El tiempo configura la relación de un hombre a otro, y al absolutamente Otro o Dios, como una relación diacrónica irreducible a una correlación. El «ir hacia Dios» no ha de entenderse aquí en el sentido ontológico clásico de un retorno a, o una reunificación con Dios como Principio o Fin de la existencia temporal. El «ir hacia Dios» carece de sentido si no se entiende a partir de mi primario ir hacia la persona del otro. Yo sólo puedo ir hacia Dios interesándome y comprometiéndome éticamente por y para la otra persona. Con lo cual no digo que la ética presuponga la fe. Al contrario, la fe presupone la ética como aquella disrupción de nuestro ser-en-el-mundo que nos abre al otro. La exigencia ética de hacerse responsable ante el otro socava y derrumba la primacía ontológica del sentido del Ser; esa exigencia desbarata las posiciones naturales y políticas que hemos tomado en el mundo y nos predispone a aceptar un sentido que es otro que el del Ser, de otro modo que el Ser *(autrement qu'être)*.

¿Qué papel desempeña su ánálisis del «rostro» (visage) *del otro en esta disrupción de la ontología?*
El mirar a la cara, al rostro, es la forma más básica de la responsabilidad. De suyo, el rostro del otro es verticalidad, rectitud; significa una relación de honradez. El rostro no está frente a mí *(en face de moi)*, sino sobre mí: es el otro ante la muerte, mirando con atención y descubriendo a la muerte. En segundo lugar, el rostro es el otro que me pide que no le deje morir solo, como si el hacerlo fuese convertirme en cómplice de su muerte. Así, el rostro me dice: no matarás. En la relación al rostro, yo soy descubierto como usurpador del puesto del otro. El célebre «derecho a la existencia» que Spinoza llamaba el *conatus essendi* y lo presentaba como el principio básico de toda inteligibilidad, es abolido por la relación al rostro. Sí, mi deber de responder al otro suspende mi natural derecho a la supervivencia, suspende *le droit vital*. Mi relación ética de amor al otro, al prójimo, dimana del hecho de que el yo no puede sobrevivir por sí solo, no puede hallar sentido encerrándose en su propio ser-en-el-mundo, dentro de la ontología de la mismidad. Por eso transcribí al comienzo de *Totalidad e Infinito* esta frase de Pascal: «*Ma place au soleil, le commencement de toute usurpation*» [mi lugar bajo el sol, el comienzo de toda usurpación»]. Pascal apunta a lo mismo cuando declara que «*le moi est haïssable*» [«el yo es aborrecible»]. Aquí los sentimientos éticos de Pascal van en contra del ontológico privilegiar el «derecho a existir». Exponerme yo a la vulnerabilidad del rostro equivale a poner en cuestión mi derecho ontológico a la existencia. Éticamente, el derecho del prójimo a existir tiene primacía sobre mi derecho, una primacía que se resume en el mandamiento ético: no matarás, no aten-

tarás contra la vida del prójimo. La relación ética con el rostro es asimétrica, ya que subordina mi existencia a la del prójimo. El principio ontológico se repite en la biología darwiniana como la «supervivencia del más apto», y en el psicoanálisis como el instinto natural del «ello» que busca gratificación, posesión y poder, la *libido dominandi*.

Así que yo me debo más al prójimo que a mí mismo...
¡Ni más ni menos! Y esta exigencia ética socava el apoyo helénico, prevaleciente todavía hoy, al *conatus essendi*. Hay un proverbio judío según el cual «las necesidades materiales del prójimo son mis necesidades espirituales»; es esta desproporción o asimetría la que caracteriza el rechazo ético de la primera verdad de la ontología, la lucha por *ser*, por *existir*. La ética va, pues, *contra natura*, porque prohíbe el crimen que cometería yo si cediese a mi natural deseo de preferir y anteponer mi propia existencia.

¿Pero el ir hacia Dios requiere que vayamos siempre contra nuestra naturaleza?
Dios no puede aparecer como la causa o el creador de la naturaleza. La palabra de Dios habla a través de la gloria del rostro y llama a una conversión o vuelta del revés de nuestra naturaleza. Lo que consideramos moralidad laica, o sea, el interés humanístico por los demás seres humanos compañeros nuestros, es ya la voz de Dios que nos habla. Pero el dar prioridad moral al otro sobre mí mismo no ocurriría si no lo motivase algo que rebasa a la naturaleza. La situación ética es una situación humana que rebasa a la naturaleza humana y en la que me viene a la mente la idea de Dios *(Gott fällt mir ein)*. Desde este punto de vista, podríamos decir que Dios es el otro que vuelve del revés nuestra naturaleza, que nos llama a poner en tela de juicio nuestro ontológico querer ser. Este llamamiento ético de la conciencia se da también, sin duda, en más sistemas religiosos que en el judeo-cristiano, pero es siempre un llamamiento esencialmente religioso, una vocación. Ir hacia Dios es, así, contrariar a la naturaleza en cuanto que Él no es de este mundo: Dios es otro que el ser.

¿Y cómo puede uno destilar el sentido ético-religioso de la existencia a partir de su sedimentación natural u ontológica?
Advierta usted que, al formular de este modo su pregunta, está ya dando por supuesto que la ética se deriva de la ontología. Yo pienso, por el contrario, que la relación ética con el otro es tan originaria y primordial *(ursprünglich)* como la ontología... si no lo es más. La ética no se deriva de una ontología de la naturaleza; es lo opuesto de ésta, una *meontología* que afirma que hay un sentido más allá del ser, un modo primero de no-ser *(me-on)*.

Sin embargo, usted asegura que la inspiración ética y la ontológica coexisten de alguna manera.

Ya en la filosofía griega pueden distinguirse trazas de un irse abriendo paso lo ético a través de lo ontológico, por ejemplo al referirse Platón a que «el Bien está más allá del Ser» *(agathón epékeina tes ousías)*. (Heidegger, naturalmente, rechaza esta lectura ética del Bien en Platón y sostiene que sólo es una entre sus demás descripciones del Bien mismo.) En conexión con esto, puede aducirse también el descubrimiento por Descartes de la «idea de Infinito», que sobrepasa los límites de la finita naturaleza e inteligencia humana. Y parecidas nociones supraontológicas son halladeras en la doctrina pseudodionisiana de la *via eminentiæ*, con su Dios por encima del Ser, o en la distinción que hace Agustín en las *Confesiones* entre la verdad que se obtiene discurriendo *(veritas redarguens)* y la Verdad que resplandece e ilumina *(veritas lucens)*, etcétera.

¿Cree usted que la teoría de Husserl acerca del tiempo apunta hacia una otreidad allende del ser?

Por mucho que la teoría husserliana del tiempo pueda sugerir que va en esa dirección, especialmente en *Sobre la fenomenología de la conciencia del tiempo*, sin embargo sigue siendo, en líneas generales, una concepción *cosmológica* del tiempo: la temporalidad es pensada aún en función del presente, según una ontología de la presencia. El presente *(Gegenwart)* sigue siendo, para Husserl, la dimensión centralizante del tiempo, puesto que él define el pasado y el futuro en términos de re-presentaciones intencionales *(Vergegenwärtigen)*. Para ser más precisos, Husserl afirma que el pasado es retenido por el presente y que el futuro está pre-contenido en, o es pre-tendido por, el presente. El tiempo pasado y el tiempo futuro son así meras modificaciones del presente; y esta doble extensión del presente hacia el pasado (reteniéndolo) y hacia el futuro (pretendiéndolo) corrobora la ontología de la presencia como apresamiento y apropiación de lo que es otro o trascendente. Heidegger, que fue quien editó las lecciones de Husserl sobre el tiempo, introdujo un elemento de alteridad al describir fenomenológicamente el tiempo en *Ser y tiempo*, analizándolo desde el punto de vista de nuestra angustia ante la muerte. La temporalidad se revela ahora como un ec-stático ser-hacia-la-muerte que nos libera del presente abriéndonos a un último horizonte de posibilidades, más bien que como un poseer, un asirse a, o un retener el presente.

Pero el análisis heideggeriano de la temporalidad como un ser-hacia-la-muerte ¿no es todavía una sutil manera de extender lo que es mío, *de reducir el mundo a mi más propia* (eigenst), *auténtica* (eigentlich) *existencia?* La muerte es siempre, para Heidegger, mi *muerte*. *El* Dasein es siempre el ser que es mío.

Ésta es la diferencia fundamental entre mi análisis ético de la muerte y el ontológico análisis heideggeriano. Mientras para Heidegger la muerte es *mi* muerte, para mí la muerte es la muerte *del otro*. En la *Carta sobre el humanismo*, Heidegger caracteriza el *Dasein*, casi al estilo darwiniano, como «el ser que se interesa por su propio existir». En el parágrafo 9 de *Ser y tiempo* pone como característica principal del *Dasein* la del «propio-ser-ahí-mío-en-cada-caso» *(Jemeinigkeit)*, el modo en que el ser se hace *mío*, se me impone o imprime su impronta en *mí*. La *Jemeinigkeit*, como posesión de mi ser como *mío*, precede a la articulación del yo. El *Dasein* sólo es «yo» *(Ich)* porque es ya *Jemeinigkeit*. Yo llego a ser yo tan sólo porque poseo primordialmente mi propio ser. Por el contrario, para el pensar ético, el *yo*, como esa primacía de lo *mío*, es *aborrecible*. La ética no es, por esta razón, una exigencia despersonalizante; yo soy definido como una subjetividad, como una persona singular, como un «yo», precisamente porque estoy expuesto al otro; es mi ineludible e incontrovertible capacidad de dar respuesta al otro lo que hace de mí un sujeto, un «yo» individual. De manera que yo me hago un «yo» responsable o ético en la medida en que accedo a deponerme o destronarme a mí mismo —a abdicar de mi posición de centralidad— en favor del otro vulnerable. Como dice la Biblia: «Gana su alma aquel que sabe perderla». El yo ético es un ser que pregunta si tiene derecho a existir, que se excusa ante el otro por su existencia.

En los debates estructuralistas y postestructuralistas que han tendido a dominar la filosofía europea continental durante los últimos años se ha hablado mucho de la desaparición o muerte del sujeto. ¿Es el pensamiento ético de usted una tentativa de conservar de alguna forma el sujeto?

Sobre esta materia mi pensamiento va en dirección opuesta a la del estructuralismo. No es que desee yo conservar, enfrentándome a la crítica estructuralista, la idea de un sujeto que pretenda ser un sustancial o dominante centro del sentido, un autosuficiente *cogito* idealista. Esas tradicionales versiones ontológicas no tienen nada que ver con la versión *me-ontológica* de la subjetividad que yo expongo en mi libro *De otro modo que ser*. La subjetividad ética no tiene ningún parecido con la idealística subjetividad ontológica que lo reduce todo a sí misma. El «yo» ético es subjetividad en la precisa medida en que se postra ante el otro, sacrificando su propia libertad a la más primordial llamada del otro. Para mí, la libertad del sujeto no es el primero o más alto valor. La heteronomía de nuestra respuesta al otro humano, o a Dios como absoluto Otro, precede a la autonomía de nuestra libertad subjetiva. Tan pronto como reconozco que, al ser «yo», soy responsable, acepto que a mi libertad le antecede una obligación para con el otro. La ética re-define la subjetividad como esta heterónoma responsabilidad en contraste con la libertad autónoma. Aunque yo, afirmando como primaria mi propia libertad, niegue mi responsabilidad para con el otro, nunca podré eludir el hecho de que el otro me pedía una respuesta *antes de que* yo afirmara mi libertad de no responder a su demanda. La libertad ética es *une difficile liberté*, una libertad heterónoma, obligada al otro. Por consiguiente, el otro es a la vez el más rico y el más pobre de los seres: el más rico, a un nivel ético, en cuanto que siempre va por delante de mí, su derecho-a-existir precede al mío; el más pobre, a un nivel ontológico o político, en cuanto que sin mí no puede él hacer nada, es un ser totalmente vulnerable y expuesto. El otro asedia nuestra existencia ontológica y mantiene alerta nuestra psique, en un estado de vigilante insomnio. Aun cuando ontológicamente nos tomamos la libertad de rechazar al otro, nos sentimos para siempre acusados, con una mala conciencia.

¿No es la obligación ética para con el otro un ideal puramente negativo, imposible de realizar en nuestro cotidiano ser-en-el-mundo? Al fin y al cabo, vivimos en un concreto mundo histórico regido por teorías y prácticas ontológicas, ya sean totalidades políticas e institucionales o sistemas tecnológicos de organización y control. ¿Es practicable la ética en la sociedad humana tal como la conocemos? ¿O no pasa de ser una invitación a la aquiescencia apolítica?

Ésta es una cuestión fundamental. Vivimos, desde luego, en un mundo ontológico de dominio técnico y de político instinto de conservación. La verdad es que sin las estructuras de la organización política y tecnológica no podría la humanidad alimentarse, no podría sobrevivir. Tal es la gran paradoja de la existencia humana: tenemos que servirnos de lo ontológico *para el bien del otro*; para asegurar la supervivencia del otro, hemos de recurrir a los sistemas técnico-políticos de tratar los medios y los fines. Esta misma paradoja se da también en nuestro uso del lenguaje —por volver ahora a un punto al que antes nos referimos—: no tenemos más opción que la de emplear el lenguaje y los conceptos de la filosofía griega incluso cuando intentamos rebasarlos. No podemos evitar el lenguaje de la metafísica y, sin embargo, tampoco podemos, éticamente hablando, darnos por satisfechos con él: nos es necesario, pero no suficiente. Ahora bien, discrepo de la manera en que Derrida interpreta esta paradoja, pues mientras él tiende a ver la desconstrucción de la metafísica occidental de la presencia como una irremediable crisis, yo la considero más bien como una preciosa oportunidad que a la filosofía occidental se le está brindando de abrirse a la dimensión de la otredad y la trascendencia allende el ser.

¿Hay algún sentido en el que el lenguaje pueda ser ético?

En *De otro modo que ser* planteo esta cuestión cuando pregunto: «¿Qué es el decir sin un dicho?». El decir es sinceridad ética en la medida en que es exponerse. Como tal, este decir es irreductible a la ontológica definibilidad de *lo dicho*. El decir es lo que hace posible el autoexponerse de la sinceridad; es un modo de darlo todo, de no guardarse nada para uno mismo. En la medida en que la ontología equipara la verdad con la inteligibilidad de la presencia total, reduce el puro exponerse del decir a la totalizante clausura de lo dicho. El niño es un puro exponerse en la expresión, tanto como es vulnerabilidad pura: todavía no ha aprendido a disimular, a engañar, a ser insincero. Lo que distingue al lenguaje humano de la voz del animal o de la expresión del infante, por ejemplo, es que el hablante humano puede permanecer callado, puede negarse a quedar expuesto en la sinceridad. El ser humano se caracteriza como humano no sólo por ser un existente capaz de hablar, sino también por ser un existente capaz de mentir, capaz de vivir en la duplicidad del lenguaje como doble posibilidad de exposición sincera y de decepción o engaño. El animal es incapaz de esta duplicidad; el perro, por ejemplo, no puede reprimir su ladrido, ni el pájaro su canto. En cambio, el hombre sí que puede dejar de hablar, y esta capacidad de guardar silencio, de contenerse y reprimir las propias expresiones, es su capacidad de ser político. Puede el hombre lanzarse en el decir a las alturas de la poesía... o encerrarse en un engañoso no-decir. El lenguaje como *decir* es un franquearse al otro; como lo que es *dicho* —reducido a fija identidad o sincronizada presencia— es un ontológico cerrarse al otro.

Pero ¿no hay una especie de «moralidad» de lo dicho que podría reflejar la ética del decir en nuestro cotidiano trato social? Dicho de otro modo, si la política, en la medida en que es una expresión de nuestra naturaleza ontológica, no puede ser ética, ¿puede al menos ser «moral» (en el sentido en que emplea usted este término)?

La distinción entre lo ético y lo moral es aquí muy importante. Por moral entiendo yo una serie de reglas relativas a la conducta social y al deber cívico. Pero aunque la moral opera así en el orden sociopolítico de la organización y mejora de nuestra vida humana, su fundamento más profundo es una responsabilidad ética para con el prójimo. Como *prima philosophia*, la ética no puede ella misma dar leyes a la sociedad o dictar reglas de conducta por las que la sociedad se revolucione o se transforme. La ética no opera en el terreno del manifiesto o del *rappel à l'ordre*, no es un *savoir vivre*. Cuando yo hablo de la ética como de un «desinterés» *(dés-inter-esse-ment)*, no quiero decir con ello que sea indiferencia; simplemente quiero decir que es una forma de vigilante pasividad respecto a la llamada del otro que precede a nuestro interés por el ser, a mi *inter-esse* como un ser-en-el-mundo apegado a la propiedad y tendiendo a apropiarse para sí de lo que es otro que él mismo. La moral rige el mundo de los «intereses» políticos, los intercambios sociales de los ciudadanos en la sociedad. La ética, como extrema exposición de un sujeto a otro y delicada sensibilidad de aquél para con éste, se transforma en moral y se le endurece la piel tan pronto como entramos en el mundo político de un «tercero» impersonal, mundo del gobierno, las instituciones, los tribunales, las prisiones, las escuelas, los comités, etcétera. Pero la norma que debe seguir inspirando el orden moral y dirigiéndolo es la norma ética de lo interhumano. Si el orden político-moral se separa enteramente de su base ética, ha de aceptar todas las formas de sociedad incluida la fascista o totalitaria, pues ya no puede evaluar o discriminar entre ellas. El Estado suele ser mejor que la anarquía... pero no siempre lo es: en algunos casos, de fascismo o de totalitarismo, por ejemplo, puede que, en nombre de nuestra responsabilidad ética para con el otro, tengamos que subvertir el orden político estatal, el orden establecido por el poder dominante.

¿No emplea usted el criterio de lo interhumano como una especie de escatología mesiánica en la que las estructuras ontológicas de posesión y totalidad acabarán transformándose en una relación-cara-a-cara o de pura exposición al absolutamente Otro?

Aquí debo expresar de nuevo mis reservas respecto al término escatología. El término griego *eskhaton* implica que pueda haber un final o acabamiento de la relación histórica de diferencia entre el hombre y el absolutamente Otro, implica una reducción del hiato que salvaguarda la alteridad del trascendente a una totalidad de identidad o mismidad. La realización del *eskhaton* significaría, pues, que nosotros podríamos incautarnos o apropiarnos de Dios como de un *telos* [fin, meta] y degradar la infinita relación con el Otro transformándola en finita fusión. A esto es a lo que equivale la dialéctica hegeliana, a una radical negación de la ruptura entre lo ontológico y lo ético. El peligro de la escatología es la tentación de considerar la relación entre el hombre y Dios como un estado de cosas fijo y permanente. Yo he descrito la responsabilidad ética como un *insomnio* o un *mantenerse despierto y alerta* precisamente porque implica un perpetuo deber de vigilar y esforzarse sin ceder nunca al cansancio ni al sueño. La ontología, como fijo estado de cosas que es, sí puede permitirse el dormir. En cambio, el amor no puede dormirse, ni aquietarse, ni ser siempre lo mismo. El amor representa un incesante velar por el interés del otro; nunca puede darse por satisfecho o contentarse con el ideal burgués del amor como doméstica comodidad o como el recíproco poseerse de dos personas que se vayan soportando en un *égoïsme-à-deux*.

Si rechaza usted el término «escatología», ¿acepta el de «mesiánica» para calificar esa relación ética con el otro?

Sólo si se entiende aquí lo de «mesiánica» de acuerdo con la máxima talmúdica según la cual «los doctores de la Ley nunca tienen paz, ni en este mundo ni en el siguiente: van de reunión en reunión discutiendo siempre... pues siempre hay más cosas por discutir». Yo no aceptaría una forma de mesianismo que pusiese fin a la necesidad de discutir, de cuestionar, que acabase definitivamente con nuestra vigilancia.

Pero ¿no estamos éticamente obligados a luchar por conseguir un mundo de auténtica paz?

Sí, pero yo busco esta paz no para *mí* sino para el otro. Mientras que si digo que «la virtud tiene en sí su propia recompensa», sólo puedo decirlo *para mí mismo*; en cuanto hago de ello una regla para el otro le estoy explotando, porque entonces equivale a decirle: sé virtuoso respecto a mí —trabaja para mí, quiéreme, sírveme, etcétera—, pero no esperes de mí nada a cambio. Lo cual se parecería bastante a aquella historia de la madre del zar que va al hospital y le dice a un soldado moribundo: «¡Debes sentirte muy dichoso de morir por tu patria!». Yo siempre debo exigir más de mí mismo que del otro; y por eso desapruebo que Buber describa la relación ética Yo-Tú como una co-presencia simétrica. Como dice Alíoscha Karamázov en la novela de Dostoievsky *Los hermanos Karamázov*, «Todos nosotros somos responsables de cada uno de los demás... pero yo soy más responsable que todos los demás». Lo que con ello quiere decir no es que cada «yo» sea más responsable que todos los otros, pues eso supondría generalizar la ley para cada uno de los demás... sería exigir tanto del otro como exijo de mí mismo. Y lo que es esencial para la ética, lo que constituye su misma base, es esta asimetría: ¡no sólo soy yo más responsable que el otro, sino que soy responsable hasta de la responsabilidad de todos y cada uno de los demás!

¿En qué se diferencia el Dios de la ética del «Dios de los filósofos», o sea, del Dios de la ontología tradicional?

Para la ética, sólo en la relación infinita con el otro pasa o transita *(se passe)* Dios y pueden hallarse sus huellas. De suerte que Dios se revela como una huella, no como la presencia ontológica que Aristóteles definiera como un «Pensamiento que se Piensa a Sí Mismo» y, a su vez, la metafísica escolástica como el *Ipsum Esse Subsistens* o *Ens Causa Sui*. Al Dios de la Biblia no se le puede definir ni demostrar con los predicados y atribuciones de la lógica. Hasta los superlativos de sabiduría, poder y causalidad propuestos por la ontología medieval son inadecuados para referirse a la absoluta otreidad de Dios. No es recurriendo a superlativos como hemos de pensar a Dios, sino tratando de distinguir los particulares eventos interhumanos que abren hacia la trascendencia y revelan las huellas que deja Dios al pasar por ellos. El Dios de la filosofía ética no es el Dios-Ser-Todopoderoso de la creación, sino el Dios perseguido de los profetas que está siempre en relación con el hombre y cuya diferencia respecto a éste nunca es indiferencia. Por esto he procurado yo pensar a Dios en términos de deseo, un deseo que no puede ser colmado o satisfecho, en el sentido etimológico de *satis*, medida. Yo nunca puedo tener bastante en mi relación con Dios, porque Él excede siempre mi medida, permanece siempre inconmensurado con mi deseo. En este sentido, nuestro deseo de Dios no tiene fin, ni acabamiento o compleción posible: es interminable, infinito, porque Dios se revela, más que como presencia, como ausencia. El amor es la asociación de Dios con el hombre, pero el hombre es más feliz, pues tiene la compañía de Dios, ¡mientras que Dios tiene la del hombre! Por otro lado, cuando decimos que Dios no puede satisfacer nuestro deseo, deberíamos añadir que ¡la insatisfacción es en sí misma sublime! Lo que en el orden finito es un defecto pasa a ser una excelencia en el orden infinito. En el orden infinito, la ausencia de Dios es mejor que su presencia, y la insatisfacción de nuestro interesarnos por Dios y buscarle es mejor que la consumación de la búsqueda en un cómodo hallazgo. Como dijo Kierkegaard: «Sentir la necesidad de Dios es una dicha sublime».

Su análisis de Dios como imposibilidad de Ser o de ser-presente parece sugerir que la relación ética es enteramente utópica e irrealista.

Ésta es la gran objeción a mi pensamiento: «¿Dónde ha visto usted que se practique nunca la relación ética?», me dicen muchas personas. Yo respondo que el que sea una utopía no le impide revestir de generosidad o de buena voluntad para con el otro nuestras acciones de cada día: hasta los más insignificantes y más corrientes gestos, tales como el de decir «¡usted primero!» al sentarnos a la mesa o al ir a pasar por una puerta, atestiguan lo ético. Este interesarse por el otro sigue siendo utópico en el sentido de que siempre está «fuera de lugar» *(u-topos)* en este mundo, siempre es otro que, o diferente de, los intereses del mundo; pero también hay muchos ejemplos de él en este mismo mundo. Recuerdo que, hallándome una vez reunido con un grupo de estudiantes latinoamericanos bastante versados en la terminología marxista de la liberación y muy preocupados por la terrible situación y los sufrimientos de sus gentes en Argentina, me preguntaron con ciertas muestras de impaciencia si veía yo que se cumpliese en alguna parte la relación con el otro de la que habla mi filosofía ética. Y yo les contesté: «Sí, lo estoy viendo precisamente aquí donde ahora estamos».

¿Así usted sostendría que el marxismo es un ejemplo de inspiración utópica?

Cuando, en *De Dios que viene a la idea*, hablé de la superación de la ontología occidental como de un «grito ético y profético», pensaba yo en la crítica que hace Marx al idealismo occidental reprochándole que trate más bien de entender el mundo que de transformarlo. En la crítica de Marx tenemos una conciencia ética que rechaza de un modo tajante el que se identifique ontológicamente la verdad con una inteligibilidad ideal y exige que la teoría se convierta en una praxis concreta de interés por el otro. Este grito denunciador y profético es lo que explica que la utopía marxista haya atraído tan poderosamente a tantas generaciones. Claro que el marxismo fue enteramente transformado y echado a perder por el estalinismo. La revuelta de 1968 en París vino a ser una rebelión de la nostalgia, tras el informe con que Kruschev puso al descubierto la corrupción del partido comunista. El año 1968 no fue más que una fiesta de la desesperación, un último afán de justicia humana, de felicidad y perfección cuando acababa de conocerse la verdad de que los ideales del comunismo habían degenerado hasta transformarse en una burocracia totalitaria. Por aquellas fechas sólo algunos grupos dispersos y unos cuantos rebeldes aislados siguieron buscando surrealistas formas de salvación, sin confiar ya en ningún movimiento colectivo de la humanidad, sin estar ya seguros de que a la catástrofe estalinista pudiera sobrevivir el marxismo como profético guía de la historia.

¿Qué función puede desempeñar hoy la filosofía? ¿Le ha llegado realmente ese final del que han hablado tantos filósofos continentales contemporáneos?

Es cierto que la filosofía, en sus formas tradicionales de ontoteología y logocentrismo —para emplear términos de Heidegger y Derrida—, ha llegado a un final. Pero esto no puede decirse de la filosofía entendiéndola en el sentido de especulación e interrogación crítica. La práctica especulativa de la filosofía no está, ni mucho menos, próxima a su final. Todo el actual discurso de superación y desconstrucción de la metafísica está siendo en muchos aspectos mucho más especulativo que la metafísica misma. La razón nunca es tan versátil como cuando se pone ella misma en cuestión. En el tema contemporáneo del final de la filosofía ha encontrado ésta un nuevo aliento vital.

(París, 1981)

BIBLIOGRAFÍA SELECTA

Théorie de l'intuition dans la phénoménologie de Husserl, 1930.
De l'evasion, 1935.
Le Temps et l'Autre, 1947. [Traducción española: *El tiempo y el otro*, Paidós, Barcelona, 1993].
De l'Existence à l'Existant, 1947.
En découvrant l'Existence avec Husserl et Heidegger, 1949.
Totalité et Infini. Essai sur l'extériorité (1961). [Trad. esp.: *Totalidad e infinito*, Sígueme, Salamanca, 1977.]
Difficile liberté. Essais sur le Judaïsme, 1963.
Quatre leçons talmudiques, 1968.
Humanisme de l'autre Homme, 1972. [Trad. esp.: *Humanismo del otro hombre*, Caparrós Editores, Madrid, 1974.]
Autrement qu'être ou au-delà de l'essence, 1974. [Trad. esp.: *De otro modo que ser o más allá de la esencia*, Sígueme, Salamanca, 1987.]
Noms propres, 1976.
Sur Maurice Blanchot, 1976.
Du sacré au saint. Cinq nouvelles lectures talmudiques, 1977.
L'Au-delà du verset. Lectures et discours talmudiques, 1982.
De Dieu qui vient à l'idée, 1982.
Étique et Infini, 1982. [Trad. esp.: *Ética e infinito*, Visor, Madrid, 1991.]
Trascendence et intelligibilité, 1984.
Hors sujet, 1987.
A l'heure des nations, 1988.
Entre nous. Essais sur le penser-à-l'autre (1991). [Trad. esp.: *Entre nosotros: ensayos para pensar en otro*, Pre-textos, Valencia, 1993.]
Dieu, la Mort et le Temps, 1993.

NOTA DEL TRADUCTOR

Lévinas murió en París el 25 de diciembre de 1995. Para más datos sobre su amplísima producción —artículos, conferencias, reseñas, etcétera— puede consultarse: Burggrave, E. *Lévinas. Bibliographie primaire et secondaire (1929-1989)*, Peeters, Lovaina, 1990 (2ª ed.).

Herbert Marcuse
Filosofía del arte y política

Herbert Marcuse nació en 1898 en Berlín, en el seno de una acomodada familia judía. Todavía adolescente fue miembro activo del partido socialdemócrata. Sólo tras el fracaso de la revolución alemana de 1919 decidió Marcuse dedicarse al estudio de la estética y la filosofía, primero en Berlín y luego en Friburgo, donde en 1929 defendió su tesis doctoral sobre El concepto de la Historia en Hegel *y se especializó en la investigación fenomenológica siguiendo las enseñanzas de Husserl y Heidegger. Por aquellas fechas publicó dos artículos importantes: «Contribuciones a una fenomenología del materialismo histórico» (1928) y «Filosofía concreta» (1929). Huido de la Alemania nazi a comienzos de los años treinta, se asoció al Instituto de Investigaciones Sociales de Max Horkheimer (exiliado de Frankfurt), que trataba de aplicar las teorías dialécticas de Hegel y Marx al examen crítico de cuestiones tan actuales como la cultura de masas, el antisemitismo, el positivismo de la Ilustración, el autoritarismo y el fascismo. Trabajando en dicho Instituto entró en contacto con Lukács, Fromm, Benjamin, Adorno y otros pensadores del humanismo marxista. Fue en esta fase intermedia de su evolución intelectual cuando concibió Marcuse un ambicioso proyecto de explorar modelos socioculturales de liberación como alternativas a los extremos del capitalismo consumista y del comunismo totalitario. Después de la guerra, Marcuse trabajó en Columbia y en Harvard elaborando un análisis crítico del marxismo soviético (publicado en 1958). A finales de los años cincuenta y durante los sesenta y setenta, enseñó en la Universidad Brandeis de Boston, en la École des Hautes Etudes de París y en la Universidad de California, y fue a lo largo de este periodo de plena madurez cuando desarrolló y refinó su multifacética crítica de las sociedades industriales avanzadas, con análisis que influyeron mucho y sirvieron de fuente de inspiración al pensamiento de la Nueva Izquierda. Marcuse murió el 29 de julio de 1979.*

Aunque Marcuse nunca pretendió ser un pensador original en el estricto sentido de este término, su obra fue singularmente representativa en cuanto que proporcionó una síntesis crítica de las tres corrientes principales del pensamiento moderno en la Europa continental: 1.º el movimiento fenomenológico *inaugurado por Husserl y Heidegger, al que el joven Marcuse contribuyó como estudiante investigador en Friburgo (1928-1932); 2.º el movimiento de la* dialéctica *hegeliano-marxista adoptada por el humanismo de la tradición idealista alemana, al que se unió Marcuse a partir de 1933 como miembro de la Escuela de Investigaciones Sociales de Frankfurt; 3.º el movimiento* psicoanalítico, *basado en una metapsicología freudiana del inconsciente, cuyas directrices modificó Marcuse por los años sesenta transformándola en una crítica de los factores represivos de la cultura contemporánea.*

La clave de la filosofía de Marcuse fue su insistencia en la necesidad de investigar críticamente las relaciones entre el pensamiento y la ideología modernos y la sociedad contemporánea. Por eso se suele caracterizar su pensamiento llamándolo «teoría crítica de la sociedad». Hace pocos decenios, esta teoría influyó considerablemente en los debates filosóficos de la Europa continental y también en los del mundo anglosajón. A Marcuse, su exilio en Estados Unidos le brindó la oportunidad de dar a conocer algunos de los más importantes pensadores europeos —particularmente Hegel, Marx, Freud y Heidegger— en unos ambientes académicos de habla inglesa condicionados todavía en gran parte por las «unidimensionales» metodologías del behaviorismo, el positivismo y el empirismo de sentido común. A partir de los años cuarenta, las principales obras de Marcuse —Razón y revolución (1941), Eros y civilización (1955), El hombre unidimensional (1964), Contrarrevolución y rebeldía (1972)— publicadas en inglés y en alemán, conjuntaron las contestaciones críticas del autor a ambas culturas. Un resultado notorio de esta convergencia fue que la crítica marcuseana de las sociedades industriales avanzadas y el tipo de discurso político y estético con que la expuso sirvieron de inspiración y guía a las revueltas estudiantiles de 1968 tanto en Estados Unidos como en Europa.

La aportación más significativa de Marcuse al pensamiento contemporáneo es, indudablemente, su hábil combinación de los intereses de una estética formalista subjetivotrascendental con una política liberal revolucionaria. Uno de sus primeros proyectos fue, al principio de los años treinta, conciliar una hermenéutica existencialista de la subjetividad con una dialéctica hegeliano-marxista de la historia. Y a lo largo de todos sus escritos insiste mucho en que hay que procurar que los seres humanos desarrollen una libre conciencia estética y una praxis revolucionaria, a la vez que critica de modo sistemático el predominio de la técnica y la deshumanización en las sociedades «unidimensionales» de Oriente y de Occidente.

El diálogo que sigue tuvo lugar en San Diego, California, en 1976, dos años antes de la muerte de Marcuse.

A mucha gente le ha extrañado que usted, pensador marxista de fama internacional e inspirador y mentor de los movimientos revolucionarios estudiantiles que se produjeron en Estados Unidos y en Europa por los años sesenta, dedique ahora su atención, en sus obras más recientes, a cuestiones preponderantemente estéticas. ¿Cómo explicaría o justificaría usted este giro en su pensamiento?

Me parece que es evidentísimo que los países industrialmente avanzados se hallan desde hace ya tiempo en la fase de riqueza y productividad que, según el proyecto de Marx, es necesaria para la construcción de una sociedad socialista. Pues bien, ahora salta asimismo a la vista que un incremento cuantitativo de la productividad material es de suyo insuficiente, y que lo que todavía hace falta es un cambio cualitativo del conjunto de la sociedad. Tal cambio cualitativo presupone, naturalmente, nuevas y no alienantes condiciones del trabajo, la distribución y la vida, pero esto *solo* no es bastante. El cambio cualitativo necesario para edificar una sociedad de veras socialista, algo que aún no hemos visto, depende de otros valores que son de carácter no tanto económico (cuantitativo) como estético (cualitativo). Este cambio requiere más que un mero satisfacer necesidades: hay que cambiar también la naturaleza de las necesidades mismas. De ahí que, en nuestra época, la revolución marxista, para tener éxito, ha de prestar atención preferente al arte.

Pues si al arte le corresponde un papel tan central en la transición revolucionaria a una sociedad nueva, ¿cómo es que Marx no dijo nada al respecto?

Marx no lo dijo porque en la época en que él vivió, hace ya más de cien años, los problemas de la cultura material a los que acabo de referirme podían de hecho resolverse estableciendo relaciones e instituciones genuinamente socialistas. Por lo tanto, él no cayó en la cuenta de que una solución puramente económica de tales problemas nunca puede ser suficiente y, así, ni se le ocurrió siquiera que una revolución en el siglo XX requeriría otro tipo de ser humano y debería apuntar hacia —y si triunfase tendría que implantar— un conjunto enteramente nuevo de relaciones personales y sexuales, una nueva moral, una nueva sensibilidad y una organización totalmente nueva del mundo. Éstos son, en gran parte, valores estéticos (entiéndase lo de estéticos en el sentido amplio de nuestra cultura sensorial e imaginativa que, siguiendo a Kant y a Schiller, describí a grandes rasgos en *Eros y civilización)*, y por eso es por lo que creo yo que quien vea la posibilidad de lucha y de cambio en nuestro tiempo reconocerá que al arte le corresponde un papel importantísimo.

Ha hablado usted —un tanto peligrosamente en mi opinión— de la posible necesidad de «implantar» esas nuevas relaciones personales, etcétera, que caracterizarían a la sociedad cualitativamente nueva. ¿Cómo puede el arte o la cultura servir de instrumento para esa implantación sin serlo también de alguna elite dictatorial (que lo usaría para determinar lo que habría de ser «implantado») y, por consiguiente, sin degenerar en propaganda?

El arte no puede ser ni se le debe nunca transformar *directa* e inmediatamente en un factor de la praxis política. Sólo puede producir efecto *indirectamente*, por su influjo sobre la conciencia y la subconciencia de los seres humanos.

¿Está usted diciendo con eso que el arte debe mantenerse siempre en un plano de distanciamiento crítico y negativo *con respecto a la cotidiana práctica política?*

Sí, yo sostengo que todo arte auténtico es *negativo* en cuanto que rehúsa someterse a la realidad establecida, al lenguaje, al orden, a las convenciones y a las imágenes vigentes en esa realidad. Como tal, puede ser negativo de dos maneras: *o bien* en la medida en que presta asilo o refugio a sujetos difamados como extravagantes, y con ello preserva en otra forma una alternativa a la «segura» realidad afirmada por el *establishment; o bien* por cuanto que sirve para negar esa «segura» realidad mostrando sus fallas y denunciando a los que, al afirmarla y anteponerla a cualquier otra opción humana, difaman y excluyen a los demás.

¿No es cierto, con todo, que en muchos de sus escritos (estoy pensando, por ejemplo, en Un ensayo sobre la liberación *y en* Eros y civilización*) sugiere usted que el arte puede desempeñar una función más directamente política y positiva contribuyendo a señalar el camino hacia la utopía socialista?*

El arte te puede dar las «imágenes» de una sociedad más libre y de unas relaciones más humanas, pero más allá de esto no puede ir. La diferencia entre la estética y la teoría política es, en este aspecto, insuprimible. Lo que el arte tiene que decir tocante al destino completo y formal de los individuos en la lucha de éstos con su sociedad sólo puede decirlo por medio de la *sensibilidad*; sus imágenes han de ser sentidas e imaginadas más bien que formuladas o propuestas intelectualmente, mientras que la teoría política es necesariamente *conceptual*.

Si el arte tiene que ver principalmente con esos dominios de la percepción humana, de la intuición, la evaluación y la deliberación ética, tan centrales, según parece, en los intereses de toda estética cultural, ¿qué papel ve usted que ha de desempeñar en el arte la razón, y me refiero no a la Verstand *(razón en el estricto sentido en que la entendía la Ilustración como cálculo rigurosamente lógico, matemático o empiriométrico), sino al concepto kantiano y hegeliano de la* Vernunft *(razón en el sentido amplio de facultad crítica y regulativa)?*

Yo creo que la liberación de nuestros sentidos y de nuestra sensibilidad humana no se logrará sin una correspondiente liberación de nuestra facultad racional *(Vernunft)*. Toda liberación que se consiga por medio del arte significará, pues, un liberarse de su actual servidumbre tanto los sentidos como la razón.

¿Se opone usted, entonces, a lo emocionalmente eufórico y dionisiaco de gran parte de la cultura popular contemporánea, la música rock, por ejemplo?

Me preocupan todas las exhibiciones de incontrolado emocionalismo y, según lo expliqué en Contrarrevolución y rebeldía, pienso que tanto el movimiento del «*Living theatre*» (intento de sacar el teatro a la calle y darle espontaneidad e inmediatez «adaptándolo» al lenguaje de la clase trabajadora) como la cultura «rock» tienden a incurrir en ese error. El primero, a pesar de su noble esfuerzo, es a fin de cuentas contraproducente, pues, tratando de combinar el teatro con la revolución, sólo viene a conseguir una mezcolanza de artificiosa inmediatez y sutil tonalidad místico-humanística. La segunda, la cultura «rock», parece expuesta al peligro de una forma del totalitarismo comercial que absorbe al individuo y lo arroja a una desinhibida masa en la que se mueve un inconsciente colectivo poderoso pero absolutamente falto de conciencia radical o crítica. Podría resultar, a veces, una peligrosa explosión de irracionalismo.

Admitiendo que una revolucionaria liberación de los sentidos requiere también una liberación de la razón, aún debemos preguntarnos: ¿quién ha de decidir qué es lo racional o por qué criterios guiarse para esa decisión y quién ha de encargarse luego de poner en práctica esa racional liberación? En otras palabras, ¿cómo evitará usted la indeseable posibilidad de un dictador o una elite que «racional» y benévolamente imponga sus criterios a las manipuladas e «irracionales» masas?

La liberación estética de las facultades racionales y sensibles (actualmente reprimidas) tendrá que iniciarse con los individuos y pequeños grupos, tratando como en un experimento de vivir desalienados. De qué manera llegue a hacerse después gradualmente efectiva en el resto de la sociedad y contribuya a una diferente construcción de las relaciones sociales en general, no podemos decirlo. Una prematura programación sólo vendría a ser otra muestra más de tiranía ideológica.

Entonces ¿estaría usted en desacuerdo con su antiguo colega Walter Benjamin cuando éste urge a que la cultura popular, y sobre todo el cine (que, según él, fomenta las aptitudes críticas y receptivas del público para ponerse de acuerdo), se utilice de un modo políticamente comprometido y que sirva a la causa de la revolución socialista?

Sí, sobre esto estaría en desacuerdo. Todo intento de utilizar el arte para conseguir una conversión «masiva» de la sensibilidad y de las conciencias es inevitablemente un abuso de sus verdaderas funciones.

¿Y cuáles son las verdaderas funciones del arte?
Pues son: 1.ª negar nuestra presente sociedad; 2.ª anticiparse a las tendencias de la sociedad futura; 3.ª criticar las tendencias destructivas o alienantes; y 4.ª sugerir «imágenes» de medios creativos y no alienantes.

Y, presumiblemente, el objetivo al que apuntan estas cuatro funciones de negación, anticipación, crítica y sugerencia es el individuo o el pequeño grupo...
Sí, así es.

¿Retiraría usted su fidelidad a la estética marxista de la Escuela de Frankfurt tal como está expresada en la siguiente formulación: «Interpretamos el arte como una especie de lenguaje codificado para referirse a los procesos que se dan en el seno de la sociedad y que han de ser descifrados mediante el análisis crítico»?
Sí, esto me parece demasiado reductivo. El arte es más que un código o que un acertijo que «refleje» el mundo remitiendo a una estructura estética de segundo orden. El arte no es precisamente un espejo: nunca puede reducirse a mera imitación de la realidad. Eso lo hace mucho mejor la fotografía. El arte ha de transformar la realidad haciéndola aparecer a la luz 1.º de lo que ella vale para los seres humanos, y 2.º de los posibles ambientes de libertad y felicidad que ella podría proporcionar a estos mismos seres humanos. Y esto es algo que la fotografía no puede hacer. Por lo tanto, el arte no se limita sólo a reflejar como en un espejo el presente, sino que lleva más allá del presente. Y también conserva valores que ya no se encuentran en nuestro mundo, permitiéndonos así recordarlos, y apunta hacia otra sociedad posible en la que esos valores se realicen de nuevo. El arte solamente es un código en la medida en que es un medio de criticar la sociedad. Pero, en cuanto tal, no puede ser directa o inmediata acusación a la sociedad, pues éste es trabajo de la teoría y de la política.

¿Usted no diría que las obras de Orwell, Dickens o los surrealistas franceses, por ejemplo, fueron acusaciones directas a sus respectivas sociedades?
Me parece que los surrealistas nunca fueron *directamente* políticos. Orwell no fue un gran escritor; y Dickens, como todos los grandes escritores, fue mucho más que un teórico de la política: leerle proporciona positivo placer y, por ello, es seguro que a sus libros nunca les faltarán lectores. He aquí uno de los mayores dilemas del arte con-

cebido como agente de revolución: ni al arte más radical le es posible, en su denuncia de los males de la sociedad, prescindir del factor entretenimiento. Por eso Bertolt Brecht mantuvo siempre que hasta la obra que describa con más brutalidad lo que está pasando en el mundo deberá también agradar. Y otro punto que conviene traer aquí a colación es que, aun cuando ciertas obras de arte *parecen* directamente sociales o políticas por su *contenido*, *v.gr.*, las de Orwell y Dickens, y también las de Zola, Ibsen, Büchner, Delacroix, Picasso, etcétera, sin embargo, nunca lo son en su *forma*, pues la obra artística está siempre condicionada por la estructura propia del arte de que se trate, novela, drama, poema, pintura, etcétera, lo cual forzosamente la distancia algo de la realidad.

¿Qué opinión le merece la noción de arte «proletario»?
Pienso que es falsa, por varias razones. Su intento de superar las distanciantes formas del arte clásico y del arte romántico y unir el arte y la realidad promoviendo en lugar de aquéllas un «arte vivo» o un «anti-arte» con raíces en las acciones, en el lenguaje y en lo espontáneo de las sensaciones de la gente oprimida me parece que está condenado al fracaso, como lo he argüido en *Contrarrevolución y rebeldía*. Aunque en obras anteriores recalqué el potencial político de la rebelión lingüística de los negros atestiguado en sus músicas y danzas populares, y sobre todo en su lenguaje (cuya obscenidad misma interpreté como legítima protesta contra su miseria y contra el que se les reprima su tradición cultural), ahora creo que ese potencial es, a fin de cuentas, ineficaz, porque ha llegado a diluirse en tópicos y ya no puede verse en él la expresión de unos radicalismos frustrados, sino con excesiva frecuencia la fútil satisfacción de una agresividad que demasiado fácilmente se revuelve inclusive contra la sexualidad misma. (Por ejemplo, la «obligada» verbalización de lo genital en los discursos «radicales» no ha supuesto tanto una amenaza política al *establishment* cuanto una degradación de la sexualidad. Así, cuando algún radical exclama «¡Jódete, Nixon!», ¡está asociando al más alto miembro del opresivo *establishment* el término con que se expresa la mayor gratificación fisiológica, sólo que dándole un sentido contrario!)

¿Qué opina usted de la música «viva» o «natural», asociada siempre a las clases oprimidas de Occidente y en especial a la cultura negra?
Creo que aquí nos encontramos otra vez con lo mismo. Lo que fue en sus orígenes auténtico grito y cantar de la comunidad negra oprimida se ha transformado hoy comercialmente en el rock «blanco», que mediante aparatosas «sesiones» o «ejecuciones» sirve de orgiástica terapia de grupo acabando con las frustraciones e inhibiciones de los oyentes, pero esto solamente *por un tiempo* y sin ninguna base sociopolítica.

¿Supongo, pues, que usted no apoya la idea de un arte de masas, un arte dedicado a la lucha de la clase trabajadora?

No. A mí me parece que más que ser un código particular de la lucha del proletariado o clase obrera, el arte trasciende, sin eliminarlo, todo *particular* interés de clase. Siempre está en relación con la historia, pero ésta lo es de *todas* las clases. Y es esta generalidad la que explica aquella universal validez y objetividad del arte a la que Marx llamó la cualidad de la «prehistoria» y Hegel la «continuidad de la substancia» desde los comienzos del arte hasta su final, la verdad que vincula a la novela moderna con la épica medieval, los hechos y las posibilidades de la existencia humana, el conflicto y la reconciliación de un hombre con otro y del hombre con la naturaleza. Es obvio que una obra de arte tiene un contenido clasista (en la medida en que refleja valores, situaciones y sentimientos propios de una visión del mundo feudal, burguesa, o proletaria), pero se hace transparente como la condición de las universales ilusiones de la humanidad. El arte auténtico nunca es *meramente* el espejo de una clase o un «automático», espontáneo estallido de los deseos y frustraciones de una clase. La misma «sensorial inmediación», que el arte expresa, presupone —aunque subrepticiamente (y esto es algo que la mayor parte de nuestra cultura popular ha olvidado)— un complejo, disciplinado y formal sintetizar la experiencia de acuerdo con ciertos principios universales, y sólo este sintetizar puede conferir a la obra artística una significación que no sea puramente privada. A tal dimensión «universal» del arte se debe el que algunos de los más grandes políticos radicales hayan manifestado actitudes y gustos de lo más apolíticos con respecto al arte (por ejemplo, los famosos simpatizantes de la *Commune* de París de 1871, o incluso el mismo Marx). Muchas de las obras aparentemente *informes* del arte moderno (las de Cage, Stockhausen, Beckett o Ginsberg) son, de hecho, muy intelectuales, constructivistas y *formales*. Y este hecho indica, creo yo, lo pasajero del antiarte y el retorno a la *forma*. Es por esta significación «universal» del arte como forma por lo que puede parecernos que el sentido de la revolución lo expresa mejor Brecht en su más perfecta lírica que en sus polémicas explícitamente políticas; o mejor Bob Dylan en sus más «conmovedoras» y profundamente personales canciones que en sus manifiestos propagandísticos. Tanto Brecht como Dylan lanzan un mensaje: hay que acabar con el actual estado de cosas. Aun en el caso de una total ausencia de contenido político, sus obras pueden invocar, por un fugaz momento, la imagen feliz de un mundo liberado y la pena del que está sumido en la alienación. De este modo, la dimensión estética asume un valor político y revolucionario, pero sin convertirse en altavoz de ningún interés de clase particular.

¿Diremos, pues, que cierto distanciamiento de la realidad política es casi un prerrequisito para el arte genuinamente revolucionario?
Sí, el arte siempre ha de permanecer hasta cierto punto alienado, y ésta es la razón de que no pueda identificársele con la praxis revolucionaria. Según sostuve en *Contrarrevolución y rebeldía*, el arte no puede hacer las veces de la revolución, sólo puede invocarla en otro medio, en una estructura estética en la que el contenido político se hace *meta*político, gobernado por la formal necesidad del arte. Y así, la meta de toda revolución —un mundo libre y en paz— puede aparecer en un medio totalmente apolítico bajo las leyes estéticas de la belleza y la armonía.

¿Sería correcto, por tanto, concluir que usted rechaza las diversas tentativas de Lenin, Lukács y otros marxistas dialécticos en torno a la posibilidad de un arte progresista utilizable como arma en la lucha de clases?
El creer que en nuestros tiempos sólo una literatura «proletaria» pueda desempeñar la función progresista del arte y desarrollar una conciencia revolucionaria me parece un gran error. Hoy día la clase trabajadora comparte la misma concepción del mundo y de los valores que tienen la mayoría de los demás ciudadanos, sobre todo los de la clase media. Las condiciones y finalidades de una revolución mundial contra el monopolio capitalista no pueden hoy articularse adecuadamente en términos de revolución proletaria, y, por lo tanto, si el arte ha de ponerse de algún modo como meta esta revolución, el arte no podrá ser típicamente proletario. Tengo para mí que se debió a algo más que a preferencias personales el que tanto Lenin como Trotsky criticaran la noción de «cultura proletaria». Pero, suponiendo que abogase usted en pro de una «cultura proletaria», lo que le preguntaríamos inmediatamente es si en nuestra época se da algo que se parezca a un proletariado (tal como Marx lo describió). En Estados Unidos, por ejemplo, es notorio que los trabajadores son a menudo indiferentes, si no del todo hostiles, al socialismo, mientras que en Italia y en Francia, bastiones de la tradición laboral marxista, los obreros parecen regidos por un partido comunista y unos sindicatos manipulados con mucha frecuencia por la Unión Soviética y dados a practicar la menguada estrategia del compromiso o la tolerancia. En ambas situaciones, esto es, en Estados Unidos y en Europa, no parece sino que una gran parte de la clase trabajadora se haya transformado en una especie de sociedad burguesa, y su socialismo «proletario», si alguno existe, ya no se muestra como tajante negación del capitalismo. Por consiguiente, el intento de convertir las emociones de la clase obrera en criterio de un arte auténticamente radical y socialista es un paso regresivo que solamente puede dar por resultado algún ajuste superficial

del orden establecido y el que se perpetúe la agobiante «atmósfera» de opresión y alienación. Por ejemplo, la auténtica «literatura negra» es revolucionaria, pero no es, en sí, una literatura «clasista», y su *particular* contenido es a la vez *universal*. Ahí, en la particular situación de una alienada minoría radical, se encuentra la más «universal» de todas las necesidades: la necesidad, que el individuo y su grupo tienen, de existir como seres *humanos*.

Me parece que hemos vuelto otra vez a la noción de revolución «estética» como algo cuyo centro son los individuos y pequeños grupos que procuran, defienden y tratan de experimentar una vida desalienada. ¿Está usted sugiriendo que a ciertos individuos y pequeños grupos les sería, en realidad, posible vivir desalienadamente en un mundo alienado? (Pienso aquí en determinados disidentes artistas, intelectuales, ecologistas, pacifistas antinucleares, y en cuantos abogan por maneras alternativas de cooperar y convivir.)

No. En realidad, no se puede *vivir* desalienadamente en un mundo alienado. Podrás, sí, *experimentar* otras maneras y, después, *recordarlas*; podrás actuar en tu pequeño círculo lo mejor que sepas para llevar una vida desalienada, pero de ahí no podrás pasar.

¿Sugiere usted, entonces, que es mediante la imaginación estética como puede uno escapar de su mundo alienado y «experimentar» y luego «recordar» otras maneras de vivir?

Sí, así es. Y la rememoración imaginativa es especialmente importante, pues recordando aquellos valores y deseos que, al no poder expresarse durante mucho tiempo en un mundo políticamente corrupto, se refugiaron en el arte y así se preservaron, encontraremos indicaciones de una dirección para salir de nuestra alienación actual.

Lo de que en el arte hallemos indicaciones de una nueva dirección me parece una idea positiva, pero ¿no ha hecho ya usted suya en muchas ocasiones, e incluso en esta entrevista, la opinión de Brecht, Beckett y Kafka, por citar sólo a unos pocos, de que el arte, para ser auténtico, ha de ser negativo («desafectado») y «enajenante»?

Sí, por supuesto, y sigo manteniendo esta opinión. El arte no debe perder nunca su fuerza negativa y enajenadora, pues ahí radica su mayor potencia. Perder esa fuerza «negadora» equivale a eliminar la tensión entre el arte y la realidad, y también, con ello, las muy reales distinciones entre sujeto y objeto, cantidad y calidad, libertad y servidumbre, belleza y fealdad, bien y mal, futuro y presente, justicia e injusticia. Pretender sintetizar definitivamente en el aquí y ahora estas oposiciones históricas sería la versión materialista del idealismo absoluto. Denotaría un estado de total barbarie en la cúspide de la civilización. Dicho de otro modo, acabar con esas distinciones entre valor y hecho es negar la realidad presente e impedir que busquemos otra más humana. La fuerza negativa que tienen en común una obra de música de Verdi y otra de Bob Dylan, un escrito de Flaubert y otro de Joyce, o una pintura de Ingres y otra de Picasso es, precisamente, esa sugerente indicación de la belleza que nos mueve a rechazar el mundo de los productos mercantiles y de los hechos, actitudes, miradas y sonidos que tal mundo requiere.

¿Diría usted, por tanto, que la imaginación artística no puede ser de ningún modo revolucionaria en un sentido «positivo»?
El arte, tal como lo conocemos, no puede transformar la realidad y, por consiguiente, no puede someterse a las actuales exigencias de la revolución sin negarse a sí mismo. Sólo como fuerza negadora y alienante puede negar con eficacia, dialécticamente, la alienación de la realidad política. Y así, en cuanto tal, como negación de la negación —para decirlo con terminología de Hegel— es verdaderamente revolucionario. Por eso en *Contrarrevolución y rebeldía*, y en otros escritos, he definido la relación entre el arte y la política como una unidad de opuestos, una unidad antagónica que siempre debe seguir siéndolo.

En su Ensayo sobre la liberación *dice usted en algún momento que el revolucionario utiliza la técnica del mismo modo que el pintor se vale del lienzo y los pinceles. ¿No sugiere esta analogía una relación positiva y directa con la realidad sociopolítica?*
En cierto sentido limitado, tal vez sí. Lo que de veras creo es que sería ideal que la técnica fuese utilizada creativa e imaginativamente para reconstruir la naturaleza y el medio ambiente.

Pero ¿según qué criterios?
Tomando por criterio la belleza.

Y ¿quién decide la adopción de ese criterio? ¿Es acaso universal, para todos los hombres y mujeres? Y si lo es, como criterio «estético» ¿en qué se diferencia de un sistema de valoración teológico u ontológico?
A mi entender, el esfuerzo por hacerse con la belleza no es ni más ni menos que un componente esencial de la sensibilidad humana.

Pero si nuestro mundo ha de ser revolucionariamente reconstruido en nombre y en razón de la belleza, primero habrá que estar muy seguros de qué sea esa «belleza»: ¿es realmente la meta universal y absoluta de toda aspiración humana, o es sólo el ideal subjetivo y particular de algún revolucionario líder-artista o de una elite de líderes/artistas revolucionarios? Y si se tratara de esto último, ¿cómo no tacharlo de imposición, manipulación y tiranía totalitarista?

Una revolución no puede hacerse por la belleza. Ésta es sólo un criterio que debe servir de guía en uno de los elementos de la revolución, a saber, en el de restaurar y reconstruir el medio ambiente. No puede usarse para «reconstruir» a los hombres sin correr el riesgo de totalitarismo, según usted lo infiere correctamente. En una palabra, no cabe aplicarlo hasta ese extremo.

Sin embargo, en Eros y civilización *parece sugerir usted que la «belleza» es nada menos que el último fin o* telos *de todo el esfuerzo humano, y que este esfuerzo teleológico viene a significar lo que el «eros» en la teoría «metapsicológica» de Freud y corrobora la opinión de Kant de que «todo intento estético tiene por objetivo final la belleza».*

No. La belleza es solamente una finalidad entre otras.

Entonces, ¿no quiere usted atribuir, en ningún sentido, carácter absoluto a la belleza?

No, la belleza nunca puede ser absoluta. Sin embargo, pienso que con respecto a ella se pueden establecer ciertos criterios valorativos.

¿Cómo respondería usted a lo que Martin Jay, en su libro sobre la Escuela de Frankfurt La imaginación dialéctica, *afirma: que los repetidos intentos que usted hace de describir el humano deseo de una utopía ideal se derivan del latente optimismo judío-mesiánico de la Escuela de Frankfurt, la cual, de hecho, estuvo formada casi exclusivamente por intelectuales judíos alemanes, por ejemplo, Adorno, Fromm, Horkheimer, Benjamin y, naturalmente, usted mismo, que se propusieron sintetizar las intuiciones de otros dos judíos, Marx y Freud?*

Yo no recuerdo haber descrito nunca, ni haber siquiera intentado describir, tal cosa como una utopía. Las relaciones que indico como esenciales para el cambio cualitativo son ciertamente «estéticas», pero no son utópicas.

Así, ¿usted niega que haya nexo alguno entre su optimismo político respecto a una sociedad nueva y el optimismo mesiánico del judaísmo?

Lo niego en redondo.

Otra interpretación corriente de que en sus escritos sobre la «revolución estética» se trate de dar con unos criterios valorativos universales y objetivos es que usted está volviendo de hecho, aunque subrepticiamente, a la «ontología fundamental» de su primer mentor, Martin Heidegger... buscando una nueva manera de «morar poéticamente en la tierra». ¿Ve usted sus obras más recientes como un retorno a sus primeras tentativas de los años treinta, cuando procuraba conciliar una fenomenología heideggeriana de la historicidad subjetiva con una dialéctica marxista de la historia colectiva?

Es indudable que Heidegger influyó profundamente en mí, y yo nunca lo he negado. Me enseñó mucho sobre lo que es el «pensar» auténticamente fenomenológico, que no se reduce a una función lógica de «representarse» lo que *es* aquí y ahora presente, sino que opera a niveles más profundos «recordando» lo que ha sido olvidado y «proyectando» lo que aún pueda ocurrir en el futuro. Esta apreciación de la naturaleza temporal e intencional de los fenómenos ha sido importantísima para mí, pero ése es todo su alcance.

Evidentemente, en opinión de usted, al arte le corresponde un papel esencial en la tarea de liberar a los individuos de su insensato sometimiento de esclavos a las actuales condiciones del trabajo —competitividad, rendimiento, propaganda comercial, medios de comunicación de masas, etcétera—, y, por tanto, en la de educarles en su propia realidad. De ahí que usted haya hablado muy a menudo de esto último, de el arte como educación. *¿Tendría la amabilidad de comentarnos un poco este aspecto?*

Una educación así, en la realidad de las reprimidas facultades —sensitivas, imaginativas, racionales— del individuo y en nuestro represivo ambiente y en nuestras opresoras condiciones del trabajo tendría que basarse, no en un plan de educación de masas (que también sería abusar del arte convirtiéndolo en propaganda), sino en pequeños proyectos comunales de *autocrítica*. Tal autocrítica no reemplazaría, por supuesto, a una educación general: no se trata de sustituir una por otra, de desechar todos los medios o instrumentos de educación tradicionales; más que *deseducar* habría que *reeducar*.

Esa reeducación «estética», que —como usted dice— no sería alternativa, sino complementaria de una básica educación general, presumiblemente se ocuparía de aquellas áreas éticas y existenciales de las relaciones humanas que constituyen el lugar de un salto cualitativo a otra sociedad distinta, ¿no es así?

Sí, así es.

Y probablemente a usted le gustaría poder basar esa educación estética en ciertos principios universales cuya objetividad eliminara el peligro de que alguna elite «ilustrada» adoctrinase ideológicamente a unas masas «crédulas» e «ignorantes», abuso este de la educación que lleva directamente al totalitarismo y al fascismo.

Sí, ese peligro es ciertamente muy real. Y para ser lo más objetivos posible hay que tratar de determinar objetivamente dónde están hoy las sedes del poder y cómo influyen los poderosos en lo que ellos han establecido como realidad. Esta objetividad se basaría, así, en lo que es efectivamente la realidad de nuestra actual sociedad y no en construcciones ideológicas.

Pero me temo que al proyectar sus «imágenes» de una sociedad nueva está usted pasando de una objetividad basada en lo que es, *a una objetividad basada en* lo que debe ser; *y con ello volvemos a la vieja cuestión: ¿qué es ese «debe» por el que se regiría la transformación estética de los seres humanos y de sus relaciones mutuas?*

Para ese cambio no hay ningún criterio absolutamente prescriptivo. Si un hombre es feliz en la sociedad en que al presente se halla, ese hombre se ha condenado a sí mismo. Es un problema que nunca me ha preocupado. Con un ser humano que hoy piense todavía que no se debe cambiar el mundo, no vale la pena discutir. Yo no me planteo problemas sobre el «es» y el «debe»; ésas son invenciones de los filósofos.

Pero si la cuestión es tan a-problemática, ¿en qué se diferencia el deseo humano de una sociedad más libre y desalienada del deseo del animal? Quiero decir, ¿por qué un animal no siente la imperiosa necesidad de transformar su mundo en otro cualitativamente mejor?

El animal no puede sentir esa necesidad, no puede desear ese cambio, pero sí que tiene, por lo menos, bastante instinto como para notar que, cuando en su ambiente no hay comida o le falta calor o no encuentra pareja, ha de emigrar a otro.

¿Cómo explicaría usted, por tanto, la diferencia entre el deseo humano de cambiar su mundo y el deseo del animal?

El animal no tiene razón, mientras que el ser humano sí que la tiene, y por eso puede éste proyectar, indirectamente por medio del arte y directamente por medio de la teoría política, las *posibles* directrices del progreso futuro.

Parece ser, pues, que los humanos, en virtud de su razón (Vernunft), *poseen todos cierta orientación hacia una sociedad futura —algo a lo que se refería usted a menudo en sus primeros escritos— y eso el animal no lo posee. Pero, considerando de este modo nuestra imaginación racional como un poder capaz de trascender el curso inmediato de la historia y de proyectar otras posibilidades de sociedad futura, ¿no estará usted saliéndose otra vez, aun sin proponérselo, del campo estrictamente empírico de lo que «es»? ¿Y cómo explica usted, si no, esa exigencia, ese afán tan manifiesto en la pasión de artistas e intelectuales, por trascender las costumbres y los convencionalismos de nuestra presente sociedad en busca de otras nuevas y mejores formas de vida?*

El hecho es que todos buscamos algo mejor. Todo el mundo ansía una sociedad en la que no haya más trabajo alienado. Para desear esto no se necesita ningún principio directivo, ninguna meta; es simplemente una cuestión de sentido común.

¿Equipara usted el esfuerzo por la belleza y por la sociedad ideal al esfuerzo por conseguir la abolición del trabajo alienado?
Desde luego que no. Cuando esté resuelto el problema del trabajo alienado habrá todavía otros muchos problemas. A las facultades creativas e imaginativas del hombre nunca les faltará tarea. Si el arte es algo que, entre otras cosas, puede esbozar las «imágenes» de una utopía política, es inevitablemente algo que nunca puede dejar de existir. El arte y la política jamás se unirán hasta identificarse enteramente, porque la sociedad ideal por la que el arte lucha negando todas las sociedades alienadas presupone una ideal conciliación de opuestos que es imposible que se logre nunca en ningún sentido absoluto o hegeliano. Tan pronto como un problema es resuelto en una síntesis, orígínanse nuevos problemas, y así el proceso continúa sin fin. El día que los hombres, ignorando la inevitable disyunción entre el arte y la praxis revolucionaria, pretendan identificar los opuestos en un sentido definitivo, ese día sonará el fúnebre tañido por la muerte del arte. El hombre no debe nunca dejar de ser artista, de criticar y negar su identidad y su sociedad presentes para proyectar mediante su imaginación creadora otras «imágenes» de la existencia. Nunca puede el hombre dejar de imaginar, porque nunca puede dejar de cambiar.

(San Diego, 1976)

BIBLIOGRAFÍA SELECTA

Hegels Ontologie und die Grundlegung einer Theorie der Geschichtlichkeit, V. Klostermann, Frankfurt, 1932. [Traducción española: *Ontología de Hegel y teoría de la historicidad*, Martínez Roca, Barcelona, 1970.]
Reason and Revolution: Hegel and the Rise of Social Theory, Oxford University Press, Nueva York, 1941. [Trad. esp.: *Razón y revolución*, Alianza Editorial, Madrid, 1995.]
Eros and Civilization: A Philosophical Inquiry into Freud, Beacon Press, Boston, 1955. [Trad. esp.: *Eros y civilización*, Ariel, Barcelona, 1981.]
Soviet Marxism: A Critical Analysis, Columbia University Press, Nueva York, 1958. [Trad. esp.: *El marxismo soviético*, Alianza Editorial, Madrid, 1967.]
One-Dimensional Man: Studies in the Ideology of Advanced Industrial Society, Beacon Press, Boston, 1964. [Trad. esp.: *El hombre unidimensional*, Ariel, Barcelona, 1968.]
Kultur und Gesellschaft, Suhrkamp, Frankfurt, 1965.

Das Ende der Utopie, Maikowski, Berlín Occidental, 1967. [Trad. esp.: *El final de la utopía*, Ariel, Barcelona, 1981.]
Psychoanalyse und Politik, Europäische, Frankfurt, 1968.
An Essay on Liberation, Beacon Press, Boston, 1969.
Ideen zu einer kritischen Theorie der Gesellschaft, Suhrkamp, Frankfurt, 1969.
Five Lectures, Beacon Press, Boston, 1972.
Studies in Critical Philosophie, Beacon Press, Boston, 1973.
Revolution or Reform? A Confrontation, New University Press, Chicago, 1976.
Gespräche mit Herbert Marcuse, Suhrkamp, Frankfurt, 1978.
The Æsthetic Dimension: Toward a Critique of Marxist Æsthetics, Beacon Press, Boston, 1978. [Trad. esp.: *La dimensión estética*, Materiales, Barcelona, 1978.]
Schriften, I: Der deutsche Künstlerroman/Frühe Aufsätze, Surkamp, Frankfurt, 1978.
Schriften, III: Aufsätze aus der Zeitschrift für Sozialforschung, 1934-1941. Suhrkamp, Frankfurt, 1979.

Paul Ricoeur
La creatividad del lenguaje

Paul Ricoeur nació en Valence, Francia, en 1913. Prisionero en Alemania durante la guerra, enseñó filosofía a compañeros de cautiverio y se familiarizó con la fenomenología y el existencialismo alemanes. A su regreso en Francia, siguió interesándose por la filosofía de la subjetividad y de la existencia, publicando obras como Karl Jaspers y la filosofía de la existencia *(en colaboración con Michel Dufrenne, 1947);* Gabriel Marcel y Karl Jaspers *(1948); y sobre el libro de Husserl* Ideas I, *que tradujo al francés (1950). En 1948, fue nombrado profesor de historia de la filosofía en la Universidad de Estrasburgo, donde ejerció la docencia hasta el año 1956 en que se trasladó a París para enseñar metafísica en la Sorbona (1956-1966) y en Nanterre (1966-1980). Ha sido igualmente profesor en Lovaina y en la cátedra John Nuveen de la Universidad de Chicago.*

La aportación principal de Ricoeur al pensamiento contemporáneo la constituyen sus tres volúmenes de Filosofía de la voluntad. Lo voluntario y lo involuntario *(1950),* Finitud y culpabilidad. El hombre falible *(1960) y* La simbólica del mal *(1960). En estas obras del periodo medio, Ricoeur arguye que el Yo-sujeto autotransparente y autónomo, ideal promovido por Descartes con el* cogito *y por Husserl con el ego trascendental, es básicamente insostenible. Según Ricoeur, la voluntad humana choca siempre con los «involuntarios» límites de la finitud, que desafían o superan a sus poderes subjetivos. El sujeto nunca logrará, por tanto, un inmediato y puro autoconocimiento reflexivo, pues está transido siempre de significaciones distintas de la suya propia: es un* cogito *descentrado, disperso, falible, que se halla en un mundo cuyo sentido precede a sus voluntarias iniciativas. Hay que pasar, pues, de una fenomenología pura de la conciencia reflexiva a una fenomenología hermenéutica que reconoce que, para conseguir la recuperación de sí mismo y la captación del sentido, el sujeto ha de dar un «rodeo» pasando a través de las estructuras «objetivas» de la cultura, la religión, la sociedad y el lenguaje. De acuerdo con esto, Ricoeur define la hermenéutica como «el arte de descifrar las significaciones indirectas». Sólo percatándonos claramente de la existencia de esas barreras trans-subjetivas que coartan nuestros proyectos subjetivos podremos llegar a interpretar tales «media-*

ciones» de modo que alcancemos las metas últimas de la libertad y la comprensión (a las que Ricoeur se refiere cuando habla de una «teleología» o «escatología» del sujeto).

Es precisamente ese rodeo a través de las mediadoras y alienantes estructuras de la significación el que emprende Ricoeur en La simbólica del mal *y en sus obras posteriores más explícitamente hermenéuticas,* De la interpretación. Ensayo sobre Freud *(1965),* El conflicto de las interpretaciones *(1969),* La metáfora viva *(1975),* Tiempo y narración *(1983-1986) y* Uno mismo como otro *(1992). En tales estudios hermenéuticos se trata ante todo de hacer ver que el ideal del conocimiento absoluto es siempre desplazado o diferido por una serie interminable de expropiaciones y reapropiaciones del significado (a través de la noción del «inconsciente» en el psicoanálisis, de anónimos «códigos» lingüísticos en el estructuralismo o de la impersonal «facticidad» del tiempo y la circunstancia en las filosofías políticas de la historia).*

Ricoeur insiste en que una filosofía moderna de la conciencia debe entrar en diálogo con las ciencias humanas —política, sociología, lingüística, psicología, historia, economía, etcétera—. Sólo reconociendo los varios obstáculos y opacidades que se encuentran al tratar de autocomprenderse, y resistiendo, por tanto, a la fácil solución de una «síntesis absoluta» que pretenda resolver prematuramente el conflicto de las interpretaciones, lograremos una auténtica comprensión del papel de la imaginación y la creatividad humanas a pesar de todas las diferencias. En otras palabras, sólo si nos tomamos en serio la «hermenéutica de la sospecha», que con Freud, Marx, Nietzsche y otros autores procura denunciar la falacia idealista de la conciencia autotransparente, podremos contribuir a una «hermenéutica de la afirmación» que siga creyendo en la recuperación de los significados perdidos y en la creación de otros nuevos, es decir, en la apertura de «mundos posibles».

La primera parte del diálogo que sigue fue grabada en París en 1981 y la segunda, en la misma ciudad en 1978.

La creatividad del lenguaje

¿Qué puesto les corresponde en su programa general de filosofía hermenéutica a sus obras posteriores sobre la metáfora (La metáfora viva, *1975) y sobre la narratividad* (Tiempo y narración, *1983)?*

En La metáfora viva traté de mostrar cómo en el lenguaje, estirándolo hasta sus mismos límites, se pueden descubrir siempre resonancias nuevas. El calificativo *vive* (viva, viviente) es aquí muy importante, porque con él quise dar a entender que no hay sólo una imaginación epistemológica y política, sino también, y quizá más fundamentalmente, una imaginación *lingüística* que genera y regenera el significado mediante la fuerza viva de la metaforicidad. En La metáfora *viva* estudié los recursos de la retórica con el fin de hacer ver cómo el lenguaje experimenta mutaciones y transformaciones creativas. Mi obra sobre la narratividad, *Tiempo y narración*, prosigue esta investigación sobre el lenguaje desde el punto de vista de su poder inventivo. Aquí, el análisis de las operaciones narrativas en un texto literario, por ejemplo, nos permite comprender cómo formulamos una nueva estructura del «tiempo» al crear nuevas modalidades de trama argumental y de caracterización. Mi interés principal en este análisis es el de dejar patente que el acto de *raconter*, de contar una historia, puede transmutar el tiempo *natural* convirtiéndolo en un tiempo específicamente *humano*, irreductible al matemático y cronológico «tiempo del reloj». ¿Hasta qué punto la narratividad, como construcción o desconstrucción de paradigmas del contar historias, es una perpetua búsqueda de nuevos modos de expresar el tiempo humano, una producción o creación de significados? Ésta es mi cuestión.

¿Cómo relacionaría usted esta hermenéutica de la narratividad con su anterior fenomenología de la existencia?

Diría, empleando un término de Wittgenstein, que el «juego del lenguaje» de la narración revela, en el fondo, que el sentido mismo de la existencia humana es narrativo. Las implicaciones de la narración como un referir la historia son considerables. Porque la Historia no es sólo un relatar o contar *(histoire)* los triunfos de los reyes y las hazañas de los héroes, sino que ha de ser también el relato de los desposeídos y carentes de poder. La historia de los vencidos que murieron reclamando justicia exige ser referida. Según lo hace notar Hannah Arendt, la existencia humana no significa solamente un poder cambiar o dominar el mundo, sino también la capacidad de ser recogida y recordada en el discurso narrativo, el ser *memorable*. Estas implicaciones existenciales e históricas de la narratividad son de muy largo alcance, porque determinan lo que se habrá de «conservar» y hacer «permanente» en la conciencia que una cultura vaya teniendo de su pasado, de su propia «identidad».

¿Podría usted resumirnos algunas de esas implicaciones que entraña una relectura del pasado? ¿Cuáles serían, por ejemplo, las de una interpretación marxista?

Así como los novelistas eligen cierta trama *(intrigue)* para ordenar los materiales de su ficción disponiéndolos en una secuencia narrativa, así también los historiadores eligen una u otra trama o estructura narrativa para ordenar los sucesos del pasado. Aunque tradicionalmente la historia se ocupaba sólo de reyes, batallas, tratados y del ascenso y la decadencia de los imperios, a partir del siglo XIX hay ya otras lecturas que enfocan su selección narrativa sobre la historia de las víctimas, sobre las vicisitudes del sufrimiento con preferencia a las del poder y la gloria. Un caso señalado de tal enfoque fue el de Michelet, en su romántica historiografía del «pueblo». Y otro ejemplo, más obvio y de mayor influencia, es el de la relectura marxista de la historia como una gran batalla en defensa de los trabajadores oprimidos, según la teoría de la lucha de clases. En estos enfoques, se invierte la ordenación de los materiales históricos y el héroe es ahora el «esclavo» en vez del «amo» como lo fuera antes; son otros los acontecimientos y las acciones que se consideran relevantes y dignos de atención; a las relaciones entre reyes y reinas se prefieren las del trabajo y la producción. Pero aquí habrá que seguir siendo críticos, si no se quiere que los nuevos héroes de la historia se conviertan a su vez en abstracciones y la «liberadora» trama alternativa se reduzca a otra versión más de sucesos que sólo agrave la ilusión de que la historia se desenvuelve en cierto modo de por sí sin que intervengan en su elaboración los poderes creativos del hombre. Así, el marxismo, de ser un programa para la liberación de los desvalidos, puede degenerar fácilmente —como les pasó al nacionalsocialismo alemán y al estalinismo— en una ideología que implanta un nuevo tipo de poder opresivo: el proletariado deja de ser entonces auténtica comunidad de hombres libres y se transforma en el abstracto e impersonal concepto de un nuevo sistema de determinismo científico.

El lenguaje narrativo ¿es primordialmente una intencionalidad de la conciencia subjetiva, como dijera la fenomenología, o es una estructura objetiva e impersonal que predetermina las operaciones subjetivas de la conciencia, según lo mantuvo el estructuralismo?

Ambas cosas a la vez. La inestimable contribución del estructuralismo fue que ofreció una certera descripción científica de los códigos y paradigmas del lenguaje. Pero no creo que esto excluya la creativa expresión de la conciencia. La creación de significado en el lenguaje se debe a la producción específicamente *humana* de nuevos modos de expresar los paradigmas y códigos objetivos puestos a nuestra disposición por el lenguaje. Por ejemplo, con una misma gramática podemos expresar muchas nuevas y diferentes sentencias. La creatividad está siempre regida por unos códigos lingüísticos objetivos a los que ella trata continuamente de sacar el máximo partido para inventar algo nuevo. Mientras en mi estudio del potencial creativo de la metáfora partí de los códigos objetivos de la retórica, en mi análisis de la narratividad me refiero a las estructuras lingüísticas descubiertas por los formalistas rusos, por la Escuela de Praga y, más recientemente, por el estructuralismo de Lévi-Strauss y de Genette. Mi proyecto filosófico es demostrar que el lenguaje humano es *inventivo* a pesar de los límites y códigos objetivos que lo rigen; es revelar la diversidad y la potencialidad del lenguaje, que el desgaste de su uso diario condicionado por intereses tecnocráticos y políticos nunca cesa de oscurecer. Llegar a tener conciencia de los recursos metafóricos y narrativos del lenguaje es reconocer que a sus rebajados o disminuidos poderes siempre se los puede revigorizar en beneficio de todas las formas de emplearlos.

Su investigación sobre la narratividad ¿puede considerarse también como la búsqueda de un significado que compartan en el fondo los múltiples discursos? Dicho de otra manera: el acto de narrar la historia ¿la hace universal y común a todos?

Este problema de la unidad y la variedad es central en la cuestión de la narratividad; puede resumirse en términos de las siguientes dos interpretaciones contrarias: Agustín nos dice en las *Confesiones* que «el hombre vive roto y dividido», que la existencia humana está en discordia, por cuanto que es un temporal irse rompiendo y dividiendo el presente en contraste con la eterna presencia de Dios. A esta lectura agustiniana del existir del hombre como *dispersión* suelo yo contraponer la teoría aristotélica de la tragedia, que en la *Poética* aparece como un modo de *unificar* la existencia al repetirla fabulando. La narratividad puede entenderse como esta oposición entre la discordancia del tiempo *(temps)* y la concordancia del relato *(récit)*. Es éste un problema que se les plantea, por ejemplo, a todos los historiadores. ¿Consiste la historia en un narrar que ordena y conjunta los fragmentarios datos empíricos ofrecidos por la sociología? ¿Puede la historia, en su *afinidad* a la sociología, separarse de la estructura narrativa del relato sin dejar de ser historia? Es interesante advertir que aun el mismo Fernand Braudel, que en su prefacio a *El Mediterráneo en tiempo de Felipe II* propugna el enfoque sociológico de la historia, mantiene todavía la noción de la historia como duración temporal y no quiere adherirse, *à la* Lévi-Strauss, a paradigmas atemporales, pues eso significaría la muerte de la historia. Si la antropología social de Lévi-Strauss puede permitirse el prescindir de la historia es porque sólo se interesa por «sociedades frías»: sociedades sin desarrollo histórico o diacrónico, cuyas costumbres y normas —por ejemplo el tabú del incesto— son en gran parte insensibles al cambio temporal. La historia comienza y acaba con la narración de un relato *(récit)*, y su inteligibilidad y su coherencia dependen de esa narración. Mi tarea es hacer ver cómo las estructuras narrativas de la historia y las de todo relato *(v.gr.* las del novelístico o de ficción) funcionan de un modo semejante para crear nuevas formas de tiempo humano y, por ende, nuevas formas de comunidad humana, pues la creatividad es también acción social y cultural, no se limita a lo individual.

¿Qué entiende usted exactamente por «tiempo humano»?

Entiendo la formulación de dos formas de tiempo opuestas: el tiempo público y el tiempo privado. Este último es el tiempo mortal, pues, como dice Heidegger, existir es ser-hacia-la-muerte *(Sein-zum-Tode)*, un ser cuyo futuro está cerrado por la muerte. Desde el momento mismo en que entendemos nuestra existencia como este tiempo mortal, nos hallamos ya envueltos en una forma de narratividad o historia privada; tan pronto como el individuo llega a percatarse de los finitos límites de su existir, tiene necesidad de recogerse y hacer *suyo* el tiempo. Por otro lado, existe un tiempo público. Y no lo llamo público en el sentido de tiempo físico o natural (el tiempo del reloj), sino para referirme al tiempo del lenguaje mismo, que sigue existiendo después de la muerte del individuo. Vivir en el tiempo humano es vivir entre el tiempo privado o tiempo de nuestra mortalidad y el tiempo público o tiempo del lenguaje. Hasta el propio Chénu, que tiende a valorar cuantitativamente la historia, reconoce que la médula de la historia es la demografía, es decir, el registro de las generaciones, la relación *(histoire)* de los que viven y los que mueren. Precisamente como tal recogida de lo que vive y lo que muere, la historia —como narratividad pública— produce el tiempo humano. Resumiendo, yo diría que mi análisis de la narratividad gira en torno a tres problemas estrechamente relacionados entre sí: 1.º la narración como historia; 2.º la narración como ficción; y 3.º la narración como tiempo humano.

¿En qué puede contribuir este análisis al estudio que hace usted de los patrones de narración bíblicos en La simbólica del mal*?*
La hermenéutica de la narración es importantísima para nuestra comprensión de la Biblia. Por ejemplo, ¿por qué el judeo-cristianismo se basa en episodios narrativos o relatos? ¿Y a qué se debe que éstos tuvieran éxito y llegaran a hacerse *ejemplares*, se los coordinara en leyes, profecías y salmos, etcétera? Quizá para entender la coordinación de los relatos bíblicos lo mejor sea acudir a la noción de *intertextualidad* ideada por Kristeva: todo texto opera en función de algún otro texto. Los relatos bíblicos operan en función de otros textos prescriptivos. El meollo de la hermenéutica bíblica lo constituye esta conjunción de narratividad y prescripción.

¿Qué nexo hay entre su anterior análisis de la «imaginación creadora» como «esperanza escatológica» en el «todavía no» de la historia y su más reciente análisis de la narratividad como producción del tiempo humano y de la historia?
El análisis de la imaginación creadora tenía por objeto la creatividad en su aspecto prospectivo o de futuro, mientras que el análisis de la narratividad versa sobre la misma con un enfoque retrospectivo. La ficción suele estar muy relacionada con el pasado. *El extranjero*, de Camus, como la mayoría de las novelas, está escrita en pretérito. Por lo general, la voz narradora de una novela va refiriendo cosas que ocu-

rrieron en un pasado ficticio. Casi podría decirse que la narración ficticia tiende a suspender lo escatológico para insertarnos en un pretérito significativo. Y yo creo que para que nuestras proyecciones al futuro sean algo más que vacuas utopías hemos de tener un sentido de la significatividad del pasado. Heidegger arguye en *Ser y tiempo* que por estar vueltos hacia el futuro podemos recuperar y poseer un pasado, nuestro pasado personal y nuestra herencia cultural. La estructura de la narratividad demuestra que al tratar de poner orden en nuestro pasado, repitiendo en forma de relatos lo que ha sido, adquirimos una identidad. Estas dos orientaciones —hacia el futuro y hacia el pasado— no son, empero, incompatibles. Según indica el propio Heidegger, la noción de «repetición» *(Wiederholung)* del pasado es inseparable de nuestra proyección existencial hacia nuestras posibilidades. El «repetir» nuestra historia, el contarla de nuevo, es re-coger o hacernos cargo de nuestro horizonte de posibilidades con decisión y responsabilidad. Se ve así cómo el carácter retrospectivo de la narración está estrechamente vinculado al prospectivo horizonte del futuro. Decir que la narración es un relato que ordena el pasado no implica decir que sea un conservador cerrarse a lo nuevo. Por el contrario, la narración conserva el sentido de lo que está ya detrás de nosotros para que podamos tener sentido por delante de nosotros. Siempre hay *más* orden en lo que narramos que en lo que ya hemos realmente vivido; y este exceso *(surcroît)* de orden narrativo, coherencia y unidad es una prueba magnífica del poder creativo de la narración.

¿Y qué decir de los textos modernos de Joyce y Beckett, etcétera, en los que la narrativa parece dispersar y dislocar el sentido?
Esos textos rompen los paradigmas habituales de la narrativa para dejarle al lector mismo la ordenadora tarea del crear. Y la verdad es que, a fin de cuentas, es el lector quien compone el texto. Sin embargo, toda narrativa, aun la de Joyce, es una cierta llamada al orden. Joyce no nos invita a abandonarnos al caos, sino a que nos abracemos a un orden infinitamente más complejo. La narrativa nos lleva, más allá del opresivo orden de nuestra existencia, a un orden más liberador y refinado. La cuestión de la narratividad, no importa cuán moderna o de vanguardia, es inseparable del problema del orden.

¿Qué le indujo a usted a abandonar la fenomenología husserliana, con su presunta aprehensión directa e inmediata del significado, para adoptar una fenomenología hermenéutica en la que el sentido de la existencia es enfocado indirectamente, a través del mito, la metáfora o la narratividad, o sea, dando el rodeo de la mediación?
Pienso que es siempre pasando por la mediación de operaciones estructurantes como se capta el significado fundamental de la exis-

tencia, lo que Merleau-Ponty llamaba *l'être sauvage*. Merleau-Ponty estuvo buscando ese *être sauvage* durante toda su carrera de filósofo y coherentemente criticó su deformación y ofuscación en la ciencia. Por mi parte, yo siempre he tratado de distinguir aquellas mediaciones del lenguaje que no son reducibles a los fingimientos de la objetividad científica, sino que siguen atestiguando potencialidades lingüístico-creativas. El lenguaje posee hondos recursos que no son inmediatamente reducibles a conocimiento (y menos a las formas de conocimiento intelectualistas y behavioristas que Merleau-Ponty rechazaba). Mi interés por la hermenéutica y por su interpretación del lenguaje, que se extiende a los límites de las ciencias lógica y matemática, ha sido siempre un intento de detectar y describir esos recursos. Estoy convencido de que todo lenguaje figurativo es potencialmente conceptualizable y de que el orden conceptual puede poseer una forma de creatividad. Por eso insistí, al final de *La metáfora viva*, en la esencial conexión o intersección del discurso especulativo y el discurso poético, —puesta de manifiesto, por ejemplo, en toda la cuestión de la analogía—. Es un simplismo sugerir que la conceptualización sea *per se* contraria al sentido de la vida y a la experiencia; los conceptos también pueden ser abiertos, vivos y creativos, si bien nunca pueden constituir un conocimiento que le sea inmediatamente accesible a un autotransparente *cogito*. Es imposible que la conceptualización alcance directamente el significado o lo cree ella sola *ex nihilo*; la conceptualización no puede prescindir del rodeo de la mediación, del pasar por estructuras figurativas. Ese rodeo es intrínseco al funcionamiento mismo de los conceptos.

En el capítulo octavo de La metáfora viva *plantea usted el complejo problema filosófico de la «referencia» en el lenguaje. ¿Qué relación hay entre la narratividad y este problema de la referencia?*
Esta cuestión nos lleva a la intersección de la historia, que pretende ocuparse de lo que realmente sucedió, y la novela, que pertenece al orden de la ficción. La referencia implica una conjunción de la historia y la ficción. Y yo creo que, para demostrar la validez de la referencia, el análisis de la narratividad me brinda más oportunidades que el de la metaforicidad. El referente del discurso poético o metafórico siempre es difícil de identificar, mientras que el del discurso narrativo es obvio: el orden del actuar humano. Claro que el curso de este mismo actuar humano está lleno de entidades de ficción, tales como relatos, símbolos, ritos, etcétera. Según lo advirtiera Marx en *La ideología alemana*, cuando los hombres producen su existencia en la forma de *praxis* se la representan en términos de ficción, e incluso, al límite, en términos de religión (que es para Marx el modelo de ideología). No puede haber praxis alguna que no esté ya simbólicamente estructurada. La acción humana es siempre figurada en signos, interpretada

en términos de normas y tradiciones culturales. Nuestras ficciones narrativas sólo se añaden después a esa primaria interpretación o figuración de la acción humana; así que la narrativa es una redefinición de lo que ya estaba definido, una reinterpretación de lo que ya estaba interpretado. El referente de la narración, o sea, la acción humana, no es nunca realidad en bruto o inmediata, sino un actuar que ha sido simbolizado y re-simbolizado repetidas veces. La narración sirve, pues, para trasladar las anteriores simbolizaciones a un nuevo plano, integrándolas o desmenuzándolas según el caso. De no ser así, suponiendo que la narrativa literaria, por ejemplo, estuviese cerrada al mundo del actuar humano, sería enteramente inocua e inofensiva. Mas lo cierto es que la literatura nunca cesa de cuestionar nuestro modo de leer la historia y la praxis humanas. En este aspecto, la narrativa literaria implica un uso creativo del lenguaje que es ignorado frecuentemente por la ciencia y por todos nosotros en la existencia cotidiana. El lenguaje literario es capaz de cuestionar nuestra cotidiana existencia, es *peligroso* en el mejor sentido de la palabra.

Pero la búsqueda hermenéutica del sentido mediado y simbolizado ¿no será un subterfugio para escapar de la dura realidad empírica de las cosas? ¿No es siempre un trabajar alejado de la vida?

Dijo Proust que si al drama se lo recluyese en los libros dejaría de ser formidable. El drama es formidable precisamente porque anda libre por el mundo, implantando por doquier sus mediaciones, destrozando la ilusión de la inmediatez de lo real. El problema para una hermenéutica del lenguaje no es el de redescubrir alguna prístina inmediatez, sino el de ir mediando insistentemente y cada vez de un modo nuevo y más creativo. El papel mediador de la imaginación está siempre en juego en la realidad vivida *(le vécu)*. No hay ninguna realidad vivida, ninguna realidad humana o social, que no esté ya *representada* en algún sentido. Esta dimensión imaginativa y creativa de lo social, este *imaginaire social*, ha sido muy lúcidamente analizado por Castoriadis en su libro *La institución imaginaria de la sociedad*.* La literatura complementa esta primera representación de lo social con su propia representación narrativa, en un proceso que Dagonier califica de «aumento iconográfico». Pero la literatura no es el único procedimiento con que la ficción puede intervenir mediando iconográficamente en la realidad humana. También hay la función mediadora de los modelos en la ciencia o la de las utopías en las ideologías políticas. Estas tres modalidades de mediación ficcional —literaria, científica y política— efectúan una metaforización de lo real, una creación de nuevos significados.

---

* Publicado por Tusquets Editores, Barcelona, col. Acracia n.º 34 (2 vols.), 1989. *(N. del E.)*

Con lo que volvemos a su cuestión primera: ¿qué significa la creatividad en el lenguaje y cuál es su relación con los códigos, estructuras o leyes que el lenguaje impone?

La creatividad lingüística está continuamente forzando, estirando y distendiendo las leyes y códigos del lenguaje, por los que éste se rige. Roland Barthes acusaba a dichas leyes de «fascistas» y urgía a escritores y críticos a que trabajaran en los límites del lenguaje transgrediendo sus rígidas leyes para abrir caminos al libre movimiento del *deseo* y hacer al lenguaje festivo. Pero si el orden narrativo del lenguaje está repleto de códigos, también hay en él la capacidad de violarlos creativamente. La creatividad humana es siempre, en algún sentido, respuesta a un orden regulador. La imaginación opera siempre sobre la base de unas leyes ya establecidas y su tarea consiste en hacerlas funcionar creativamente, ya sea aplicándolas de un modo original, ya subvirtiéndolas... o ambas cosas a la vez, lo que Malraux llama «deformación regulada». No hay ninguna función de la imaginación, ningún *imaginaire*, que no sea estructurante o estructurado, esto es, no dicho o a punto de ser dicho en el lenguaje. La tarea de la hermenéutica consiste en registrar los inexplorados recursos de lo casi dicho o por decir, basándose en lo ya dicho. La imaginación nunca se basa o asienta en lo no dicho.

¿Cómo respondería usted a la conclusión de Lévi-Strauss en El hombre desnudo *de que las estructuras y los símbolos de la sociedad se originan en la «nada»* (rien)*?*

No me interesa mucho la metafísica de la nada de Lévi-Strauss. La gran contribución de éste fue hacer notar la existencia de estructuras simbólicas perdurables en las que él llamaba «sociedades frías», esto es, sociedades (sobre todo de indios sudamericanos) resistentes al cambio histórico. Las sociedades griega y hebrea, de cuya combinación resultaría gran parte de nuestra cultura occidental, son, por contra, «sociedades calientes» sus sistemas simbólicos cambian y evolucionan a lo largo del tiempo, llevando consigo diferentes estratos de interpretación y reinterpretación. En otras palabras, en las sociedades «calientes» la labor interpretativa no es algo que se introduzca desde fuera —como en las sociedades «frías»—, sino un componente interno de su mismo sistema simbólico. A este diacrónico proceso de reinterpretación es, precisamente, a lo que llamamos «tradición». En la *Ilíada* griega, por ejemplo, descubrimos un mito que está ya reinterpretado, una parte de la historia que ha sido ya reelaborada y sujeta a un orden narrativo. Ni Homero ni Esquilo inventaron sus argumentos; lo que sí inventaron fueron nuevos sentidos narrativos, nuevas formas de contar otra vez la misma historia. El autor de la *Ilíada* tiene toda la leyenda de la guerra de Troya a su disposición, pero prefiere aislar el característico episodio de la cólera de Aquiles y desarrolla ejemplarmente su relato hasta el punto en que la cólera acaba en la catártica reconciliación —ocasionada por la muerte de Héctor— con el rey Príamo. El relato produce y ejemplifica un significado concreto: cómo la ciega y vana ira de un héroe (Aquiles) llega a ser superada cuando este héroe se reconcilia con el padre (Príamo) de su víctima (Héctor) en el banquete funeral. Tenemos aquí un buen ejemplo de lo que es crear un significado nuevo a partir de una herencia mítica común, recibir una tradición y recrearla poéticamente para significar algo nuevo.

Y, claro está, Chaucer y Shakespeare produjeron distintas reinterpretaciones «ejemplares» del mito de la Ilíada *en sus respectivas versiones de* Troilo y Cressida, *como lo hizo una vez más Joyce en su* Ulises. *Tal género de reinterpretaciones parece ser típico de la historia cultural de nuestra herencia helénica. ¿Se da también este tipo de reinterpretación histórica en la tradición bíblica o hebraica?*

Sí, las narrativas bíblicas de la tradición hebraica operan también de esta manera *ejemplar* o ejemplarizante. Lo evidencia el hecho de que los relatos o episodios bíblicos no se añaden o se yuxtaponen sin más unos a otros, sino que constituyen un desarrollo acumulativo y orgánico. Por ejemplo, la promesa hecha a Abraham de que su pueblo tendría una relación salvífica con Dios es una promesa inagotable (a diferencia de ciertas promesas legales que pueden cumplirse inmediatamente), y, como tal, inaugura una historia en la que esa promesa podrá ser repetida y reinterpretada una y mil veces... con Moisés, luego con David, y así sucesivamente. De modo que la narrativa bíblica de esta promesa «aún no cumplida» crea una acumulativa historia de repetición. El mensaje cristiano de la crucifixión y la resurrección viene después a insertarse en esta historia bíblica como un doble factor de reinterpretación y de ruptura. Respecto a la tradición judaica, el cristianismo desempeña una función a la vez subversiva y conservadora. San Pablo habla de superación de la Ley, y, no obstante, vemos que los autores sinópticos no cesan de afirmar que el evento cristiano es una respuesta a la promesa profética: «según las Escrituras». Las reinterpretaciones judaica y cristiana de la historia bíblica se traban «en amoroso combate», para decirlo con frase de Jaspers. Lo que aquí nos importa es que la experiencia bíblica de la fe está fundada en historias y en relatos: del éxodo, de la crucifixión y la resurrección, etcétera, *antes de* expresarse en abstractas teologías que luego interpretan esas narrativas fundacionales y proporcionan a la tradición religiosa su sentido de perdurable identidad. Los proyectos de *futuro* de toda religión están íntimamente relacionados con los modos de repasar ella sus recuerdos.

En sus trabajos de hermenéutica muestra usted una especial sensibilidad respecto al «conflicto de las interpretaciones», y hasta titula así uno de sus libros. Su hermenéutica ha rechazado tajantemente la idea de un «saber absoluto» que pueda totalizar de un modo reduccionista la multiplicidad de interpretaciones —fenomenológica, teológica, psicoanalítica, estructuralista, científica, literaria, etcétera—. ¿Es concebible algún sentido en el que este claro itinerario intelectual pudiera configurarse como una especie de odisea que acabara en retorno a un centro unificador donde se reunirían y conciliarían poniendo fin a su conflicto las interpretaciones del discurso humano?

Cuando Odiseo, completo su periplo, vuelve a Ítaca, hay exterminio y destrucción. Para mí el quehacer filosófico no consiste en cerrar el círculo centralizando o totalizando el conocimiento, sino en mantener abierta la irreducible pluralidad del discurso. Es esencial mostrar cómo los diferentes discursos pueden relacionarse unos con otros o entrecruzarse, pero hay que resistir a la tentación de hacerlos idénticos, de hacerlos uno solo y el mismo. Mi alejamiento de la fenomenología husserliana se debió, en gran parte, a que yo no podía estar de acuerdo con su teoría de un controlador *cogito* trascendental. Propuse la noción de un *cogito* herido o roto, oponiéndome a las pretensiones idealistas de contar con una subjetividad absolutamente inviolada. Fue de hecho Karl Barth quien primero me enseñó que el sujeto no es un maestro centralizador sino, más bien, un discípulo u oyente de un lenguaje más amplio que él mismo. En general, al nivel de la cultura, debemos también precavernos para no prestar atención exclusivamente a las tradiciones del pensamiento *occidental*, para no ser *etnocentristas*. Porque insistiendo en la importancia de las tradiciones griega y judeocristiana, descuidamos a menudo otros discursos radicalmente heterogéneos, como por ejemplo los del Lejano Oriente. Uno de mis colegas norteamericanos me sugirió hace poco que hay sorprendentes semejanzas entre la desconstrucción del logocentrismo que propugna Derrida y la noción budista de la nada. Pienso que quizá deberíamos pasar por un cierto vacío o «grado cero» para salir de una vez de nuestra infatuada pretensión de ser nosotros el centro, para librarnos de la tendencia a reducir todos los demás discursos a nuestros totalizadores esquemas mentales. Si hay una unidad última, está en otra parte, en una suerte de esperanza escatológica. Pero éste es, ¿sabe usted?, mi «secreto», mi apuesta personal, y no algo que pueda traducirse a un discurso filosófico centralizador.

Al parecer, nuestra secularizada sociedad moderna ha abandonado las representaciones simbólicas, el imaginaire *de la tradición. ¿Puede funcionar el creativo proceso de la reinterpretación si se ha roto la continuidad narrativa con el pasado?*

En una sociedad en la que la narrativa está muerta los hombres ya no son capaces de intercambiar sus experiencias, de compartir una experiencia común. La búsqueda actual de alguna continuidad narrativa con el pasado no es mero escapismo nostálgico, sino una protesta contra el discurso legislativo y planificador que tiende a predominar en las sociedades burocratizadas. Devolver a la gente una *memoria* es devolverle también un *futuro*, es volver a ponerla en el curso del tiempo y librarla así del pensar sólo en el instante inmediato, de la *mens instans*, para decirlo con un término tomado de Leibniz. El pretérito no es *passé*, pues nuestro futuro se garantiza precisamente por nuestra capacidad de poseer una identidad narrativa, de poder hacer nosotros cosecha del pretérito en forma histórica o ficticia. Este problema de la identidad narrativa es particularmente arduo, por ejemplo, en un país como Francia, donde la Revolución representó una ruptura con el patrimonio de la leyenda y el folklore, etcétera. (A mí siempre me ha sorprendido, por ejemplo, que la mayoría de las llamadas canciones «tradicionales» que los franceses conservan aún sean canciones de bebedores.) Los franceses de hoy están bastante faltos de un *imaginaire* compartido, de una común herencia simbólica. Nuestra tarea es, pues, reapropiarnos de aquellos recursos del lenguaje que han resistido a la contaminación y a la destrucción. Rehacer el lenguaje es redescubrir lo que somos. Lo que en la experiencia se ha perdido está con frecuencia salvaguardado en el lenguaje, sedimentado en él como en un depósito de vestigios, como en un tesoro. Que no puede haber ningún modelo de lenguaje pura o perfectamente transparente nos lo recuerda Wittgenstein en sus *Investigaciones filosóficas*, y si lo hubiese no sería más que un *vide*, un universalizado vacío. Para redescubrir el sentido, el significado de un texto, hemos de ir de nuevo a los múltiples estratos en que se fue sedimentando el lenguaje, a la compleja pluralidad de sus concreciones, en las que lo que se dice puede salvarse de la erosión del olvido.

En Historia y verdad *alaba usted a Emmanuel Mounier como a alguien que no quiso separar de una pedagogía política la búsqueda de la verdad filosófica. ¿Cuáles son, si hay algunas, las implicaciones políticas del pensamiento filosófico de usted?*

Mi obra, hasta la fecha, ha sido un reflexionar sobre la mediación del sentido en el lenguaje, especialmente en el lenguaje poético o narrativo. ¿En qué puede contribuir tal hermenéutica —me pregunta usted— a nuestro entendimiento de cómo se relacionan las mediaciones de esos discursos simbólicos con la inmediatez de la praxis política? El hecho de que el lenguaje sea descubierto por la hermenéutica (y también por la filosofía analítica de Wittgenstein) como una no totalizable pluralidad de interpretaciones o de «juegos de lenguaje» significa que el retórico discurso de la política, que sirve para justificar o para criticar el poder, no es sino uno entre muchos otros «juegos de lenguaje», y, por lo tanto, no puede arrogarse el estatuto de una ciencia universal. Recientemente, conversando con filósofos y con estudiantes checos reunidos en el seminario Tomin, en Praga, comprendí que el problema del totalitarismo está en que es falso que pueda haber un discurso de la política (en este caso el discurso comunista) que sea universalmente verdadero y científico. En cuanto se reconoce que el lenguaje político es básicamente una retórica de la persuasión y de la opinión, puede tolerarse la discusión libre. Una «sociedad abierta» —por usar el término de Popper— es la que reconoce que el debate político es infinitamente abierto y está así dispuesta a desandar críticamente los pasos que haga falta para no dejar de interrogarse y para reconstituir las condiciones de un lenguaje auténtico.

¿Cabe alguna relación positiva entre el lenguaje como ideología política y la utopía?

Como antes dije, toda sociedad posee, o es parte de, un *imaginaire* político, un conjunto de discursos simbólicos. Este *imaginaire* puede funcionar como ruptura o como reafirmación. De este segundo modo, el *imaginaire* opera como una *ideología* capaz de repetir y representar el discurso básico de una sociedad, lo que yo llamo sus «símbolos fundacionales», preservando con ello su sentido de identidad. Al fin y al cabo, las culturas se crean a base de ir contándose repetidas veces las historias de su propio pasado. El peligro está, naturalmente, en que esa reafirmación se pervierta, por lo común por obra de elites monopolísticas, y degenere en un discurso engañoso, mistificador, utilizado para vindicar o glorificar de maneras acríticas los poderes políticos establecidos. En tales casos, los símbolos de una comunidad se hacen rígidos y se transforman en fetiches: sirven como mentiras. Pero contra esto hay el *imaginaire* de la ruptura, un discurso de la *utopía*, continuo crítico de los poderes que no guarden fidelidad al «en otra parte», a una sociedad «todavía inexistente». Mas este discurso utópico tampoco es siempre posible. Pues además de la auténtica utopía de la ruptura crítica puede darse también un discurso utópico peligrosamente esquizofrénico, que proyecte un futuro estático sin producir jamás las condiciones para su realización. Puede ocurrir así con la versión marxista-leninista de la utopía si se proyecta la final «eliminación del Estado» sin tomar de hecho las medidas necesarias para llegar a alcanzar alguna vez semejante meta. Entonces la utopía se transforma en un futuro aislado tajantemente del presente y del pasado, en mero pretexto para consolidar los represivos poderes fácticos. El discurso utópico funciona como mistificante ideología en cuanto pretende justificar la opresión de hoy en nombre de la liberación de mañana. Resumiendo: la *ideología* como simbólica confirmación del pasado y la *utopía* como simbólica abertura hacia el futuro son complementarias; separar la una de la otra puede llevar a una forma de patología política.

¿Considera usted que la Teología de la Liberación de América Latina es un ejemplo de discurso utópico positivo en la medida en que se combinan en ella un utopismo marxista y la transformación política de la realidad presente?

También se combina con el *pasado*, con el recuerdo de los arquetipos del éxodo y de la resurrección. Esta dimensión memorialística de la Teología de la Liberación es esencial, porque da dirección y continuidad a la proyección utópica del futuro, haciendo así como de guardafuego contra un futurismo irresponsable o acrítico. Aquí el proyecto político del futuro es inseparable de un continuo horizonte de liberación que se remonta, en el pasado, hasta las nociones bíblicas del exilio y la promesa. La promesa permanece incumplida mientras la utopía no esté históricamente realizada; y es precisamente el horizonte de lo aún no cumplido de esta promesa el que, uniendo a los hombres en una comunidad, impide que la utopía se aleje y se esfume como vacua ensoñación.

Hablando con propiedad, ¿qué tiene que ver la utopía con la historia?

En su *Historia del concepto de historia*, Reinhart Kosselek sostiene que, hasta el siglo XVIII, hubo diversos modos de concebir la historia, al menos en Occidente, donde era común hablar de «historias» y no de la Historia con mayúscula. Nuestra actual noción de una sola o única historia se originó a la vez que la moderna idea de progreso. Y, desde que la historia se constituyó así en concepto unitario, nunca ha cesado de ir abriéndose el abismo que separa nuestro «campo de experiencia» de nuestro «horizonte de esperanza». La unidad de la historia se basa en la constitución de un horizonte de esperanza común; pero la proyección de tal horizonte a un futuro distantemente abstracto supone que nuestro actual «campo de experiencia» puede llegar a estar patológicamente privado de sentido y de articulación. El universal deja de ser concreto. Esta disociación, este distar entre sí la *experiencia* y la *esperanza*, entra en crisis en cuanto nos faltan los intermediarios para pasar de una a otra. Hasta el siglo XVI, el utópico horizonte de la esperanza estuvo constituido por la noción escatológica del Juicio Final, que tenía por factores mediadores o intermediarios todas las experiencias de un milenio de Sacro Imperio Romano-germánico. Había una especie de bien trazada senda que llevaba desde lo que se tenía hasta lo que se esperaba tener. La ideología liberal de Locke y de Kant produjo cierto discurso de democracia que vino a ser como una senda por la que los ciudadanos se encaminasen hacia una humanidad mejor; y el marxismo promovió también unos estadios intermedios que llevarían del capitalismo, pasando por el socialismo, al comunismo. Pero parece que ya no podremos creer nunca más en esos intermediarios. Hoy el problema es la evidente imposibilidad de unificar la política mundial, de dar con un medio entre el policentrismo de nuestra práctica política diaria y el horizonte utópico de una humanidad universalmente liberada. Y no es que nos falte utopía, pero sí que nos faltan *sendas* hacia su realización. Y sin un camino hacia esa meta, sin una mediación concreta y práctica en nuestro campo de experiencia, la utopía pasa a ser una enfermedad. Quizá la deflación de las esperanzas utópicas no sea una cosa mala del todo. ¡Es tan fácil que la política se inyecte un exceso de utopía! Tal vez deba volverse más modesta y realista en sus pretensiones, dedicarse más a nuestras necesidades prácticas e inmediatas.

¿Tiene cabida en la política contemporánea un discurso genuinamente utópico?

Tal vez no en la política misma, sino más bien en la conjunción de la política con otros discursos de la cultura. Nuestra actual desilusión respecto a la política proviene de que pusimos en ella todas nuestras esperanzas... hasta que resultó ser una inflada impostura so capa de utopía. Hemos tendido a olvidar que junto al ámbito público de la política existe también un ámbito cultural más privado (que incluye a la literatura, la filosofía, la religión, etcétera) en el que puede expresarse el horizonte utópico. La sociedad moderna parece ser hostil a este campo de la experiencia privada, pero la supresión de lo privado siempre trae consigo la destrucción de lo público. La conquista de lo privado por lo público es una victoria pírrica.

¿Está usted recomendando un retorno a la romántica idea burguesa de la subjetividad privada exenta de toda responsabilidad política?

¡De ningún modo! En mis recientes discusiones con los filósofos de Praga hablé de la crisis del sujeto en la filosofía continental contemporánea, particularmente en el estructuralismo. Allí hice notar que, si damos al traste con la idea de un sujeto responsable de sus palabras, no podremos ya hablar consecuentemente ni de libertad ni de derechos del hombre. Prescindir de la noción clásica del sujeto como un *cogito* transparente no supone que tengamos que prescindir de todas las formas de subjetividad. Mi filosofía hermenéutica ha intentado demostrar la existencia de una subjetividad opaca que se expresa dando el rodeo de incontables mediaciones: signos, símbolos, textos y la misma praxis humana. Esta idea hermenéutica de la subjetividad como una dialéctica entre el yo y los significados sociales intermedios tiene profundas implicaciones morales y políticas. Permite comprender que hay una *ética de la palabra*, que el lenguaje no es sólo el abstracto objeto de la lógica o la semiótica, sino que entraña el básico deber moral que toda persona tiene de ser responsable de lo que dice. Una sociedad en la que ya no hubiese sujetos éticamente responsables de sus palabras sería una sociedad en la que ya no habría ciudadanos. Para los contestatarios filósofos de Praga, la cuestión filosófica primordial es la de la integridad y veracidad del lenguaje. Y en un sistema basado en la mentira y en la perversión, plantearse tal cuestión se convierte en un acto de resistencia moral y política. El marxismo de la Europa del Este ha degenerado transformando la dialéctica en positivismo; ha abandonado la inspiración hegeliana que le hizo afirmarse como una realización del sujeto universal en la historia y ha pasado a ser, en cambio, una técnica positivista de manipulación de masas.

Así pues, ¿la pregunta hermenéutica por la creación de significado en el lenguaje puede tener un contenido político?
El ejemplo más prometedor de una hermenéutica política quizá se halle en la síntesis de la Escuela de Frankfurt entre la dialéctica marxista y la hermenéutica heideggeriana, cuya mejor expresión es la crítica de las ideologías hecha por Habermas. Pero aquí debemos andar una vez más con cuidado y resistir la tentación de comprometernos en una política sin mediaciones. La hermenéutica necesita mantener cierta distancia para poder descubrir críticamente las subyacentes estructuras mediadoras que están en funciones en el discurso político. Esta distancia hermenéutica es importante sobre todo hoy, habida cuenta de la desilusión posterior a 1968, la extinción de la ideología maoísta y la denuncia del totalitarismo soviético por Solzhenitsyn y otros.

¿Es esa desilusión un fenómeno que se esté dando en todo el mundo?
Se está dando en diferentes grados, pero donde es más notoria es en países como Francia, donde la esencial distinción entre Estado y sociedad ha llegado a ser bastante borrosa. La Revolución francesa repartió la soberanía política por todos los niveles de la sociedad, del gobierno por arriba a los individuos por abajo; pero, en este proceso, el Estado se hizo omnipresente y el ciudadano quedó reducido a mero fragmento del Estado. Lo que llamó mucho la atención en el movimiento de Solidaridad, en Polonia, fue que empleara el término «sociedad» contraponiéndolo al término «Estado». Hasta en los países anglosajones hay ciertas instituciones nacionales —como los medios de comunicación y las universidades— que son relativamente independientes de la política estatal. (Es difícil encontrar ejemplos de esto en Francia.) La débil ideologización de la política en los Estados Unidos de América, pongamos por caso, significa que allí la política sirve por lo menos de laboratorio de pruebas en el que se pueden ensayar múltiples discursos. Este fenómeno de «sociedad de gentes mezcladas» resulta que es una muestra ejemplar de lo que Montesquieu llamó la «separación de poderes». Es interesante recordar que originariamente el Estado fue concebido por los pensadores liberales como un agente de tolerancia, como un modo de proteger la pluralidad de prácticas

y creencias. El Estado liberal habría de ser una defensa contra los fanatismos religiosos o de otras especies. La más grave desnaturalización del Estado liberal es que haya pasado a funcionar, en vez de como agente destotalizador, como agente totalizante. De ahí que hoy sea urgente que descubramos un discurso político que no se supedite a los estados, una nueva forma de sociedad que garantice universalmente los derechos pero sin recurrir para ello a imposiciones totalizantes. Tal es la enorme tarea de reconstruir una forma de sociabilidad no determinada por el Estado.

¿Y cómo nos las arreglaremos para descubrir ese nuevo discurso político?

Uno de los primeros pasos sería analizar qué sucedió exactamente en el siglo XVIII, cuando el horizonte judeo-cristiano de la escatología fue sustituido por el horizonte ilustrado del humanismo con sus liberales nociones de autonomía, libertad y derechos humanos. Deberemos ver luego cómo se desarrolló este humanismo de la Ilustración, pasando de la noción kantiana de la voluntad autónoma y la noción hegeliana de la clase universal (de los funcionarios o servidores civiles) a la marxista clase universal de los trabajadores, etcétera, hasta que llegó a ser una versión secularizada de la utopía, que degeneró con frecuencia transformándose en positivismo científico. Y deberemos inquirir: ¿Puede haber algún tipo de continuidad entre la proyección religioso-escatológica de la utopía y la moderna proyección humanista de una utopía secularizada? Hoy el reto es cómo encontrar otras formas de racionalidad social fuera de los positivistas extremos tanto del socialismo de Estado como del capitalismo utilitarista-liberal. Aquí es esencial la distinción que hace Habermas entre tres formas de racionalidad: 1.º *racionalidad calculadora*, que funciona como control y manipulación positivista; 2.º *racionalidad interpretativa*, que trata de representar los códigos y normas culturales de un modo creativo; y 3.º *racionalidad crítica*, que abre el horizonte utópico de la liberación. Para que haya una genuina racionalidad social no debemos consentir que las funciones crítica e interpretativa se reduzcan a la función calculadora. Habermas desarrolla de este modo la crítica de Adorno y de Horkheimer a la *racionalidad positivista*, que es la racionalidad vigente tanto en el comunismo estatal como en el capitalismo liberal cuando éste arguye que, una vez se haya conseguido llegar a la sociedad de la abundancia, todo podrá distribuirse equitativamente. (El problema es, claro está, que el liberalismo emplea los medios de una sociedad jerárquica y llena de desigualdades para lograr ese fin de la abundancia generalizada... lo cual no parece que se realice nunca.) Así que nuestra tarea sigue siendo la de mantener abierto un utópico horizonte de libertad e igualdad —por medio de la racionalidad interpretativa y crítica— sin recurrir a ningún positivismo ideológico de mala fe. Aquí estoy de acuerdo con lo que opina Raymond Aron de que aún no hemos conseguido desarrollar un modelo político conforme al cual puedan avanzar simultáneamente la libertad y la igualdad. Las sociedades que han defendido la libertad han solido suprimir la igualdad, y viceversa.

¿Piensa usted que la crítica del poder político hecha en Francia por filósofos políticos izquierdistas, como Castoriadis y Lefort, contribuye a la búsqueda hermenéutica de una nueva concepción de la sociabilidad?
Su contribución ha sido absolutamente decisiva. Esa crítica ha intentado hacer ver que el error del marxismo está no tanto en su carencia de un horizonte político como en su reducir la crítica del poder a la de la transferencia económica del trabajo al capital (o sea, a la crítica de la plusvalía). Con ello, la crítica marxista tiende a ignorar que puede haber formas de poder más perniciosas que el capital, por ejemplo, la totalitarización de todos los recursos de una sociedad (los de la fuerza del trabajo, los de los medios de información y discusión, de educación, de investigación, etcétera) por el comité central del partido o del Estado. Así, la cesión de la propiedad privada de los medios de producción al Estado puede significar a menudo un reemplazo de la alienación de la sociedad por la alienación estatal. El poder del partido totalitario es quizá más inicuo que el deshumanizante poder del capital, pues aquél controla no sólo los medios de producción de la economía sino también los medios de comunicación de la política. Probablemente el análisis económico de la lucha de clases no hace más que destacar uno de los muchos hilos de que consta la compleja trama de la historia. De ahí que se necesite una hermenéutica de la sociabilidad que pueda poner en claro y desenredar la maraña de los múltiples poderes que se entrecruzan y enredan para formar nuestra historia.

En «El hombre no violento y su presencia en la historia» (Historia y verdad) preguntaba usted: «¿Puede el profeta o el hombre no violento llevar a cabo una tarea histórica evitando la extrema ineficacia del yogui y la extrema eficacia del comisario político?». En otras palabras, ¿puede uno dedicarse con eficacia a transformar la realidad política manteniendo a la vez la distancia crítica del trascenderla?
Esa idea del trascender es esencial a todo tipo de discurso no violento. El pacifista ideal se resiste a la violencia dando testimonio de valores que trascienden el plano de la eficacia política sin que sean por ello vacuas ensoñaciones. La no-violencia es una forma del auténtico vigilar o esperar utópico, un modo de refutar el sistema de violencia y opresión en que vivimos.

¿Es posible conciliar la exigencia de una auténtica racionalidad social con la esperanza escatológica de la religión?

Esto nunca me ha parecido un problema insoluble, por la razón básicamente cultural de que nuestra religiosidad occidental judeo-cristiana ha funcionado siempre en el clima filosófico de la racionalidad griega y latina. Yo siempre he sido contrario a que se oponga simplistamente Jerusalén a Atenas, he hecho muchas objeciones a aquellos pensadores que declaran que la verdadera espiritualidad sólo puede hallarse en el monoteísmo, y a los que tratan de romper los lazos que unen a las culturas griega y hebrea definiendo la primera como un pensamiento del cosmos y la segunda como un pensamiento de la trascendencia, etcétera. Desde el siglo XI en adelante abundan los modelos conciliatorios de la razón con la religión —en san Anselmo, por ejemplo— y el Renacimiento confirma esa primera síntesis de racionalidad y espiritualidad. Si es cierto que la racionalidad del positivismo científico se ha divorciado de la espiritualidad, hoy día hay muchos indicios de que andamos en busca de nuevas formas de conexión.

El mito como portador de mundos posibles

Uno de sus primeros ensayos de análisis hermenéutico versó sobre cómo la conciencia humana está mediada por expresiones míticas y simbólicas de los tiempos más antiguos. En La simbólica del mal *(1960) demostró usted que en las antiguas culturas de los babilonios, los hebreos y los griegos desempeñaron una importante función ideológica y política los símbolos míticos. Y en esa misma obra dijo usted que «el mito se refiere a sucesos que ocurrieron al comienzo del tiempo, con lo cual se pretende fundamentar las acciones rituales de los hombres de hoy». ¿Sugiere usted ahí que los símbolos míticos pueden desempeñar una función importante en la cultura contemporánea? Y, en tal caso, ¿podría usted explicarnos cómo lo harían?*

No creo que esta cuestión podamos abordarla directamente, o sea, en términos de una relación directa entre el mito y la acción. Primero debemos ver qué es lo que constituye el *núcleo imaginario* de toda cultura. A mi entender, ninguna cultura es reducible a sus funciones explícitas —políticas, económicas, legales, etcétera—. No hay cultura alguna que, así enfocada, resulte del todo transparente. Siempre hay en todas un oculto núcleo que determina y rige la *distribución* de esas funciones e instituciones perceptibles. Esa matriz distribuidora es la que les asigna los diferentes papeles teniendo en cuenta: 1.º a cada una de ellas, 2.º a las demás sociedades, 3.º a los individuos que participan en ellas, y 4.º a la naturaleza, que está por encima y enfrente de ellas.

¿Y las proporciones en que se distribuye difieren de una sociedad a otra?

Difieren ciertamente. La relación entre las instituciones políticas, la naturaleza y el individuo rara vez, si alguna, será la misma en dos culturas distintas. La proporción en que se distribuyen esas diferentes funciones de una sociedad la determina algún núcleo *oculto*, y es ahí donde radica la identidad propia de su cultura. Más allá o a más hondura de como se comprende a sí misma una sociedad hay un opaco meollo que no puede ser reducido a normas o leyes empíricas. Ese meollo es imposible explicarlo en los términos de un modelo transparente, porque es constitutivo de una cultura *antes* de que ésta pueda ser expresada y reflejada en representaciones o ideas específicas. Sólo tratando de captar comprensivamente ese meollo podremos descubrir el núcleo *mitopoyético fundacional* de una sociedad. Y es analizándose en función de tal núcleo fundacional como llega una sociedad a comprenderse mejor a sí misma: empieza a reconocer críticamente su propia identidad simbolizante.

¿Cómo reconoceremos ese núcleo mítico?
El núcleo mítico de una sociedad es sólo *indirectamente* reconocible. Pero indirectamente puede ser reconocido no sólo por lo que es dicho (el discurso), sino también por el qué y el cómo se vive (la praxis), y, en tercer lugar, según indiqué antes, por la distribución de las funciones en los distintos niveles de esa sociedad. No es cierto, por ejemplo, que el factor económico sea determinante en todos los países. Sí que lo es para nuestra sociedad occidental. Pero, según ha demostrado Lévi-Strauss con sus análisis de numerosas sociedades primitivas, eso no se cumple universalmente: son bastantes las culturas en las que parece que no se da tanta importancia a las consideraciones económicas e históricas. En nuestra cultura sí que es de veras determinante el factor económico; pero ello no significa en modo alguno que el predominio mismo de la economía sea explicable únicamente en términos de ciencia económica. Quizá sea más acertado entenderlo como sólo un elemento de la general apreciación de lo que es primario y lo que es secundario. Y sólo por el análisis de lo que valgan y de cómo se estructuren jerárquicamente los distintos elementos que componen una sociedad (es decir, viendo qué papel representan en ella la política, la naturaleza, el arte, la religión, etcétera) nos será posible penetrar hasta su oculto *núcleo mitopoyético*.

Acaba usted de mencionar a Lévi-Strauss. ¿Cómo situaría usted sus propios análisis hermenéuticos del símbolo y del mito en relación con los trabajos de él en este campo?
No creo que Lévi-Strauss pretenda hablar nunca de sociedades en general. Él ha centrado su atención en ciertas sociedades primitivas y estables, dejando de lado las consideraciones de la historia. Es importante tener esto en cuenta para no sacar de sus análisis conclusiones apresuradas. Lévi-Strauss ha elegido deliberadamente hablar de sociedades *sin historia*, mientras que yo pienso que en las sociedades

de Occidente a las que nosotros pertenecemos hay algo específicamente histórico, que varía según el grado en que hayan sido afectadas por las culturas hebraica, helénica, germánica o celta. El desarrollo de una sociedad es sincrónico y diacrónico a la vez. Esto significa que la distribución de las funciones del poder en una sociedad determinada tiene siempre una definida dimensión *histórica*. Hemos de pensar las sociedades en términos de un conjunto de instituciones simultáneamente existentes (sincronismo) y también en términos de un proceso de transformación histórica (diacronismo). Así las estudiaremos con el enfoque pancrónico, es decir, sincrónico y diacrónico, que caracteriza al método hermenéutico. Y también debemos percatarnos de que en los tipos de mito en que se fundan nuestras sociedades se dan estas dos características: por un lado, constituyen un determinado sistema de simbolizaciones simultáneas que puede ser estudiado mediante el análisis estructuralista; mas, por otro lado, tienen una historia, pues es siempre a través de un proceso de interpretación y reinterpretación como esos mitos se conservan vivos. Los mitos tienen una historicidad propia exclusivamente de ellos. Esta diferencia de la historia tipifica, por ejemplo, el desarrollo de los núcleos míticos semitas, prehelénicos y celtas. Luego así como las sociedades son a la vez estructurales e históricas, así lo son también los núcleos míticos que las fundan.

En la conclusión de La simbólica del mal *dice usted que «una filosofía ilustrada por los mitos comienza en determinado momento a reflexionar deseando responder a cierta situación de la cultura moderna». ¿Qué quiere usted decir exactamente con eso de «cierta situación»? ¿Y cómo responde el mito a esta problemática?*

Al escribir eso estaba yo pensando en la filosofía de Jaspers sobre las «situaciones límite», que me influyó a mí mucho recién acabada la segunda guerra mundial. Hay algunas situaciones límite, tales como la guerra, el sufrimiento, la culpa, la muerte, etcétera, en las que el individuo, o también la comunidad, experimenta una terrible crisis de angustia existencial. En esos momentos se pone en cuestión la comunidad entera. Porque sólo cuando se siente en peligro de ser destruida por una amenaza exterior o interior se ve una sociedad forzada a volver a las raíces mismas de su identidad, al núcleo mítico que la fundamenta y la determina. Solucionar la crisis inmediata no es ya un asunto puramente político o técnico, sino algo que requiere que nos hagamos las preguntas últimas, las de cuáles son nuestro origen y nuestro fin: ¿de dónde venimos y adónde vamos? De este modo adquirimos conciencia de nuestras capacidades básicas y de las razones para sobrevivir, para existir y seguir siendo lo que somos.

Me estoy acordando en este momento de lo que dice Mircea Eliade en Mitos, sueños, misterios, *que el mito es algo que opera siempre en una sociedad con independencia de que esa sociedad advierta o no reflexivamente la existencia de tal mito. Eliade sostiene que, como el hombre moderno ha perdido la conciencia del importante papel que el mito desempeña en su vida, éste se manifiesta a menudo de maneras equívocas y perversas. Él pone como ejemplo la emergencia de los movimientos fascistas en Europa, caracterizados por una mítica glorificación del sacrificio sangriento y del héroe salvador junto con la igualmente mítica reviviscencia de algunos antiguos rituales, símbolos e insignias. La sugerencia es que, si no reconocemos explícitamente y no nos reapropiamos del contenido mítico de nuestra existencia, éste se manifestará de modos retorcidos y perniciosos. ¿Le parece a usted acertado tal diagnóstico?*

Acaba usted de dar con un problema muy importante y difícil: las posibilidades de una perversión del mito. Esto supone, por de pronto, que ya no podemos ocuparnos del mito con candidez o *con ingenuidad*, sino que debemos, más bien, enfocarlo y verlo siempre con mirada crítica. Sólo mediante una reapropiación selectiva podremos llegar a percatarnos del mito. Ya no somos unos seres primitivos, ya no vivimos al nivel inmediato del mito; éste, para nosotros, es siempre algo mediato y opaco. No sólo porque se exprese primero mediante un particular reparto de las funciones de poder, sino también porque varias de sus formas recurrentes se han hecho desviantes y peligrosas, como por ejemplo el mito del poder absoluto (fascismo) y el mito sacrificial del chivo expiatorio (antisemitismo y racismo). Ya no tenemos derecho a hablar del «mito en general», sino que debemos juzgar críticamente el contenido de cada mito y las intenciones básicas que lo animan. El hombre moderno no puede ni desentenderse del mito ni tampoco creérselo a pies juntillas. El mito nos acompañará siempre, pero nosotros siempre debemos tratarlo *críticamente*.

Por una preocupación parecida traté yo de hacer ver en mi libro Mito y terror *(1978) que en el republicanismo extremista de Irlanda están funcionando ciertas estructuras míticas —recurrencia del sacrificio cruento, renovacionismo apocalíptico, etcétera— que pueden transformarse en odiosas y pervertidas manifestaciones de un originario núcleo mítico. Y, según esto, a mí me parece que todo acceso al mito debería ser tanto una desmitologización de las expresiones desviantes como una revivificación de las genuinas.*

Sí. Y creo que a este propósito conviene hablar de la esencial conexión entre la «instancia crítica» y el «fundamento mítico». Sólo son genuinos aquellos mitos que pueden ser reinterpretados en términos de *liberación*. Y me refiero a la liberación como fenómeno personal y colectivo. Quizá debamos aquilatar este criterio crítico de modo que incluya solamente los mitos que tienen por horizonte la liberación de la humanidad *como un todo*. La liberación no puede ser exclusivista.

Pienso que, en este punto, venimos a reconocer una fundamental convergencia de las afirmaciones del mito y la razón. Lo mismo en la razón genuina que en el genuino mito hallamos un interés por la *universal* liberación de todo. En la medida en que se ve el mito como fundamento de una comunidad determinada, con exclusión absoluta de todas las otras, están ya presentes las posibilidades de perversión: nacionalismo chauvinista, racismo, etcétera.

¿Sugiere usted, pues, que la razón crítica deberá hacer siempre, por así decirlo, de carabina que acompañe y vigile al poder fundacional del mito?

En nuestra cultura occidental la mitopoyesis del hombre ha ido a menudo del brazo con el ejercicio crítico de la razón. Y por ello ha tenido que ser constantemente interpretada y reinterpretada en las distintas épocas históricas. Dicho de otra manera, como el mito para sobrevivir necesita una incesante interpretación histórica, por eso mismo lleva en su ser un componente crítico. Los mitos no son inmutables e inmutadas antiguallas que se saquen sin más del pretérito en un estado de original desnudez. Su concreta identidad depende de la manera como los recibe e interpreta cada generación según sus necesidades, convencionalismos y motivaciones ideológicas. De ahí que sea imprescindible el distinguir críticamente entre maneras liberadoras y maneras destructivas de reinterpretar.

¿Podría usted ponernos algún ejemplo de reinterpretación liberadora?

Bueno, si nos fijamos en cómo se relacionan el *mythos* y el *logos* en la experiencia griega, podríamos decir que el mito fue absorbido por el *logos*, pero nunca completamente, pues la aspiración del *logos* a dominar y regir al *mythos* es también una aspiración mítica. El mito se reintroyecta así en el *logos* y da un cariz mítico a la razón misma. Con lo que la apropiación del mito por la razón resulta ser también una reavivación del mito. Otro ejemplo sería el del reinterpretativo solaparse de los paradigmas míticos del éxodo hebraico con una dimensión profética de la literatura hebrea. Y luego, a un segundo nivel, ese *mythos* hebraico llegó hasta nosotros a través de una helenización de toda su historia. Hoy todavía esta helenización sigue siendo para nosotros una mediación importante porque fue a través de la conjunción de la *Torah* judía y el *logos* griego como pudo incorporarse a nuestra cultura la noción de ley.

Por lo tanto, ¿no estaría usted de acuerdo con aquellos teólogos modernos que, como Bultmann y Moltmann, sugieren que la helenización de la cultura judeo-cristiana fue una desvirtuación de su riqueza originaria?

No. La tensión entre el *logos* griego y el núcleo semítico del éxodo y de la revelación es fundamental y positivamente constitutiva de nuestra cultura.

Varios críticos han dicho que la hermeneusis con que usted estudia el mito y el símbolo es una tentativa, casi al estilo del psicoanálisis, de reducir el mito a un oculto mensaje racional. En La simbólica del mal *declara usted que la meta de su filosofía es poner en claro, mediante la reflexión y la especulación, la* racionalidad *de los símbolos. Y en* De la interpretación *afirma usted de nuevo que «todo* mito *encubre un* logos *que requiere ser descubierto». Ahora bien, ¿es posible extraerle a un* mito *su* logos *y, no obstante, dejar el* mito *intacto? ¿O es el* mito *algo esencialmente enigmático y, por ende, irreductible a un contenido racional?*

Esas críticas deben entenderse del siguiente modo. El concepto de «mito» se usa de dos maneras distintas: una como la *extensión* de una estructura simbólica; y en este sentido es improcedente hablar de desmitologización, porque equivaldría a des-simbolización, y esto lo niego rotundamente. Pero hay un segundo sentido en el que «mito» viene a entenderse como una *alienación* de esta estructura simbólica; aquí se lo desnaturaliza concretizándolo y haciéndolo equivaler a una explicación materialista del mundo. Si interpretamos un mito *literalmente*, lo interpretamos mal, porque todo mito es, por esencia, *simbólico*. Y sólo en tales casos de mala interpretación cabe hablar legítimamente de desmitologización: no en lo tocante al contenido simbólico del mito, sino a la rigidización de sus estructuras simbólicas para transformarlas en dogmáticas o concretizadas ideologías.

¿Cree usted que el modo de emplear Bultmann el término «desmitologización» ha tenido algo que ver con esta confusión entre dos diferentes usos de «mito», como símbolo creativo y como reductiva ideología?

Sí que lo creo. Bultmann parece no darse cuenta de la complejidad del mito. Y así, cuando habla, por ejemplo, de que hay que desmitologizar el mito de la tripartición del cosmos en Cielo, Tierra e Infierno, está tratando este mito en términos de interpretación literal, o, mejor dicho, de mala interpretación. Bultmann no se da cuenta de que en el mito hay, además de una dimensión simbólica, una dimensión pseudosimbólica o literal, y que la desmitologización sólo es válida respecto a esta segunda dimensión.

¿Son universales *los mitos por serlo sus estructuras simbólicas originarias, o tienen su origen en culturas nacionales particulares?*

Ésta es una cuestión muy difícil. Porque aquí parecen oponerse las exigencias de dos dimensiones igualmente válidas del mito, y la dificultad está en dar con el delicado punto de equilibrio entre ellas. Por un lado, hay que decir que las estructuras míticas no son simplemente universales, como tampoco lo son las lenguas; así como la humanidad está dividida en diferentes lenguas, así también lo está en diferentes ciclos míticos, cada uno de los cuales es típico de una cultura viva. Debemos reconocer, por tanto, que una de las funciones primarias de todo mito es fundamentar la identidad propia de una comunidad. Pero, por otro lado, hemos de decir que así como las lenguas son, en principio, traducibles unas a otras, así también los mitos tienen un horizonte de universalidad que siempre los hace inteligibles por las otras culturas. La historia de la cultura occidental es el resultado de una confluencia de diferentes mitos expatriados de sus comunidades de origen, es decir, hebreos, griegos, latinos, germánicos y celtas. El horizonte de todo mito auténtico rebasa las fronteras políticas y los límites geográficos de cualquier comunidad nacional o tribal concreta. Aunque puede decirse que las estructuras míticas *fundaron* las instituciones políticas, aquéllas siempre rebasan las limitaciones territoriales impuestas por la política. Nada hay que viaje más ni que se extienda tanto ni con más eficacia que el mito. Hemos de concluir, por consiguiente, que aunque los símbolos míticos tengan sus raíces en una cultura particular, también son capaces de emigrar y de desarrollarse dentro de nuevos marcos culturales.

¿No hay un sentido en el que quizá la fuente *y no sólo la* transmisión *histórica de los símbolos puede ser responsable de su dimensión de universalidad?*

Es muy posible que lo supranacional del mito o del símbolo provenga, en última instancia, de algún estrato prehistórico en el que estén, por así decirlo, las más profundas raíces de todos los «núcleos míticos» particulares. Pero es difícil determinar la naturaleza de esa prehistoria, porque todos los mitos, tal como los conocemos, han llegado hasta nosotros a través de la historia. Cada mito particular tiene su propia historia de reinterpretación y de emigración. Otra explicación posible de la dimensión universal común a todos los mitos sería que los poderes mitopoyéticos de la imaginación humana son infinitos y a ello se debe la frecuente recurrencia de arquetipos y motivos similares.

Ciertamente, el mito de la caída, según lo analiza usted en La simbólica del mal, *parece ser común a muchas culturas diferentes.*

Sí. Podríamos decir que el mito genuino rebasa sus funciones de fundar una comunidad particular y habla al hombre en cuanto tal. Algunos exégetas de la literatura hebrea, por ejemplo, distinguen diferentes estratos del mito: los propiamente fundacionales de la cultura judía —«dimensión de la crónica»— y los que constituyen un cuerpo de verdades válidas para toda la humanidad —«dimensión de la sabiduría»—. Esta distinción me parece importante y creo que es aplicable a las demás culturas.

En la literatura irlandesa de los últimos ochenta años, más o menos, se puede encontrar una distinción parecida entre esas dos dimensiones. En los escritos fenianos del siglo XIX y en la crepuscular literatura céltica de Yeats, Lady Gregory y otros autores parece proponerse el mito como una «crónica» de los orígenes espirituales de la raza. De ahí que con frecuencia le produzcan a uno la impresión de estar sufriendo una especie de vaga introversión ocultista. Por otro lado, Joyce usó el mito, y concretamente el mito de Finn, en su «dimensión de sabiduría», o sea, como un arquetipo de irlandés abierto a los ricos recursos de culturas totalmente diferentes y capaz de asimilarlos.

Aquí lo importante es que el potencial del que todo auténtico mito está originariamente cargado trasciende siempre los confines de una particular comunidad o nación. El *mythos* de una comunidad es portador de algo que rebasa las fronteras de esa comunidad, es portador de otros mundos *posibles*. Y pienso que es en ese horizonte de lo «posible» donde descubrimos las dimensiones *universales* del lenguaje simbólico y poético.

Usted ha declarado, en La simbólica del mal, *que lo que le anima a investigar filosóficamente el simbolismo y el mito no es «la pena por alguna hundida Atlántida» sino «la esperanza de una re-creación del lenguaje». ¿Qué es lo que quiere decir exactamente con ello?*

El lenguaje ha perdido su originaria unidad. Hoy está fragmentado no sólo geográficamente en diversas comunidades, sino también funcionalmente en distintas disciplinas —matemática, histórica, científica, legal, psicoanalítica, etcétera—. Corresponde a una filosofía del lenguaje reconocer la naturaleza específica de estas disciplinas y, por ende, asignar al «juego de lenguaje» (como diría Wittgenstein) de cada una de ellas sus debidos límites y conciliar sus mutuas exigencias. Así, uno de los principales cometidos de la hermenéutica es el de referir los diferentes usos del lenguaje a las diferentes regiones del ser: natural, científico, de ficción, etcétera. Pero esto no es todo. Por «espíritu del lenguaje» entendemos no ya algún decorativo exceso o una efusión de la subjetividad, sino *la capacidad que tiene el lenguaje de abrirnos a mundos nuevos*. La poesía y el mito no son precisamente nostalgia de un mundo olvidado: son, más bien, un descubrir mundos sin precedentes, un abrirnos a otros mundos *posibles* que trascienden los límites establecidos de nuestro mundo *real*.

¿Cómo sitúa usted, entonces, su filosofía del lenguaje en relación con la filosofía analítica?

Comparto al menos uno de los intereses de la filosofía analítica: el interés por el lenguaje corriente en contraposición al lenguaje científico de la documentación y la verificación. El lenguaje científico no tiene ninguna función real de comunicación o diálogo interpersonal. Por eso es importante que protejamos los derechos del lenguaje corriente donde lo que interesa ante todo es la comunicación de la experiencia cotidiana. Pero lo que yo le reprocho a la filosofía del lenguaje ordinario es que no tenga en cuenta el hecho de que el lenguaje mismo es un semillero de prejuicios y prevenciones. De ahí que haya de haber una tercera dimensión del lenguaje, una dimensión crítica y creativa, orientada no hacia la verificación científica, ni hacia la comunicación ordinaria, sino hacia el descubrimiento o el alumbramiento de nuevos mundos posibles. Esta tercera dimensión del lenguaje es la que llamo yo la poética. Que el hombre alcance una adecuada comprensión de sí mismo depende de esta tercera dimensión del lenguaje como *descubrimiento de la posibilidad*.

¿No es la filosofía del lenguaje profundamente fenomenológica?

Sí que lo es. Porque la fenomenología, tal como se originó en las filosofías de Husserl y Heidegger, planteó la cuestión central del «significado». Y aquí es donde se halla la principal línea divisoria entre el análisis estructuralista y la fenomenología hermenéutica: mientras aquél se interesa por la disposición inmanente de los textos y los códigos textuales, la hermenéutica busca el «significado» producido por esos códigos. A mi entender, el rasgo más característico de la hermenéutica es la capacidad de abrir los mundos que le ofrecen los textos. La hermenéutica no se limita a hacer un *objetivo* análisis estructural de los textos ni tampoco un *subjetivo* análisis existencial de los autores de los textos, sino que se interesa sobre todo por los *mundos* que esos textos y autores abren. Si comprendemos los mundos actuales y posibles abiertos por el lenguaje, podemos llegar a comprendernos mejor a nosotros mismos.

(París, 1978)

BIBLIOGRAFÍA SELECTA

Karl Jaspers et la philosophie de l'existence (en colaboración con M. Dufrenne), Le Seuil, París, 1947.
Gabriel Marcel et Karl Jaspers. Philosophie du mystère et philosophie du paradoxe, Temps Présent, París, 1948.
Philosophie de la volonté. I. Le volontaire et l'involontaire, Aubier, París, 1950.
Idées directrices pour une phénoménologie (traduc. del libro de Husserl *Ideen I*), Gallimard, París, 1950.

Histoire et vérité, Le Seuil, París, 1955. [Traducción española: *Historia y verdad*, Ediciones Encuentro, Madrid, 1990].
Finitude et culpabilité. I. L'homme faillible, Aubier, París, 1960.
Finitude et culpabilité. II. La symbolique du mal, Aubier, París, 1960. [Trad. esp.: *Finitud y culpabilidad*, Taurus, 1969.]
De l'interprétation. Essai sur Freud, Le Seuil, París, 1965.
Le conflit des interprétations, Le Seuil, París, 1969.
La métaphore vive, Le Seuil, París, 1975. [Trad. esp.: *La metáfora viva*, Cristiandad, Madrid, 1977.]
Interpretation Theory: Discourse and the Surplus of Meaning, Texas Christian University Press, Forth Worth (Texas), 1976.
Le discours de l'action, Centre National de la Recherche Scientifique, París, 1977. [Trad. esp.: *El discurso de la acción*, Cátedra, Madrid, 1981.]
La Philosophie. Tendances principales de la recherche dans les sciences sociales et humaines, Mouton-Unesco, París-La Haya-Nueva York, 1978. [Trad. esp.: *Filosofía. Corrientes de la investigación en las ciencias sociales*, Tecnos, Madrid, 1982.]
Temps et récit, Le Seuil, París, 1983-1985 (3 vols.). [Trad. esp.: *Tiempo y narración*, Cristiandad, Madrid, 1987.]
Le mal. Un défi à la philosophie et à la theologie, Labor et Fides, Ginebra, 1986.
À l'école de la phénomenologie, Vrin, París, 1986.
Lectures on Ideology and Utopia, Columbia University Press, Nueva York, 1986. [Trad. esp.: *Ideología y utopía*, Gedisa, Madrid, 1989.]
Soi même comme un autre, Le Seuil, París, 1990.
Amour et justice. Liebe und Rechtigkeit. [Conferencia dada en la Universidad de Tubinga. Edición bilingüe, francés-alemán], Möhr, Tubinga, 1990.

Stanislas Breton
El ser, Dios y la poética relacional

Stanislas Breton nació en Gironde, Francia, en 1912. Siendo aún adolescente ingresó en la orden de los pasionistas, sacerdotes católicos. De ahí que, al iniciarse en la formación filosófica, le influyeran profundamente el tomismo y toda la tradición escolástica, tanto como, según insiste él mismo, los recuerdos de sus experiencias infantiles en la naturaleza de la Francia rural. Lo formativo de esta doble atención a la inmanencia del ser finito y a la trascendencia de un Dios infinito lo expresó en su primera obra, publicada en 1951: El Esse «in» y el esse «ad» en la metafísica de la relación. *Además, esta central relación entre inmanencia y trascendencia, apropiación y desapropiación, habitación y éxodo, determinó también profundamente su modo de interpretar la fenomenología, que él descubrió después de la guerra, y en particular la noción clave de este enfoque, la «intencionalidad» como dinámico movimiento de la conciencia yendo más allá del yo hacia lo que es otro (*Acercamientos fenomenológicos a la idea de ser, *1959, y* Ser, mundo, imaginario, *1976).*

La mayoría de los escritos de Breton versan sobre la filosofía contemporánea, especialmente sobre cómo las teorías actuales de la fenomenología, la lógica y las matemáticas nos ayudan a reinterpretar las ontologías del neoplatonismo y del tomismo (véase Esencia y existencia, *1962;* Situación de la filosofía contemporánea, *1959;* Santo Tomás de Aquino, *1965;* Filosofía y matemáticas en Proclo, *1969;* Del principio, *1971). Pero, además de estos estudios filosóficos, Breton ha publicado varias obras importantes sobre temas más específicamente religiosos y místicos, tales como* La pasión de Cristo y las filosofías *(1954),* La mística de la pasión *(1962),* Fe y razón lógica *(1971) y* Teoría de las ideologías *(1976). Otra dimensión de su pensamiento ha sido su estimulante tentativa de echar puentes no sólo entre las tradiciones rivales de la ontología griega y la teología judeo-cristiana, sino también entre el moderno movimiento de filosofía religiosa y la teoría política, especialmente la del marxismo.*

Común a los tres máximos intereses intelectuales de Breton —la ontología, la religión y la política— es su insistencia en la indispensable necesidad de una disposición crítica, lo que él llama «l'opérateur de transcendance». *Este operador crítico sirve para descubrir las limitaciones de toda forma de poder establecido, de cualquier pretensión de determinismo fixista o absoluto, y para reorientarnos siempre hacia la posibilidad de un más allá; consiste, escribe Breton en su* Teoría de las ideologías, *en «imaginar otro espacio en el que se despliegue libremente otra posibilidad que requiere ser pensada aunque no pueda ser conocida».*

Tras haber estado enseñando durante los años cincuenta en la Universidad Pontificia de Roma, volvió Breton a Francia para ser profesor de filosofía, primero en la Universidad de Lyon y luego en el Institut Catholique de París. En 1970 fue nombrado profesor en la École Normale Supérieure, honor que compartió con Jacques Derrida y Louis Althusser, el teórico marxista que le propuso para el dicho cargo. Fue Breton el primer filósofo «católico» que obtuvo tal distinción, muestra según parece de la alta estima en que es tenido por la nueva generación de intelectuales del continente. Aunque todavía no se han traducido al inglés muchas de sus obras, Breton es, sin duda, el más eminente pensador católico de cuantos viven en la Francia de hoy.

Este diálogo se desarrolló en Clamart, Francia, en 1982.

Su periplo filosófico ha sido muy abarcador: ha publicado usted libros sobre temas tan diversos como el neoplatonismo, el tomismo, el marxismo, la fenomenología, la lógica, las matemáticas y la poética. ¿Cuáles consideraría usted que son los hilos que unifican la urdimbre de este tapiz de intereses intelectuales?

Ante todo, yo diría que mi recorrido filosófico está en relación con mi biografía. Me crié y recibí la primera educación en una comunidad rural de La Vendée, lo cual imprimió seguramente una significativa impronta a mi posterior forma de pensar: determinó mis ulteriores inclinaciones hacia cierto *realismo*. Quizá dependiera un poco de esto el que en la tesis de doctorado que presenté en la Sorbona, *Acercamientos fenomenológicos a la idea de ser,* tendiese yo a ver el concepto clave de la metafísica, el de «el ser en cuanto ser», en función de los cuatro elementos de la realidad del mundo experimentada en las vivencias concretas —tierra, fuego, agua y aire—. Por extraño que esto suene, la experiencia monástica de mis primeros años en un seminario pasionista, en el que ingresé a la edad de quince, contribuyó también de algún modo a mi conceptualización del *ser en cuanto ser:* este decisivo concepto vino a ser así como el desierto monástico y, a la vez, el omniacogedor refugio de los cuatro elementos de la naturaleza. La filosofía comienza, creo yo, en el mundo de la vida. No es, pues, muy sorprendente que nuestra manera de entender el ser haya de estar matizada por nuestra experiencia vital, por las *imágenes* formativas de nuestro existir en el mundo. Esta convicción me predispuso, desde luego, a enfocar la filosofía *fenomenológicamente,* y también me confirmó en el parecer de que al pensamiento auténtico le es indispensable una dimensión poética de la imaginación.

A buen seguro que este convencimiento de usted lo compartirían muchos de los fenomenólogos. Sartre, Camus y Merleau-Ponty hablaron todos ellos de lo decisivamente que afectó lo concreto de su experiencia vivida a su forma de entender el ser, forma que ellos veían como una reflexión «universal» sobre su prerreflexiva existencia «particular». Pero ¿qué influencias filosóficas, o en general intelectuales, sobre su pensamiento considera usted que han sido las más importantes?

La más temprana influencia intelectual que puedo recordar es la de la lengua latina... por el modo de emplearla en el seminario, con escolástica insistencia en el rigor profesoral y en las distinciones prepositivas: *ex, in, ad, de* y las restantes. Este lenguaje de *relaciones,* que Lévinas llama «lenguaje transitivo», influyó grandemente en mi tesis de doctorado en Roma titulada *El esse «in» y el esse «ad» en la metafísica de la relación.* Esta lógica escolástica de las relaciones ejerció la segunda influencia más importante sobre mi imaginación filosófica, pues me indujo a hacerme la fundamental pregunta de cómo puede decirse con verdad que el hombre está *en* el ser (inmanencia) y que, no obstante, se mueve *hacia* el Ser (trascendencia). Aplicando esta pregunta a la obra de santo Tomás de Aquino, se planteaba toda la problemática de las «operaciones» de la inmanencia ontológica con sus cruciales implicaciones teológicas para nuestra intelección de la Trinidad: ¿cómo el Hijo pertenece al Padre y el Padre al Hijo por la acción del Espíritu? Casi diría que mis intereses filosóficos fueron madurando a partir de preguntas teológicas a las que la teología misma era incapaz de dar respuesta. Por ejemplo, la relación *ser en* me proporcionaba un modo de explicar la unidad de las Tres Personas de la Trinidad, mientras que la distinción y diferencia entre las Tres podía entenderse a base de la relación intencional o transitiva del *ser hacia.* Así, el Espíritu Santo podía ser interpretado como una doble relación: (i) la eterna atracción entre el Padre y el Hijo; y (ii) el poder de mover y transferir *(meta-pherein),* que rechaza los límites finitos de la posesión propietaria y hace que la Trinidad sea una *relación infinita.*

Esta teología de las operaciones tiene también importantes implicaciones para nuestra manera de explicarnos la Encarnación. La «sustancialista» teología de los Concilios, que hablaba de dos naturalezas en una sola Persona, me parecía a mí insuficiente en la medida en que privilegiaba la noción de *substantia* prefiriéndola a la de *función* o *relación.* A mi modo de ver, el dinamismo relacional de la categoría «ser hacia» resultaba más afín a la transitividad del lenguaje bíblico. Dios, como Ser-en-sí, como Sustancia de identidad absoluta, no puede ser conocido por nosotros; nosotros solamente podemos pensar o hablar acerca de Dios en términos de su relación con nosotros o de la nuestra con Él.

Mi interés por la teología de las operaciones divinas no tardó en hacer que me interesase por la filosofía de las relaciones matemáticas. Cuando en la guerra fui capturado por los alemanes, llevaba en mi petate tres libros: los *Elementos de lógica matemática,* de Bochenski, *La modalidad del juicio,* de Brunschvicg, y el *Ensayo sobre los elementos principales de la representación,* de Hamelin. Otra obra que me fascinó profundamente por aquel tiempo fue la *Introducción a la filosofía matemática,* de Bertrand Russell, donde éste esbozaba una compleja filosofía de las relaciones descriptivas. En resumen, lo que más apreciaba yo de estos pensadores era su análisis de los términos operativos de la relación —preposiciones tales como *en, hacia* y las conjunciones *como, como si,* a las que llamé «esos humildes siervos del Señor»—. Creo que son no sólo el indispensable acompañamiento de todo pensar, sino también los secretos mensajeros del futuro filosófico.

¿Podría usted explicar con más detalle su transición filosófica desde la inicial cuestión del ser en cuanto ser *(o sea, una ontología de los cuatro elementos de la naturaleza) hasta la correlativa cuestión del* ser en *y el* ser hacia *(o sea, una metafísica de la relación)?*

Pasé a estudiar la problemática metafísica de las relaciones para tratar de comprender no sólo lo que es el ser en cuanto tal, sino cuál es su relación con el hombre o cómo explica el modo de relacionarse entre sí las tres Personas Divinas. La relación del «ser hacia» constituye el elemento metafórico o de metamorfosis, aquel que asegura el movimiento del existir como un ir pasando de una fase a la siguiente; es el que nos obliga a alterar continuamente nuestros conceptos, el que hace de cada uno de nosotros un «ser en tránsito». Mientras que la relación del «ser en» constituye el *élément neutre* que conjunta y unifica la existencia; es éste el que da base a nuestra noción de la propia identidad ontológica. Aristóteles se refiere en la *Metafísica* a este principio cuando dice que el añadir el ser o el uno a algo no cambia nada. La añadidura de «es» no añade nada a «hombre». Porque el ser no es un predicado, sino la más esencial, necesaria y universal función de existencia: la función que permite a cada cosa ser ella, ser una y la misma. El principio del «ser en» es el que da, sin más, a cada cosa permiso para *ser,* para recogerse y serenarse como descansando del movimiento del llegar a ser.

¿Es para usted esta metafísica de la relación un radicalizar nuestra manera de entender la tradición judeo-cristiana?

Pienso que ambas relaciones metafísicas —el «ser hacia» y el «ser en»— son igualmente esenciales para la comprensión de la teología judeo-cristiana. A este nivel, no me parece que sean muy opuestos el pensamiento griego y el bíblico. Lo que llamamos «sentido» del cristianismo o del judaísmo no es sino la tradición de las interpretaciones que históricamente les hemos adscrito; y en la historia del pensamiento de Occidente estas interpretaciones se hallan inextricablemente relacionadas con los conceptos helénicos de la ontología. Entre las dos tradiciones —la griega y la bíblica— hay una tensión creativa que garantiza el que en cualquiera de ellas por separado nunca estemos intelectualmente del todo a nuestras anchas. Nos encontramos inevitablemente sometidos a este éxodo, a esta vacilación entre dos «hogares» del pensamiento. En cuanto salimos del hogar de Israel, salimos también del de Grecia. Y sentimos nostalgia de ambos. Nos es imposible renunciar a la nostalgia intelectual de esta doble dependencia. El pensador occidental acusa esta dualidad o división *interna*.

¿Significa para usted el tomismo el tratar de tender en su propio pensamiento un puente que una esas dos tradiciones?

Para mí el tomismo es como el paleoencéfalo de mi formación filosófica. De la obra de santo Tomás me influyeron sobre todo tres cosas: 1.º el intento de pensar conjuntamente a Dios y el ser; 2.º la teoría de la intencionalidad y de los objetos formales, que redescubrí luego en Brentano y en Husserl (me impresionó especialmente la tesis de santo Tomás de que la relación consiste en cierto tránsito o transitividad; esto implica que el ser es transitivo y que toda nuestra existencia es una serie de transiciones hacia el otro, una amorosa potencia que sin cesar busca su pleno realizarse en acto); 3.º la definición tomista de la libertad o el ser libre como el ser que es «causa de sí mismo» *(causa sui)*. Este tercer concepto ocupó en mi pensamiento un lugar muy importante, pues el que algo sea libre así significa que, como causa de sí mismo, puede crear casi de la nada algo nuevo. Ello le brinda al pensador la gran posibilidad de abrir a la investigación vías nuevas, no trazadas o inscritas de antemano en el mapa del mundo.

¿Cómo dio usted con el camino para pasar del tomismo a la fenomenología?

Igual que a la mayoría de los filósofos de mi generación, me influyó profundamente el movimiento fenomenológico inaugurado por Husserl y sus discípulos Ingarden, Häring, Heidegger y varios otros. Comprendí enseguida que la intencionalidad en que tanto insistían los fenomenólogos —la investigación metódica de cómo nuestra conciencia se dirige siempre intencionalmente hacia algo *más allá* de sí misma— podía servirme para ampliar tres de mis mayores intereses intelectuales: 1.º la lógica de las relaciones que rigen la actividad de la mente humana; 2.º el dinámico aspecto teleológico de la metafísica tomista expresado en la noción del *esse ad*; y 3.º el concepto bíblico de éxodo. Por descontado que la contribución original de la fenomenología husserliana fue describir con exactitud la relación de intencionalidad en términos de experiencia concreta, de nuestro cotidiano ser-en-el-mundo, un basar nuestros conceptos lógicos y metafísicos en la experiencia misma de la conciencia inmediata. Más adelante, particularmente en mi obra *Ser, mundo, imaginario*, traté de combinar estas intuiciones de Husserl para hacer una filosofía de las relaciones intencionales recurriendo al lenguaje más poético de la metáfora y las metamorfosis. Con lo cual quería sugerir cómo nuestro ser-en-el-mundo, y nuestra comprensión de este ser, despliega, por así decirlo, una creativa interacción entre el *logos* de la razón, que unifica, regula y estructura, y el *mythos* de la poesía, símbolo y mito que va siempre trascendiendo y revisando el orden del *logos*. Estas dos direcciones de la conciencia —el poder del *logos* afirmante y establecedor, y el diferenciante poder del *mythos*— se basan en un *imaginaire-rien* que yo defino como el universal principio del lenguaje, un juego superabundante que genera todos los significados.

¿Cuáles diría usted que son los rasgos especialmente fenomenológicos de su obra, dado que le fascinó tan pronto la noción husserliana de intencionalidad?
En primer lugar, diría yo que fue mi interés por la «metafísica de la relación» lo que me llevó a interesarme (vía Brentano, sobre el que estuve trabajando en mis cursos de Roma) por la fenomenología husserliana. De hecho, me pareció que la relación de intencionalidad, que Brentano había «reactivado» para utilizarla en sus planteamientos filosóficos contemporáneos recogiéndola del escolasticismo medieval, posibilitaba una manera muy liberadora de entender el significado, irreductible tanto a la noción estrictamente «lógica» de las relaciones, que era la que estaba en boga por los años cuarenta y cincuenta, como a la noción ontológica tradicional de las relaciones «trascendentales» entre materia y forma, esencia y existencia, y, más en general, entre potencia y acto (relaciones a las que yo prefería calificar de «estructurales» y que se hallaban típicamente articuladas en el libro de Hamelin *Elementos principales de la representación)*. En mi temprana obra *Conciencia e intencionalidad* ya había proyectado yo ampliar la noción de intencionalidad, y recuerdo bien una discusión que tuve con Jean Beaufret (uno de los primeros que en Francia abogaron en pro de la fenomenología existencial y heideggeriana) en la cual le insté a que se planteara la crucial cuestión de cómo pasar de la intencionalidad a la «existencia». Hacerse esta pregunta representaba, a mi parecer, un modo nuevo y más profundo de entender el concepto del *esse ad* que iba a estar yo persiguiendo a lo largo de toda mi vida. Mi inicial interés por la fenomenología, que correspondía como digo a mis más vivas inquietudes filosóficas, se hizo extensivo también a mis siguientes

trabajos, en concreto a los *Acercamientos fenomenológicos a la idea de ser* y a *Ser, mundo, imaginario*. En conjunto, yo diría que, para mí, lo más inspirador de la fenomenología fue su insistencia en las dimensiones *pre-predicativa* y *prerreflexiva* de la experiencia. Fue guiado precisamente por tal insistencia como distinguí en *Conciencia e intencionalidad* entre las varias estratificaciones de la conciencia: la intencionalidad como acto psicológico; la intencionalidad como un poder/potencia *(puissance)* respecto a los objetos formales; y una intencionalidad trascendental que representa la abertura del alma hacia el *ser en cuanto ser*. Siguiendo líneas similares, en la primera parte de *Ser, mundo, imaginario* propuse un análisis de lo que quiere decirse con lo de «lenguaje del ser», análisis no tan rudimentario como los de la escolástica o el tomismo. Debo admitir, sin embargo, que en mis primeros estudios de la fenomenología dediqué poca atención a la célebre reducción fenomenológica, la cual, allá por los años cincuenta, traía al retortero a aquellos filósofos de mi generación a los que inspiró el «descubrimiento» husserliano. (Sólo más tarde, mediante mis reflexiones sobre la libertad, llegué a apreciar un poco el complicado intríngulis de la reducción.) Resumiendo, yo diría que, para mí, la fenomenología fue un extraordinario estímulo que me hizo pensar, contribuyó a que cristalizaran algunos de mis más formativos intereses filosóficos y, finalmente, me proporcionó un eficaz método de analizar aquellas nociones clave de «transitividad» y «paso» que la metafísica de la relación me había inculcado ya antes.

Otra de sus obras recientes, la Teoría de las ideologías, *parece ser también una variación sobre el tema de la intencionalidad o trascendencia creativa. Estoy pensando, concretamente, en el término clave de esta obra, en el «operador de trascendencia».*

Esta reciente crítica de la ideología brotó de mi fundamental preocupación por la cuestión del «cero». El cero es un modo conceptual o matemático de formular la idea metafísica de la cuasi-nada *(rien)*, o la noción cristiana de la Cruz..., el vacío de la cripta en que tiene su fuente el pensar cristiano como pensar crítico. Un genuino cuestionamiento de la ideología requiere esa distancia o dis-posición crítica. Sin ella, puede uno ser fácilmente extraviado por ideologías dogmáticas... ya sean políticas, filosóficas o eclesiásticas.

También los neoplatónicos enseñaron lo importante que es mantenerse a distancia de todas las categorías de fácil objetivización. Su mismo definir el ser como *eidos* o «forma» es expresión de esta reserva crítica. Ellos cayeron en la cuenta de que todas nuestras categorías filosóficas no son, en realidad, más que *figuras* del pensamiento, y son, por ende, susceptibles de ser críticamente alteradas o trascendidas hacia la verdad del Uno que está más allá de todas las formas y figuras de la ontología establecida. Por eso, cuando los neoplatónicos hablaban del Uno o Dios, hablaban de él con gran reserva crítica, empleando siempre términos restrictivos de los predicados y de las cualificaciones, como *hos* u *oion, quasi* o *quatenus*: Dios *como* esta o aquella forma ontológica. En resumen, dado que consideraban que el Uno Divino estaba «más allá del ser», sólo lo podían pensar *como* ser o *como si* estuviese siendo. No se podía decir: Dios *es* ser. La noción crítica de cuasi-nada, funcionando como el «operador de trascendencia», impedía así que a Dios se le redujese o supeditase a una ontología simplista o idolátrica.

Esta noción neoplatónica de distancia crítica es confirmada por la noción cristiana de misterio... y en especial por la práctica de la especulación mística propuesta por Eckhart y por otros místicos cristianos que siempre desconfiaron mucho de todas las ontologías objetivadoras de Dios. El tipo de discurso que el pensamiento metafísico requiere ha de ir acompañado, creo yo, de una apreciación mística de lo que queda más allá del alcance de esa metafísica racional. De ahí que siempre haya sentido yo la necesidad de contrarrestar la fidelidad griega al ser con una fidelidad bíblica al éxodo... especialmente tal como aparece éste expresado en la teología cristiana de la Pasión y la Cruz.

¿Podría explicar usted con más detalle qué relación hay entre su interpretación teológica de la Pasión como desposesión-disposición y la crítica de las ideologías contemporáneas?

Yo creo que la doctrina cristiana del desposeimiento puede traducirse a la moderna terminología «sociopolítica» como una crítica del poder. Hay cierta correspondencia entre la crítica neoplatónica y mística de los atributos divinos —por considerarlos un intento de *poseer* a Dios encerrándole en los términos de propiedades ontológicas que reduzcan su Trascendencia a la inmanencia del ser— y la crítica marxista de la propiedad privada. El cristianismo y el marxismo auténtico comparten una común llamada a la desposesión y un crítico desapego del poder predominante. Siempre me llamaron la atención las semejanzas que se dan entre la doctrina cristiana de la justicia escatológica en que Jesús se identifica con el pobre —«Yo estaba desnudo... Yo estaba hambriento... Yo estaba sediento... Yo estaba preso...» (Mateo, 10, 9)— y el ideal marxista de justicia universal para con el desposeído. Pienso que, sin que se le haya de confundir con un Ego trascendental o absoluto, ese universal «Yo» de Cristo, que está enigmáticamente presente en todo pobre o proscrito al que no se le ha reconocido la plena humanidad que es de justicia, muy bien puede hacer causa común con lo que de mejor contiene el genuino marxismo. Y no estoy diciendo que sean lo mismo los dos. Pues aunque el cristianismo patrocina un imperativo categórico en pro de la justicia y la liberación (que algunos tipos de marxismo también respaldan), la doctrina de

Cristo no es simplemente reducible a tal imperativo. Aunque ambos comparten lo que Ernst Bloch llamó un común «principio esperanza» *(Das Prinzip Hoffnung)* apuntando hacia un utópico horizonte del futuro, el cristianismo trasciende los límites del materialismo histórico en nombre de una escatología profética (esto es, del Advenimiento del Reino).

El término «marxista cristiano» está cargado de ambigüedad: puede servir si se le entiende como una *cuestión* —con todas las tensiones creativas, provocadoras del pensamiento, que el auténtico cuestionar implica—, pero no como una *solución*. Deberíamos ser cautos sobre el recurrir acríticamente a esos términos que son hasta ahora otra autoridad ideológica.

¿Cómo reacciona usted respecto a quienes interpretan su obra reciente como un «ateísmo cristiano»?

Ése es un término peligroso y no me gusta que me caractericen así. Desaprobar los intentos de apoderarse de Dios reduciéndole a substancia ontológica o a poder político —o sea, a un arma ideológica—, rechazar esto, digo, no es dejar de creer en Dios; por el contrario, yo sostengo que es un modo de mantenerse uno fiel a su fe. El rechazo crítico al teísmo ideológico no es negar a Dios. Más bien implica que las secundarias definiciones de Dios en términos de proposición (Creo *que* Dios existe) o de predicación (Dios *es* tal o cual) han de ser continuamente referidas a su primario originarse en la creencia existencial (Yo creo *en* Dios). Esta creencia existencial pone al creyente en una relación intencional con Dios que como mejor puede describírsela es, quizás, en términos de confianza y transición. La tendencia a institucionalizar esta creencia fijándola en un cuerpo invariante de dogmas, doctrinas y proposiciones fue natural, tal vez incluso inevitable si el cristianismo había de sobrevivir a las vicisitudes y contingencias de la historia. Pero esta tendencia al *conservadurismo* debe ser siempre contrarrestada por una opuesta tendencia *crítica* que nos recuerde que a Dios no se le puede objetivar definitivamente o inmovilizar encajándolo en estructuras ontológicas o institucionales (esto es, antropológicas). En un estudio reciente titulado *Teoría de las ideologías y la respuesta de la fe* traté de reflexionar sobre este problema examinando las principales implicaciones del término *credo* en relación a los tres más importantes movimientos de la creencia antes mentados —existencial, proposicional y predicativo—. La fe religiosa empieza con el creer-en-Dios que se expresa como un intencional ser-hacia-Dios. Incluye las expresiones existenciales, primarias, de deseo, fruición, esperanza, etcétera. Sólo después volvemos al nivel del existir para apropiarnos de las riquezas halladas en la inmediatez de esa original experiencia. Así, el segundo movimiento de la fe se produce como un intento de definir y ordenar el contenido y la forma de la propia creencia existencial. Es como si en torno a su experiencia religiosa trazara uno un círculo áureo al que diera el nombre de «tradición» o «herencia» o «doctrina» y afirmara *que* Dios existe y *que* Dios es bueno y omnipotente, etcétera. De este modo, la verticalidad del ser-hacia-Dios de nuestra creencia existencial primaria se transforma en reflexivo o rememorativo círculo de recolecta... con los de dentro de él llamándose a sí mismos cristianos y llamando a los de fuera no cristianos. Pienso que este segundo movimiento es indispensable en cuanto que toda religión ha de tener forma de «sociedad», y toda sociedad requiere una identidad y un fundamento propios. La religión que se da por contenta con ser «cualquier cosa» llega muy fácilmente a «no ser nada en absoluto»: tan indeterminada y poco convincente como la categoría del «ser-en-cuanto-ser».

En el tercer movimiento, la reflexión va más allá de las modalidades «creo *en*» y «creo *que*» hasta la definición de Dios como una *proposición en sí misma:* «Dios *es* esto o aquello». Trasciéndese, por tanto, la distancia intencional o el compromiso que implicaban los dos primeros movimientos, y la teología dogmática se configura como institución u organización histórica. El pensador religioso o teísta debe hacer a esta creencia institucionalizada el servicio de recordarle que sus doctrinas no son autónomas ni están garantizadas eternamente, sino que son sedimentaciones del original «yo creo» en el que Dios se revela Él mismo al hombre. Tal exigencia crítica de fidelidad al irreductible misterio y a la radicalidad de la Revelación divina está bellamente expresada en el libro I de los Reyes (19, 11), donde Elías va en busca de Dios, pero no le encuentra ni entre las rocas que el huracán descuaja, ni en el terremoto, ni en el fuego, sino en el susurro de una tenue brisa que penetra hasta la cueva en que el profeta se guarece. Dios es un penetrante pasar, no un objeto de posesión.

Esta crítica a la ideología teísta ¿es aplicable también a las ideologías políticas que constituyen las objetivadas e impersonales instituciones de la sociedad contemporánea?

Pienso que sí. Pero no debemos olvidar las causas naturales y poco menos que inevitables de la emergencia de ideologías. Una ideología dimana del hecho de que hay una ruptura ontológica entre la existencia y la conciencia. No somos completamente cabales, nunca coincidimos del todo con nosotros mismos: existimos antes de ser conscientes de nuestro existir. Lo cual significa que nuestra conciencia reflexiva está siempre algo desencajada, no corresponde con exactitud a las condiciones existenciales que la han suscitado. A esto se refería Freud al hablar de un hiato entre lo consciente y lo inconsciente. Para mí, toda forma de *pensamiento*, en la medida en que no coincide ni puede coincidir plenamente con el *ser* de lo pensado, es ideología. La existencia de las ideologías nos recuerda que hay un margen de oscuridad que nunca podremos dilucidar completamente o eliminar del todo. La plena identificación del ser y el pensamiento —el Pensar que se piensa a Sí mismo como siendo el Ser-Pensamiento que Es autopensándose— es la definición aristotélico-tomista de la Divina Intelección, jamás emulable legítimamente por ideología alguna. El pensamiento humano nunca podrá ser perfectamente transparente o adecuado a sí mismo. Le compete al filósofo impugnar todas las pretensiones ideológicas de alcanzar tal conocimiento o saber absoluto y, por ende, el poder absoluto.

Usted dijo en una ocasión: «¿No será siempre la cruz de mi fe ese interrogante que es, según una antigua leyenda, el primogénito de toda creación?». Si su filosofía mantiene siempre abierto ese interrogante crítico, ¿podrá producir nunca una afirmación creadora? ¿No está irremisiblemente condenada a seguir una vía negativa?

Los dos aspectos de la filosofía —como negación y como afirmación— de ningún modo son para mí incompatibles. Aunque el aspecto crítico es el más notorio del pensamiento contemporáneo, incluso del mío, yo suelo recalcar que el primer paso de la filosofía —y, por tanto, su *conditio sine qua non*— es una fundamental experiencia de admiración, mezcla de curiosidad y asombro o encantamiento: en resumidas cuentas, de *afirmación*. Mi entusiasmo por la filosofía se originó de la misma manera que mi entusiasmo por la poesía o por la Biblia, *respondiendo* a unos textos que cantaban para mí. La escritura es un re-correr de nuevo esas sendas que cantan *(chantent)* para nosotros y así nos encantan *(enchantent)*. En este sentido, veo una estrecha relación entre filosofía, teología y poética. La filosofía no nos habla nunca en abstracto o, digamos, con letras mayúsculas, sino en los atractivos términos de ciertos textos escogidos *(morceaux choisis)*, en mi caso, ciertos textos de los presocráticos y de Aristóteles, Platón, los neoplatónicos o de santo Tomás, Schelling, Husserl y Heidegger. El deseo de conocer la filosofía como una totalidad —la tentación hegeliana del conocimiento absoluto— es no sólo peligroso, sino ridículo; nunca podrá reducirse la infinita riqueza de nuestra experiencia existencial a las totalizantes limitaciones de la razón humana.

Pero ¿no reconocerá usted que hay esenciales diferencias entre la filosofía y la poesía como modalidades de esa affirmation enchantée?

En mi opinión, la principal diferencia entre la filosofía y la poesía es que, si bien ambas se originan en una experiencia de encantamiento que nos atrae hacia el mundo y nos vincula a éste, la filosofía tiene la obligación de, en un segundo movimiento, trascender e interrogar críticamente al mundo, como experiencia vital y como experiencia poética. Así que la filosofía ha de llevar una doble vida, ha de residir dentro y, a la vez, fuera del mundo. Quizás uno de los mayores enigmas de la filosofía sea el de que un ser pensante puede hacer de cadena en el mundo histórico y, sin embargo, liberarse también de esa cadena y elevarse por encima de ella (parcialmente al menos) para inquirir sobre su origen y significado esenciales. La poesía celebra *que* el mundo existe; la filosofía pregunta *por qué* existe el mundo. Schelling y Husserl reconocieron implícitamente esta distinción cuando hablaron de que a la filosofía le es necesario trascender o suspender la actitud natural (que incluiría nuestra experiencia poética primaria), actitud en la que comienza todo pensar, para ponerse en una actitud trascendental o cuestionante: ser-estar *en* el mundo y, sin embargo, no ser *del* mundo; ser-estar a la vez *dentro* y *fuera* de él.

¿Cómo le parece a usted que funciona en su propia obra esta doble fidelidad a la actitud filosófica y a la actitud poética?

Mi obra funciona a base de dos impulsos o pasiones predominantes. De un lado, el empeño por conseguir rigor y forma científicos, empeño del que son muestras mi gran interés por la lógica matemática de las religiones y la búsqueda del principio de razón. Por otro lado, empecé a preguntarme si esta búsqueda del rigor racional no llevaría acaso a las estériles tautologías de una *mathesis universalis:* la pretenciosa aspiración a dar con un Principio fundamental absolutamente cierto sintetizando la lógica aristotélica, la geometría euclídea y la doctrina escolástica de los trascendentales. Y esta duda abrió paso a la emergencia de una segunda pasión básica... a la que yo llamaría mi «inclinación poética». Esta otra pasión de cariz poético desafió a mis demandas especulativas de identidad o totalidad absoluta y reavivó mi atención a la vibrante multiplicidad del mundo de la vida. Supongo que tal inclinación poética vendría a ser, en atuendo modernista, lo que para Mallarmé la noción de «diseminación». Escogí los términos «metáfora» y «metamorfosis» para expresar esa realidad del movimiento, la alteración y la diversificación. También Derrida, Lyotard, Deleuze y Lévinas han desarrollado sus respectivas filosofías de la «diferencia» repudiando el principio de identidad ya se trate del sujeto o del objeto. Por mi parte, estoy convencido de que la metafísica clásica de la identidad y la poética modernista de la diferencia se necesitan mutuamente, pues ambas corresponden a impulsos fundamentales del pensamiento humano. Esto es lo que traté de expresar en *Ser, mundo, imaginario* cuando analicé cómo el principio especulativo del *logos* y el principio poético del *mythos* están trabados entre sí en un conflicto creativo que se despliega en el libre espacio del *imaginaire*. A este acto de fe en lo «imaginario», en el abierto horizonte de lo posible, en el que las oposiciones se confrontan y se recrean mutuamente, es al que me han llevado mis reflexiones iniciales sobre el *esse-in* y el *esse-ad*.

Esta doble fidelidad de mi obra la resumiría yo así: considerar la filosofía como un quehacer exclusivamente crítico o especulativo es condenarla a una controversia inacabable que fácilmente puede hacer caer en el nihilismo de una *reductio ad absurdum*. La filosofía debe acordarse sin cesar de su arraigamiento y origen en la roca viva de la experiencia, en el mundo de la vida. Sólo cuando uno ha experimentado la opaca profundidad de la realidad existencial o religiosa puede tomarse legítimamente la distancia crítica necesaria para inquirir o reflexionar sobre ella. Semejantemente, sólo cuando uno se ha sumergido en el mundo de la vida social puede comenzar a hacer preguntas sobre las estructuras ideológicas que regulan ese mundo. La filosofía presupone siempre el poder decir: *esto* es lo que es un árbol, *esto* es la auténtica autoridad, *esto* es en lo que consiste un tribunal, etcétera. El ideal especulativo depende inextricablemente de la inmediatez concreta de la viva experiencia personal; no puede permitirse ignorar las condiciones existenciales que le preceden. Siempre me ha chocado el principio de identidad de Suárez, según el cual «todo ser tiene una esencia que lo constituye y determina». La filosofía empieza con una inmersión en el mundo determinante, y solamente en un ulterior momento reflexivo procede a «objetivar» o «formalizar». La filosofía no puede empezar con Kant... aunque el giro «crítico» es un estadio crucial en su desarrollo. Yo pienso que deberíamos estar agradecidos a Marx por haber puesto al idealismo de cabeza obligándole a ser más humilde respecto a la realidad; sólo mediante el íntimo enlace con el cuerpo vivo de la historia puede el pensamiento crítico evitar convertirse en el cuerpo muerto de una introspección solipsista. Por ser la filosofía a la vez *crítica* y *compromiso* es por lo que puede distanciarse del mundo precisamente con miras a transformarlo.

Este resumidor análisis de su filosofía me recuerda la interpretación que, en La fe y la razón lógica *hizo usted de la dialéctica ecumenista entre el pensamiento católico, el protestante y el ortodoxo.*

En esa obra traté de repensar el ecumenismo en los términos de un conjunto de operaciones metafísicas. Dentro de ese esquema, la tradición católica privilegió la operación de transitividad y transformación, funcionando como un proceso de realismo histórico comprometido a preservar la Revelación en el mundo temporal. La Reforma protestante privilegió la operación de un convertirse (girar en torno) crítico, que volviese a los orígenes fundamentales del cristianismo. Y, en tercer lugar, la Iglesia ortodoxa de la cristiandad oriental privilegió la operación de «manencia» *(esse-in)* o inhabitación. Yo argüía que los tres movimientos —de transformación histórica, retorno crítico e inhabitación espiritual— le son esenciales a la realidad cristiana como aseguradores de que permanece transitiva e intransitiva, trascendente e inmanente. La historia de la cristiandad es el drama de este divergir y este coincidir entre sí el catolicismo, el protestantismo y los ortodoxos como una fecunda tensión entre diferencias complementarias. Creo que el ecumenismo es superficial y acomodaticio si ignora la importancia de esta tensión creativa. Sólo cuando asume uno lo específico de su propia tradición religiosa (en mi caso la católica) puede entonces apreciar lo *otro*, la esencial contribución que las demás tradiciones aportan a la propia.

Francia produjo un buen número de «filósofos cristianos» en la primera mitad de este siglo, entre ellos Marcel, Mounier, Maritain y Gilson. ¿Se considera usted mismo un «filósofo cristiano»?

Soy un filósofo cristiano en la medida en que la experiencia primaria que promovió y matizó gran parte de mi pensamiento filosófico fue, como lo expliqué al comienzo, específicamente cristiana en ciertos aspectos, sobre todo por cuanto determinó mis reflexiones sobre la Pasión y la Cruz. Esta reflexión cristiana se combinó a menudo con mi interés por el pensamiento griego y neoplatónico. Pondré un ejemplo: mi descripción de la Cruz como la «semilla del no-ser» *(germen nihili)* comporta una íntima correspondencia con la noción procliana de *sperma meontos*. Los intentos neoplatónicos de radicalizar críticamente la filosofía platónica del ser *(On)* hallan aquí una base que le sirve también en común a la teología de la Cruz. Si a la teología de la Gloria —con su espléndida doctrina de la superabundancia de la gracia— se la divorcia de la teología crítica de la Cruz, puede degenerar en triunfalismo. La gracia no es poder, sino desposesión, pues es dada bajo el signo interrogativo de la Cruz. Por lo tanto, en la medida en que la teología de la Cruz afecte profundamente a toda mi actitud mental, estaré dispuesto a considerarme filósofo «cristiano». Pero quisiera insistir en que la filosofía y la teología son distintas, aunque igualmente válidas, disciplinas del pensamiento. Mientras el teólogo puede presuponer la tradición cristiana como una serie de doctrinas Reveladas, el filósofo —aunque sea filósofo cristiano— no puede hacer esto. El teólogo cree que la Verdad está dada; el filósofo va en busca de ella.

(Clamart, Francia, 1982)

BIBLIOGRAFÍA SELECTA

L'Esse «in» et l'esse «ad» dans la métaphysique de la relation, Roma, 1951.
La Passion du Christ et les philosophies, Eco, Teramo, 1954.
Conscience et intentionalité, Vitte, París-Lyon, 1956.
Approches phénoménologiques de l'idée d'être, Vitte, París-Lyon, 1959.

Situation de la philosophie contemporaine, Vitte, París-Lyon, 1959.
Essence et existence, PUF, París, 1962.
Le Problème de l'être spirituel dans la philosophie de N. Hartmann, Vitte, París-Lyon, 1962.
Mystique de la Passion, Descl ée, Tournai, 1962. [Traducción española: *La mística de la pasión*, Herder, 1969.]
Saint Thomas d'Aquin, Seghers, París, 1965. [Trad. esp.: *Santo Tomás de Aquino*, Edaf, Madrid, 1976.]
Philosophie et mathématique chez Proclus, Beauchesne, París, 1969.
Du principe, coed. Aubier-Cerf-Desclée-Delachaux, París, 1971.
La Foi et raison logique, Le Seuil, París, 1971.
Être, monde, imaginaire, Le Seuil, París, 1976.
Théorie des idéologies, Desclée, París, 1976.
Spinoza. Théologie et politique, Desclée, París, 1977.
Unicité et monothéisme, Cerf, París, 1981.
Le Rien ou quelque chose, Flammarion, París, 1987.
La Poétique du sensible, Les Editions du Cerf, París, 1988.
La Philosophie buissonière, Jérôme Millon, Grenoble, 1989.
La Pensée du Rien, Kok, Holanda, 1992.
Matière et disposition, J. Millon, Grenoble, 1993.
L'autre et l'ailleurs, Descartes, París, 1995.

Hans-Georg Gadamer
La importancia del texto

Hans-Georg Gadamer nació en Marburgo, Alemania, en 1900. Durante los años de su formación permaneció en su ciudad natal, donde estudió filología clásica y filosofía asistiendo a los cursos de pensadores tan ilustres como Paul Natorp, Martin Heidegger y Paul Friedländer. Doctorado en 1922 con una tesis sobre Platón, enseñó después en las universidades de Marburgo (1929-1937), Leipzig (1938-1947), Frankfurt (1947-1949), y por último, hasta su jubilación, en la de Heidelberg (1949-1968). Muchos de los ensayos y artículos de hermenéutica y de filosofía del lenguaje que escribió a lo largo de su fructífera vida académica fueron reunidos por primera vez con el título de Kleine Schriften *[Escritos Breves] (4 volúmenes, Mohr, Tubinga, 1967-1969) y han sido luego diversamente antologizados y traducidos a varias lenguas. La edición alemana de sus Obras Completas constará de diez volúmenes, nueve de los cuales ya están publicados.*

Como veremos, un tema que destaca incesantemente en la hermenéutica filosófica de Gadamer es el de que el comprender (Verstehen) *ha de ser mediado histórica y lingüísticamente. Siempre hay alguna pre-comprensión, algún «pre-juicio» que, en cierto modo, posibilita nuestro encuentro con la historia. En otras palabras, la tradición y quienes tratan de interpretarla forman parte de un continuo histórico que no debe ser dividido o seccionado artificialmente. Según Gadamer, el error de la Ilustración consistió en su «prejuicio contra el prejuicio», vale decir, en negarse a reconocer la importancia de nuestra propia inserción en una tradición que, a algún nivel, ya comprendemos. De ahí que haya que insistir en la importancia de lo que él llama la «historia efectiva» subyacente a toda potencial «fusión de horizontes» que esperemos alcanzar.*

No menos peligroso que aquel error de la Ilustración es, según Gadamer, el enfoque romántico y psicologista de la hermenéutica decimonónica, concretamente el de Schleiermacher, quien pretendía eliminar la distancia histórica fomentando la «empatía» con las mentalidades, disposiciones y mundos de quienes crearon los textos tradicionales que interpretamos nosotros. Para Gadamer, eso se reduce a sustituir el espejismo de los ilustrados adoradores de una «Razón» independiente y soberana por el ideal romántico de una antigua sabiduría pura que, en cierto modo, podría ser recuperada. Aunque menos crítico a este respecto para con la hermenéutica de un predecesor suyo como Dilthey, también rechaza Gadamer la sugerencia diltheyana de que las ciencias humanas o históricas se puedan estudiar aplicándoles la misma metodología que se aplica a las ciencias naturales. La transmisión de la cultura y el comprendernos a nosotros mismos como seres humanos nunca deben reducirse a lo que Gadamer considera que son las a menudo positivistas metodologías de los investigadores de la naturaleza. Estas cuestiones y los problemas con ellas relacionados los examinó Gadamer con gran penetración en su influyente obra Verdad y método (Wahrheit und Methode, *1960).*

Procurando ampliar los alcances de una genuina «hermenéutica filosófica», insiste Gadamer en la función predominante del lenguaje (Sprachlichkeit) *y en los recursos lingüísticos que intervienen mediando nuestros encuentros con la tradición, como también aquellos en que cada hombre se encuentra con los demás. Somos siempre interlocutores en diálogo, ya con «textos eminentes», ya al conversar unos con otros. Así que el camino a la comprensión sólo puede recorrerse pasando por el lenguaje, según se afirma repetidas veces en el diálogo que aquí sigue. Hans-Georg Gadamer, John Cleary y yo mismo, Richard Kearney, mantuvimos esta entrevista en 1994.*

Richard Kearney: ¿Qué hitos hubo en su camino hacia la hermenéutica?

Hans-G. Gadamer: Mi camino hacia la hermenéutica se inició con mis primeras experiencias de joven estudiante de filología en Marburgo. Había terminado ya una tesis sobre Platón para licenciarme en filosofía, en cuyo estudio tuve por maestros a Hönigswald, Natorp y Nicolai Hartmann y conocí también a Heidegger. Sólo entonces empecé realmente mi carrera de filología clásica bajo la dirección de Paul Friedländer. Ya por entonces me percaté de la vital importancia del *género literario* propiamente dicho, sobre todo cuando tratamos de entender bien el *producto* de ese género. Por ejemplo, en un debate que sostuve por aquel tiempo con Werner Jaeger, partí de su utilización del *Protreptikos,* de Aristóteles, como muestra significativa de los inicios del pensamiento del Estagirita. El género del *«protreptikos»* entre los griegos no era, en esencia, nada más que un anuncio de las escuelas rivales de filosofía y de retórica que buscaban clientes. Esperar que las controversias filosóficas fueran a dirimirse apelando a semejante género, como al parecer lo esperaba Jaeger, me parecía a mí totalmente erróneo.

O, para poner otro ejemplo, yo me di cuenta de que el significado de la *República* de Platón sólo podía entenderse correctamente si se advertía que ahí nos las habemos con el género literario de la «utopía».

Escribir en el género utópico, especialmente bajo las condiciones políticas de una *polis* griega, que no contaba con ninguna separación de poderes, era el único modo posible de criticar, sin sufrir por ello consecuencias políticas, la degeneración de una democracia maleada por la corrupción, el nepotismo, etcétera. Las comedias de Aristófanes desempeñaron una función similar. En tiempos más recientes, también nosotros sabemos lo que puede significar la censura política para la producción literaria. Goethe llegó a atribuir el desarrollo del arte de la expresión lingüística a este tipo de censura, y, en ese aspecto, le rindió homenaje. Leo Strauss señaló a Spinoza como un caso típico de la difícil situación por la que atravesaba el «pensamiento» en la Europa de la Ilustración, e hizo ver cuánto debió de influir en la redacción de la *Ética* la preocupación de la amenazante censura. Strauss indicó también que al pensador judío medieval Moisés Maimónides debieron de inquietarle parecidas preocupaciones a causa de la represión árabe.

R.K.: ¿Qué le enseñaron a usted estas primeras observaciones?

H.-G.G.: Aprendí a prestar mayor atención a los destinatarios de los textos filosóficos, a aquellos para quienes su autor los escribe. Descubrí así las dos vertientes del problema hermenéutico: 1.ª cómo hacernos entender por los demás mediante el lenguaje, y 2.ª cómo habérnoslas al escribir para evitar el malentendido, el abuso y la desvirtuación... según ya Platón nos lo advirtiera. Para comprender esto, hay que reconocer la crucial importancia de la *retórica*, que alcanzó su máximo desarrollo en la floreciente cultura griega de la ciudad-estado. Cuando decayeron las *poleis* griegas, la retórica se convirtió en un género literario que, con el tiempo, llegaría a dominar toda la cultura académica y que sólo ha perdido su papel director en nuestra moderna era científica. Yo, por mi parte, organicé mis estudios teniendo en mi mente la retórica antigua y, sobre todo, dándole muchas vueltas a la crítica que Platón hizo de la retórica y a la ponderada estima en que, a la vez, la tuvo.

R.K.: ¿Por qué eligió usted la hermenéutica como el mejor medio de desarrollar la fenomenología de Husserl y Heidegger?

H.-G.G.: En realidad, las cosas como ésta no las «elige» uno. Estamos siempre dentro de una tradición que no cesa de hablarnos. Hay, así, una respuesta fácil a la pregunta de usted. La filosofía solamente funciona mediante la formulación lingüística, y para que ésta convenza ha de incluir la retórica. Es un error pensar que el formalismo matemático —cuya claridad constituye ciertamente su ventaja— pueda emplearse en todos los ámbitos sustituyendo al lenguaje natural. En las ciencias matemáticas y naturales, donde se trata de obtener resultados exactos y medibles con precis n, el aparato de las matemáticas desempeña un papel decisivo. Con el tiempo, los filósofos se han ido percatando cada vez más de que el elaborado lenguaje conceptual de la Escolástica latina, lenguaje que se halla profundamente inserto en nuestras modernas lenguas nacionales, introduce, a menudo sin que se los note, bastantes prejuicios. El mismo movimiento de reforma de la filosofía del que a comienzos de este siglo fueron precursores la fenomenología y la investigación filosófica, hubo de confiar cada vez más en la fuerza con que la lengua viva suscita la comprensión de las ideas. Especialmente Husserl fue un maestro en el arte de describir con profundidad analítica y finas matizaciones las vivencias mentales, y, valiéndose del poderoso lenguaje de los fenómenos, aclaró complicadas cuestiones que la irreflexión y la jerga de los profesionales suelen oscurecer.

R.K.: ¿*Fue Husserl el único en hacer esto?*
H.-G.G.: ¡Desde luego que no! En la historia de esta nueva filosofía, los grandes pensadores, sobre todo Kant y los idealistas alemanes, modularon su arte conceptual basándose en la fuerza lingüística de la lengua alemana; tomaron por modelos a personajes como el Maestro Eckhart y Martín Lutero, y, en fin, volviendo a estudiar a los antiguos autores griegos y romanos, comprendieron nuevamente las enseñanzas de su cultura lingüística. Desde la época del romanticismo alemán, esta atención al lenguaje nunca dejaría ya de caracterizar las obras de los principales pensadores, como en Francia las de Bergson o en Alemania las de los representantes de la Escuela histórica, cuyo intérprete más distinguido fue Dilthey. Éste ejerció una influencia decisiva en el continuo auge y difusión de la fenomenología, que se extiende desde Heidegger a otras tendencias más nuevas de la escuela fenomenológica. A partir del moderno desarrollo de la hermenéutica debido a Schleiermacher, muchos elementos de su historia más antigua han permanecido ocultos en el trasfondo.

John Cleary: Pero mucha gente da por descontado que la hermenéutica apareció por primera vez con Schleiermacher.
H.-G.G.: El asunto no debe plantearse precisamente así, cual si algo como la hermenéutica surgiese por primera vez con el romanticismo alemán. «Hermenéutica» es, en realidad, un término griego, y las condiciones en que formula sus especiales demandas el arte de entender «lo otro» no se dieron por primera vez en la edad de la ciencia moderna. La etimología misma de la palabra «hermenéutica» pone de manifiesto su originaria conexión con el dios Hermes, el divino mediador entre la voluntad de los dioses y las acciones de los mortales. Es obvio que este concepto de hermenéutica es muy afín al de traducción. La función que desempeñó en la historia griega el oráculo de Delfos, a saber, la de interpretar profecías, perdura particularmente en esta con-

cepción de la hermenéutica. El arte con que interpretaba aquellas profecías el comité sacerdotal délfico puede decirse que hizo historia en el sentido político. No hay que olvidar que los griegos fueron brillantes discípulos de la elevada cultura de sus vecinos orientales. Ni tampoco que fueron los primeros en desplegar una energía racional y una sed de conocimientos que les ponían en inevitable tensión con su propia tradición religiosa, factores que, plasmados en la poesía épica de Homero y de Hesíodo, influyeron hondamente en la forma griega de pensar. Lo mismo ocurre a lo largo de todo el movimiento educacional helénico entendido en el estricto sentido de los sofistas, y sigue siendo notorio en la profunda base de filosofía griega que, remontándonos hasta Platón y Aristóteles, hallamos en la historia de Occidente.

R. K.:¿Podría usted decirnos algo más sobre esos «comienzos» con Platón y Aristóteles?

H.-G.G.: En Platón encontramos una compleja incorporación artística de tradiciones mítico-religiosas a la investigación matemática y a los saberes cosmológicos, y, en fin, a la constante pregunta por «el bien» puesta en boca de Sócrates. Para ello no se emplea, en general, la expresión «hermenéutica». En realidad, fue Aristóteles quien por primera vez tematizó el término «hermenéutica», pero dándole un sentido muy especial y estricto. Como fundador de la lógica antigua, Aristóteles llamó «hermenéutica» a la doctrina de las proposiciones del juicio, doctrina que es la clave del intríngulis de la inferencia lógica. Todo el mundo reconoció la importancia de la silogística —o forma de sacar conclusiones lógicamente válidas—, porque Aristóteles la desarrolló con miras a corroborar la nueva ciencia matemática y también para defender el pensamiento racional contra los engaños y triquiñuelas de los sofistas.

J. C.: Pero ¿no ha echado siempre de menos la filosofía el arte de entender lo ininteligible, sólo que sin llamarlo así?

H.-G.G.: Ciertamente. Querríamos conocer de una vez por todas la respuesta a la pregunta socrática de qué *es* el Bien, y esta acuciante pregunta ha dominado todo el pensamiento occidental. Especialmente, en la Antigüedad clásica tardía, esta pregunta vino a ser la preparación para el encuentro y el debate con la herencia religiosa judeo-cristiana. No es de extrañar que, a este respecto, la teología cristiana desarrollase los principios básicos de la hermenéutica antigua grecolatina y judeo-cristiana, tarea en la que Agustín, el gran sabio latino entre los Padres de la Iglesia, destacó con su obra *De doctrina christiana*.

J.C.: ¿Y la teología no hubo de seguir su propio camino cuando, en la época del Renacimiento, la nueva ciencia laica fue cambiando los indicadores de ruta?

H.-G.G.: Por supuesto que sí. Especialmente Lutero y el gran aristotélico que fue Melanchton desempeñaron un papel decisivo entre los reformadores. El manual de interpretación que compuso Lutero llegaría a ser uno de los más importantes documentos de la hermenéutica en la literatura mundial. Y corresponde a Melanchton el mérito incomparable de haber defendido la ya mentada gran herencia de la retórica antigua, legado en el que vio el medio de transmitir los valores culturales de todo el sistema educativo de la antigüedad y del medievo, contrarrestando con su defensa la radical iconoclastia de que adolecía el movimiento protestante. Melanchton merece también elogios por haber establecido aquel legado como hermenéutica. En su curso latino de retórica expuso la teoría griega, romana y latinomedieval de la retórica, entendiendo ésta ante todo como el arte de componer y de pronunciar un discurso. Sin embargo, la verdad es que desfiguró y restringió el antiguo legado de la retórica convirtiéndolo en un arte de *leer* discursos o textos en general. Pero desde que Melanchton marcó tan profunda impronta en el sistema educativo centroeuropeo y en toda la cultura académica de su tiempo, nunca ha dejado de nutrir a esta cultura un rico caudal de hermenéutica, principalmente por ocupar las Sagradas Escrituras el centro del sistema eclesial protestante. Desde que las ciencias empíricas del mundo moderno desafían a la filosofía y a la metafísica, la tarea de la hermenéutica viene consistiendo en buscar un camino teórico-científico hacia un arte universal de la interpretación basándose sobre todo en los dominios de la teología y del derecho. Este arte adquirió mayor importancia al terminarse la era de la metafísica, o, para decirlo con más precisión, durante la época del romanticismo.

R.K.: ¿*Podría usted explicarnos por qué es fecunda la relación de la hermenéutica filosófica con la teología y con el derecho?*

H.-G.G.: Hacía mucha falta aplicar una metodología de la hermenéutica como filosofía a los campos teológico y jurídico, que ya habían sido cultivados. Y eso es lo que hizo Schleiermacher en su *Hermenéutica*, y todavía más en su *Dialéctica*. La expansión de la metodología hermenéutica por otros campos no sigue tanto esta dirección, sino la de las comunes cuestiones fundamentales que requieren tratamiento filosófico (por ejemplo en la teología, en el estudio de la religión, en la investigación histórica, en la estética, en la música, etcétera), como lo vemos hoy concretamente en la obra de Paul Ricoeur. Pero el paso más importante dado por la hermenéutica como filosofía fue el de su enfoque sobre el *mundo de la vida* como principal campo de la investigación fenomenológica. La filosofía no se limitó ya al chato programa dictado por el «dato científico», como los neokantianos o los neopositivistas lógicos lo habrían mantenido.

R.K.: ¿Quiere usted decir que el concepto de método vigente en la ciencia moderna no es aplicable a la hermenéutica filosófica?
H.-G.G.: La hermenéutica filosófica *no es en absoluto* un método científico. Todos los métodos científicos tan sólo son buenos a condición de que se los aplique juiciosa y razonablemente. Ahí está el límite de cualquier método o hipotetización. Que ello es así viene reconociéndose desde que se despertó la conciencia histórica, y tal reconocimiento fue cobrando mayor importancia a medida que los métodos científicos fueron aplicados al estudio de las lenguas de la civilización moderna, las cuales, con sus recíprocas interacciones, montaron el escenario. Quienquiera que utilice una traducción tendrá la inequívoca experiencia, si conoce y domina el idioma original, de que la traducción es mucho más difícil de entender que éste. En su uso natural, una lengua no es tanto cuestión de textos cuanto la «materia» de la experiencia misma.

La hermenéutica y los griegos

R.K.: ¿En qué sentido cree usted que los orígenes de la hermenéutica se han de hallar en los filósofos griegos?
H.-G.G.: ¿Quiere usted decir que por qué la filosofía griega debe ser aún el punto de partida del cuestionamiento hermenéutico?

R.K.: Sí.
H.-G.G.: En la cultura intelectual de Europa fueron los griegos quienes primero desarrollaron la ciencia y la lógica de la demostración. Y para ello emplearon su propia lengua viva, la que hablaban los habitantes de sus ciudades y habían elevado sus poetas a lenguaje literario. No tuvieron que esforzarse en aprender un lenguaje técnico de la filosofía, que habría sido para ellos un segundo y extraño idioma, como lo fue ya para los romanos cuando sus elites absorbieron la cultura griega.
El problema de amoldar la lengua griega a la latina se hizo más notorio en la antigüedad tardía, cuando las doctrinas de la fe del cristianismo emergente empezaron a formularse en latín y con la ayuda de la filosofía griega. Al final, esto llevaría a la «forzada» cultura lógica de los escolásticos medievales, cuyo lenguaje de conceptos, en estilos más o menos refinados o burdos, ha informado la terminología conceptual de la filosofía moderna. Desde entonces, la tarea ha consistido en reaprender lo que los griegos nos habían enseñado, esto es, cómo infundir al pensamiento conceptual la fuerza imaginativa de la lengua viva. Lo que no significa que debamos adoptar o hacer nuestra la filosofía griega, sino sólo que debemos aprender de ella cómo pensar

en conceptos ayudándonos de nuestra propia lengua hablada. Lutero llegó a ser un gran traductor porque prestó mucha atención a la lengua que hablaba la gente.

J.C.: En conexión con esto, ¿puede usted explicarnos qué contenido tiene la idea de «textos eminentes»?

H.-G.G.: Son aquellos textos a los que nos podemos referir calificándolos de literarios o de poéticos, y esta misma distinción es aplicable también a las demás formas artísticas. Yo pregunto, concretamente a Derrida, qué papel distintivo puede desempeñar esta clase de textos. Los llamo «textos eminentes» porque lo que los describe con propiedad es su auténtica naturaleza de «textura», o sea, el indisoluble entrelazarse de sus hilos. No podemos extraer información de las obras literarias si sólo les permitimos que nos hablen *como* obras literarias. Lo que realmente sucede es que estos textos nos hablan, e incluso son incansables en hacernos preguntas y darnos respuestas, de modo que, con simplemente consultarlos una vez, no lo sabemos ya todo acerca de ellos. Más bien, ante ellos, nos hallamos cuestionados una vez y otra, y vamos recibiendo respuestas que son siempre nuevas. Y esta experiencia *se hace una* con nosotros, de suerte que, en las tragedias, las novelas o los poemas, al dejarnos afectar por las grandes representaciones del destino y del sufrimiento humano, nos reconocemos a nosotros mismos.

No es exageración decir que un texto poético es un interlocutor que conversa con quien lo lee. Más aún, el texto literario tan sólo nos hablará mientras sea ese interlocutor y no meramente un objeto de investigación objetiva. Hay cosas que entendemos mal y encubrimos si solamente las catalogamos como «ficción» para recalcar su contraste con el conocimiento científico. En tal caso, se emplea una concepción científica de la verdad en un contexto impropio.

J.C.: ¿Qué son los textos filosóficos?

H.-G.G.: No son, por descontado, «textos eminentes»; lo que equivale a decir que, lingüísticamente, no son obras de arte. Pero lo que el «texto eminente» es para con su interlocutor-en-diálogo, eso es el «problema» para los pensadores filosóficos. Nos hacemos demasiado fácil la cosa si por «problema» entendemos sólo una pregunta para la que hay una respuesta. Más bien, problema es, precisamente, lo que, arrojado ante nosotros, se interpone en nuestro camino como un obstáculo que no podemos soslayar con facilidad. Desde luego, no podemos pasar rodeándolo mediante otras preguntas que sólo requieran como respuesta un «Sí» o un «No». Aquí es donde creo que corresponde una crucial prioridad al íntimo entrelazarse de la filosofía con la lengua literaria que a menudo he descrito yo en este contexto. En filosofía, como en arte, hay que procurar seducir a las nociones prerreflexivas para que salgan de sus hondos recovecos. Es casi como si cada cual supiese ya básicamente las soluciones: todo aquel que sea capaz de pensar y de hablar una lengua vive en la totalidad de una orientación del mundo que siempre le está ya encaminando hacia la comprensión.

Ante una pregunta que no entendemos del todo, esa pregunta permanece abierta. Esto nos invita a seguir el proceso de reconocimiento que Platón llamó *anámnesis*. Él lo demostró en las matemáticas, pero nosotros haríamos bien en tomar el concepto de *anámnesis* de tal modo que correspondiera, más o menos, a la idea pitagórica que lo originó, que fue la idea de salvarse del círculo de los renacimientos. Nuestra pregunta —nos la hagamos a nosotros mismos o a otro— es guiada por la prescriencia, y nuestra respuesta es re-conocida como verdadera. Lo cual viene a confirmar la tradición religiosa de la *anámnesis*. Sólo «conocemos» de veras algo cuando lo re-conocemos, cuando, en cierto modo, lo volvemos a encontrar. Y estamos seguros de que otra persona nos ha oído cuando nos ha dado alguna respuesta. Éste es el único, aunque relativo, criterio de verdad.

Hermenéutica y diálogo

R.K.: ¿Es concretamente el concepto de «diálogo» el que marca la diferencia entre la filosofía de usted y la de otros pensadores hermenéuticos de este siglo, tales como Heidegger, Habermas o Ricoeur?

H.-G.G.: Como es sabido, la filosofía ha tenido siempre una base en el lenguaje hablado, el cual, antes que toda ciencia, con el vivo despliegue del vocabulario, de la gramática y de la sintaxis, constituyó una guía para el pensamiento humano... guía que ayuda a determinar la formación de los conceptos. Claro que esto, al advenir la cultura del leer en la época de Gutenberg y al cobrar auge las ciencias matemáticas, no siempre pareció ya tan evidente como debiera parecerlo. Los conceptos fundamentales de la filosofía se originaron en la tradición griega, pero hoy esos conceptos básicos sólo parecen cumplir una función puramente instrumental de ordenación de la experiencia, que ha sido dominada mediante el lenguaje de los símbolos matemáticos. Como indiqué al referirme a que el lenguaje estuvo originariamente próximo al pensamiento filosófico de los griegos, los conceptos de la filosofía no fueron para ellos un mero instrumento de trabajo. Tales conceptos se formaron más bien en el lenguaje *hablado*, en contacto continuo con los materiales brutos que constituían la totalidad del mundo de la experiencia. Por eso pudo Platón decir que todo conocimiento y todo aprendizaje es un recuerdo *(anámnesis)* que surge en el juego entre pregunta y respuesta.

Sobre esta base tuvo lugar el gran giro del pensamiento filosófico hacia el esencial concepto de «sujeto» y hacia la moderna idea de metodología. Este giro ha dominado toda la filosofía alemana moderna y se da, inclusive, en la interpretación de la conciencia trascendental del último Husserl en su obra *Ideas*. También se da, hasta cierto punto, en el marco trascendental del que se sirvió Heidegger para presentar su obra maestra *Ser y tiempo*, obra en la que se echa de ver un neokantismo residual que ocasionaría nuevas críticas por parte de pensadores como Martín Buber. Heidegger eliminó aquel marco trascendental en su búsqueda de una nueva vía con el llamado «giro» o «*Kehre*», por el que quiso significar una senda que retorciéndose en giros por el bosque va subiendo hacia la cima. Pero lo que Heidegger describió como una vía nueva fue, de hecho, un volver a sus propios comienzos en la reinterpretación de Aristóteles.

De todos modos, el enfoque fenomenológico, sea cual fuere su importancia para la filosofía, sólo va entrando poco a poco en la conciencia general. Si no, Derrida apenas podría quejarse de «fonocentricidad» a este respecto. La fonocentricidad es solamente otra expresión del concepto de «estar-presente-a-la-mano», introducido por Heidegger, o del de *présence*, introducido por Derrida.

R.K.: ¿Cómo identificaría usted, a propósito de esto, su modo específico de enfocar la hermenéutica?

H.-G.G.: Creo que hay aquí un punto crucial que me distingue de Habermas, de Ricoeur y de otros que apelan a la hermenéutica. El paso decisivo está indicado en el título de mi libro *Verdad y método*, que señala un hiato entre «la verdad» y «el método». Entender, tratar de comprender a otros, procurar comunicarse con otros, todo esto son procesos del mundo de la vida. Uno debería, naturalmente, ser capaz de encargarse de tareas de comunicación en las que de lo que se trata es de comprender, siendo esto un recíproco interactuar el arte y la ciencia. Pero cuando los seres humanos hablan unos con otros y viven en el mundo comunicativo, esa compleja interacción del arte con la ciencia no puede ser plenamente captada sólo por el método científico.

Como la experiencia humana rebasa con mucho el campo de las cuestiones susceptibles de ser abordadas mediante los saberes de las ciencias positivas, es inútil establecer un falso contraste entre la objetividad de la ciencia y el presunto relativismo de las ciencias hermenéuticas, ciencias éstas para las que la objetividad no puede ser la meta final. Me parece un error funesto el de suponer que nuestra siempre incompleta experiencia del mundo pueda correr exclusivamente a cargo de las llamadas ciencias empíricas. Cuando tratamos de comunicarnos con los demás, nosotros mismos no somos meros «objetos» de ciencia. Las ciencias naturales aspiran a un «conocimiento» universal, según lo subrayó correctamente Husserl. Eso les asegura su éxito, pero también les marca su límite.

Y, dicho sea de paso, la diferencia entre las ciencias naturales y las ciencias humanas no tiene nada que ver con la famosa disputa entre los antiguos y los modernos. Fue ésta una contienda literaria entre los humanistas tradicionales y los poetas modernos que tuvo lugar en la Francia de los siglos XVII y XVIII. Puede hacerse extensiva la misma disputa a otros campos, como lo hace Leo Strauss en su crítica a Spinoza y en sus estudios sobre Maimónides, tomando conscientemente partido a favor de los antiguos. Y desde la obra de C.P. Snow, todos venimos hablando de la ciencia y las humanidades como de «dos mundos», sin que ello obste para que también deseemos superar esa diferencia entre las ciencias naturales y las ciencias humanas. Este debate europeo, que se da inclusive en la filosofía, acabará pareciendo, en el siglo XX y en el futuro, demasiado provinciano. El arte hermenéutico de comprender a los otros, *a pesar de* la alteridad u otreidad de lo «otro», tendrá que emprender tareas más arduas cuando, según empieza ya a ocurrir, las grandes culturas del mundo se reúnan más frecuentemente como auténticos interlocutores en conversación.

R.K.: Desde este punto de vista, ¿cómo se defiende usted de la acusación, hecha por Derrida, de contribuir al fonocentrismo de la metafísica tradicional?

H.-G.G.: Ante todo, he de decir que son *muchas* las tradiciones de las que se deriva el cuestionar humano. No puede negarse que también la filosofía debe dar una explicación de sí misma a quienes procedan de otras tradiciones. Sin embargo, yo no creo que la preferencia de Derrida por la «escritura» haya alcanzado una gran vigencia universal, como él piensa. Sin duda, es innegable el hecho de que los documentos de la vida humana que hay en la literatura china o en los mitos centroafricanos, en la épica hindú o en el Corán, aparecen en forma de tradiciones escritas. Pero aunque estos textos tienen diversísimos orígenes y simbologías, todos ellos provienen de su hontanar más prístino: la vida vivida y el lenguaje hablado. Desde este punto de vista, el fonocentrismo es una *condición fundamental* común a toda escritura humana, y también, naturalmente, a la «desconstrucción» que propugnan Derrida y sus amigos. Tengo la impresión de que Derrida es víctima de un curioso remanente metafísico que se encuentra en el pensamiento de Husserl. Lo que Derrida entiende por «fonocentrismo» estaba ya en su debate con Husserl: el supuesto de que la «voz» es algo material. Ante esto no puede uno menos de asombrarse. La voz, esa breve y fugaz espiración de aire que es lo que primero posibilita el que lo «escrito» se transmita con pleno significado, es ella misma un texto que hay que entender. Sea como texto pronunciado sonoramente o como texto que leo sólo para mí en silencio, la articulación del significado se realiza ante todo mediante la formación del sonido. En cualquier caso, el mismo que habla oye, y quien oye entendiendo responde... *no* a la particular voz que reconoce al hablar por teléfono, sino a aquello de que se trata al hablar.

R. K.: *¿Hay, por lo tanto, diferentes conceptos de «voz»?*
H.-G.G.: Sí. Al parecer, Derrida tiene en su mente la estrecha opinión que acerca del *Logos* encontró en Husserl. Pero este antiguo concepto fue iluminado con una luz nueva por el cristianismo, conforme a la cita del comienzo del Evangelio según san Juan: «Al principio existía la Palabra...». Así, si nos fijamos sólo en las proposiciones sentenciales y en las ciencias que se basan en esas proposiciones «verdaderas», llegaremos ciertamente a una explicación muy unilateral del significado del *Logos*. Es ésta una artificiosa restricción que Aristóteles fue el primero en hacer explícita cuando habló de la hermenéutica teniendo en su mente la lógica. Yo pienso que debemos librarnos de tales cargas teóricas, precisamente porque la lingüisticidad de los seres humanos no produce estructuras hechas de proposiciones, sino que consiste, más bien, en un vivo intercambio de preguntas y respuestas, solicitudes y satisfacciones, mandatos y obediencias, etcétera. Sólo en el grado en que se amplía la reciprocidad se posibilita el que haya comunicación.

J.C.: *¿Son capaces de comunicarse entre sí la hermenéutica y la desconstrucción?*
H.-G.G.: No puedo aceptar que haya *ni una sola* posición hermenéutica que deba coincidir con la posición desconstructiva; pero la posición hermenéutica tampoco es en absoluto una contraposición. La hermenéutica no se fía de *un único* punto de vista, sino que más bien se remite a la praxis *mutua*. Al dialogar, todos los interlocutores procuramos convencer al otro, o, por lo menos, compartir con el otro lo que nosotros opinamos. Cuantos participamos en el diálogo tenemos la experiencia de que éste sólo es posible si se va más allá de lo que el otro me haya dicho *literalmente* y si el otro trata, a su vez, de entenderme a mí. Quizá no se consiga esto al primer o al segundo intento, sobre todo cuando los interlocutores hablan diferentes idiomas. Pero, por eso mismo, tampoco se pretende que el esfuerzo hermenéutico de comunicarse con el otro haya de ser siempre coronado por el éxito. Así es como pienso que están las cosas entre Derrida y yo, en la medida en que podríamos tratar de entendernos el uno al otro, y después ninguno de nosotros seguiría siendo el mismo que era antes de nuestra conversación. En resumen, que aprendemos el uno del otro.

Permítaseme ilustrar esto con un ejemplo. Me refiero al conocido debate entre Habermas y yo. Fue, en su momento, un intercambio de artículos, un diálogo escrito que suscitó gran interés. No faltan ahora quienes desean que trabemos de nuevo una conversación así, pero las conversaciones no son del tipo de cosas que se pueden programar.

Aquella «conversación escrita» se produjo en una constelación de circunstancias especialmente afortunadas, en la que se reunían elementos de común comprensión compartidos por muchos otros, elementos que pudieron ser aportados a los textos por ambas partes. La conversación que sostuve en París con Derrida no fue tan afortunada en cuanto a la organización literaria formal, y, lo que es peor, sufrió las mutilaciones que se producen al trasladar lo dicho de una lengua extranjera a otra.

R.K.: ¿Qué quiere usted decir exactamente?
H.-G.G.: Quiero decir que no mantenemos posiciones «opuestas», sino que más bien estamos todos «en camino», incluso cuando recurrimos a escribir. Al leer algo escrito —tanto si ese algo es un poema de Goethe como si son unos versos emborronados a la luz de la luna o encontrados en un libro— el lector no suele ser el primero a quien tal escrito se dirige. Sólo la correspondencia personal, la carta privada, nombra explícita y exclusivamente a *su* destinatario. En cambio, cuando se trata de textos, se les supone un lector, y éste, él o ella, es el «Otro». Parecidamente, en una conversación es menester que atendamos y cooperemos para lograr algún entendimiento. Concibo que a alguien pueda entusiasmarle la silenciosa calma en la que brilla de repente una idea y se derrumban determinados prejuicios, pero habremos de convenir en que lo escrito tiene que ser leído, y que sólo se lo lee de veras cuando se lo lee con comprensión. Sólo el leer con comprensión hace que los signos de la escritura hablen. Ya sea una voz interior o una voz externamente audible la que hable, eso no constituye ninguna *différence* para la *différance*.

R.K.: ¿Qué relación tiene esto con su manera de entender la crítica de Derrida a la metafísica?
H.-G.G.: En realidad, no está claro para mí que lo que he venido diciendo haya de tener *necesariamente* algo que ver con el «pensamiento metafísico». Siempre me ha parecido éste un punto débil del libro de Derrida sobre Husserl, *La voz y el fenómeno*. No consigo entender lo que supone que es el pensamiento metafísico. Puedo ciertamente concebir un *lenguaje* de la metafísica que ha sido marcado por la ontología aristotélica de la sustancia. Y también puedo imaginar el papel que en este contexto desempeña el concepto de «presencia», un papel que, al menos desde el análisis del tiempo en la *Física*, de Aristóteles, lleva al callejón sin salida descrito por Agustín. Por otro lado, no veo cómo al problema del entender pueda afectarle gravemente el que un texto aparezca en la forma continua y coherente de un libro o en la discontinua de los aforismos *à la* Schlegel o *à la* Nietzsche. Estimo totalmente incomprensible el interrogar a esta discontinuidad so capa de escrutinio crítico de lo «inconsciente» oculto en un texto.

Esto, naturalmente, *podemos* hacerlo siempre que queramos. Pero, a mi modo de ver, no es, en absoluto, conversación: el presunto interlocutor es tan sólo «objetivamente» observado y no está ahí ni queriendo ni siendo capaz de responder.

A Derrida le gusta hablar de una «ruptura» en ese contexto. Sabido es, sin embargo, que Freud mismo consiguió hacer que fuesen fructíferas las rupturas de los eventos oníricos, e interpretándolas y comprendiéndolas llegó, inclusive, a curar a algunos pacientes. Eso de la ruptura se aplicaría, pues, todo lo más, a los aforismos o a la ambigüedad de las frases que nos dejan con *algo*, con un resto de significación. No es verdad que juguemos simplemente a un juego. Hay, sin duda, diferencias en cuanto al peso de la interpretación, a la fuerza significativa, al asombro, a la evidencia, a la seriedad con que nos movemos en la conversación. Mas todos estos son «modos» de comprender. No hay ningún diferente en la conversación real o en el manejo de un texto, sobre todo cuando no se produce una auténtica comunicación. Al principio podemos sólo charlar pasando ante el otro y después volvernos hacia él con aclaraciones. Aunque todos los partícipes de un diálogo tengan, al acabar éste, algo como un resultado de su conversación, puede que eso no sea más que superficial «armonía de acuerdo» nunca enteramente libre de los defectos de una «comunicación desvirtuada». No basta con sólo «entender» la opinión del otro: entendimiento puede haberlo donde en realidad la conversación se ha interrumpido y quizás el otro cambió ya de punto de vista en el proceso de irla presentando. Nadie que se tome en serio el problema hermenéutico se figurará que podamos alguna vez entender *totalmente* al otro o saber lo que el otro esté pensando. Más importante es el hecho de que *buscamos* el entendernos algo unos a otros, y ésta es una vía que propicia la reflexión.

R.K.: Así que usted rechaza la crítica con que Derrida tacha a la metafísica de logocéntrica...

H.-G.G.: Qué tenga que ver con tal contexto el concepto metafísico de «presencia» es para mí todo un misterio. Cualquier conversación digna de este nombre permanece con uno algún tiempo y no existe tan sólo en torno a la «presencia» de una voz que habla a un oyente. Tampoco consigo entender cómo piensa Derrida que pueda alguien ir escuchando interpretativamente su propia voz. Todos tenemos la experiencia de haber sido sorprendidos por nuestra voz, al oírla por ejemplo a través de la radio, como por algo enteramente extraño. El oír nuestra propia voz es una de las más extrañas experiencias que puedan darse en el conocimiento de uno mismo. ¿Será precisamente en esta sorpresa donde se esconde la familiaridad inconsciente? Derrida mismo ha desarrollado el concepto de *différance*, concepto que tiene un paralelo exacto en el tratamiento de Heidegger o como quiera que se llame al *Da* (ahí) del ser *(Da-Sein)*. Es éste un «ser-ahí» que parece una descarga eléctrica. En todo caso, el *«Da»* de Heidegger no es *«Präsenz»* como la presencia que domina en la visión griega del mundo y que Derrida ha querido indicar con el concepto de *présence*.

R.K.: ¿Qué piensa usted que significa para Derrida «desconstrucción»?

H.-G.G.: Cuando Derrida habla de desconstrucción entiendo que quiere referirse a la concreta puesta en práctica de la misma, la cual vendría a ser como un derribo enormemente radical y un remover y dar la vuelta a los escombros que arrojaría nueva luz. Pero no me atrevo a dar por buena del todo esta explicación de su vocablo francés, porque las connotaciones de una lengua extranjera son asunto delicado. Prefiero fijarme en la reflexión derrideana sobre, por ejemplo, el *Nietzsche*, de Heidegger, y en las comillas con que la ciñe. Entiendo muy bien esa reflexión y hasta diría que Derrida entiende muy bien a Heidegger. Las comillas indican que Heidegger estaba sugiriendo ahí una «unidad de interpretación» de la que él disentía. Pues, en opinión de Heidegger, que la voluntad de poder y el eterno retorno sean lo mismo solamente significa que ambos representan una fase de decadencia de un ser que se ha hundido en el olvido del Ser. Y Heidegger no pensaba que este olvido del Ser fuese definitivo.

Para poner otro ejemplo: en *¿Qué significa pensar?* Heidegger juega con un doble significado. Pues bien, la desconstrucción sería como un advertirnos que, tras el «significado» aparente, hay una llamada secreta que, de pronto, puede ser descubierta, hecha sentir. Siempre que en la obra de Derrida se encuentra con ejemplos de éstos, su lector trata de entender y de ir alcanzando, a través de ellos, nuevos horizontes. ¿Por qué habría de escribir de otro modo? En cualquier caso, tal ruptura no es una interrupción, sino más bien una iniciación, un comenzar, y este comienzo representa un ir más allá de todo lo dicho. Así es la experiencia hermenéutica que vamos creando constantemente cada uno de nosotros con cada otro. Sería ridículo que tomáramos al «otro» por el sentido *literal* de sus palabras aun habiendo entendido de veras lo que con ellas nos quiere dar a entender. En ese supuesto, habría yo de decir no que la desconstrucción es incompatible con la hermenéutica, sino lo contrario. Todos confiamos firmemente en la hermenéutica tan pronto como abrimos la boca para hablar.

J.C.: ¿Qué papel desempeña en la hermenéutica el concepto de intersubjetividad?

H.-G.G.: Si describimos el conversar como un intersubjetivo «jugar» con el lenguaje, estamos ya profundamente inmersos en el lenguaje de la metafísica. Esta inmersión es tan profunda que ya no nos vemos capaces de decir qué es lo que entendemos por «conversación» sin recurrir al concepto de «sujeto». Los términos «intersubjetivo» e «intersubjetividad» vienen estando de moda desde los comienzos de nuestro siglo. Por entonces, Buber, Haecker y otros pensadores, estimulados por Kierkegaard, empezaron a criticar el idealismo trascendental. Leyendo a Husserl es fácil comprender cómo llega él a concebir algo como la «intersubjetividad», por su decisión de no salirse de la esfera cartesiana de la subjetividad. Esto le lleva a sus infatigables investigaciones fenomenológicas, que ocupan ahora tres gruesos volúmenes. Y le lleva también a la consecuencia totalmente absurda de que nosotros «intendemos» primero a lo «otro» como a un objeto de percepción constituido por aspectos, etcétera, y después, en un acto de superior nivel, conferimos a este «otro» el carácter de «sujeto» mediante una empatía trascendental. Podemos admirar la consistencia con que Husserl se mantiene constantemente fiel a la primacía de su enfoque. Pero advertimos que la estrechez y la unilateralidad de la ontología de la presencia no pueden evitarse con tal enfoque.

R.K.: ¿Estaba Heidegger encerrado en una unilateralidad parecida?

H.-G.G.: En mi opinión, Heidegger, al intentar en *Ser y tiempo* con su concepto de «*Mitsein*» (ser con) saltar más allá de la sombra de Husserl, no lo consiguió. Los análisis de Heidegger fueron tan penetrantes y orientadores porque pusieron al descubierto la estructura hermenéutica del *Dasein* y exploraron la posibilidad del «*Mitsein*». En cambio, Heidegger no dio toda su importancia a la verdad de la «conversación» cuando se despistó criticando la charla inútil *(Gerede)*. Para mí, eso no es mera crítica, sino que más bien revela los fallos por los que el intento heideggeriano de conectar con Husserl desplegando una estructura trascendental en *Ser y tiempo* llevó a un callejón sin salida. Prueba de ello es que falta el proyectado segundo volumen de *Ser y tiempo*. Y también caracterizaría yo del mismo modo la «situación de habla ideal» de Habermas, pues es la construcción de un «paradigma ideal» que se hunde bajo el peso de lo que su autor quiere edificar encima. Él ataca a la retórica acusándola de ser un medio de ilegítima y forzada persuasión. Tal manera de opinar indica la estrechez de una vivencia del mundo que parece reducir ésta a una «detención durante el proceso judicial» en que el curso del interrogatorio se aísla artificialmente y se analiza con método científico. A veces parece ocurrir lo mismo con Ricoeur, cuya rica sensibilidad y atención a las dificultades teóricas ciertamente admiro, en especial sus observaciones sobre la metáfora. Como se ha dicho con razón, cada palabra de un poema es una metáfora. Pero yo echo de menos el fundamental campo de la retórica, del arte de tratar de convencer a otros de aquello de lo que nosotros estamos ya convencidos.

R.K.: En opinión de usted, ¿qué papel preciso desempeñan en la hermenéutica el lenguaje de la retórica y la metáfora?

H.-G.G.: Si queremos aclarar el papel del lenguaje en la hermenéutica, los primeros que nos indican algo son los griegos... ¡porque ellos ni siquiera tienen una palabra especial que signifique «lenguaje»! Lo cual demuestra hasta qué punto el lenguaje es inconsciente de sí mismo. Pero esto no quiere decir que permanezca enteramente encubierto y oculto. ¡Al revés! El lenguaje se patentiza siempre donde tiene lugar una conversación, y es así tan omnipresente que en realidad ninguna otra cosa se hace ahí presente, ni el hablante ni aquel a quien se habla. En los análisis hermenéuticos de *Verdad y método* me he percatado de que el lenguaje no consiste exclusivamente en la expresión que se pronuncia. El problema de la diversidad de las lenguas no es ése. El lenguaje como fenómeno hermenéutico no es algo que pueda mostrarse entresacándolo de las distintas lenguas. Yo he empleado el artificial término «lingüisticidad» *(Sprachlichkeit)* para referirme al lenguaje interior. Es éste un concepto desarrollado a partir de los estoicos, y difiere en especial del «*lógos prophorikós*» porque no es posible hallarlo expresado en ninguna lengua *concreta* de las muchas que en el mundo se hablan. *Sprachlichkeit* indica, más bien, la inexpresable capacidad o potencia subyacente a, y que se actualiza en, toda expresión lingüística particular. Desde mis estudios de Agustín he venido haciendo muchos análisis del proceso del habla interior, análisis que muestran cómo, para aquél, es obvio que el misterio de la Trinidad encierra un Autopronunciarse-del-Ser para expresar el cual ni la presencia *(Präsenz)* ni otros modelos temporales son en modo alguno apropiados.

Ni siquiera la idea de «duración», con que Bergson trata de evitar la momentaneidad del tiempo, es ciertamente lo bastante radical como para combatir con éxito contra la ontología de la sustancia y de la presencia. Y tampoco sirve para este propósito el concepto de comunicación, porque la particularidad de la «*Sprachlichkeit*» no concuerda con él. La risa contagiosa es, quizás, una de las más fuertes formas de comunicación entre los seres humanos, pero no es propiamente lenguaje y aún menos escritura. Ni ese reír tiene nada del lenguaje interior expresado mediante las palabras en los centenares de diferentes lenguas de la humanidad.

La hermenéutica y la política

R.K.: ¿Qué implicaciones éticas y políticas tiene su hermenéutica? ¿Hay, como alguien ha sugerido, un aspecto conservador en el fondo de su respeto a la tradición?

H.-G.G.: Cuando se me hacen preguntas como éstas, siempre me da la impresión de que se espera que no las conteste del todo. Aun en el caso de que se esté de acuerdo conmigo en que la hermenéutica no es un «método», el esquema de la relación entre medios y fines adquiere tal importancia en nuestro pensar que siempre se nos cuela la pregunta de *para qué sirve* en realidad la hermenéutica. A uno, por lo menos, le gustaría que le dijesen si ésta coincide o no en parte con la filosofía práctica, legitimándose, si coincide, por su utilidad.

Pero en la idea misma de filosofía práctica hay fuertes resonancias de los equívocos del utilitarismo moderno. De ordinario se supone que la filosofía práctica, por ser práctica, es aplicable como un manual de instrucciones. Así, en realidad, se malentienden los conceptos de «praxis» y «práctica»; estas ideas griegas no tienen tan mezquina connotación. Al examinar este concepto de «praxis», cae uno en la cuenta de cómo, de manera muy parecida, el concepto de substancia en la ontología de Aristóteles se va volviendo engañoso a través de su moderno desarrollo histórico.

R.K.: ¿Qué entiende usted precisamente por «praxis» en este contexto?
H.-G.G.: La «praxis» no es una «acción» *(Handeln)* —palabra esta con la que a menudo se sustituye a aquélla en alemán—. El concepto de acción *(Handeln)* está cargado de voluntarismo y de crematísticas resonancias de costes y beneficios; no debe dársele cabida en el campo de la praxis. Ésta es un comportamiento de la persona, y aplicamos el término en dominios totalmente diferentes: por ejemplo, cuando decimos que la práctica médica de un doctor no tiene lugar en su apartamento privado. Si bien, cuando se emplea la expresión «comportarse» *(sich-verhalten)* en vez de la de práctica, el concepto de «acción» *(Handeln)* forma todavía gran parte de aquélla. Al oír la expresión, difícilmente distinguirá uno que en todo «comportarse» *(sich-verhalten)* se esconde también un «contenerse» *(an-sich-halten)*, e incluso un «reservarse» *(sich-zurückhalten)* y un «encontrarse» *(sich-befinden)*. Deberíamos recordar que la frase con que los griegos solían terminar las cartas era *«eu prattein»*, que en alemán equivaldría a *«Lass es dir gut gehen»* («Que te vaya bien»). En muchas regiones de Alemania todavía se dice *«machs gut»* («haz bien»), sin que con ello se pregunte qué sea en concreto lo que se quiera o se deba hacer.

Conviene recordar este campo del léxico si queremos entender bien la filosofía práctica. No debemos entenderla como ciencia aplicada, cual por ejemplo algo como unas matemáticas aplicadas que se diferencian de la matemática pura. Es obvio que en la expresión «filosofía práctica» tenemos ante nosotros una peculiar creación de Aristóteles. En su sentido más usual, la filosofía es teoría; es, en efecto, la personificación de un comportamiento teórico. Pero Aristóteles afirma que hay también una «filosofía práctica». Con esto, nos hallamos aquí, en nuestro tiempo, metidos del todo en lo más central de la filosofía hermenéutica; y ello requiere que tomemos alguna decisión volviendo a examinar los conceptos aristotélicos. Versan éstos sobre la diferencia entre conocimiento teórico y conocimiento práctico, sobre la diferencia entre el saber del conocedor y el estar atento a lo que hace del que actúa. El término aristotélico para expresar esto último es *«frónesis»*.

Dicho sea de paso que esta cuestión se plantea independientemente de las observaciones lingüísticas que estamos haciendo. La vieja pseudosolución socrática —que la virtud es conocimiento y la falta de virtud es ignorancia— trata de evitar todo el problema. La filosofía práctica, que habla de la virtud, sería entonces afín a la filosofía teórica que habla de la naturaleza. Hay algo en esto que no convence. ¿De la virtud habría solamente que hablar, lo mismo que se habla de meras ocurrencias? ¿No habría que educar, que encaminar hacia la virtud? ¿Se puede prescindir tan fácilmente de la diferencia entre, por un lado, el conocimiento teórico de los fenómenos celestes y, por otro lado, los fundamentos estables de la educación? Salta a la vista la imposibilidad de tal fusión de lo teórico y lo práctico desde el momento en que se reconoce que la virtud o la bondad (o como quiera que lo llamemos) tiene un componente social y político. La filosofía práctica no se aplica sólo al individuo que actúa en la sociedad, sino que se aplica a la sociedad misma, que puede constituirse mejor o peor en su condición política y que puede actuar mejor o peor. La ética y la política son ambas filosofía práctica en su génesis griega.

J.C.: Pero ¿qué es ética filosófica y qué, ciencia política en nuestros días?

H.-G.G.: Para abordar esta cuestión hemos de volver una vez más a Aristóteles, el fundador de la filosofía práctica. Al comienzo de la *Ética a Nicómaco* considera Aristóteles la filosofía práctica en relación con la ética y con la política. Ninguna de las dos es independiente de la otra. Atañe a la ética la vida del individuo en sociedad, y a la política el constituirse de la sociedad misma. Para ambas hay un único bien: la vida feliz tanto del individuo como de la *polis*. Pero la meta más alta de la política está vinculada al bienestar del individuo. Corresponde a la política la regulación legal de nuestra vida en común (*Zusammenleben*), lo que en Grecia se llamaba la «legislación», que incluye también la educación de la juventud. Y aquí está la dificultad del asunto: ¿qué tiene en ambos casos la filosofía, como filosofía, para su legitimación?

Es obvio que no siempre se trata de intereses puramente teóricos, sino más bien del supremo ideal práctico de la felicidad humana. Como el individuo particular, que en cualquier caso ha de hacer su elección en una situación única, desea alcanzar esa meta suprema, igualmente lo desea en la *polis* el funcionario político. A ambos les será indispensable la pericia, lo que los griegos llamaban *«episteme»* o *«tekhne»*. En su diálogo *El político*, distingue Platón muy bien entre lo que puede ser tomado en posesión con mediciones precisas y lo que tiene en sí mismo sus propias medidas, por ejemplo la virtud de la templanza o moderación. Y declara que ambas cosas son necesarias para la política. Pero el individuo particular debe poner también sus miras, como el político, en alcanzar la más alta meta de toda praxis... y a este «poner sus miras» lo llamaban los griegos *«nous»*. Uno y otro, el particular y el político, deben interiorizar esa meta suprema. La inútil belleza ha de primar sobre lo útil, a no ser que la necesidad fuerce a buscar primero lo útil.

R.K.: ¿Errará quien se guíe por la filosofía en su vida moral y en la política?

H.-G.G.: La filosofía no puede, de suyo, proporcionar una base a la virtud o al deber. Eso es lo que equivocadamente han buscado muchos en el enfoque a la ética del deber expuesta por Kant en la *Fundamentación de la metafísica de las costumbres*. La filosofía no puede fundamentar la acción recta ni para el individuo ni para la sociedad; lo que sí puede es ayudarnos a no dejar de ir en dirección al bien (hacia el cual ya está cada uno abierto u orientado) y tratar de salvaguardarnos del error. Eso es todo. Y ya es mucho. Tal es la autonomía que Kant defiende. La ley no se la da uno a sí mismo, antes la acepta, sin envilecerse o rebajarse por ello.

R.K.: ¿Es entonces «neutral» la hermenéutica?

H.-G.G.: Carece de sentido el querer señalar a la hermenéutica una orientación política. Es indudable que puede hacer falta cierta pericia para comentar una situación concreta de un individuo o del conjunto de la sociedad; pero en cualquier caso debemos procurar atender debidamente al *bienestar* del individuo y al *bienestar* de la sociedad entera. Esto es así sobre todo en la democracia, cuyos rasgos esenciales fue Aristóteles el primero en describir. Nosotros tenemos partidos políticos, cada uno de los cuales pretende que su programa para ordenar la sociedad es el más correcto y acertado. Naturalmente, eso lo puede pretender también cualquier aberración política, y la causa de ello es una falta de pericia que, simplificando exageradamente los asuntos, induce a pensar de manera utópica. Todos nosotros, como individuos y ciudadanos, podemos incurrir en tales reduccionismos, y esta falta de pericia se deja sentir en todos los juicios que hacemos en nuestra vida privada y en la política. La tendencia a supersimplificar significa, más que otra cosa, que todo ser humano tiene sus debilidades.

Nuestro mundo político tiene sus propios problemas. Aunque no es necesario que una democracia se defina como democracia parlamentaria, es esencial, no obstante, que en ninguna de ellas se permita la formación de partidos que rechacen el fundamento mismo de las constituciones políticas. El que uno sea más conservador o más innovador no tiene nada que ver con eso. Así, todos pueden reconocer ya, en el caso de Heidegger, lo pasmosa y terriblemente errónea que fue su decisión de 1933, como asimismo cierta unilateralidad en su desarrollo y pensamiento más temprano. Pero esto no afecta para nada a la intuición básica que le debemos: que el *Dasein* humano, en todos sus dominios, posee una estructura hermenéutica. El erróneo juicio político de Heidegger con respecto al «Ser» del Führer, o la propia ineptitud de Heidegger para la política, no se deben a su caracterización de la estructura hermenéutica del *Dasein* como comprensión de sí y de las cosas.

R.K.: *¿La hermenéutica, por tanto, no es sólo cuestión de interpretar textos?*

H.-G.G.: Para mí la hermenéutica es más que la interpretación de textos. La hermenéutica no es sólo un ser-hacia-el-texto. Quien crea que es eso sólo, anula el decisivo paso que dieron Husserl y Heidegger para adentrarse en el mundo de la vida. Hoy no puede menos de recomendarse la lectura de la *Política* de Aristóteles. Lo que en su tiempo era criticable sigue siéndolo todavía actualmente, a saber, el dar prioridad a lo útil *vis-à-vis* de la belleza.

R.K.: *¿Está usted sugiriendo que la filosofía hermenéutica puede guiarnos o dirigirnos para que a partir de la interpretación nos comprometamos socialmente?*

H.-G.G.: En esta pregunta late una demanda natural: ¿qué puede ofrecernos la hermenéutica como filosofía para solucionar nuestros problemas de hoy o los del futuro? No creo que vayamos a hacerles esta pregunta ni a los teólogos ni a los profetas, pues sabemos bien que de ellos no se obtiene la sabiduría mundana. ¿Por qué esperamos consejos e instrucciones de los filósofos en una situación como ésta? Seguramente algo tiene que ver ello con nuestras reflexiones sobre los problemas vitales del humano *Dasein*, cuales son, por ejemplo, los del principio y el fin, el nacimiento y la muerte, el bien y el mal, la justicia y la injusticia, la verdad y el error. Y todos estos hitos señalan un camino hacia una meta no fácilmente alcanzable. No esperemos que con sólo concentrarnos, reflexionar y meditar se nos vaya a convertir tal camino en luminosa avenida de triunfo.

Mi intento de desengañar de semejante expectativa, valiéndome en concreto de lo paradójico de la filosofía práctica, difícilmente les llegará a los seres humanos que están oprimidos por las preocupaciones de la vida cotidiana. Pero esto es precisamente lo que a esos seres humanos les cuesta tanto entender: que las circunstancias vitales en que todos nos hallamos son tan complicadas que a nadie le permiten deducir y fijar con claridad fines últimos que sean universalmente aceptables. De hecho, según Sócrates, a la pregunta por el Bien no hay respuesta posible; y, sin embargo, a todos nos es indispensable un conocimiento del bien si hemos de ir hacia el futuro con alguna guía para nuestras acciones y omisiones. Debemos tomarnos en serio la pregunta socrática. Y sabemos que somos responsables de nuestras obras. Admitamos que durante mucho tiempo hemos tendido a sobrestimar las capacidades de los especialistas en este mundo. Mas el auténtico especialista conoce los límites de su competencia. ¿Por qué hemos de esperar que el filósofo no reconozca las limitaciones de la suya? Tal es, en verdad, la situación. Yo sólo tengo esta respuesta: los filósofos, como cualquier otra persona, no estamos dispensados de preguntar por el bien, ni tampoco tenemos un acceso privilegiado a él. En esto, los filósofos no somos especialistas. Cada cual debe hacerse esa pregunta para sí mismo.

Incluso el más concienzudo especialista, cuando da algún consejo, suele ser cauto en el mantenerse dentro de los límites de su especialidad, para que el camino hacia «el bien» no quede bloqueado por su consejo. Tales son los inevitables gajes de nuestro complicado delegar el saber al especialista, como también a los expertos en la política. Y no es muy diferente la cosa en ninguna de las fases de desarrollo de la sociedad humana. Nunca estaremos dispensados de preguntarnos si son justificables nuestras acciones —o nuestras omisiones— ante nosotros mismos o ante Dios. No puede ignorarse la debilidad humana; es más, deberíamos tener siempre en cuenta, en nuestro existir actual y en el futuro, lo limitado de nuestro dominio siempre por perfeccionar. La hermenéutica insiste en que reconozcamos estos límites, tanto en general como en los casos particulares. Sólo entonces se hará posible una auténtica coexistencia de las culturas y las sociedades de este planeta. Sólo entonces, intercambiando nuestras limitadas experiencias, lograremos la solidaridad. La hermenéutica no es el invento de un determinado pensador, sino que es el nombre de cuanto venimos sabiendo todos desde que los seres humanos empezaron a organizar juntos sus vidas. Lo que, a lo sumo, ha hecho la filosofía ha sido aliviarnos con su pericia algunas de las cargas que nos agobiaban.

La hermenéutica y la ciencia

R.K.: ¿Hay implícita en su contraposición de la verdad y el método una hostilidad a la ciencia, como la hay en Heidegger?
H.-G.G.: Me parece que convendría cambiar un poco la formulación de su pregunta. No se trata de una relación amistosa u hostil con la ciencia. Eso no afecta en lo más mínimo a Heidegger. Éste, en su «examen riguroso», eligió como temas las matemáticas y la física además de la filosofía; no limitó sus consideraciones a las ciencias históricas, como por ejemplo a la historia eclesiástica o a la escolástica

religiosa, en las que era ciertamente competente. La filosofía no se interesa por los *métodos* de la ciencia, sino por los *fundamentos* de toda ciencia y de toda otra experiencia. La filosofía hermenéutica no excluye a las ciencias; nos libra de concebir de un modo superficial lo subjetivo y lo objetivo, y nos capacita así para entender propiamente los fundamentos de la ciencia.

R.K.: ¿Supone esto un cambio de orientación en nuestra manera de entender la verdad?
H.-G.G.: Requiere, sí, que ampliemos nuestro concepto de «verdad» superando el ideal de precisión o exactitud vigente en las ciencias cuantitativas, ideal que las ciencias naturales no pueden cumplir completamente. En las llamadas ciencias humanas o ciencias del espíritu *(Geisteswissenschaften)*, se opera la mayoría de las veces en ámbitos distintos del de la «exactitud»: no se está en el dominio de las mediciones precisas, sino más bien en el de las cosas que tienen sus medidas en sí mismas, tales como las virtudes de la moderación, de la valentía, etcétera. Básicamente, el problema es aquí el de la relación entre reglas y regulaciones. Kant, insistiendo sobre el juicio, decía con razón que *no* hay ninguna otra regla para la aplicación correcta de las reglas. No puede uno aprender a juzgar rectamente como si fuese ello una ciencia hecha de proposiciones verdaderas: cada cual ha de practicarlo e ir perfeccionándolo a partir de su propia experiencia.

J.C.: ¿Cómo pueden conciliarse los dominios de la comprensión (Verstehen) y de la explicación (Erklärung)?
H.-G.G.: La muy discutida oposición del comprender y el explicar viene arrastrándola desde hace mucho la universalidad de la experiencia hermenéutica. Se entiende como una oposición de tipo teórico-científico. El debate del siglo XIX en Alemania giró todo él en torno a esta cuestión. La «filosofía de los valores» fue la expresión teórica de un enfoque alternativo. Sin embargo, como dije hace un momento, el juzgar rectamente no depende de lo correcto de unas reglas, sino más bien de la apropiada aplicación o no aplicación de reglas. Y así la hermenéutica es aquel aspecto de la filosofía que abarca el ámbito universal de todos los problemas de aplicación, y también de los valores y, por lo tanto, de toda tecnología. Para abordarlo puede que no haya ningún criterio. Piénsese, por ejemplo, en un trasplante de cerebro o en la cría genética de un robot. Ante cosas así, la primera reacción del público es de fuerte inquietud y escándalo, pues apuntan a una dimensión que ni la ciencia como tal, ni la filosofía de los valores, ni la denominada «ética» podrían reclamar como perteneciente a sus dominios.

Todo esto puede parecer una serie de generalidades, en especial cuando se trata, como aquí, de dar preferencia a un tono de conversación o diálogo, en contraste con nuestras instituciones educativas y nuestras universidades, donde el estilo de la docencia es fundamentalmente la lección o conferencia magistral. Por cierto que es un pasmoso atavismo el que aún sigamos usando la lección, la clase, como método de enseñar, puesto que, a fin de cuentas, se reduce a la mera transmisión de un cuerpo general de doctrinas o saberes reconocidos. Kant mismo tenía que dar sus clases basándose en la lectura de manuales de filosofía corrientes en su época, y discutiendo sobre aquellas páginas, glosándolas y corrigiéndolas, fue como elaboró su revolucionaria forma de pensar. En las universidades de hoy no se soporta ya tan unilateral transmisión de un canon incuestionado, y no podemos hacer tal cosa los profesores de filosofía. Se nos pide, más bien, lo que pedía Kant: enseñar a pensar, en vez de transmitir doctrina. Que enseñemos eso a lo que se llama «poder entender» *(Können)*: poner en práctica la capacidad de inquirir y de pensar. Naturalmente, esto se practica en todas las ciencias, pero las ciencias sólo han desarrollado con ello sus *métodos*. ¿Hay reglas y procedimientos equivalentes en la praxis de la vida? Volvemos a constatar, una vez más, que tanto en la ciencia como en el mundo de la vida necesitamos juzgar con acierto.

La hermenéutica y la teología

R.K.: *¿Es compatible la cuestión hermenéutica del Ser con la cuestión de Dios?*
H.-G.G.: ¡Esto suena mucho a temática teórico-científica! Pero, formulando así la pregunta, infraestimamos la filosofía y la teología. Por una parte, aunque la filosofía se basa en una hermenéutica universal, también se ocupa de otros problemas. E infraestimamos asimismo la teología si la tratamos como idéntica a la religión. Simplemente, no es eso. Piénsese en el lugar especial que le corresponde dentro del cristianismo a la así llamada «ortodoxia» griega, la cual, a pesar de su nombre, no implicaba teología alguna, sino más bien el cuidado práctico y la veneración del alma y su inexpugnable estatuto en la vida humana. Sin embargo, no podemos ignorar que, de hecho, la idea del ecumenismo, en la situación actual del mundo, atañe no sólo a la cristiandad, sino también a las otras grandes religiones mundiales, e incluso, tal vez, a experiencias religiosas que casi no cuentan con ninguna tradición escrita.

Podemos, desde luego, preguntarnos cómo ha de habérselas la filosofía *vis-à-vis* de la religión. El célebre veredicto metodológico de Heidegger —que no puede haber una filosofía cristiana porque la filosofía es, en cuanto al método, atea— acentúa obviamente la diferencia entre filosofía y teología. Cabe que nos preguntemos si puede haber «teología» en otras religiones del mundo o si es la teología un desarrollo específico de Occidente. Como sabemos, históricamente hablando, la ciencia misma ha sido un fenómeno de la civilización occidental.

Es incorrecto, sin embargo, sugerir que se da una especial afinidad de la hermenéutica con la teología de la Alemania decimonónica y su exponente, Schleiermacher. Toda la historia de la teología habla en contra de ello, y en particular la tradición de la Iglesia católica. A diferencia de la Reforma, el catolicismo insistió en que hay algo como una teología filosófica, es decir, una ciencia acerca de Dios fundamentada en la razón humana. La cuestión de Dios debía estar abierta para todos a un examen no basado en la revelación ni en la fe. Puede decirse, no obstante, que, con el avance de la Ilustración en la edad moderna, la tensión entre la filosofía y la religión ante el *«sola fide»* («con la fe sola») del reformador Lutero, se fue transformando en agudo conflicto con la mentalidad científica. En los siglos anteriores, una ciencia universal basada en la razón contenía el concepto de toda ciencia. En este aspecto, es indudable que, con el auge de la conciencia individual en la Edad de la Ciencia, la apelación a una fe absoluta se convirtió en un misticismo hermenéutico. El moderno pensador ilustrado habla entonces de *«sacrificium intellectus»* («sacrificio del entendimiento»), y el cristiano, por su parte, habla de la paradoja de la fe, o de cómo al creyente se le evidencian los límites del entender la fe.

Ciertamente podemos preguntarnos si la cuestión de Dios, cuestión que pertenece a la teología, se ha desarrollado al par de la cuestión filosófica del ser. El dictamen de Heidegger, según el cual una filosofía cristiana es un absurdo, va dirigido contra tales armonizaciones. Así y todo, debemos preguntarnos si la cuestión del ser, que Parménides fue el primero en plantear, no estará estrechamente relacionada con todas las preguntas del *Dasein*, y si nos lleva a la pregunta básica de Leibniz: «¿Por qué hay algo y no la nada?». Decimos que es *ésta* la cuestión fundamental de la metafísica. Pero ¿va incluido en ella el pensamiento «religioso» de Creador y creación? ¿Acaso no incluye el concepto griego del ser, concepto que ha dominado toda la filosofía griega y también el pensamiento de la Edad Media cristiana? En la historia eclesiástica de Occidente este concepto ha originado un constante debate con las herejías platónicas. Por otro lado, esto es igualmente aplicable a las herejías gnósticas que mantenían que la razón humana no necesitaba ninguna revelación divina para que, al fin, se unificara cada individuo con el Uno.

El futuro de la hermenéutica

R.K.: ¿Qué futuro le parece a usted que tiene la hermenéutica?
H.-G.G.: Al preguntar por el futuro de la hermenéutica no nos re-

ferimos sólo a su proceso interno, sino también a la constatación de que, en un mundo cada vez más organizado a base de reglas, están empezando a advertirse las limitaciones de nuestro sistema mundial. No es fácil imaginar un mundo en el que predominen los robots. Habríamos de remontarnos al hecho de que nuestra lengua materna es un don natural inviolable mientras nos dure la vida. La palabra alemana [*Muttersprache*, «lengua materna»] nos recuerda a la madre y, por extensión, con ella, nuestro nacimiento. A la vez, nos trae a las mientes que la vida humana se articula en diferentes comunidades lingüísticas y que todas las posibilidades de entendimiento interlingüístico entre esas comunidades de hablantes son secundarias. Éste es, en esencia, el problema de la traducción, de su desiderabilidad y de su cuestionabilidad.

No podemos cerrar los ojos ante el hecho de que la coexistencia pacífica de los seres humanos en esta tierra depende, en gran medida, de que se promuevan y faciliten los intercambios lingüísticos entre las naciones. La enorme expansión de la economía mundial, que abarca hoy a la humanidad entera, no deberá engañarnos respecto al hecho de que una economía competitiva, en la que se desarrollan las capacidades humanas, crea simultáneamente nuevas controversias y da pábulo a la tentación de recurrir a la violencia. Aun así, no nos convenceremos fácilmente de que los primarios impulsos de la voluntad de poder que todo lo invaden vayan a tener la última palabra. Con el debido respeto a la competencia y a los logros de la economía, a la autodisciplina de los seres humanos y a sus energías laborales..., parece inevitable que haya siempre algún objeto de conflicto, aunque sólo sea porque nadie puede poseer la riqueza sin que otros reclamen una participación en ella.

R.K.: ¿Qué augura usted, pues, para el futuro en términos prácticos?

H.-G.G.: Ciertamente, la humanidad dista hoy mucho todavía del ideal de una cultura mundial unificada en la que todos los seres humanos puedan participar. Tal ideal tendría un valor moral tanto más alto cuantos más fuesen los seres humanos que lo compartieran. A veces nos parece como si el mundo de la música pudiera anunciar esa cultura mundial por encima de todas las diferencias culturales y lingüísticas. Pero entonces recordamos lo que sabemos de la incomparable intimidad que poseen, por su parte, la lengua materna, lo nativo, el tesoro de la memoria ancestral, y todas las demás características que inconscientemente nos han venido formando desde nuestra edad más temprana. Éstas son las tradiciones en las que todos los seres humanos estamos implantados y desde las cuales miramos hacia delante. Me choca mucho y considero un poco ridículo el querer ver estas tradiciones y experiencias formativas —que son para el ser humano las formas de entenderse cada uno a sí mismo—, querer verlas, digo, como atavismos que haya que superar. La hermenéutica filosófica ha de percatarse especialmente de estas diferencias y de que su reconciliación es una tarea que ha sido el fundamento de la comunidad entre los humanos desde tiempo inmemorial. Y en todo futuro concebible habrá de seguir siendo eso mismo. ¿Podemos creer realmente que un «lenguaje perfecto» o la precisión analítica de la lingüística serían óptimos sustitutos de la lengua materna y de su capacidad de descubrirnos el mundo? Debemos pensar *con* el lenguaje, no sobre él ni contra él.

(París-Heidelberg, 1994)

BIBLIOGRAFÍA SELECTA

Hermeneutik I. Wahrheit und Methode. Grundzüge einer philosophischen Hermeneutik, 1960. [Trad. española: *Verdad y método. Fundamentos de una hermenéutica filosófica*, Sígueme, Salamanca, 1977.]
Kleine Schriften I. Philosophie, Hermeneutik, 1967.
Kleine Schriften II. Interpretationen, 1967.
Kleine Schriften III. Idee und Sprache. Platon, Husserl, Heidegger, 1972.
Vernunft in Zeitalter der Wissenschaft, 1976.
Die Aktualität des Schönen. Kunst als Spiel, Symbol und Fest, 1977. [Trad. esp.: *Actualidad de lo bello*, Paidós, Barcelona, 1991.]
Hegels Dialektik. Fünf hermeneutische Studien, 1978. [Trad. esp.: *La dialéctica de Hegel. Cinco ensayos hermenéuticos*, Cátedra, Madrid, 1981.]
Hermeneutik II. Wahrheit und Methode. Ergänzungen, Register, 1986. [Trad. esp.: *Verdad y método II*, Sígueme, Salamanca, 1992.]
«Reply to Jacques Derrida», en *Dialogue and Deconstruction: The Gadamer-Derrida Encounter*, State University of New York Press, Albany, (1989).
Das Erbe Europas, 1989. [Trad. esp.: *La herencia de Europa*, Edicions 62, Barcelona, 1990.]
L'inizio della filosofia occidental, 1993. [Trad. esp.: *El inicio de la filosofía occidental*, 1995.]
Gedicht und Gespräch, 1990. [Trad. esp.: *Poema y diálogo*, Gedisa, Barcelona, 1993.]
Gesammelte Werke (10 vols.), 1985-1995.

Jean-François Lyotard
Qué es justo (ou Justesse)

Jean-François Lyotard nació en Versalles, Francia, en 1924. Su primera obra filosófica fue un estudio titulado La fenomenología *(1954), gran parte del cual la dedicó a exponer el pensamiento de Merleau-Ponty; pero sólo con la publicación, en 1979, de* La condición posmoderna *empezaría a ser ampliamente reconocido como pensador original. Sus penetrantes críticas en torno a las conexiones que en la cultura contemporánea se dan entre la ciencia, la técnica y la política han influido hondamente no sólo en la filosofía sino en las ciencias humanas en general. Y tanto por su pensamiento innovador e interdisciplinar, como por sus intereses y su estilo, es uno de los más típicos representantes del enfoque «posmoderno».*

Aunque en la formación de Lyotard influyeron profundamente ideas y orientaciones de fenomenólogos como Heidegger, Merleau-Ponty y Lévinas, su pensamiento ha asimilado otras muchas influencias. Por los años sesenta, durante su asociación con el grupo Socialismo o Barbarie, fueron frecuentes sus referencias a Adorno y a Marx. Por los años setenta, Freud fue para él una figura central, según puede verse en publicaciones como A partir de Marx y Freud *(1973) y* Economía libidinal *(1974). En los años ochenta y los noventa, se añadirían a la lista de influencias más importantes Wittgenstein, Nietzsche y el Kant de la tercera* Crítica, *en particular las ideas de este último sobre el «juicio reflexivo» y sobre lo «sublime».*

Pero Lyotard es mucho más que la suma de las influencias de sus mentores intelectuales. Sus contribuciones al debate «posmoderno» —en filosofía y en política— son de gran interés temático y de un estilo notabilísimo. Aportan originales reflexiones sobre el lenguaje, el tiempo, el deseo, la producción y la justicia cifradas y resumidas en su distintivo concepto de «differend», una diferencia entre dos partes irreductible a neutrales categorías de consenso, universalidad o simetría. Es esta suprema irreductibilidad de la «cosa» la que, según Lyotard, caracteriza al «evento» de la ética y de la estética. Los que él llama Grandes Relatos de la cultura de Occidente —desde las metafísicas griega y cristiana hasta el racionalismo de la Ilustración— sucumben al singular empuje de unos eventos que no admiten que se los «totalice» o se los justifique. Tales eventos sólo pueden ser representados, cree Lyotard, por «relatos breves» (petits récits) que testimonien lo inconclusivo, la falta de autoridad decisoria y, en fin, la fundamental «irrepresentabilidad» del asunto de que se trate. La marca de ese despierto testimoniar es, para Lyotard, la precisión o «justeza». Es el sello de una humildad del pensamiento y de la acción que desafía a los sistemas ideológicos y especulativos.

La tajante crítica que Lyotard hace de las categorías clave de la modernidad —humanismo, teoría, capitalismo, universalidad— le sitúa en el campo del pensamiento «desconstructivo» y «posestructuralista» junto a Derrida, Foucault y Deleuze. Pero nuestro filósofo se resiste a toda fácil clasificación, apelando a una «responsabilidad nueva» que sea capaz de distinguir entre la inteligencia genuinamente posmoderna y la «paranoia que dio origen a la modernidad».

Lyotard ha enseñado filosofía muchos años en la Universidad de París y ha sido profesor visitante en las de California, Wisconsin, Montreal, Stoneybrook, Minesota, Emory, Yale y Johns Hopkins. Es miembro del Collège International de Philosophie, del que ha sido presidente.

Este diálogo tuvo lugar en Atlanta, Georgia, en abril de 1994.

Actualmente se le considera a usted el principal filósofo de la condición «posmoderna». Sin embargo, una de sus primeras obras se titula La fenomenología *(1954). ¿Cómo describiría usted el desarrollo de su pensamiento desde la fenomenología hasta el posmodernismo? ¿Hay alguna continuidad entre una y otro?*

La fenomenología fue un homenaje mío al pensamiento de Merleau-Ponty, una meditación sobre el cuerpo, sobre la experiencia sensible y, por consiguiente —en contradistinción con Hegel, Husserl y Sartre— sobre la dimensión «estética» que se despliega bajo los fenómenos de la consciencia. Por entonces estaba yo leyendo también lo que había disponible de la obra de Heidegger. El motivo para escribir el librito sobre la fenomenología fue que en el marxismo advertí la ausencia de un auténtico pensar sobre la ideología. Me pareció importante hacer ver que la posibilidad y el éxito de la revolución dependían de la «conciencia» que los obreros pudieran y debieran tener de su situación y deseos. Me fueron muy útiles los trabajos de Tran-Duc-Thao y de Claude Lefort en este sentido. Yo era a la sazón (lo fui de 1952 a 1966) miembro activo del grupo y proyecto Socialismo o Barbarie, cuyos principales objetos de crítica eran el marxismo dogmático, la política estalinista, la estructura clasista de la sociedad «soviética», las inconsistencias de la posición trotskista y el capitalismo de la posguerra (lo más opuesto que pueda concebirse a un capitalismo decadente y «en las últimas»). Entre nuestras actividades prácticas se incluía el colaborar con obreros, empleados y estudiantes en el establecimiento de grupos de autogestión. Abandoné este proyecto en 1966, cuando me di cuenta de que a nuestra práctica y a nuestra teoría les faltaba la base —la figura alternativa del proletariado (el «espectro» de Marx) como una clase trabajadora consciente de sus aspiraciones y metas—. La idea de lo «posmoderno» no empecé a formularla hasta finales de los años setenta, tras un largo rodeo. El término, deliberadamente ambiguo, lo tomé de la crítica norteamericana y de Ihab Hassan. Lo empleé para «nombrar» la transformación del capitalismo burgués y sus contradicciones en un «sistema» de gobierno global, con sus ventajas, sus inconvenientes y sus desequilibrios (incluidos los del campo «ideológico», calificado en adelante de «cultural»), transformación realizada en virtud del desarrollo debido a los medios técnico-científicos. Había varias cosas que se iban aclarando: que una nueva clase dominante —la de los ejecutivos— estaba reemplazando a los propietarios privados desprovistos de capital, que la fuerza del trabajo no era ya del tipo de la del siglo XIX, que la redistribución de la plusvalía se efectuaba ahora de un modo completamente distinto, y que estaba emergiendo un nivel estructural de desempleo aunque estuviésemos todavía en un periodo de pleno empleo. En tan cambiantes circunstancias, era necesario revisar radicalmente la naturaleza de la historia y de la política.

Dadas las muchas definiciones de «posmodernismo» que circulan en el debate contemporáneo, ¿cree usted que sus formulaciones iniciales de este término —en La condición posmoderna *y en* La posmodernidad explicada— *han sido mal interpretadas o alteradas? ¿Podría usted describir el significado básico de lo «posmoderno» como algo más que un «periodo» histórico?*

Ha habido, desde luego, muchos malentendidos, incluido el mío propio. Uno de ellos es la noción de periodización..., manía típicamente «moderna». Los rasgos esenciales de lo posmoderno tal como hoy se manifiesta creo que son unos cuantos. Entre ellos la generalización del imperativo de intercambiabilidad (el viejo «valor de cambio» de Marx) que tradicionalmente recae sobre los objetos y los «servicios» del capitalismo, y su extensión para incluir objetos y actividades que antes no se explotaban: opiniones, sentimientos, goces culturales, ocio, enfermedad y muerte, sexualidad, y tantos y tantos otros. (Los sistemas totalitarios llevaron en esto la batuta de un modo aterrador y su mensaje fue escuchado y convenientemente adaptado.) Podríamos mencionar también el imperativo de «complejificación» con respecto a las relaciones entre trabajo, consumo y comunicación, cuyo efecto es «optimizar» el rendimiento del sistema; así como el concomitante hundimiento de los valores tradicionales (laboriosidad, saber desinteresado, virtud, sentido del deber en la vida)... La crisis por que atraviesa la educación en todos los países desarrollados es un testimonio directo de tal hundimiento de los valores tradicionales. Ahí están también los actuales fenómenos de latente nihilismo (en el sentido «pasivo» de Nietzsche) y de «malestar» (en el sentido de Freud), para no mentar la ansiedad crónica debida a la ausencia de símbolos —que se camufla como individualismo, cinismo, ludolatría, tendencia casi compulsiva a juergas, francachelas y gamberradas, obsesivo afán de participar y de actuar en grupo, retorno a las raíces—. Esta situación «posmoderna» no nos descubre nada nuevo. Por el contrario, en nombre del logro de la libertad, la occidental voluntad de conocer (y, por extensión, de dudar) y voluntad de poder (y, por extensión, de dominar) «segrega» *(secrète)* nihilismo desde sus comienzos: muerte de los dioses, muerte de Dios, muerte del Hombre. El «sistema» funciona simplemente como un tipo de organización muy improbable, el del organismo vivo, y después el ser humano y su cerebro funcionan ya de ese modo..., sacando la energía que necesitan del caos energético al que antaño se llamaba naturaleza o cosmos (inmenso retumbo de una enigmática explosión originaria...). Pero, respondiendo a su pregunta, yo situaría el «significado básico» de lo posmoderno, ante todo, en la manera como suele descubrir Occidente la «nada» *(néant)* de sus objetivos y proyectos, hallándose así habitado por algo que ni comprende ni domina. Algo, alguna «cosa» críptica en sí misma, que se nos resiste. Carece de importancia cómo lo llamemos. Es «innombrable», aunque con demasiada precipitación le hayamos dado un nombre.

¿Cómo puede entonces decirse nada acerca de ello? ¿Qué pruebas tenemos de su existencia? ¿Cómo se nos muestra?

Todos los pensadores, escritores y artistas occidentales, incluidos los grandes «racionalistas», tropezaron con esta «cosa», trataron de ponerle nombre, se dieron cuenta de su inexpugnabilidad y reconocieron que ninguna odisea, ningún Gran Relato podría abarcarla.

Esto nos lleva, claro está, a la famosa crítica que usted hace de los «grandes relatos» de la tradición de Occidente (marxismo, judeo-cristianismo, Ilustración, racionalismo, etcétera). Pero ¿es posible, o incluso deseable, suprimir todo tipo de modelo narrativo? ¿Pueden unos «pequeños relatos» (des petits récits) *cooperar de algún modo a una tarea ético-política? ¿La adopción de un paradigma pluralista de relatos breves es compatible, por ejemplo, con la necesaria defensa de una Carta de los Derechos Universales? Lo que estoy tratando de preguntar es en realidad esto: ¿puede evitarse el relativismo para salvar lo mejor de la fidelidad de la Ilustración a unos comunes valores humanos que no son específicamente culturales? En resumen: ¿es posible conciliar su defensa de la singularidad del evento con un mínimo siquiera de universalidad de los derechos y los deberes... o sea, de la justicia?*

En primer lugar, protesto contra la expresión «judeo-cristianismo». Con el guión que en ella se interpone quiere señalarse la anexión de la Torah a la Buena Nueva de la Encarnación. Es un uso tradicional, lo sé muy bien. Pero no deja de ser injusto, en el sentido más fuerte del término; y, después de la Shoah, es un insulto a las «personas» que fueron víctimas del exterminio (¡cuando uno recuerda el papel que desempeñó en aquel entonces la política del Vaticano!). Dicho esto, la verdad es que no sé si la defensa de unos derechos humanos universalmente válidos es «compatible», como usted dice, con una adecuada atención al evento en su opacidad (según lo mencioné antes con respecto a «la cosa»). Ciertamente, a mí, que no soy ni leibniziano ni hegeliano, esta cuestión de la compatibilidad no me interesa. Por una parte, es evidente que los derechos debe defenderlos todo ciudadano contra los «cínicos» efectos de que el sistema demande eficacia; y, por otra parte, todos estamos irremediablemente endeudados con la «cosa». ¿Por qué buscar tal conciliación? Fraternizaciones así son siempre de temer.

¿Por qué? ¿Puede ponerme usted un ejemplo?
Un ejemplo notorio: Heidegger, el autor de *Ser y tiempo*, interpretando la política de *Mi lucha* como pretexto para la manifestación del temor del *Dasein*.

¿Quiere usted decir que no podemos usar «relatos pequeños» en la causa de los derechos universales?
Lo que digo es que sería frívolo pensar en la utilización *des petits récits*. Siempre y en todas partes, en el Tíbet, en la Amazonia o en Livry-Gargan, son ellos los que nos utilizan a nosotros para expresarse a sí mismos. Se burlan de las ilusiones de grandeza. En las cocinas y en los establos de Shakespeare se ríen de las tragedias de la corte exactamente igual que en Rabelais los malos chicos se burlan del sabio y del poderoso. Lo pequeño es casi invariablemente cómico. Reírse es reconocer que la cosa es indecible, que su trágica dramatización es pura vanidad. Beckett es gracioso también así. Pero esto no constituye un partido humanista.

¿Su abandono de los proyectos de la Ilustración y del marxismo le condena a usted necesariamente al «neoconservadurismo», según aseguran Habermas y otros? ¿Cómo enjuicia usted ahora las tesis políticas que sostuvo durante el periodo de Socialismo o Barbarie?
Es lógico que al «posmodernismo» (término que nunca uso yo para definir mi obra) se le acuse de neoconservadurismo si se mantiene fiel al proyecto moderno. Recíprocamente, la obstinación modernista podría ser tachada de «arqueo-progresismo»... Yo nunca he empleado términos de éstos para diferenciarme de Habermas y de sus discípulos. Esa retórica de las tribunas de la política tenía algún sentido cuando los conflictos entre las ideas se traducían inmediatamente en tragedia

pública: entonces era obligado denunciar solemnemente al Enemigo en el adversario. Es obvio que Habermas se equivoca de época. Yo nunca he visto su discurso ético como una ideología del enemigo.

¿Cómo calificaría usted la motivación ético-política implícita en los argumentos de La condición posmoderna *y en posteriores obras suyas tales como* Lo inhumano? *Y ¿qué implicaciones tiene aquel dicho de Apollinaire de que hoy día los artistas deben hacerse «inhumanos»? ¿Significa esto que el posmodernismo es incompatible con el «humanismo»?*

El término «posmodernismo» lo empleo yo solamente —permítaseme repetirlo— como etiqueta para designar según convenga un movimiento o escuela determinados (en crítica literaria, en arquitectura...). Por mi parte, prefiero las expresiones «lo posmoderno» y «posmodernidad». Cito la frase de Apollinaire —tomándola de su obra *Pintores cubistas* y que se aplica al conjunto del cubismo— porque afirma que lo inhumano en nosotros es la cosa desconocida *(la chose méconnue),* el único recurso genuino del arte, de la literatura y de la meditación. *Los Ensayos, El elogio de la locura, El sobrino de Rameau*: el humanismo ha sido siempre inhumanismo.

Me interesan las implicaciones políticas de esta tesis, particularmente tal como las deja usted entrever en sus Escritos políticos. *¿Podría usted explicar con más detalle la distinción que hace en esa obra entre «el intelectual especialista» y «el intelectual orgánico»? ¿Tiene todavía el intelectual algún papel en el proyecto de emancipación? ¿Y qué función crítica, si alguna, queda para el filósofo, una vez se ha declarado la muerte de la «idea moderna de un universal sujeto del conocimiento»? ¿Deberá el intelectual posmoderno limitarse, como usted sugiere, a «solucionar las cuestiones que se le planteen al ciudadano particular de un país determinado en un momento concreto»?*

El intelectual orgánico tiene una función que desempeñar en los países más o menos relegados a los márgenes del desarrollo. Ahí su trabajo es prueba a la vez de su emancipación y de su pertenencia, y el problema básico de estos países es el de cómo emanciparse sin hacer traición a la propia cultura local. (Habría que poner aquí el fenómeno del fundamentalismo y su estrategia de asesinatos.) Por contra, en los privilegiados países desarrollados —y se sabe lo escandalosamente exclusivo que puede ser este privilegio— no parece que desempeñen ya función alguna los testigos de la gran acusación, los Voltaire, Zola, Gramsci, Horkheimer, Russell... En tiempos anteriores, la emancipación estaba amenazada en la misma Europa, con el autoritarismo y el totalitarismo vigentes, y la obra de esas ya famosas figuras era de por sí una demanda de libertades. Hoy nos hallamos ante un escenario distinto, en el que raramente se leen obras de crítica, las cuales suelen alcanzar muy poca difusión excepto si las acaparan los medios de comunicación para servírselas a un público consumista ávido de mercancías culturales. De hecho, la persona que habla por la radio o la televisión en pro de las libertades no necesita poseer ninguna *«oeuvre»:* le basta con que su elocuencia y su «presencia» en la plataforma sean mejores (más eficaces y creíbles) que las de otros medios profesionales o incluso que las de otros pensadores, escritores o artistas. Las únicas excepciones son aquí los científicos, y esto porque el sistema idolatra los logros de la tecnociencia.

En su artículo «La tumba del intelectual» habla usted de una «responsabilidad nueva» que imposibilite la existencia de intelectuales, una «responsabilidad que distinga entre la inteligencia y la paranoia que dio origen a la "modernidad"». ¿Qué entiende usted por tal «paranoia»? ¿Y en qué se diferenciarán la nueva responsabilidad de la «inteligencia» posmoderna y la irresponsabilidad del irracionalismo?

Algún racionalismo es la paranoia del discurso: decirlo todo, saberlo todo, poseerlo todo, serlo todo, ¡no escapársele nada al concepto! Por otro lado, la literatura debe declararse culpable, pues no es *autorizada* por nada, como dice George Bataille (siguiendo a Kafka). La «cosa» que pide escritura o arte no tiene ninguna *razón* para pedir eso. Esta «irresponsabilidad» es la mayor responsabilidad, la de permanecer atento al Otro que no es ni interlocutor ni parte con la que se pueda cerrar un contrato. Es esencial vigilar y custodiar esa «existencia secreta», como la llamó Nina Berberova, protegerla de la *indiscreción* del sistema que quiere verlo y saberlo todo, tener una respuesta para todo, hacer de todo objeto de cambio. Nos es necesario releer a Orwell.

¿Qué implicaciones tiene su idea posmoderna de «inhumanidad» para nuestra forma de entender el «salto social»? ¿Piensa usted que con los conceptos tradicionales de nación, estado y sociedad civil se pueden analizar bien esas implicaciones? ¿Se han alterado durante la transición a la posmodernidad las nociones universalistas del progreso social?

El auge de poderosos regímenes totalitarios producido por el sueño de la modernidad provoca una nostalgia de las comunidades «naturales» que se definían por la sangre, la tierra, la lengua y las costumbres. En ese ambiente, la fidelidad al *demos* va adquiriendo primacía sobre el respeto al ideal republicano. Éste, no obstante, sigue proporcionando la única apariencia de legitimidad para que el sistema exija que todos los países del mundo permanezcan abiertos a la libre circulación de bienes, «servicios» y comunicaciones. Porque es esencial a la República el hacerse universal. De ahí que se dé lugar a que el «mercado» adquiera proporciones mundiales. Por eso, hoy, el privilegio de la soberanía, del que las naciones-estado disfrutaron durante algunos siglos (a lo sumo), es visto como un obstáculo al fomento del desarrollo en cada dominio: transacciones multinacionales, poblaciones inmigrantes, seguridad internacional... Hasta puede que, a pesar de las apariencias, la unificación de Europa resulte más fácil de conseguir por federación de «comunidades naturales» (o «regiones» como Baviera, Escocia, Flandes, Cataluña, etcétera) que por asociación de Estados soberanos, con todos los riesgos que conlleva el predominio del *demos* en cada una de esas comunidades.

Este escenario parece dar base a la sugerencia, hecha por usted, de que la «moderna» categoría del «pensador universalista» será sustituida por la del «sintomatólogo», sensible a lo irreductiblemente diferente (le différend) *de cada fenómeno. Pero ¿no supone esto el fin de la filosofía como disciplina académica? ¿Cuál piensa usted que es actualmente la función de la filosofía y de la universidad en general?*

La filosofía, recordémoslo, sólo fue reconocida como disciplina académica hace relativamente poco: en 1811, en Berlín. Los antiguos y los medievales no enseñaban filosofía, enseñaban a filosofar. Más que de «impartir enseñanzas», de lo que se trataba entonces era de que los alumnos «aprendiesen a pensar por su cuenta», como diría Kant. O, expresándolo con la fórmula de Wittgenstein, el «no sé ni siquiera dónde estoy» es la posición básica para lanzarse al cuestionamiento filosófico. Filosofar no es producir buenos funcionarios o servidores útiles a la comunidad, como también sabía Kant, y por eso las facultades de filosofía nunca gozan del mismo prestigio que las de medicina, derecho o economía (nada digamos de las de ciencias exactas). Al filósofo le es siempre muy difícil presentarse como especialista. Y este fenómeno no es reciente; algo supo ya de él Sócrates cuando se enfrentaba a los «especialistas». En las instituciones pedagógicas podría tolerarse la presencia (poco costosa) de una disciplina de la *no especialización* mientras tal disciplina se orientase a formar «ciudadanos ilustrados» capaces de afrontar situaciones comprometidas o sin precedentes. Al sistema contemporáneo lo que le importa es formar a los expertos o especialistas que necesita, no siendo para él de mucha utilidad la capacidad de reflexionar y meditar. Y menos cuando el sistema se las ha ingeniado para producir autómatas más sofisticados que las computadoras digitales. Una parte considerable de la disciplina académica de la filosofía está dedicándose ya a la búsqueda (directa o indirecta) de lenguajes «artificiales». Y es una consecuencia inevitable de esto que quienes siguen pensando en «la cosa» no susceptible de explotación, se hallan con un pie dentro y otro fuera de la institución académica. Pienso, confío en, que la filosofía se las arreglará para seguir cojeando así durante mucho tiempo, a pesar de su creciente pérdida de credibilidad (lo que también proporciona algún prestigio).

Muchos de sus trabajos se centran en la relación de la estética con la política. ¿Por qué la noción de lo «sublime», en especial como la enuncia Kant en su tercera Crítica, *ha llegado a ocupar una posición tan básica en su pensamiento acerca de esa relación?*

Lo que desde Kant hasta Adorno se ha venido llamando a menudo la «estética» es aquella región en que el pensamiento racional halla en sí algo que se le resiste violentamente: eso es el «crear», el modo de hacer propio del arte, el sentimiento de lo absoluto. Kant explica este último con más detalle en su *Analítica de lo sublime.* Creo que ahí tenemos una forma de recordar *(anámnesis* efectuada en términos «críticos») la relación de todo pensamiento —meditativo, literario, pictórico, musical— con la cosa desconocida que habita en ese pensamiento. Esta relación no puede menos de ser la de un *differend* intrínseco al pensamiento, capaz y a la vez incapaz de lo absoluto, «sentimiento del espíritu», como el gusto por lo bello, no de la naturaleza. Kant repite las palabras: *Widerstreit, Widerstand, Unangemessenheit,* diferencia, resistencia u oposición, inconmensurabilidad. Son los mismos términos empleados por Van Gogh, Joyce, Schoenberg, Kierkegaard o Beckett (los nombro al azar) para dar a entender lo mucho que sufre el pensamiento cuando se desgarra ansiando lo absoluto. Hasta podría decirse que entonces el pensamiento genera «síntomas». Así nos ocurre a la mayoría de nosotros, en quienes esa ansia no es menos aciante que en los escritores y artistas que acabo de citar. Pero lo enigmático de su «estética» es que ellos hacen de esa *angustia* una obra de arte.

Dadas sus lecturas de Kant, Heidegger, Adorno y Derrida, ¿se inclinaría usted a opinar que el pensador/sintomatólogo debe seguir más el ejemplo del arte y de la literatura que el de los discursos tradicionales de la epistemología y la ontología?

Pienso que sí. Pero también creo que, de haber una ontología —quizá negativa—, se hallará del lado del arte y la literatura. ¿Por qué? Pues porque a ese lado no se sitúa o postula el ser (o la nada) como principio al que referir el discurso cognitivo. No se proyecta o se arroja sobre un lugar asignado a aquello *acerca de* lo cual se va a hablar, como es el caso en la más seria epistemología. Por el contrario, es abordado de un modo «poéticamente concreto», experimentándolo y asumiéndolo como algo inmediato por resolver, algo presente pero no presentado. ¿Qué palabra aquí, qué color allí, qué sonido o forma melódica? ¿Cómo podemos *saberlo*? ¡No es materia de conocimiento! El ser (o la nada) no espera a esa puerta que tú reconoces, sino que vive ya en ti aguardando a cualquier idioma que le ofrezcas para residir en él momentáneamente.

Cuando usted contrasta la «lectura» a la «teoría» (o interpretación) ¿cree que eso nos capacita más para comprometernos en el juicio estético y ético? Si desechamos la «significación» que no sea fiel a la irreductible singularidad del evento, ¿no estaremos eliminando la base misma de un juicio que pueda ser compartido de manera socialmente comprometida por otras personas? ¿Es compatible su propia posición con la solidaridad... o con lo que Hannah Arendt llama (remitiéndose una vez más a Kant) «pensamiento representativo», que ella cree que es un instrumento imprescindible para el juicio ético?

«Teoría» es un sistema de proposiciones formuladas en términos explícitamente definidos según una determinada sintaxis. Se supone que esas proposiciones explican todos los fenómenos que aparecen en el campo de referencia al que se aplica la teoría. (No voy a discutir aquí las graves objeciones que han hecho contra este modelo axiomático el intuicionismo o el teorema del no-cierre de los sistemas discursivos.) Ningún juicio estético o ético podría cumplir nunca las condiciones de tal sistema. Juzgar es, en muchos casos, asunto «de pasión», y, en otros, «cumplimiento» de un deseo inconsciente, como dijo Freud. Y es siempre *peligroso*. Lo que debemos hacer es «purificar» ese juicio, liberarlo de intereses y de fines (conceptualizados o no), liberarlo de todo aquello que lo subordine a algo que no sea la apreciación de lo justo y lo bello. Es al precio de tal ascesis como puede pedirse que otras personas compartan este tipo de juicios. Todo el mundo trata de argüir, en pro o en contra, pero, de hecho, sólo se puede contar con la capacidad de los demás para llevar a cabo por sí mismos la misma especie de ascesis o «despojamiento» *(dénuement)*. Arendt transfiere sin escrúpulo alguno la kantiana categoría estética del *sensus communis* al orden de la socialidad y la solidaridad interpersonal, como si fuera una especie de «sentimiento compartido». Pero en Kant el *sensus communis* es laboriosamente deducido, en nombre de una afinidad trascendental entre las distintas facultades del pensamiento, sobre la base de la «experiencia» de una felicidad que un «objeto» puede procurar inesperadamente. Además, Arendt parece ignorar el caso —para mí aún más significativo— en que el pensamiento se aprovecha no de su afinidad sino de su no-afinidad o disentimiento *(dissentiment)* de sí mismo; y éste es el caso de lo sublime, que también requiere ser compartido por todos. En cuanto a las decisiones *éticas*, si el pensamiento tuviese que autorizarse invocando teorías de la Bondad o de la Justicia, perdería en el acto su carácter ético. ¿Por qué? Pues porque, al someterse a la autoridad de la teoría, estaría desentendiéndose de toda responsabilidad respecto a su decisión. Las decisiones son éticas precisamente cuando no son autorizadas por un sistema (inteligible o no), cuando ellas mismas por su propia «autoridad» se cargan de responsabilidad. El torturador de las SS no es innoble porque la «teoría» de Hitler sea falsa, sino porque rehúsa su propia responsabilidad y cree justificarse apelando a la obediencia. Arendt llama a esto la «banalidad del mal», la banalización de la responsabilidad por «necesidad». Aquí necesidad es pobreza o carencia, pero es también la teoría la que es carencia de moral.

Si a la política existente se la define como un modelo totalitario de Grandes Narraciones, ¿se podrá volver alguna vez de una ética del differend *a una política del actuar en común? ¿Cree usted que la hermenéutica, el estructuralismo y la teoría crítica están forzosamente condenados a seguir los totalizadores paradigmas de los Grandes Relatos? ¿Es posible algún diálogo entre esos métodos filosóficos y el de usted?*

Algún diálogo siempre es posible. Pero la confianza que se pone en el diálogo es un prejuicio hermenéutico. ¿Puede usted imaginarse a Antonin Artaud dialogando con Bill Clinton? La de dialogar es una pasión corriente. La verdad —la relación con lo Real (con «la cosa»)— se le escapa al diálogo. Mis colegas filosóficos no deben de haber leído a Freud. Si lo hubiesen hecho se habrían enterado, por lo menos, de que todo diálogo está transido de afanes inconscientes, abunda en incontrolables transferencias y contratransferencias. Y habrían aprendido que controlar una transferencia, que es lo más difícil de todo en la relación con el otro, no tiene nada que ver con el «diálogo». Dicho esto, no hay nada en contra de una política del actuar en común, y deberemos prestarnos a ella... en tanto en cuanto le atribuyamos un valor de saludabilidad *(salubre)* más bien que salvífico *(salutaire)*. Es, sin duda, el minimum de compromiso necesario para salvaguardar derechos elementales de la humanidad tal cual es.

Sus reivindicaciones de lo «irrepresentable» e «inconmensurable» ¿no le constriñen a usted a una práctica interminablemente «desconstructiva» que le impide pasar a construir un modelo racionalmente coherente de lo justo y lo bueno? ¿En qué difiere lo que piensa usted al respecto de lo que piensan Derrida o Lévinas?

Repito: no hay ningún «modelo racionalmente coherente» de la justicia o de la injusticia. Un modelo así no es más que el sueño o el espejismo del sistema, que alguien como Rawls se propone inocentemente (?) hacer realidad. Miremos la historia, que tiene al menos la fuerza del nihilismo: abortos, divorcios, homosexualidad, el castigo corporal (el crimen mismo), la educación infantil, la vejez y, por descontado, la muerte; pero también nacimiento, sanidad, seguridad social, asistencia hospitalaria, guerras y matanzas, culto al cuerpo y a la competitividad deportiva (los Primeros Juegos Olímpicos y Atlanta 1996). El Sí y el No se han ido acomodando a cada una de esas situaciones una por una, y siempre se las han arreglado los hombres para racionalizarlas. ¿Han oído alguna vez mis colegas que la «racionalidad» depende de la «racionalización»? ¡Esto puede llevar al escepticismo! Y a esto opongo yo la difícil anámnesis que la decisión requiere: «en mi alma y mi inconsciente»... En cuanto a los que piensan, con Spinoza y Hegel, que ahí no hay lugar para el juicio, no estoy muy seguro de que se hayan percatado de que Dios (incluso la *Natura naturans*) ha muerto. Esto es algo que Lévinas señala con claridad: el riesgo que se corre de entender al Otro *(l'Autre)* en el otro *(autrui)*. No pasa lo mismo en sucesos diarios como son, por ejemplo, las transacciones bursátiles de Wall Street, de las que cualquier Rawls se entera leyendo su periódico de la tarde. Finalmente, por lo que hace al pensamiento «desconstructivo», que yo respeto y que es también el pensamiento de lo indecidible, tiene sus problemas con la decisión y con el juicio *(Urteil)*. Así es como ha de ser, y tengo mis motivos para creer que se interesa por estas cosas.

¿Es inevitablemente la política del differend una política de discusiones retóricas sin fin, sin poder llegar nunca a una solución o resolución? ¿Paralogismo y paradoja como última palabra? ¿Anarquismo como postura final? ¿Disidencia como último grito?

No puede haber ninguna «política del *differend*». Categóricamente no. El *differend* sólo puede dar origen a una tremenda melancolía, a una práctica de la meditación, a una poética.

¿Puede una política posmoderna hacer algo más que problematizar la política desde dentro como un orden de representación (la función de la política en Occidente desde Platón)? ¿Hay, a su parecer, alguna alternativa al predominante sistema de producción e intercambio de mercancías que no sea la de una derrotista crítica interna que denuncia nuestro encarcelamiento en el laberinto pero no nos indica ningún camino que lleve más allá de él?

Francamente, no creo que haya algo «más allá» del sistema. Sí que hay, «por debajo» de él, la «cosa» que Freud llamaba lo infantil. Toda obra derivada de ella suele transformarse en «mercancía cultural»: mal interpretada, malversada, menospreciada *(méprisé)* como de ninguna importancia. Su calidad como obra —como intento de conquistar el absoluto— tal vez llegue a ser reconocida algún día por un lector, un oyente o un espectador.

¿Y el reproche de «derrotismo»?

El «derrotismo», tal como usted lo entiende, ha sido siempre el achaque de lo serio *(le fait du sérieux)*. Todo pensamiento auténtico y verdadero se sabe derrotado. La *episteme* de Aristóteles se sabe incapaz ante el *pollakis* que el Ser le opone. Y lo mismo digamos del idealismo platónico ante la *khora*. Si al pensamiento de Occidente se le quita la ornamentación doctrinal, se queda en lo que siempre ha sido: una resistencia. Resistencia es la actitud del derrotado que no quiere reconocer su derrota. En cambio, la pretensión de triunfar —en el sentido romano— es la peor especie de locura. El «más allá» no os deja acercar a él sin fulminaros con su rayo *(sans vous foudroyer)*. Y esto nada tiene de «romántico»: es más bien «realista», relación a la *res*, a la cosa. Por ello es tan serio, tan duro y tan humilde el «aprender a filosofar», o a pintar, o a componer música o a hacer una película de cine. El aprendizaje no termina nunca, es sin fin y sin solución definitiva. Se podrá ir progresando, pero ¿cómo se va a poder llegar nunca a una satisfacción total? Y en este recurrente decepcionarse, en esta insatisfacción, no hay ningún derrotismo, excepto para quienes se aferran al fantasioso pleno cumplimiento que el sistema les asegura, a la *satisfacción total*.

Finalmente, si la política del differend *no ofrece ningún proyecto para ir* adelante, *¿quiere usted decir que su noción de «lo inmemorial» (como aquello que, aunque irrepresentable para la memoria, sin embargo no se olvidará) nos da pie para hacer una labor crítica de* anámnesis, *como usted la llama, que motive una lectura resistente de nuestra cultura? ¿Hay una manera posmoderna de mirar hacia atrás sin representación, una estrategia que ofreciera un potencial de cambio más eficaz que la obsesiva confianza de la Ilustración en el progreso futuro?*

Esta última pregunta quiere parecer generosa. Pero la alternativa *atrás-adelante* es, de hecho, muy cicatera con respecto a la temporalidad, pues la reduce a la oposición del antes y el después. Con el término «inmemorial» trato yo de expresar un tiempo distinto, en el cual lo que es pasado mantiene la presencia de lo pasado, un tiempo en el que lo *olvidado* permanece *inolvidable* precisamente *porque* está olvidado. Eso es lo que entiendo yo por *anámnesis* como opuesta a memoria. En el tiempo amañado por el concepto y por la voluntad, el proyecto es sólo «proyección» de las presentes consecuencias al futuro (como ocurre en la «futurología»). Una proyección así impide que haya evento, acaecimiento imprevisible, puesto que prepara, preconcibe, controla la sucesión de los hechos. Éste es el tiempo del Pentágono, del FBI, de la Seguridad, el tiempo imperialista. Por contra, lo que yo llamo anámnesis es lo opuesto de la genealogía entendida como retorno a los «orígenes» (proyectada siempre *hacia atrás)*. La anámnesis trabaja sobre restos que aún están ahí, presentes, ocultos junto a nosotros. Y respecto a lo que *todavía no* está ahí, respecto a lo por venir *(l'à-venir),* no lo trata como lo futuro en cuanto tal (que comparte la raíz latina *fuit*, con significación de *ha sido)*, sino como lo que todavía es esperado con incertidumbre: lo esperado y temido, pues ocurrirá por sorpresa, *imprevisiblemente*. Sucederá, pero ¿qué sucederá? No cabe, por tanto, hablar propiamente de una «*estrategia* posmoderna». Si hay un enemigo (la oscura primitivez de la cosa, indiferente quizás, una fuerza a la vez amenazante y querida), ese enemigo está dentro de cada uno de nosotros. La labor de «penetración» es hallar el idioma que le sea menos inapropiado. Y aquí la única guía que uno tiene es un oscuro sentimiento de rectitud o *justicia (justesse)*. Pero a uno nunca le satisface el idioma escogido y, la mayoría de las veces, otro *(autrui)* no entiende ni una palabra de ese idioma. No tiene usted más que leer las cartas de Van Gogh, Artaud o Kafka, las *Confesiones*, de Agustín o los *Ensayos*, de Montaigne, la vida de Ángela de Foligno o los estudios de Henry James —note, de pasada, que el «posmodernismo» no es algo de una sola época— para advertir la especie de resistencia a que se enfrentaron. Lo críptico *(crypté)*, lo que en sí mismo permanece cifrado, no debe ser traducido *(traduit)* en el sentido de trasladado. En vez de hacer de lo cifrado moneda corriente, debemos procurar hacer justicia a su insignificancia, a su no significación. Esto es lo que es justo. Esto es la *justesse*.

(Atlanta, Georgia, 1994)

BIBLIOGRAFÍA SELECTA

La phénomenologie, PUF, París, 1954. [Traducción española: *La fenomenología*, Paidós, Barcelona, 1964.]
Discours, figure, Klincksieck, París, 1971. [Trad. esp.: *Discurso, figura*, Gustavo Gili, Barcelona, 1979.]
Dérive à partir de Marx et Freud, UGE, París, 1973. (Trad. esp.: *A partir de Marx y Freud*, Fundamentos, Madrid, 1975.]
Des dispositifs pulsionnels, UGE, París, 1973. [Trad. esp.: *Dispositivos pulsionales*, Fundamentos, Madrid, 1981.]
Economie libidinale, Minuit, París, 1974. [Trad. esp.: *Economía libidinal*, Saltes, Madrid, 1979.]
Des transformateurs Duchamp, Galilée, París, 1977.
Instructions païennes, Galilée, París, 1977.
Rudiments païens, UGE, París, 1977.
La condition postmoderne: rapport sur le savoir, Minuit, París, 1979. [Trad. esp.: *La condición posmoderna*, Cátedra, Madrid, 1984.]
Au juste, Christian Bourgois, París, 1979.
La constitution du temps par la couleur, Traversière, París, 1980.
Le differend, 1984. ([Trad. esp.: *La diferencia*, Gedisa, Barcelona, 1988.]
Tombeau de l'intellectuel et autres papiers, 1984.
Le postmoderne raconté aux enfants, 1986. [Trad. esp.: *La posmodernidad (explicada a los niños)*, Gedisa, Barcelona, 1987.]
L'enthousiasme, 1986. [Trad. esp.: *El entusiasmo*, Gedisa, Barcelona, 1987.]
Heidegger et les Juifs, 1988.

L'inhumain, causeries sur le temps, 1988.
La Guerre des Algériens. Écrits 1956-1963, 1989.
Pourquoi philosopher? [Trad. esp.: *¿Por qué filosofar?*, Altaya, Barcelona, 1989.]
Pérégrinations, 1990. [Trad. esp.: *Peregrinaciones,* Cátedra, Madrid, 1992.]

Apéndice
La filosofía como diálogo

> Pues la mirada de la especulación no
> vuelve hacia sí misma
> sino después de que ha viajado y si hay
> allí un espejo
> en el que puede verse.
>
> Shakespeare, *Troilo y Crésida*,
> acto III, escena 3ª

El orden lógico de las ideas claras y distintas presupone un «decir» *(Sprechen)* que implica a alguien en una comunidad histórica de hablantes. Nuestro «ser-en-el-mundo» se manifiesta históricamente como un «ser-en-el-mundo-con-otros» mediante el lenguaje y en el lenguaje.

Esta primacía de lo dialogal la afirma Hölderlin en los siguientes versos de un poema inacabado:

> *Viel hat erfahren der Mensch...*
> *Seit ein Gespräch wird sind*
> *Und hören können von einander.**

Heidegger glosa estos versos en un pasaje de sus comentarios a la poesía de Hölderlin:

«El ser del hombre se funda en el lenguaje; pero éste sólo acontece realmente en el diálogo (es decir, hablándonos y oyéndonos unos a otros)... Desde el momento en que el hombre se sitúa en la actualidad de una permanencia, sólo desde entonces puede exponerse a lo mudable, a lo que viene y a lo que va... Somos un diálogo desde que "el tiempo es". Desde que el tiempo surgió y se hizo estable, desde entonces somos históricos. Ser-en-diálogo y ser-histórico son igualmente antiguos, se pertenecen mutuamente y son lo mismo».[1]

---

* «Mucho ha experimentado el hombre... / desde que somos un diálogo / y podemos oír unos de otros.» *(N. del T.)*

Gadamer y Ricoeur han heredado de Heidegger y desarrollado este modelo hermenéutico del diálogo, y han hecho notar que la conciencia humana nunca se conoce a sí misma inmediata o intuitivamente (como creían Descartes y el primer Husserl), sino que, para conseguir ese conocimiento de sí, la conciencia ha de dar un rodeo hermenéutico pasando por la mediación de signos, símbolos y textos. Dicho de otro modo, la conciencia no puede *intuir (anschauen)* su significado en sí y desde sí misma, sino que tiene que *interpretarse (hermeneuein)* entrando en diálogo con los textos de una comunidad o tradición histórica a la que pertenece *(zuhören)*.

La historia, como común formación y conservación del significado, es un diálogo precisamente porque me es imposible vivir en total aislamiento mi propia subjetividad. Mi significación sólo puedo captarla en la retícula de mis relaciones con lo otro (sea este otro individual, comunal u ontológico). Por lo tanto, para decir que la verdad es diálogo, no hace falta volver al modelo romántico, propuesto por Schleiermacher y otros autores, que entendían el diálogo como la perfecta correspondencia intersubjetiva de dos hablantes. Por el contrario, el modelo dialogal desarrollado con diversos matices por Heidegger, Gadamer, Ricoeur y Lévinas pone de relieve que el significado siempre se origina en alguna fuente *distinta* de las intuitivas inmediateces de la subjetividad o incluso de la intersubjetividad. El significado nunca es reductible a la inmediatez de unos sujetos hablantes que coexisten en un tiempo o un espacio homogéneos. El modelo romántico del diálogo como mutua correspondencia intuitiva entre dos presencias humanas no es más que una de las expresiones que pueden derivarse del más fundamental modelo de un «círculo hermenéutico» en el que el significado es siempre anterior, *prior,* a la contemporánea co-presencia de las subjetividades. Nosotros no creamos ni podemos crear milagrosamente por nosotros mismos el significado, sino que lo heredamos de otros seres humanos que pensaron, hablaron o escribieron *antes* que nosotros. Y dondequiera que es posible *re-creamos* este significado según nuestros propios proyectos e interpretaciones. Pero siempre estamos obligados a oír *(hören)* lo que ya se habló, lo que ya se dijo en otros tiempos y lugares, antes de poder hablar a nuestra vez por nosotros mismos en el aquí y ahora.

Es ésta una distinción importantísima, concretamente por lo que atañe a los diálogos contenidos en las páginas de este libro. Aquí nos interesa el «diálogo» en el sentido de una comunicación entre dos sujetos por el habla que ha sido registrada y plasmada en un texto escrito. Este paso del *habla viva* al *escrito* es de crucial importancia, pues en él cambian mucho todas las coordenadas o condiciones del discurso dialogal —sus *sujetos,* sus *palabras* y su *mundo*—. Lo que tal paso implica es algo más que una mera fijación externa de las palabras habladas que las preserve de su temporal desgaste y destrucción. El poner por escrito un diálogo le da al texto que así se configura una autonomía con respecto a las intenciones subjetivas de los autores dialogantes. Dicho de otra manera: el significado del texto, aun en el caso de una conversación escrita, no se puede ya creer que coincida del todo con las intenciones de los hablantes en él representados. Mientras presupone y expresa esas intenciones, resulta que también las *rebasa*. Una vez entregada a la escritura, la significación de los hablantes va quedando aparte o «distanciada» en algún aspecto fundamental. Y, en el proceso, el texto trasciende los finitos horizontes intencionales de los dos interlocutores y abre nuevos horizontes de sentido: los mundos posibles del texto que se ofrecen a las múltiples interpretaciones que de él hagan quienes lo lean. Descubrimos así que el original fusionarse de los horizontes *(Horizontverschmelzung)*,[2] es sometido a otra fusión más, a la de esos mismos horizontes con los horizontes del lector, que se van abriendo y ampliando indefinidamente. O, dicho de otro modo, las intenciones originales de los hablantes van quedando a distancia por partida doble, en el proceso textual del escribir el diálogo y en el de leerlo.

El diálogo registrado y escrito es en sí mismo una patente invitación a que el lector llene los hiatos o vacíos entre las palabras escritas y las palabras originales de los interlocutores. El diálogo escrito le está pidiendo al lector que, según su propia hermenéutica y con sus propios presupuestos experienciales, recree, reinterpretándolas, las significaciones originales de los autores. En este sentido, podríamos decir que, una vez entra el lector en el diálogo, éste se convierte en un dialogar sin fin. Laurence Sterne vino a decir en definitiva lo mismo, aunque retorcidamente, en *Tristram Shandy*, al dirigirse así a sus lectores: «El escribir, cuando se hace como es debido... no es sino otro nombre del conversar: así como nadie que sepa comportarse en sociedad se aventurará nunca a hablar de todo, así tampoco el autor que conozca los justos límites del decoro y de la buena educación presumirá nunca de haberlo pensado todo. El más auténtico respeto a la inteligencia de tu lector es compartir con él el argumento permitiéndole imaginárselo, a su vez, un poco como tú mismo».[3] Sterne nos ofrece en este pasaje un buen apunte de lo que es el diálogo hermenéutico; yo sólo añadiría que el lector tiene *siempre* algo que imaginarse o que interpretar, ¡se lo permita o no graciosamente el autor! La reinterpretación imaginativa del significado no es un lujo de la etiqueta literaria, sino una necesidad de la comprensión textual.

En contraste con la situación del diálogo vivo, hablado, limitada por la particular *contextualización* de un discurso sincrónico entre los sujetos hablantes, la textualización del diálogo escrito emancipa el significado, lo libera de las estrictas intenciones de los autores y le crea una nueva audiencia que se extiende diacrónicamente a cuantos pueden leer. Como observa Paul Ricoeur en *La hermenéutica y las ciencias humanas:* «Una característica esencial de la obra literaria (es decir, escrita)... es que trasciende los condicionamientos psicosociológicos de su producción y se abre a una serie ilimitada de lecturas situadas ellas mismas en diferentes condiciones socioculturales. En resumidas cuentas, el texto, desde los puntos de vista psicológico y sociológico, ha de poder "descontextualizarse" de tal modo que pueda ser "recontextualizado" en una situación nueva —como la que se constituye precisamente por el acto de leer—».[4] Es, pues, evidente que, para explicar el paso de la palabra hablada a la palabra escrita, resulta muy pobre e inadecuada la concepción romántica del diálogo como una preestablecida armonía mutua de las subjetividades. El diálogo «textualizado» revela que el lenguaje nunca es pura y simplemente nuestro (en el sentido de una inmediatez contemporánea), sino que siempre implica o conserva las trazas y las anticipaciones de *otros* usuarios de la lengua existentes en otros lugares y en otros tiempos, en el pasado y en el futuro.

Si los poderes hermenéuticos de la *palabra* sufren tal alteración al transcribir el discurso hablado y fijarlo en un texto, ¿qué hay del *mundo* acerca del cual dialogaban los interlocutores? Todo discurso, hablado o escrito, presupone que «alguien le dice algo a alguien acerca de algo».[5] Nunca se puede prescindir totalmente del problema de la referencia. Pero cabe preguntar qué le pasa a la referencia cuando el discurso hablado se convierte en texto. En un diálogo escrito la referencia no puede ya limitarse al contexto espacio-temporal del «aquí y ahora» que compartían los interlocutores del diálogo hablado. Todo escrito, de ficción o no, es en algún grado reinscripción de un contexto empírico original, y en ese grado parece eliminar la cuestión de la referencia. Pero el asunto no es tan sencillo. El discurso escrito elimina ciertamente la *referencia directa o de primer orden* al mundo actual de la experiencia del «aquí y ahora», pero esta eliminación sirve a su vez para abrir paso a una *referencia indirecta o de segundo orden* a los mundos posibles que el texto propone. Ricoeur describe muy bien este cambio de los órdenes o enfoques de la referencia:

«La única dimensión referencial de la obra (en cuanto escrita)... plantea, en mi opinión, el problema hermenéutico más básico. Si ya no podemos definir la hermenéutica como búsqueda de las intenciones de otra persona ocultas *tras* el texto, y si no queremos reducir la interpretación a un desmontaje de estructuras, ¿en qué queda entonces el interpretar? Lo diré: interpretar un texto es explicar el tipo de ser-en-el-mundo que *nos pone delante* ese texto... Pues lo que ha de interpretarse de un texto es un mundo que en él se nos propone, un mundo en el que podría yo habitar proyectando una de mis más propias posibilidades... El mundo del texto no es, por consiguiente, el mundo del lenguaje cotidiano».[6]

Finalmente, cabe preguntar: ¿qué se hace del *sujeto* (es decir, del autor o del lector) al pasar la *palabra* y el *mundo* del diálogo hablado al escrito? Cada lector de estos diálogos irá intentando reapropiarse de algún modo dialéctico las palabras y los mundos de sus autores, que han sido expropiados por el proceso mismo de la transcripción textual. Pero como el del escribir no es un proceso reversible al que corresponda una referencia de primer orden, el lector, en esa reapropiación *(Aneignung)* hermenéutica, nunca puede pretender el logro de una exacta correlación (temporal o intelectual) con la referencia intencional del autor. En otras palabras, todo lector que entre de veras en diálogo con estos textos experimentará, en principio, algún cambio en la comprensión de sí mismo y de su mundo.[7]

De acuerdo con esto, podría decirse que el proceso del leer es como una «metamorfosis del yo» que requiere que el propio yo del lector se «distancie» de sí mismo. La autocomprensión del lector implica tanto una *desapropiación* como una *apropiación*. Y esto exige un realineamiento dialéctico de la hermenéutica con la teoría crítica:

«A la autocomprensión puede y debe incorporársele una crítica de las ilusiones del sujeto (...) Ya no podemos oponer la hermenéutica y la crítica de la ideología. La crítica de la ideología es un rodeo que ha de dar necesariamente la autocomprensión para que ésta se forme a base del texto y no de los prejuicios del lector».[8]

Hay una línea en la que la hermenéutica de Ricoeur coincide hasta fusionarse con la crítica ética de Lévinas, el análisis desconstructivo de Derrida y la crítica freudiano-marxista de Marcuse y de la Escuela de Frankfurt.

Así como los sujetos-lectores experimentan cierta transformación al leer estos diálogos, así también cambiamos algo los sujetos-interlocutores al producirlos. Por ejemplo, mi propia manera de entenderme a mí mismo como interrogador dialogal (condicionada por mi particular serie de discursos culturales, nacionales, religiosos, filosóficos y afectivos) no pudo menos de ir metamorfoseándose al intercambiar preguntas y respuestas con los pensadores aquí representados (a cada uno de los cuales, ellos o ellas, les condicionaban a su vez sus propios discursos específicos). Y es probable que estos pensadores hayan experimentado cierta transformación de sus respectivas maneras de entenderse a sí mismos..., aun suponiendo que sólo sea para reformular sus *palabras* y sus *mundos* de un modo distinto de como los formulaban antes. En suma, estos textos dialogales nos muestran el avance de cada autor hacia nuevos horizontes de *posible* sentido, horizontes que quedan abiertos, a su vez, a las *posibles* reinterpretaciones de cada lector.

NOTAS

1 Martin Heidegger, *Erläuterungen zu Hölderlins Dichtung*, 4ª ed., Klostermann, Frankfurt, 1971, págs. 38-40.
2 Hans-Georg Gadamer, *Wahrheit und Methode*, Paul Siebeck, Tubinga, 1960, págs. 289 y sigs.
3 Laurence Sterne, *The Life and Opinions of Tristram Shandy*, Penguin, Harmondsworth, 1967, pág. 127.
4 Paul Ricoeur, «The Hermeneutical Function of Distanciation» en *Hermeneutics and the Human Sciences*, ed. y trad. inglesa de J.B. Thompson, Cambridge University Press, Cambridge, 1981, pág. 139.
5 *Ibíd.*, pág. 138.
6 *Ibíd.*, págs. 141-142. Respecto al diálogo en el presente libro, cabría hablar inclusive de una *referencia de tercer orden*, ya que en estos diálogos intervienen los autores produciendo textos dialogales *acerca de* (es decir, con «referencia de segundo orden a») sus propios textos filosóficos, textos filosóficos que son ellos mismos en algún sentido *acerca de* (o sea, con «referencia de primer orden a») la experiencia vivida. (Y hasta podría argüirse, como lo hace Derrida, que esta referencia de primer orden es ya ella misma un texto: una *arqui-escritura* o forma de ir borrándose a sí misma infinitamente las propias huellas.) Cabe, pues, concluir que los diálogos contenidos en las presentes páginas no son tentativas de retrotraer los textos de estos pensadores hasta algún original discurso del habla o la experiencia de cada día. Son unos textos sobre textos que tratan de textos. Mas este autorreconocido parasitismo no debe entenderse en el negativo sentido de alienación u oscurecimiento del significado de las filosofías de que se trata. No tiene aquel sentido mimético del ser copia de una copia invocado por Platón en la *República* para denunciar los artificios literarios como «pobres hijos de padres pobres» (es decir, como si el texto fuese mera imitación de una experiencia natural constituida ya ella misma por otra mera imitación de alguna verdad ultramundana, trascendente). Lo que aquí pretendemos es desplegar la reordenación textual de la referencia como un medio de poner en comunicación los horizontes interpretativos del mundo del autor con los horizontes interpretativos del mundo del lector. Tal es, en todo caso, nuestra intención. La prueba decisiva del postre hermenéutico es, naturalmente, en esta comida... la respuesta del lector.
7 Creo oportuno citar aquí de nuevo a Ricoeur, que explica concisamente la dialéctica de la autocomprensión del lector ante el texto:

«La apropiación [por el lector] es todo lo contrario de la contemporaneidad y de la congenialidad: es un entender en y a través de la distancia (...) En contraste con la tradición del *cogito* y con la pretensión del sujeto de conocerse por intuición inmediata, se ha de decir que sólo nos comprendemos a nosotros mismos mediante el largo rodeo de los signos de humanidad depositados en la obras culturales. (...) Así, lo que parece ser lo más contrario a la subjetividad, y lo que el análisis estructural descubre como la textura del texto, es el medio mismo en el que nos comprendemos. (...) En el fondo, de lo que me apropio (en cuanto lector) es de un mundo pro-puesto. No está éste *detrás* del texto, como estaría una intención oculta, sino *por delante* de él, como aquello que la obra despliega, descubre, patentiza, revela. De ahí que el comprender sea un *comprenderse ante el texto*. No se trata de imponerle al texto nuestra finita capacidad de entender, sino de exponernos al texto y recibir de él un yo ampliado, que sería la existencia propuesta que correspondiese del modo más adecuado al mundo propuesto». *Ibíd.*, pág. 144.

8 *Ibíd.*, pág. 144.